OS *TRUSTS* NO DIREITO BRASILEIRO CONTEMPORÂNEO

COLEÇÃO FÓRUM
DIREITO
CIVIL
E SEUS DESAFIOS
CONTEMPORÂNEOS

LUCIANA PEDROSO XAVIER

Prefácio
Rodrigo Xavier Leonardo

OS *TRUSTS* NO DIREITO BRASILEIRO CONTEMPORÂNEO

9

Belo Horizonte

FÓRUM
CONHECIMENTO JURÍDICO
2023

© 2023 Editora Fórum Ltda.

É proibida a reprodução total ou parcial desta obra, por qualquer meio eletrônico, inclusive por processos xerográficos, sem autorização expressa do Editor.

Coordenação
Marcos Ehrhardt Júnior

Conselho Editorial da Coleção

Ana Carolina Brochado Teixeira
Anderson Schreiber
Eroulths Cortiano Junior
Fabiola Albuquerque Lobo
Flávio Tartuce
Gustavo Tepedino
Nelson Rosenvald
Paulo Lôbo
Rodrigo da Cunha Pereira

Conselho Editorial

Adilson Abreu Dallari
Alécia Paolucci Nogueira Bicalho
Alexandre Coutinho Pagliarini
André Ramos Tavares
Carlos Ayres Britto
Carlos Mário da Silva Velloso
Cármen Lúcia Antunes Rocha
Cesar Augusto Guimarães Pereira
Clovis Beznos
Cristiana Fortini
Dinorá Adelaide Musetti Grotti
Diogo de Figueiredo Moreira Neto (*in memoriam*)
Egon Bockmann Moreira
Emerson Gabardo
Fabrício Motta
Fernando Rossi
Flávio Henrique Unes Pereira

Floriano de Azevedo Marques Neto
Gustavo Justino de Oliveira
Inês Virgínia Prado Soares
Jorge Ulisses Jacoby Fernandes
Juarez Freitas
Luciano Ferraz
Lúcio Delfino
Marcia Carla Pereira Ribeiro
Márcio Cammarosano
Marcos Ehrhardt Jr.
Maria Sylvia Zanella Di Pietro
Ney José de Freitas
Oswaldo Othon de Pontes Saraiva Filho
Paulo Modesto
Romeu Felipe Bacellar Filho
Sérgio Guerra
Walber de Moura Agra

FÓRUM
CONHECIMENTO JURÍDICO

Luís Cláudio Rodrigues Ferreira
Presidente e Editor

Coordenação editorial: Leonardo Eustáquio Siqueira Araújo
Aline Sobreira de Oliveira

Rua Paulo Ribeiro Bastos, 211 – Jardim Atlântico – CEP 31710-430
Belo Horizonte – Minas Gerais – Tel.: (31) 99412.0131
www.editoraforum.com.br – editoraforum@editoraforum.com.br

Técnica. Empenho. Zelo. Esses foram alguns dos cuidados aplicados na edição desta obra. No entanto, podem ocorrer erros de impressão, digitação ou mesmo restar alguma dúvida conceitual. Caso se constate algo assim, solicitamos a gentileza de nos comunicar através do *e-mail* editorial@editoraforum.com.br para que possamos esclarecer, no que couber. A sua contribuição é muito importante para mantermos a excelência editorial. A Editora Fórum agradece a sua contribuição.

Dados Internacionais de Catalogação na Publicação (CIP) de acordo com ISBD

X3t	Xavier, Luciana Pedroso Os trusts no direito brasileiro contemporâneo / Luciana Pedroso Xavier. – Belo Horizonte : Fórum, 2023. 357 p. ; 14,5cm x 21,5cm. Coleção Fórum Direito Civil e seus desafios contemporâneos ; v.9 ISBN: 978-65-5518-416-7 ISBN da coleção: 978-85-450-0675-6 1. Direito. 2. Direito Civil. 3. Trusts. 4. Patrimônio de afetação. 5. Fidúcia. 6. Direito comparado. I. Título. II. Série.	
2022-16889	CDD: 347 CDU: 347

Elaborado por Vagner Rodolfo da Silva - CRB-8/9410

Informação bibliográfica deste livro, conforme a NBR 6023:2018 da Associação Brasileira de Normas Técnicas (ABNT):

XAVIER, Luciana Pedroso. *Os trusts no direito brasileiro contemporâneo*. Belo Horizonte: Fórum, 2023. (Coleção Fórum Direito Civil e Seus Desafios Contemporâneos, v. 9). 357 p. ISBN 978-65-5518-416-7.

Ao meu querido sobrinho e afilhado Mateus, cujo nascimento ocorreu no aniversário de 5 anos da defesa da tese que originou este livro e me trouxe extraordinária alegria.

When you set out for your journey to Ithaca, pray that the road is long, full of adventure, full of knowledge.
(Konstantínos Kaváfis).

SUMÁRIO

APRESENTAÇÃO
Marcos Ehrhardt Júnior 15

PREFÁCIO
Rodrigo Xavier Leonardo 17

INTRODUÇÃO 19

CAPÍTULO I
ANTECEDENTES HISTÓRICOS DO *TRUST* 27
1.1 Primeiras noções sobre o *trust* 27
1.2 O *trust* como instituto decorrente da história da tradição *common law* 31
1.3 A querela franciscana e os novos contornos do domínio 43
1.4 O reconhecimento jurídico dos *trusts* 56

CAPÍTULO II
O ESFORÇO PARA A ESTIPULAÇÃO DE UM CONCEITO INTERNACIONAL DE *TRUST* 59
2.1 A Convenção da Haia sobre a Lei Aplicável ao *Trust* e a seu Reconhecimento 59
2.2 Incorporação de tratados internacionais 88
2.3 Reconhecimento da existência de *trusts* pelo direito brasileiro ... 94
2.4 O projeto de quadro comum de referência 97
2.5 A experiência italiana 108

CAPÍTULO III
CLASSIFICAÇÕES DOS *TRUSTS* 115
3.1 Classificação quanto à formação dos *trusts* 115
3.2 Classificação quanto à finalidade 123
3.3 Classificação quanto ao momento de criação 127
3.4 Classificação quanto à revogabilidade do *trust* 129

3.5	Classificação quanto à liberalidade do *trustee*	131
3.6	A profusão das modalidades de *trusts*	132

CAPÍTULO IV
A SINGULARIDADE DOS *TRUSTS* E SEU COTEJO COM INSTITUTOS ASSEMELHADOS 135

4.1	Enfiteuse e *trust*	135
4.2	Fideicomisso e *trust*	143
4.3	Sociedade de propósito específico	152
4.4	Patrimônios de afetação	157
4.4.1	O patrimônio de afetação na incorporação imobiliária	157
4.4.2	Os patrimônios de afetação no Código de Processo Civil de 2015	168
4.4.2.1	A constituição de capital para garantia de prestação alimentícia decorrente de ato ilícito (artigo 533 do CPC/2015)	169
4.4.2.2	A impenhorabilidade de créditos oriundos de alienação de unidades imobiliárias, sob regime de incorporação imobiliária (artigo 833, inciso XII do CPC/2015)	180
4.4.2.3	Críticas às disposições do CPC/2015	187
4.4.3	As diferenças entre a sociedade de propósito específico e o patrimônio de afetação	189
4.5	Sociedade em conta de participação	193
4.6	Empresa individual de responsabilidade limitada e sociedade limitada unipessoal	200
4.7	O Projeto de Lei do Senado nº 487/2013 (Novo Código Comercial) e o contrato fiduciário	207
4.7.1	Uma situação inusitada: a duplicidade de projetos que almejavam um Novo Código Comercial	207
4.7.2	Críticas doutrinárias à instituição de um novo Código Comercial	209
4.7.3	O contrato fiduciário previsto no PLS nº 487/2013 de Novo Código Comercial	214
4.7.4	O contrato fiduciário no Projeto de Lei nº 4.758/2020	219

CAPÍTULO V
O RECONHECIMENTO DOS *TRUSTS* PELA LEGISLAÇÃO BRASILEIRA E AS PERSPECTIVAS PARA A RECEPÇÃO DESSA FIGURA NO BRASIL 223

5.1	O tratamento dos *trusts* na legislação fiscal brasileira e os desafios criados pela sua estigmatização	223

5.1.1	*Trusts*, uma realidade jurídica brasileira	223
5.1.2	A normatização do regime de Capitais Brasileiros no Exterior ...	227
5.1.3	A Lei de Repatriação de Divisas	234
5.1.4	O mau uso de *trusts* em paraísos fiscais para a lavagem de dinheiro	235
5.2	As lacunas colmatadas pelos *trusts* na tutela dos incapazes e das pessoas com deficiência	247
5.2.1	Uma breve radiografia da família contemporânea e os desafios da proteção dos incapazes e das pessoas com deficiência em relação a *trusts*	247
5.2.2	O regime das incapacidades captado nas legislações pátrias.......	252
5.2.3	As potencialidades do *trust* na proteção dos incapazes e das pessoas com deficiência	265
5.3	Premissas para a recepção de *trusts* no Brasil...............................	278

CONSIDERAÇÕES FINAIS 291

REFERÊNCIAS.. 295

ANEXOS... 333
Anexo 1: Proposta de uma nova tradução para o português da Convenção da Haia sobre a Lei Aplicável ao *Trust* e a seu Reconhecimento 335
Anexo 2: Representação gráfica do uso da terra (*use of lands*) 355
Anexo 3: Representação gráfica do *trust*... 357

APRESENTAÇÃO

COLEÇÃO FÓRUM DIREITO CIVIL E SEUS DESAFIOS CONTEMPORÂNEOS

A vida em sociedade é uma constante mutação nos modos e na intensidade de relações interpessoais cada vez mais fluidas e complexas. Diversidade e pluralidade se tornam um desafio para operadores do direito comprometidos com as diretrizes axiológicas do texto constitucional, num cenário de pouca tolerância e respeito a pontos de vista e escolhas comportamentais e negociais diferentes da maioria.

O direito civil exprime o cotidiano do sujeito comum, do indivíduo que assume funções em seu ambiente familiar, negocial e tem que equilibrar as necessidades de interação e contato social com o respeito a seus valores e visão de mundo, que determinam seu projeto de vida e decisões eminentemente existenciais. A velocidade das mudanças no mundo contemporâneo tem produzido um evidente impacto nos institutos tradicionais da disciplina, que carecem de ressistematização e uma funcionalização atenta aos legítimos interesses das pessoas envolvidas.

O melhor caminho para refletir sobre os desafios de aplicar um conhecimento que era abordado de modo estático numa realidade analógica, a um cenário dinâmico de elevada interação digital, é ter acesso a um acervo de qualidade técnica, elaborado mediante uma pesquisa de fontes exemplar, comprometido com a análise crítica do contexto fático atual e com uma metodologia que privilegia a pessoa e suas necessidades existenciais em detrimento de aspectos puramente patrimoniais.

Com esses objetivos apresenta-se a *Coleção Fórum de Direito Civil e seus desafios contemporâneos*, criada com a finalidade de servir como um espaço privilegiado para discussão de um direito civil adequado às demandas do tempo presente. Os livros que forem editados com esse selo têm por objetivo abordar temas que necessitam de maior atenção e debate de operadores jurídicos, quer seja por sua inovação, necessidade de revisão de entendimentos clássicos, quer seja pela nova abordagem que sugerem para enfrentamento de questões controversas relevantes para a melhoria da prestação jurisdicional em nosso país. Busca-se reunir uma doutrina útil para novas pesquisas e para servir de fonte preferencial para decisões judiciais, servindo de fundamento para a atuação de advogados, promotores, defensores e magistrados.

Com a criação desta Coleção, a Editora Fórum mais uma vez reafirma seu compromisso com a consolidação e divulgação de doutrina jurídica de qualidade a seus leitores, garantindo um espaço de excelência para o trabalho de todos aqueles que acreditam na pesquisa jurídica como num dos caminhos para a construção de uma sociedade mais justa e solidária.

Maceió/AL, 21 de abril de 2019.

Marcos Ehrhardt Júnior
Coordenador

PREFÁCIO

O presente livro tem origem em tese apresentada e defendida pela autora no Programa de Pós-Graduação em Direito da Universidade Federal do Paraná, perante banca formada pelo Professor Titular José Antônio Peres Gediel (UFPR), pela Professora Doutora Véra Maria Jacob de Fradera (UFRGS), pelo Professor Doutor Eroulths Cortiano Júnior (UFPR) e pelo Professor Venceslau Tavares Costa Filho (UFPE), sob a minha presidência, na qualidade de Professor orientador.

Ao procurar, pelo retrovisor dos anos, o percurso que culminou na elaboração desta obra – agora apresentada ao público em edição comercial –, reencontrei algumas das lições de Henri Capitant, em sua instigante obra *La thèse de doctorat en droit*,[1] que considero importantes para prefaciar a *tese* que se tornou *livro*.

Capitant, ao discorrer sobre a difícil definição do tema para a elaboração de uma tese de doutoramento, sugere que essa escolha, idealmente, deva partir do candidato, seja pelo seu interesse no objeto da pesquisa, seja por um juízo crítico de suas condições pessoais ao enfrentamento da pesquisa. Nada obstante essa premissa, a experiência acadêmica indicaria que, não raras vezes e infelizmente, o orientador acaba exercendo um papel determinante nesta decisão.[2]

Neste caso, por virtudes tributáveis exclusivamente à autora, hoje Professora de Direito Civil na Universidade Federal do Paraná, vislumbra-se um caminho diferente.

A Professora Luciana Pedroso Xavier havia escrito e defendido previamente, também perante o Programa de Pós-Graduação em Direito da UFPR, a dissertação de mestrado intitulada *As teorias do patrimônio e o patrimônio de afetação na incorporação imobiliária*.[3]

A partir da maturação dessa investigação, sobreveio na pesquisadora a inquietação sobre a figura do "Trust", justamente pela possibilidade da segmentação e, por vezes, da *subjetivação* de patrimônios.

---

[1] CAPITANT, Henri. *La thèse de doctorat en droit*. 13. ed. Paris: Dalloz, 1935.
[2] CAPITANT, *La thèse de doctorat en droit*, p. 19-20.
[3] XAVIER, Luciana Pedroso. *As teorias do patrimônio e o patrimônio de afetação na incorporação imobiliária*. Dissertação (Mestrado em Direito) – Programa de Pós-Graduação em Direito. Orientador: Prof. Dr. Rodrigo Xavier Leonardo, 2011.

O livro que hoje se publica, portanto, origina-se de pesquisas precedentes e exitosas. Neste caso – retornando às observações de Henri Capitant –, na elaboração do motivo e na composição da tese, tal como em uma sinfonia, pode-se dizer que, do orientador, apenas é possível auscultar um sussurro. Nuclearmente a música, autoral, foi elaborada e conduzida pela Professora Luciana Pedroso Xavier.

Para a cultura privatística brasileira, o *Trust* desassossega: há que se rever a relação entre contrato e propriedade, entre propriedade e patrimônio, entre sujeito e objeto, no bojo das marcantes diferenças entre as tradições da Common Law e do Direito Romano-germânico.[4]

No Brasil, três trajetos são reconhecidos: há esforços para a compreensão do Trust a partir de institutos de direito privado de nossa tradição, há projetos legislativos em curso para inserção de um regime jurídico específico e, também, há um peculiar e muito particular tratamento, *a latere*, por intermédio da atividade regulatória do Conselho Monetário Nacional e do Banco Central do Brasil.

A tese da Professora Doutora Luciana Pedroso Xavier (UFPR) enfrenta, com originalidade, o estado da arte no tratamento do *Trust* do Brasil em cada um destes campos e além. Neste livro, o leitor poderá encontrar explicadas as tensões que o *Trust* apresenta para os países da tradição romano-germânica, a solução conciliadora do Direito Internacional Privado (em especial, pela Convenção de Haia sobre a Lei aplicável ao *Trust* e a seu reconhecimento), as tentativas de acomodação por intermédio de institutos de direito privado nacionais, os projetos legislativos e o estágio, mais atual, de enfrentamento da lamentável relação entre *trust* e corrupção que grassou a recente história brasileira.

Festeja-se esta publicação pela Coleção Fórum de Direito Privado, cuja excelência é reafirmada com este livro, sob a cuidadosa curadoria do Prof. Dr. Marcos Ehrhardt Jr. (UFAL), a quem devoto admiração e amizade.

Rodrigo Xavier Leonardo

Advogado. Professor Associado de Direito Civil na Universidade Federal do Paraná (UFPR). Chefe do Departamento de Direito Civil e Processual Civil na UFPR (2019-2022). Mestre e Doutor em Direito Civil na Universidade de São Paulo (USP).

---

[4] Sobre o tema, em perspectiva histórica, cf. GROSSI, Paolo. L'inaugurazione della proprietà moderna. Napoli: Guida Editore, 1980, p. 20 *et seq*; BLACKSTONE, William. *Commentaries on the laws of England*. A facsimile of the first edition of 1765-1769. v. II. Chicago & London: The University of Chicago Press, 1992. Referencia-se, no Brasil, MARTINS COSTA, Judith. Os negócios fiduciários: considerações sobre a possibilidade de acolhimento do 'trust' no direito brasileiro. *Revista dos Tribunais*. a. 79, v. 657, p. 37-50.

INTRODUÇÃO

Um dos aspectos mais fascinantes do Direito é justamente sua vastidão. Claro está: aquilo que pode provocar medo é o que também encanta. Oportuno aludir ao caso experimentado pelo herói muitas vezes humano Ulisses, que testa suas capacidades ao explorar o mar pela primeira vez. Ulisses não pode construir algo novo enquanto não superar os desafios dessa jornada. Após a conclusão de seu périplo, volta outro homem, pois se lançou ao infinito, à vastidão, à superação de seus limites. Assim foi e continua sendo esta pesquisa, que gerou uma tese de doutoramento na Universidade Federal do Paraná (UFPR), defendida em 2016 perante banca composta pelos Professores Rodrigo Xavier Leonardo, Eroulths Cortiano Júnior, José Antonio Peres Gediel, Vencelaslau Tavares da Costa Filho e Véra Maria Jacob de Fradera, tendo recebido nota máxima, e, agora, o livro que o leitor tem em mãos.

Dentre as tantas possibilidades que o Direito traz, a questão dos *trusts* exerceu forte atração desde que se deparou com essa figura. Como no caso do mar, o deslumbramento muitas vezes se reveste do medo, do receio, da dúvida, mas também do maravilhamento. Então, a opção por entender, investigar, comparar o *trust* com outros institutos presentes na legislação brasileira não foi isenta de percalços, mas oportunizou grandes aprendizados.

O caminho percorrido até a escolha final do tema da análise ora exposta teve como ponto de partida o estudo das pessoas jurídicas de direito privado e sua crise de estrutura (sistema) apontada por José Lamartine Corrêa de Oliveira na obra "A dupla crise da pessoa jurídica".[1] Na visão do saudoso professor, só seria considerado sujeito

---

[1] OLIVEIRA, José Lamartine Corrêa de. *A dupla crise da pessoa jurídica*. São Paulo: Saraiva, 1979.

quem é pessoa², mas o direito positivo brasileiro da época negava – e permanece negando – tal aptidão a uma série de figuras jurídicas que se comportam como verdadeiras pessoas jurídicas, o que tornava ainda mais severa a crise sistemática por ele desvelada.³

Contudo, contemporaneamente o tema ganhou novos contornos, de modo que se verificou uma autonomização conceitual entre as categorias "pessoa", "sujeito de direito" e "ente despersonalizado".⁴ Especialmente nas duas últimas décadas, o ordenamento jurídico brasileiro passou a utilizar novas formas de autonomização patrimonial – diferentes da tipologia da pessoa jurídica – para compor arranjos de bens.

Foi nesse contexto que, em sua dissertação de mestrado, a autora examinou o transcurso histórico pelo qual o instituto do patrimônio passou, partindo da necessidade de historicização dos institutos, do discurso romano que se faz sobre o patrimônio, percorrendo as peculiaridades do direito medieval, para desembocar na modernidade codificadora, responsável por forjar um conceito jurídico de patrimônio. Em prosseguimento, foi estudada a teoria clássica do patrimônio, de autoria dos célebres autores franceses Charles Aubry e Charles Rau, do século XIX, teoria que compreendia que o patrimônio era uno e indivisível. Adiante, analisou-se a teoria objetiva, que permite a divisibilidade e a pluralidade de patrimônios, possibilitando a criação de patrimônios de afetação, caracterizados por serem massas patrimoniais independentes, autorizadas por lei, unidas em razão da consecução do escopo para o qual foram criadas. Nessa oportunidade, optou-se por aprofundar o estudo da modalidade de patrimônio de afetação na

---

[2] Assim afirmou José Lamartine Corrêa de Oliveira: "Não escondemos que, para nós, a personalidade jurídica representa mero reconhecimento técnico-jurídico da realidade pré-normativa, no plano do ser. Na velha questão dos universais, nossa posição básica ainda é a do realismo moderado, em sua versão tomista. Para nós, só as pessoas são sujeitos de direito, todo sujeito de direito é pessoa, embora possa haver gradações na capacidade de direitos". (OLIVEIRA, José Lamartine Corrêa de. *A dupla crise da pessoa jurídica*. São Paulo: Saraiva, 1979. p. 551).

[3] Nesse sentido, explica José Lamartine Correia de Oliveira: "3) dupla crise do instituto da pessoa jurídica: a) outras realidades e institutos jurídicos, tradicionalmente não considerados abrangidos pela categoria *pessoa jurídica*, passaram a receber, total ou parcialmente, da *praxis*, aplicação de normas que, pela doutrina dominante, só teriam sentido se tais realidades fossem consideradas pessoas jurídicas". (OLIVEIRA, José Lamartine Corrêa de. *A dupla crise da pessoa jurídica*. São Paulo: Saraiva, 1979).

[4] Sobre a diferença entre essas três categorias, consultar LEONARDO, Rodrigo Xavier. Sujeito de direito e capacidade: contribuição para uma revisão da teoria geral do direito civil à luz do pensamento de Marcos Bernardes de Mello. *In:* DIDIER JR., Fredie; EHRHARDT JR., Marcos (org.). *Revisitando a teoria do fato jurídico*. São Paulo: Saraiva, 2010. v. 1. p. 549-570.

incorporação imobiliária, criada pela Lei nº 10.931/2004, que incluiu essa figura na Lei de Condomínios e Incorporações Imobiliárias (Lei nº 4.591/1964). O escopo foi traçar contornos mais nítidos ao instituto do patrimônio de afetação na incorporação imobiliária, cuja função é minorar o déficit habitacional do país e auxiliar na concretização do direito fundamental social à moradia (art. 6º, *caput*, da Constituição Federal de 1988).

Após a pesquisa sobre como foi forjado o conceito jurídico de patrimônio, quais os seus contornos atuais e quais os desafios postos ao patrimônio de afetação, sentiu-se a necessidade de aprofundar o assunto. Diante da exígua literatura jurídica brasileira sobre o tema, mostrou-se necessária uma incursão nos textos estrangeiros existentes sobre o assunto, razão pela qual a autora realizou temporada de pesquisa no *Max-Planck-Institut für ausländisches und internationales Privatrecht*, em Hamburgo, na Alemanha, bem como utilizou o acervo da biblioteca da *Università di Torino*, na Itália. Como fruto da pesquisa, percebeu-se que o estado da arte nessa temática era a figura dos *trusts*, mais especificamente em seu desenvolvimento contemporâneo, que o predica como um patrimônio de afetação.

Ao se averiguar a literatura jurídica brasileira dedicada aos *trusts* e suas configurações mais atuais, percebeu-se que ainda havia lacunas a serem colmatadas e que o percurso acadêmico anteriormente pavimentado pela autora poderia viabilizar a realização de um estudo inédito sobre o tema e que pudesse oferecer uma contribuição original para a comunidade jurídica.

A problemática do *trust* é sem dúvida complexa, por açambarcar estudos que são ora interdisciplinares, ou seja, envolvem o diálogo entre distintas áreas do saber, colocadas lado a lado, e ora transdisciplinares, quando um conhecimento atravessa o outro, mesmo que sub-repticiamente. Na segunda hipótese, o *leitmotiv*, ao mesmo tempo, tenta dar um princípio organizador àquilo a que se debruça, sem desconsiderar o fato de que o objeto do estudo é também um objeto em movimento.

Destaca-se o aporte no direito comparado – ainda que despretensioso – empreendido na pesquisa. Conforme defende Rodolfo Sacco, o direito comparado não pode ser entendido como método, uma vez que inexistiria um conjunto de procedimentos único, mas sim diversos modos de se empreender a comparação.⁵ Nesse contexto, o leitor verá que são feitas a macrocomparação, ou seja, o cotejo analítico dos formantes pertencentes a diferentes tradições, assim como a microcomparação, na medida em que contrapõem sistemas pertencentes à mesma tradição.⁶ Logo, a tese que se apresenta na obra não se limita ao mero cotejo formal de legislações estrangeiras.

Cabe advertir que haverá um grande painel histórico em que o *trust* é o ator principal, do qual se narra não seu nascimento – porque certamente não há um marco zero para o seu aparecimento –, mas a descrição de seu surgimento, em momento particular na história europeia. Faz-se mister desde já esclarecer que o ponto de vista da autora é o de que a História é viva e não admite recortes tão incisivos que a torne sem sentido, tampouco que proporcione sua utilização como discurso legitimador. Desse modo, entende-se que o *trust*, além de ser o resultado de uma série de eventos, é também um conceito em mutação, o qual foi se adaptando às necessidades de cada Estado e se amalgamando a processos e práticas já existentes. Nessa digressão, alguns nomes históricos serão de mais relevância que outros, como os de dois Guilhermes: um, chamado o Conquistador, rei inglês, e outro, de Ockham, polímata franciscano, ambos personalidades do medievo com destacada importância para o estudo do *trust*.

O vasto quadro que se exporá no capítulo I será de suma importância para o aclaramento das questões concernentes ao *trust*. Será visto que essa figura decorre da história da tradição *common law*, notadamente nos lugares onde hoje se situa a Inglaterra, cujos territórios tiveram uma história específica e peculiar advinda da formatação de seus tribunais. Em paralelo, neste trecho, mostra-se a razão da aproximação – muitas vezes errônea – que estudiosos portugueses fazem entre o *trust* e o chamado *use of lands*, assim como a questão não pacificada de se crer que tal mecanismo legal seja da genealogia do *fidei commissum* romano. Ainda no capítulo I, o leitor encontrará uma explicação sobre como a

---

⁵ Nas palavras de Rodolfo Sacco: "Quem diz que a comparação é método, tem uma visão limitada do método da comparação (porque não observa que se podem usar mais métodos para comparar, e que não existe o método puro de comparar), quando não tem uma visão limitada dos seus escopos e do seu objeto (porque não observa, ou não conhece, o seu específico, e já desenvolvido, campo de indagação)". (SACCO, Rodolfo. *Introdução ao direito comparado*. Tradução de Véra Jacob de Fradera. São Paulo: Revista dos Tribunais, 2001. p. 34).

⁶ SACCO, Rodolfo. *Introdução ao direito comparado*. Tradução de Véra Jacob de Fradera. São Paulo: Revista dos Tribunais, 2001. p. 47.

chamada "querela franciscana" contribuiu para a consolidação dos *trusts* e como eles paulatinamente foram reconhecidos juridicamente.

No capítulo II, mostra-se o esforço internacional para uma conceituação do *trust*, notadamente a Convenção da Haia sobre a Lei Aplicável ao *Trust* e a seu Reconhecimento, a qual teve conclusão na década de 1980. Esta foi elaborada pela Conferência da Haia sobre Direito Internacional Privado, cujo objetivo foi o de regular o *trust*, que era reconhecido por alguns Estados-membros, em sua maioria de tradição *common law*, no entanto desconhecido na maioria dos Estados de tradição *civil law*. Foram estabelecidas as características essenciais do *trust*, seu campo de aplicação, critérios interpretativos, parâmetros para o seu reconhecimento, dentre outros aspectos. Em prosseguimento, é examinada outra iniciativa de internacionalização do *trust*, o Projeto de Quadro Comum de Referência. Por fim, são tecidas considerações sobre a experiência da Itália no reconhecimento dos *trusts*, a qual, por se tratar de um país pertencente à tradição *civil law*, apresenta significativas contribuições para se refletir sobre a compatibilidade dos *trusts* para além da *common law*.

O Capítulo III demonstra a profusão de modalidades de *trusts* existentes e preocupa-se com a sua classificação. Percorre um caminho que discute suas diferentes finalidades, seus respectivos momentos de criação, entre outras questões pertinentes, sem esgotar a questão, evidentemente, pois isso seria um trabalho enciclopédico e que não era o objetivo do livro.

O Capítulo IV traça paralelos entre o *trust* e outras figuras, as quais por vezes são com ele confundidas: a enfiteuse, o fideicomisso, a sociedade de propósito específico, o patrimônio de afetação, a sociedade de conta de participação, o regime fiduciário e, ainda, a empresa individual de responsabilidade limitada. Tal caminho foi traçado minuciosamente, de modo a deixar bem claro que nenhuma dessas figuras "é" *trust*.

E, por fim, o Capítulo V trata do reconhecimento dos *trusts* pela legislação brasileira e as perspectivas para a recepção dessa figura no país. Para que isso fosse possível, optou-se pelo seguinte quadro: primeiramente mostrar como a figura do *trust* é estigmatizada como um recurso que serviria deliberadamente e tão somente para o cometimento de ilicitudes. A par com essa inverdade, mostra-se quanto a sociedade brasileira ganharia com a utilização da figura do *trust*, notadamente em casos como o da tutela dos incapazes e das pessoas com deficiência, devido às lacunas existentes na atual legislação. Mostra-se, desse modo, que o *trust* não é método para lavagem de dinheiro ou evasão de divisas ou, o contrário, método para repatriação de divisas, e sim uma sólida figura jurídica já em franco uso em diferentes países, com benefícios para um sem-número de sujeitos da contemporaneidade e suas especificidades.

Seguem aos capítulos a conclusão, que aponta para o entendimento de que no Brasil o instituto da subenfiteuse contempla a divisão entre domínio útil e domínio direto, demonstrando a compatibilidade do ordenamento jurídico brasileiro com o *trust* inglês. Não obstante, defende que a versão mais contemporânea do *trust* o caracteriza sobretudo como patrimônio de afetação, instituto que já existe em nosso país e que recebeu novas modalidades em recentes leis, tais como o Código de Processo Civil de 2015. Defende-se que a recepção ideal do *trust* seria por meio da adesão do Brasil à Convenção da Haia e posterior alteração do Código Civil Brasileiro.

Em paralelo, caberiam mais algumas observações. Durante a elaboração do presente trabalho, o tema do *trust* passou a surgir na imprensa, geralmente de forma incongruente. Não estranhe, então, o leitor, a citação de revistas, sites e entrevistas televisivas. É no interior dessa rede discursiva que surgem, muito precisamente, os equívocos sobre a noção de *trust*. *Pari passu*, ao longo do processo de escrita, muitos acontecimentos foram surgindo, em concordância com a efervescência política pela qual o Brasil passava. Desse modo, a cada parágrafo, era necessário revisão dos pontos, sem perder de vista que jamais haveria um estudo sério que abordasse toda e qualquer nova situação que surgisse, fosse sobre um discurso tortuoso veiculado na mídia sobre o *trust*, fosse uma decisão de algum tribunal brasileiro sobre o *trust*, fosse ainda a explicação acertada de algum especialista sobre *trust*, a qual, rara, não cabia, na maioria das vezes, na sanha da mídia por situações-limite e de grande vendagem da informação.

Faz-se mister explicar outro ponto de vista importante à época da pesquisa. Concorda-se com o estudioso Peter Burke[7], para o qual o estudo de tempos antigos tem a ver com uma tradução de questões não apenas linguísticas, mas culturais. Investigar o passado é também uma

---

[7] BURKE, Peter. Culturas da tradução nos primórdios da Europa Moderna. *In*: BURKE, Peter; HSIA, R. Po-Chia (org.). *A tradução cultural*. Tradução de Roger Maioli dos Santos. São Paulo: Unesp, 2009.

tradução. A questão fica mais complexa quando o estudioso encontra no objeto de estudo outro idioma ou outros idiomas, como foi o caso. Daí o excesso de zelo em relação à questão linguística, entendida como para além da língua, ou seja, dentro de um complexo cultural maior, que envolve discursos, sentidos, valores e não apenas dados ou vocábulos do vernáculo da língua de recepção e da língua que se investiga. Por isso, o leitor encontrará nos anexos uma sugestão de tradução para a língua portuguesa da Convenção da Haia sobre a Lei Aplicável ao *Trust* e a seu Reconhecimento.

Após alguns anos passados da defesa e do depósito oficial do texto, a autora considerou relevante publicar o que era tese em formato de livro. Assim, mais leitores (estudantes, professores, profissionais do Direito) poderão ter acesso ao conteúdo da pesquisa. Diante desse quadro, estenderam-se as possibilidades de uma pesquisa, agora na forma de um livro, que ainda pode render muitos frutos e que, espera-se, contribua para a construção de um saber teórico e prático cada vez mais sólido e sério sobre a questão do *trust* e sobre as demais questões que orbitam a seu redor.

O leitor vai, aqui e ali, deparar-se com uma linguagem mais acadêmica. Ela é importante – e foi deixada intencionalmente –, posto ser este um trabalho científico. Situações tipicamente burocráticas do texto de uma tese de doutoramento foram retiradas para gerar fluidez na leitura, até o limite que não comprometesse seu rigor. Exemplo disso foram as duplas citações de escritos estrangeiros, no original e em traduções da própria autora, as quais foram substituídas apenas pelas traduções próprias. É por isso, também, que a autora procurou preservar ao máximo o texto original para transmitir o estado da arte no momento em que a tese foi defendida. As atualizações foram pontuais e tão somente naquilo que havia sido decididamente superado, como será facilmente identificável ao longo do texto.

Fruto de um trabalho de anos de pesquisa, a autora espera que a leitura seja agradável e proveitosa.

CAPÍTULO I

ANTECEDENTES HISTÓRICOS DO *TRUST*

1.1 Primeiras noções sobre o *trust*

Uma das particularidades do presente livro é a compreensão do próprio *trust*. Ao contrário de outros institutos, o *trust* é uma figura distinta de qualquer outra existente no Direito brasileiro, pelo que se faz necessária a elucidação de seus traços essenciais. Seria esperado iniciar com a apresentação de um conceito jurídico sobre o *trust*, a fim de situar o leitor a respeito do que será tratado. Contudo, a essência do *trust* reside precisamente em sua abertura conceitual. É por essa razão que a doutrina o adjetiva como "flexível", "dúctil" e "maleável". O *trust* pode ser o receptáculo para o desempenho de inúmeras funções e, apesar de possuir um padrão de estrutura, admite diversas variações.

Philip H. Pettit observa que é fácil explicar o que é um *trust*, mas árduo defini-lo satisfatoriamente.[8] Essa dificuldade encontra sentido nas características da tradição *common law*, a qual se configura como um sistema aberto[9], no qual não há tanto apego a conceitos.[10] É comum que,

---

[8] PETTIT, Philip Henry. *Equity and the law of trusts*. 10. ed. Oxford, New York: Oxford University Press, 2006, p. 27. Nesse mesmo sentido, aponta Marta Morineau: "Como o *trust* é um instituto geral e elástico, que também cumpre diversos objetivos e desempenha diferentes funções, é difícil encontrar uma definição suficientemente ampla para incluí-lo. Desse modo os especialistas da matéria preferem descrevê-lo ou explicá-lo, mais que defini-lo". Tradução da autora. (MORINEAU, Marta. *Una introducción al common law*. 2. reimp. Ciudad de México: Universidad Nacional Autónoma de México, 2004, p. 105).

[9] Conforme explica René David: "Os sistemas de direito da família romano-germânica são sistemas fechados, a *common law* é um *sistema aberto*, em que novas regras são continuamente elaboradas; estas novas regras baseiam-se na razão". (DAVID, René. *Os grandes sistemas do direito contemporâneo*. Tradução de Hermínio A. Carvalho. 5. ed. São Paulo: Martins Fontes, 2014. p. 440).

[10] Para Zweigert e Kötz, o que diferencia os sistemas jurídicos seria o seu estilo. "Em nossa visão, o ponto crítico dos sistemas jurídicos é seu estilo, pois os estilos dos sistemas jurídicos

mesmo em obras dedicadas ao estudo do *trust*, não seja fornecida uma definição ou um conceito dessa figura, mas tão somente uma noção,[11] ou seja, a descrição de sua estrutura e modo de funcionamento.

Nesse sentido, Pettit propõe uma explicação um pouco mais abrangente ao afirmar que um *trust* existe sempre que:

> [...] a *equity* impõe a alguém (o *trustee*) um dever de administrar propriedade sob o seu controle, seja em benefício de outras pessoas (os beneficiários ou *cestuis que trust*), quaisquer dos quais podem exigir a obrigação, ou para um propósito de caridade, que pode ser exigido pelo Procurador-Geral, ou para algum outro propósito permitido pelo Direito, ainda que inexigível.[12]

Em outros termos, pode-se dizer que o *trust* configura-se quando, em virtude da confiança depositada pelo instituidor do *trust*, o *trustee* tem o dever de gerir os bens que estão sob sua administração em prol dos beneficiários indicados pelo *settlor*. É possível que tal gestão deva ocorrer em benefício de uma finalidade de caridade, portanto sem um beneficiário determinado.

Outro ponto importante a ser salientado é a abstração necessária para compreender o que é um *trust*. O relato de F.W. Maitland acerca de uma passagem curiosa de sua vida acadêmica auxilia na compreensão do desafio que o instituto do *trust* promove nos estudiosos que decidem

---

individuais e dos grupos de sistemas jurídicos são bastante distintos. O comparatista deve esforçar-se para compreender esses estilos jurídicos, e utilizar os traços distintivos, estilísticos como base para ordenar os sistemas jurídicos em grupos. [...] Apenas as qualidades distintivas 'importantes' ou 'essenciais' são marcantes [...] Os seguintes fatores nos parecem ser cruciais para o estilo de um sistema ou de uma família jurídica: (1) seu plano de fundo e desenvolvimento histórico, (2) seu modo de pensameno predominante e característico em temas jurídicos, (3) institutos especialmente distintos, (4) as espécies de fontes jurídicas reconhecidas e a forma como são utilizadas, e (5) sua ideologia". Tradução da autora. (ZWEIGERT, Konrad; KÖTZ, Hein. *Introduction to comparative law*. Third revised edition, translated from the German by Tony Weir. New York: Oxford University Press, 1998. p. 67-68).

[11] "O *trust* é a obrigação particular sob a qual o titular do domínio direto deve deter o bem em benefício dos titulares do domínio útil. E esta obrigação é devida aos titulares do domínio útil, de modo que eles têm o direito de exigir a obrigação referente ao *trust*. Assim, a 'equitable ownership' dos bens do *trust* é uma categoria especial de propriedade: enquanto o *trust* existir, os titulares do domínio útil beneficiam-se dos direitos de propriedade não por lidarem diretamente com os bens do *trust*, como se titulares do domínio direto fossem, mas indiretamente, ao exigir os termos da obrigação referente ao *trust* contra o titular do domínio direto". Tradução da autora. (PENNER, James E. *The law of trusts*. 5. ed. New York: Oxford, 2006. p. 14-15).

[12] PETTIT, Philip Henry. *Equity and the law of trusts*. 10. ed. Oxford, New York: Oxford University Press, 2006. p. 27.

desbravá-lo. Em sua obra *Equity, Also, The Forms of Action at Common Law*, o professor da Universidade de Cambridge, profundo conhecedor do tema, tentava explicar a Otto von Gierke, um dos maiores juristas alemães[13] de todos os tempos, o que era um *trust*. Narra o professor inglês que Gierke teria respondido: "Não consigo entender o seu *trust*!".[14] Para juristas pertencentes a outras tradições que não à da *common law*, assimilar o conceito e o modo do funcionamento de um *trust* é árduo, uma vez que essa figura surgiu justamente no contexto histórico peculiar da Inglaterra do século XI, pós-conquista normanda.

Nesse ponto, uma das premissas deste livro é a adoção da posição defendida por Maitland,[15] e mais contemporaneamente por António Barreto Menezes Cordeiro, de que o *trust* é fruto do medievo inglês, não derivando de institutos do direito romano, canônico ou germânico.[16] Em vista disso, demonstra-se a necessidade de uma digressão histórica que elucide a conjuntura que permitiu o surgimento do *trust*.

Após a consolidação do *trust* na Idade Média, paulatinamente ao longo do tempo, houve sua expansão para outros países. De figura aplicada ao direito de propriedade, passou a desempenhar diversas funções, sendo adjetivado por Camille Jauffret-Spinosi de "concha

---

[13] Conforme explica Otavio Luiz Rodrigues Junior: "Gierke, nascido Otto Friedrich Gierke, foi transformado nobre (*Adel*) e elevado ao pariato prussiano em 1911, graças a seus esforços pelo fortalecimento dos valores *germanísticos*. Após isso, ele mudou seu nome para Otto von Gierke, como é mais conhecido em todo o mundo". (RODRIGUES JUNIOR, Otávio Luiz. A fabulosa descoberta de que existe um paraíso dos juristas (parte 1). *Consultor Jurídico*, 24 set. 2014. Disponível em: http://goo.gl/5XbK1B. Acesso em: 19 maio 2016).

[14] "De todas as proezas da *Equity* a maior e mais importante foi a invenção e o desenvolvimento do *Trust*. Ele é um 'instituto' de grande elasticidade e generalidade; tão elástico, tão geral quanto o contrato. Isso talvez constitua a mais distintiva realização dos juristas ingleses. Parece-nos quase essencial à civilização, porém não há nada que se assemelhe a ele no direito estrangeiro. Tome-se por exemplo o *Bürgerliches Gesetzbuch* – o Código Civil da Alemanha; onde está o *trust*? Em lugar algum. Isso, aos olhos do operador inglês, é uma grande lacuna. Os estrangeiros não enxergam qualquer lacuna. 'Eu não consigo entender esse seu *trust*', me disse Gierke. Devemos nos perguntar por que isso ocorre. Bem, o *trust* não se encaixa facilmente naquilo que eles têm por necessário no arranjo da ciência do Direito". Tradução da autora. (MAITLAND, Frederic William. *Equity, Also, The Forms of Action at Common Law*: Two Courses of Lectures. Editado por A.H. Chaytor e W.J. Whittaker. Cambridge: University Press, 1910. p. 23).

[15] MAITLAND, Frederic William. *Equity, Also, The Forms of Action at Common Law*: Two Courses of Lectures. Editado por A.H. Chaytor e W.J. Whittaker. Cambridge: University Press, 1910. p. 32.

[16] "Conquanto se reconheça uma possível influência romanística, canônica e germânica, o *use* apresenta-se como um produto do feudalismo inglês, um passo natural numa sociedade totalmente imbuída nos conceitos e princípios do sistema". (MENEZES CORDEIRO, António Barreto. *Do Trust no direito civil*. Coimbra: Almedina, 2014. p. 1.133).

hospitaleira".[17] Assim, mostrou-se necessária a elaboração de uma estipulação internacional do *trust*. São examinadas as iniciativas empreendidas pela Convenção da Haia sobre a Lei Aplicável ao *Trust* e a seu Reconhecimento[18] e o Projeto de Quadro Comum de Referência (*Draft Common Frame of Reference*). Nesse âmbito, o termo *trust* passou a expressar um significado diferente do que representava em sua gênese.

Por fim, cabe esclarecer que a figura objeto do presente estudo é o *trust*, o qual não se confunde com o "truste",[19] instituto pertencente ao direito concorrencial, caracterizado pela união de sociedades empresárias voltadas à concentração econômica. Para que não haja confusão entre o truste e o *trust*, optou-se pelo emprego do termo em inglês.[20]

---

[17] "O *trust* é uma instituição muito flexível, adaptável nos países de *common law* a um número tão grande de situações que torna impossível dar uma definição contendo suas múltiplas facetas. É uma forma, uma concha hospitaleira para inúmeras situações na qual um indivíduo tem poderes sobre bens que não lhe pertencem e um outro indivíduo tem outros direitos, mais passivos, mas bem reais sobre esses bens, cada um entre eles tendo um verdadeiro direito de propriedade, concomitante, mas em princípio não concorrente". Tradução da autora. (JAUFFRET-SPINOSI, Camille. La Convention de la Haye relative à la loi applicable au trust et à sa reconnaissance (1er juillet 1985). *Journal du Droit International*, n. 1, p. 23, 25, 1987).

[18] A Convenção da Haia sobre a Lei Aplicável ao *Trust* e a seu Reconhecimento foi concluída em 1º de julho de 1985, tendo sido elaborada pela Conferência da Haia sobre Direito Internacional Privado a partir de sua 14ª Sessão, em 1980. (OVERBECK, Alfred E. von. Rapport explicative de M. Alfred E. von Overbeck. In: CONFÉRENCE DE LA HAYE DE DROIT INTERNATIONAL PRIVÉ. *Actes et documents de la Quinzième session*: Trust – loi applicable et reconnaissance. Haia: HCCH, 1984. t. II. p. 370).

[19] De acordo com Fábio Nusdeo: "*Truste* – Corresponde a uma modalidade de integração de empresas que originalmente utilizavam-se [...] de um instituto jurídico típico do direito anglo-saxão: o *truste* – que em inglês significa confiar. [...] Note-se que genericamente e por extensão tem-se usado a expressão truste para designar qualquer forma de união de empresas e de concentração econômica, tanto assim que a legislação destinada a reprimi-la é precisamente chamada de legislação antitruste, o que não deixa de constituir uma evidente impropriedade terminológica, sobretudo em países como o Brasil, onde não existe o instituto do *trust*". (NUSDEO, Fábio. *Curso de economia*: introdução ao direito econômico. 8. ed. rev., atual. e ampl. São Paulo: RT, 2014. p. 284-285).

[20] Um exemplo de tentativa de tradução malsucedida foi a reportagem abaixo, que relata trechos do depoimento do Professor de Direito Econômico da Faculdade de Direito da Universidade de São Paulo (USP) Tadeu de Chiara. O referido jurista foi chamado como testemunha do ex-deputado Eduardo Cunha (PMDB-RJ) no Conselho de Ética em virtude de seu notório saber jurídico acerca do *trust*. A reportagem imputa a Chiara declarações sobre o tema do "truste", quando na verdade ele foi ouvido para elucidar aspectos técnicos do *trust*, desvirtuando em parte suas declarações. (NASCIMENTO, Luciano. Testemunha de Cunha diz que truste não é conta, mas pode ter uso ilegal. *EBC Agência Brasil*, 17 maio 2016. Disponível em: http://goo.gl/QKvX2x. Acesso em: 17 maio 2016).

1.2 O *trust* como instituto decorrente da história da tradição *common law*

A história do *trust* está intimamente ligada com o desenvolvimento da *equity* e, por consequência, da tradição *common law*. Essa relação é tão estreita que em diversos compêndios de direito comparado o instituto do *trust* é o eleito para ilustrar as particularidades da *common law*.[21] Trata-se, portanto, de um instituto fruto do desenvolvimento da organização judiciária inglesa. No dizer do célebre professor inglês da Universidade de Cambridge Frederic William Maitland: "De todas as proezas da *Equity*, a maior e mais importante foi a invenção e o desenvolvimento do *Trust*".[22]

Para os historiadores do direito, a origem da tradição *common law* está associada à conquista do território inglês realizada por Guilherme I (*Duke William I of Normandy*), na batalha de Hastings, em 14 de outubro de 1066. Guilherme I lutou com Haroldo Godwinson (*Harold Godwinson*) pela titularidade do trono inglês, uma vez que o Rei anterior, Eduardo, o Confessor (*Edward the Confessor*), havia falecido sem deixar herdeiros, tendo Haroldo sido coroado seu sucessor. Na Batalha de Hastings, Guilherme I chacina o exército adversário e mata o então Rei Haroldo Godwinson, passando a ser o titular da coroa. Em virtude do violento modo pelo qual Guilherme I derrotou Haroldo e se tornou Rei da Inglaterra, era preciso que adotasse medidas de centralização de seu poder e de contenção de revoltas. Nesse cenário, a adoção da *common law* ocorreu especificamente para suprir esses propósitos.

Nesse contexto – início do reinado de Guilherme I – tem-se o primeiro dos três sentidos que a expressão *common law* pode expressar: tradição. Entende-se que a *common law* é uma tradição, conforme a acepção defendida por John Henry Merryman e Rogelio Pérez-Perdomo:

---

[21] Conferir as seguintes obras: DAVID, René. *Os grandes sistemas do direito contemporâneo*. Tradução de Hermínio A. Carvalho. 5. ed. São Paulo: Martins Fontes, 2014. p. 393; DAVID, René. *O direito inglês*. Tradução de Eduardo Brandão; Isabella Soares Micali. 2. ed. São Paulo: Martins Fontes, 2006. p. 99 e segs.; LOSANO, Mario G. *Os grandes sistemas jurídicos*: introdução aos sistemas jurídicos europeus e extra-europeus. Tradução de Marcela Varejão. São Paulo: Martins Fontes, 2007. p. 323 e segs.; SÉROUSSI, Roland. *Introdução ao direito inglês e norte-americano*. Tradução de Renata Maria Pereira Cordeiro. 2. ed. São Paulo: Landy, 2006. p. 59 e segs.; MORINEAU, Marta. *Una introducción al common law*. 2. reimp. Ciudad de México: Universidad Nacional Autónoma de México, 2004. p. 101-131.

[22] MAITLAND, Frederic William. *Equity, Also, The Forms of Action at Common Law*: Two Courses of Lectures. Editado por A.H. Chaytor e W.J. Whittaker. Cambridge: University Press, 1910. p. 23.

Uma tradição jurídica é, na verdade, um conjunto de atitudes historicamente condicionadas e profundamente enraizadas a respeito da natureza do direito e do seu papel na sociedade e na organização política, sobre a forma adequada da organização e operação do sistema legal e, finalmente, sobre como o direito deve ser produzido, aplicado, estudado, aperfeiçoado e ensinado.[23]

Para Merryman e Pérez-Perdomo, uma tradição é formada por diversos sistemas jurídicos, os quais representam "um conjunto de instituições legais, processos e normas vigentes".[24] A partir dessa concepção, a tradição *common law* seria composta por vários sistemas jurídicos, tais como o da Inglaterra, o da Austrália e o da Nova Zelândia. Embora todos eles integrem a tradição *common law*, cada um constitui um sistema jurídico autônomo.

Desse modo, a obra de Merryman e Pérez-Perdomo tem a vantagem de deixar claro que, dentro de uma mesma tradição, coexistem diversos sistemas, agrupados em razão de suas similitudes, ainda que singulares entre si. Contudo, tal opção não ofusca em nenhuma medida o brilhantismo da classificação proposta anos antes pelo célebre comparatista René David e mais tarde continuado por Camille Jauffret-Spinosi.[25] Os autores franceses classificam os diferentes ordenamentos jurídicos em três grandes famílias: romano-germânica, *common law* e dos direitos socialistas. Não obstante, reconhecem que tais famílias não esgotam toda a complexidade do direito contemporâneo, sendo apenas

---

[23] MERRYMAN, John Henry; PÉREZ-PERDOMO, Rogelio. *A tradição da Civil Law:* uma introdução aos sistemas jurídicos da Europa e da América Latina. Tradução de Cássio Casagrande. Porto Alegre: Sergio Antonio Fabris, 2009. p. 23.

[24] MERRYMAN, John Henry; PÉREZ-PERDOMO, Rogelio. *A tradição da Civil Law:* uma introdução aos sistemas jurídicos da Europa e da América Latina. Tradução de Cássio Casagrande. Porto Alegre: Sergio Antonio Fabris, 2009. p. 21.

[25] A obra *Os grandes sistemas do direito contemporâneo*, de René David, é certamente o grande clássico para o estudo do direito comparado. Pode-se dizer que toda uma geração de juristas teve sua primeira aproximação ao estudo do direito comparado a partir da leitura desta obra compreensiva sobre as famílias romano-germânica, *common law*, socialista, e outras concepções de ordem social e de direito. Ao final de 2014, foi publicada no Brasil a 5ª edição da tradução desse livro. Nessa versão mais recente, houve mudança substancial do texto; isso porque foi realizada a tradução para o português (feita por Hermínio A. Carvalho) da versão francesa mais atual do livro, que conta com relevantíssimas atualizações feitas pela Professora Doutora Camille Jauffret-Spinosi. O único pecado da nova edição é continuar na capa, contracapa e catalogação da publicação a atribuição da autoria apenas a René David, não mencionando a participação de Jauffret-Spinosi senão no prefácio do livro. Ocorre que a edição francesa atribui a autoria a ambos, René David e Camille Jauffret-Spinosi. Espera-se que na próxima edição tal imprecisão seja corrigida e se faça justiça à contribuição de Jauffret-Spinosi.

um recorte dos sistemas mais proeminentes da atualidade segundo o olhar europeu.[26]

A *common law* desenvolvida na Inglaterra passou a constituir uma tradição autônoma, embora sua origem seja parcialmente vinculada ao direito romano.[27] Como afirma Mario Losano, antes da conquista normanda conviviam no território britânico normas germânicas e dos direitos romano e canônico. Todavia, a consolidação do reinado de Guilherme I exigia a unificação do Direito, o que foi operacionalizado pela *common law*, cujo nome expressa justamente que era o Direito que seria aplicado para todo o Reino da Inglaterra:

> A unidade política da Grã-Bretanha (com exceção da Escócia) realizada por Guilherme, o Conquistador, teve como consequência direta também a unificação do direito. Esse direito unificado foi chamado "direito comum", "Common Law", porque substituía os direitos particulares anteriormente em vigor.[28]

Nesse ponto, deve-se ter cautela com o termo "direito comum". No contexto aludido por Losano, é a tradução para o português da tradição – ou para o autor o sistema – *common law*. Ocorre que o emprego dessa expressão pode conduzir a confusões. É o caso do título da edição brasileira da famosa obra de Oliver Wendell Holmes Jr. No original tem-se *The Common Law*, que foi traduzido como "O direito

---

[26] "O agrupamento dos direitos em famílias é o meio próprio para facilitar, reduzindo-os a um número restrito de tipos, a apresentação e a compreensão dos diferentes direitos do mundo contemporâneo. Porém, não há concordância sobre o modo de efetuar este agrupamento, e sobre quais famílias de direitos se deve por conseguinte reconhecer. [...] todas as classificações têm o seu mérito. Tudo depende do quadro em que se coloquem e da preocupação que, para uns e outros, seja dominante. [...] Iremos nos abster, por esta razão, de qualquer polêmica com os autores que propuseram classificações diferentes. Limitar-nos-emos, de modo pragmático, a pôr sumariamente em relevo as características essenciais de três grupos de direitos que, no mundo contemporâneo, ocupam uma situação proeminente: família romano-germânica, família da *common law* e família dos direitos socialistas. Estes grupos de direitos, porém, qualquer que seja o seu valor e qualquer que possa ter sido a sua expansão, estão longe de dar conta de toda a realidade do mundo jurídico contemporâneo. Ao lado das concepções que eles representam, ou combinando-se com essas concepções, outros modos de ver relativos à boa organização da sociedade persistem e continuam a ser determinantes num grande número de sociedades". (DAVID, René. *Os grandes sistemas do direito contemporâneo*. Tradução de Hermínio A. Carvalho. 5. ed. São Paulo: Martins Fontes, 2014. p. 22-23).

[27] LOSANO, Mario G. *Os grandes sistemas jurídicos*: introdução aos sistemas jurídicos europeus e extra-europeus. Tradução de Marcela Varejão. São Paulo: Martins Fontes, 2007. p. 323.

[28] LOSANO, Mario G. *Os grandes sistemas jurídicos*: introdução aos sistemas jurídicos europeus e extra-europeus. Tradução de Marcela Varejão. São Paulo: Martins Fontes, 2007. p. 324.

comum". Com o devido respeito que o tradutor merece, não se entende ser possível traduzir *common law* por "direito comum", quer seja pela falta de correspondência entre esses sintagmas nominais, quer seja pelo fato de essa última expressão receber sentido completamente diverso no estudo da história do direito. A locução "direito comum" está mais próxima da tradução de *ius commune*, que significa o direito próprio da Idade Média, mais especificamente do segundo medievo (século XI), caracterizado por sua pluralidade e assistematicidade, baseado nos direitos romano, canônico e dos doutrinadores.[29]

Retomando o raciocínio anterior, a vitória de Guilherme, o Conquistador, na batalha de Hastings, em 1066, representou o início da tradição *common law*. Ao se tornar Rei da Inglaterra, passou a ser o titular da propriedade de todo o solo inglês,[30] o qual foi submetido a um sistema feudal de suserania e vassalagem tipicamente medieval.[31] Segundo Gary Slapper e David Kelly, o advento da *common law* "representa a imposição de tal sistema unitário sob os auspícios e controle de um poder central na forma de um rei soberano; em relação

---

[29] No dizer de Paolo Grossi: "O historiador pode trazer um exemplo iluminante, aquele do *ius commune* medieval e pós-medieval: uma Europa fracionada em uma miríade de poderes políticos, todos com limitadas projeções geográficas; em cada uma delas, ordenações dos Príncipes locais, estatutos das comunidades, costumes, ou seja, manifestações jurídicas ligadas estritamente ao território particular. Mas, acima, circula uma dimensão jurídica universal, uma ordem jurídica da vida cotidiana da comunidade humana, que se apossa também do particular, mas não nasce dele, é vigente em cada lugar sem que haja necessidade de autorizações da parte dos detentores do poder. É o reino sem confins, autenticamente sem confins, do *ius commune*, que se distingue por ser em primeiro lugar obra de doutrinadores, de mestres universitários, de homens de cultura indiferentes às fronteiras assinaladas pelo poder, cidadãos do mundo que migram de uma sede universitária à outra, ensinando a estudantes provenientes de todas as partes da Europa e que desenham a linha da urdidura jurídica unitária do mundo então conhecido. Na civilização medieval conseguiu-se um resultado digno de consideração: diante de um esmiuçado particularismo político, sobressai uma dimensão jurídica universal de marca científica". (GROSSI, Paolo. *História da propriedade e outros ensaios*. Tradução de Luiz Ernani Fritoli; Ricardo Marcelo Fonseca. Rio de Janeiro: Renovar, 2006. p. 118).

[30] Eroulths Cortiano Júnior sintetiza os principais aspectos do feudalismo: "Quatro características marcam a sociedade feudal: o desenvolvimento dos laços de dependência de homem para homem, o parcelamento máximo do direito de propriedade, a hierarquia dos direitos sobre a terra e o parcelamento do poder público com hierarquias regionais de instâncias autônomas". (CORTIANO JÚNIOR, Eroulths. *O discurso jurídico da propriedade e suas rupturas*. Rio de Janeiro: Renovar, 2002. p. 22).

[31] Mario Losano esclarece que o sistema de propriedade medieval perdurou na Inglaterra por muito mais tempo que em outros países, não tendo passado pela ruptura emblemática ocorrida na Revolução Francesa e que culminou no desenvolvimento da propriedade moderna nos países da tradição *civil law*. LOSANO, Mario G. *Os grandes sistemas jurídicos*: introdução aos sistemas jurídicos europeus e extra-europeus. Tradução de Marcela Varejão. São Paulo: Martins Fontes, 2007. p. 343.

a isto, a *common law* representou a asserção e a afirmação daquele poder soberano central".³² A partir daí, houve a necessidade de estruturar e organizar o sistema judiciário.³³

Os tribunais da tradição *common law* eram a "Court of Exchequer", que tratava de questões fiscais, a "Court of King's Bench", cuja competência eram crimes, e a "Court of Common Pleas", a qual tratava de questões ligadas aos súditos.³⁴ Contudo, tendo em vista que na monarquia inglesa um súdito podia apelar ao Rei para dele receber uma decisão definitiva sobre o seu caso, foi criada a "Court of Chancery" (Tribunal do Chanceler ou de Chancelaria). Em síntese, a tradição *common law* englobava os três tribunais primeiramente citados, conhecidos como do Rei (*curia regis*), e o Tribunal do Chanceler.

A "Court of Chancery" era presidida pelo Chanceler, um assessor muitíssimo próximo do Monarca e a quem foi atribuído o poder de decisão final sobre os casos apelados à misericórdia e boa razão do Rei. O Chanceler era, frequentemente, membro da Igreja, razão pela qual suas decisões primavam pela aplicação de regras morais, e não necessariamente de fundamentos jurídicos.³⁵

---

³² SLAPPER, Gary; KELLY, David. *O sistema jurídico inglês*. Tradução Marcílio Moreira de Castro. Rio de Janeiro: Forense, 2011. p. 4. Importante notar que os autores se referem à *common law* no gênero masculino por considerá-la um sistema, e não uma tradição, ao contrário de John Henry Merryman e Rogelio Pérez-Perdomo.

³³ O historiador do direito Mario Losano distingue quatro sistemas normativos que integrariam o direito inglês (na terminologia utilizada no presente trabalho, que integrariam a tradição *common law*): "O direito inglês foi então regulado por quatro sistemas normativos: – o *Common Law*, aplicado pelas três cortes citadas; – o *Law Merchant*, direito comercial que compreendia normas de direito internacional privado, de direito marítimo, além de regulamentos de feiras e mercados. Analogamente ao que vimos para a Europa continental, esse direito era aplicado por tribunais especiais, destinados a confluir depois no Common Law. Esses tribunais especiais eram tanto formais (Courts os Staple, nos grandes centros comerciais; High Court of Admiralty, para a pirataria e o comércio marítimo), quanto informais (Pie Powder Courts, tribunais dos pés empoeirados, como ironizavam em anglo-francês os solenes juízes régios sobre seus colegas mercadores, que chegavam no tribunal com os 'pied poudrés'); – o *direito canônico*, que, administrado inicialmente pela Igreja de Roma, acabou sendo absorvido em boa parte pelo Common Law, quando a Reforma Protestante fez do rei da Inglaterra também o chefe da Igreja reformada, que tomou exatamente o nome da Igreja Anglicana; – enfim, a *equity* que, diferentemente do direito comercial e eclesiástico, continuou até 1873 a ser aplicada por um tribunal específico, a Court of Chancery". (LOSANO, Mario G. *Os grandes sistemas jurídicos*: introdução aos sistemas jurídicos europeus e extra-europeus. Tradução de Marcela Varejão. São Paulo: Martins Fontes, 2007. p. 328).

³⁴ LOSANO, Mario G. *Os grandes sistemas jurídicos*: introdução aos sistemas jurídicos europeus e extra-europeus. Tradução de Marcela Varejão. São Paulo: Martins Fontes, 2007. p. 328.

³⁵ Apenas para explanar, Frederic William Maitland apresenta uma lista descritiva dos Lordes Chanceleres. No rol das pessoas que ocuparam essa posição, verifica-se que diversos Chanceleres desempenhavam também funções de destaque no clero, tais como as de arcebispo e de bispo. Ver: MAITLAND, Frederic William. *Equity, Also, The Forms of Action*

O avanço dos tribunais da *common law* ocorreu de modo bastante particular em decorrência do procedimento de acesso de que os súditos dispunham. Naquela época, para ingressar no judiciário era preciso que existisse um *writ* – que nesse trabalho pode ser compreendido como um tipo de "ação" – que correspondesse ao pedido que se pretendia deduzir. Caso a situação fática não guardasse correspondência com um *writ* existente, não havia como ingressar nas Cortes Reais.[36]

Quando se verificava tal descompasso, o Rei poderia criar ou modificar *writs* para que passassem a contemplar situações novas ou particulares. Ocorre que, em 1258, o Rei Henrique II promulgou as *Provisions of Oxford*, por meio das quais não era mais possível a criação ou a modificação dos *writs*. Três décadas mais tarde, em 1285, o Monarca Eduardo I publicou o *Statute of Westminster II*, por meio do qual poderiam ser criados novos *writs*, desde que fossem análogos aos já existentes.[37] Sendo assim, mesmo com o *Statute of Westminster II*, os Tribunais Reais permaneceram muito engessados aos tipos de *writs* originalmente existentes, de modo que não se arrojaram adequadamente ao longo do tempo.

Esse engessamento dos Tribunais Reais é criticado por Gary Slapper e David Kelly, segundo os quais a rejeição de um caso em decorrência da ausência de um *writ* correspondente "necessariamente redundou em injustiças e na necessidade de corrigir as fraquezas encontradas no *common law*".[38]

Tendo em vista essa limitação concernente aos *writs*, o Tribunal do Chanceler, por outro lado, passou por um intenso florescimento. Ao contrário dos Tribunais Reais, não exigia a formalidade da correspondência do pedido ao *writ*, de modo que passou a ser o *locus* privilegiado das demandas mais inusitadas e desafiadoras. Pode-se afirmar que o Tribunal de Chancelaria colmatou em certa medida esse filtro formalista presente nas Cortes Reais, tornando a *common law* mais dúctil.

Outro motivo pelo qual o Tribunal do Chanceler teve amplo desenvolvimento deriva de um poder especial atribuído ao seu presidente: o *subpoena*. O poder de *subpoena* consistia na autoridade que o

---

at *Common Law*: Two Courses of Lectures. Editado por A.H. Chaytor e W.J. Whittaker. Cambridge: University Press, 1910. p. xvi.

[36] LOSANO, Mario G. *Os grandes sistemas jurídicos*: introdução aos sistemas jurídicos europeus e extra-europeus. Tradução de Marcela Varejão. São Paulo: Martins Fontes, 2007. p. 329.

[37] LOSANO, Mario G. *Os grandes sistemas jurídicos*: introdução aos sistemas jurídicos europeus e extra-europeus. Tradução de Marcela Varejão. São Paulo: Martins Fontes, 2007. p. 329-330.

[38] SLAPPER, Gary; KELLY, David. *O sistema jurídico inglês*. Tradução Marcílio Moreira de Castro. Rio de Janeiro: Forense, 2011. p. 4.

Chanceler tinha de, após um *writ* protocolado, exigir a presença física das partes litigantes para interrogá-las e também lhes dirigir ordens que deveriam ser rigorosamente cumpridas.[39] Segundo Penner, essa seria a peculiaridade do direito produzido por esse tribunal: o poder do Chanceler de exigir que os litigantes se comportassem de acordo com os ditames morais e de consciência reconhecidos pelo tribunal.[40]

Como produto da ausência de formalidade quanto à existência de um *writ* próprio ao pedido e do poder de *subpoena*, ao longo de seu funcionamento o Tribunal do Chanceler desenvolveu um conjunto de regras e princípios próprios, o qual passou a ser considerado um sistema autônomo presente na tradição *common law*: a *equity*.[41] Nesse sentido, *equity* não quer dizer "equidade" ou "algo justo", mas sim um sistema do direito autônomo presente na tradição *common law* que se originou do conjunto de decisões do Tribunal do Chanceler.[42] Logo, encontra-se nesse ponto o terceiro e último sentido atribuído ao termo *common law*: trata-se do sistema do direito decorrente dos tribunais reais, em contraposição ao sistema da *equity*, oriundo do conjunto de decisões do Chanceler.

As decisões proferidas no Tribunal de Chancelaria inglesa deram origem a alguns princípios gerais, expressos em doze ditames chamados máximas da *equity* (*maxims of equity*), que instituem algumas linhas-mestras para demonstrar como a jurisdição da *equity* deve ser exercida. Tais máximas não devem ser vistas como regras a serem aplicadas rigorosamente em todos os casos, mas sim como caminhos para a solução das situações postas à análise.[43] Em síntese, objetivavam dar um mínimo de segurança e previsibilidade à *equity*.[44]

---

[39] PENNER, James E. *The law of trusts*. 5. ed. New York: Oxford, 2006. p. 3.
[40] PENNER, James E. *The law of trusts*. 5. ed. New York: Oxford, 2006. p. 3.
[41] PENNER, James E. *The law of trusts*. 5. ed. New York: Oxford, 2006. p. 2.
[42] O termo "sistema" é o empregado por Harold Potter para descrever a especificidade das regras desenvolvidas na Corte do Chanceler que fazem parte da *equity*. POTTER, Harold. *An Historical Introduction to English Law and its institutions*. 3. ed. London: Sweet & Maxwell, Limited Law Publishers, 1948. p. 550.
[43] "As máximas da *equity* incorporam os princípios gerais que evoluíram no Tribunal de Chancelaria. Não são regras que devem ser rigorosamente aplicadas em todos os casos, mas estão mais para linhas gerais ilustrando a forma em que a jurisdição de *equity* deve ser exercida". Tradução da autora. (HANBURY, Harold Greville; MARTIN, Jill E. *Modern Equity*. 17. ed. London: Sweet & Maxwell, 2005. p. 27). Sobre as máximas da *equity*, consultar a excelente obra de Tomás Olcese, que aprofunda o tema. OLCESE, Tomás. *Formação histórica da real property law inglesa*: tenures, estates, equity & trusts. Dissertação (Mestrado em Direito Civil) – Universidade de São Paulo, Faculdade de Direito, São Paulo, 2012.
[44] "Embora a *equity* tenha desenvolvido suas próprias regras a respeito de diversas matérias, também produziu uma série de 'máximas' ou princípios gerais que manifestaram a

Sucede que, como acima afirmado, o rei da Inglaterra era – como consequência da titularidade do trono – o senhor de todas as terras do território. Por meio de relações de suserania (*lord*) e vassalagem (*tenant*) próprias do medievo, o rei concedia o uso de algumas terras aos nobres, os quais, por sua vez, também firmavam sucessivas relações com outros vassalos.[45] Nesse panorama, existiam os vassalos de alta hierarquia (nobres) e os mais humildes, meros servos da gleba. Em comum, todos os vassalos deviam pagar tributos quando havia transferência dos titulares do uso da terra em virtude de falecimento.[46] Em algumas situações, com o falecimento de um vassalo, o suserano retomava a posse e a administração da terra até que o primogênito do vassalo atingisse a maioridade.[47] Essa determinação jurídica da época ocasionava prejuízos consideráveis aos herdeiros dos vassalos, que, além de terem perdido um ente querido, ficavam privados da terra ou de sua administração.

---

abordagem geral da *equity* para a solução de problemas jurídicos. Um exemplo de tal máxima é '*Equity* olha para a intenção, e não a forma'. Se, por exemplo, duas partes produziram documentos que caracterizaram uma transação sobre terras como uma venda de terreno, mas cujo conteúdo resulta em uma hipoteca sobre o terreno, o tribunal de *equity* olharia para além da forma dos documentos, o que poderia ser decisivo na *common law*, e trataria a transação como uma hipoteca. Nós encontraremos várias dessas máximas em nosso percurso. Como quaisquer outros princípios gerais de direito, as máximas da *equity* foram incrustadas com interpretação judicial ao longo dos séculos, então seria um grande equívoco tratar tais máximas hodiernamente como qualquer coisa além de dispositivos que auxiliam a interpretação e a organização de entendimentos jurisprudenciais particulares da *equity* e ajudar a explicar seu desenvolvimento histórico" Tradução da autora. (PENNER, James E. *The law of trusts*. 5. ed. New York: Oxford, 2006. p. 4-5).

[45] Sobre outras formas de apropriação presentes na Inglaterra medieval, consultar: RUHL, J. B. The tale of the fee tail in Downton Abbey. *Vanderbilt Law Review En Banc*, v. 68, p. 131-141, 2015. Trata-se de interessante artigo que enfrenta o arcaico instituto do *entail* ou *fee tail* (mais especificamente a modalidade do *fee tail male*), cujo objetivo era manter a terra no seio familiar e prevenir a divisão e dissolução da área.

[46] "Entre os deveres do *tenant* (*incidentes of tenure*), alguns comuns a diversos tipos de *tenures*, encontravam-se o *escheat* (o regresso da terra à esfera do *lord* no caso de o *tenant* sucumbir sem herdeiros ou de ser condenado por delitos de particular gravidade), a *homage* (o reconhecimento da supremacia do *lord* acompanhado de juramento de fidelidade e de assistência económica em dadas circunstâncias), a *wardship* (a aquisição, por parte do *lord*, do poder de tutela sobre os herdeiros menores do *tenant*, com a consequência do poder de gozar a terra sem a obrigação de prestação de contas até a maioridade do pupilo) e o *marriage* (a atribuição ao *lord* do direito de, à morte do *tenant*, escolher um cônjuge para o herdeiro solteiro, ou de obter um montante pecuniário a título de indemnização no caso de ausência de casamento). O proprietário fundiário não podia dispor por via testamentária da sua terra e o seu herdeiro legítimo era sempre e em qualquer caso obrigado a pagar ao *lord* a renda de um ano pelo privilégio da sucessão". (CAMPOS, Diogo Leite de; TOMÉ, Maria João Romão Carreiro Vaz. *A propriedade fiduciária (Trust)*: estudo para a sua consagração no direito português. Coimbra: Almedina, 1999. p. 23).

[47] CAMPOS, Diogo Leite de; TOMÉ, Maria João Romão Carreiro Vaz. *A propriedade fiduciária (Trust)*: estudo para a sua consagração no direito português. Coimbra: Almedina, 1999. p. 22.

Como meio de contornar o pagamento de tais tributos, os quais eram muito onerosos, e evitar a perda da terra, os vassalos passaram a adotar o instituto do *use of lands* (uso da terra), por meio do qual transferiam seus bens para uma pessoa de sua confiança, que os administraria em seu favor e após o seu passamento em benefício de seus herdeiros.[48] Conforme explicam Hanbury e Martin:

> O Chanceler interferiu para obrigar A a manter o terreno em uso e benefício exclusivo de B. O Chanceler não poderia dizer que B era o proprietário; era A. Mas todo o domínio útil sobre o terreno poderia ser dado a B ao obrigar A a manter apenas o título de propriedade, e a dar todo domínio útil do terreno a B. Foi o que aconteceu quando se deu efetividade ao *use*. E, apesar da competência *in personam*, o Chanceler daria efetividade aos direitos de B, não apenas contra A, mas também contra outras pessoas que tomassem o terreno de A. Não demorou muito até que se dissesse que A era o proprietário legal, e B o proprietário em *equity*. Na terminologia da época, A era o *feoffee* do *use*, B o *cestui que* do *use*. O *use* foi o antecessor, como veremos, do *trust*.[49]

Embora alguns autores lusitanos identifiquem as figuras do *use of lands* com a do *trust*[50], entende-se que essa primeira figura foi a antecessora do *trust*, apresentando uma estrutura mais simplificada. Contudo, por

---

[48] Conforme esclarecem Maria João Romão Carreiro Vaz Tomé e Diogo Leite de Campos: "O instituto do *use* permitiu evitar este resultado, porquanto o vassalo transferia o seu patrimônio a amigos em *trust*, que se vinculavam a tê-lo em *use* para o disponente, durante a sua vida e, após a sua morte, para o seu filho mais velho quando atingisse a maioridade. Deste modo, a propriedade fundiária passava para a esfera do herdeiro mediante a prática de um acto jurídico *inter vivos* e não por via sucessória, nunca chegando assim a nascer os direitos do suserano feudal". (CAMPOS, Diogo Leite de; TOMÉ, Maria João Romão Carreiro Vaz. *A propriedade fiduciária (Trust)*: estudo para a sua consagração no direito português. Coimbra: Almedina, 1999. p. 21, nota 15).

[49] Tradução da autora. HANBURY, Harold Greville; MARTIN, Jill E. *Modern Equity*. 17. ed. London: Sweet & Maxwell, 2005. p. 9.

[50] Em certas passagens da obra de Diogo Leite de Campos e Maria João Carreiro Vaz Tomé percebe-se essa identificação entre *use* e *trust*, com a qual se discorda no presente trabalho. Nesse sentido: "No início da Idade Média, no direito inglês, o *trust* era conhecido como *use*. A sua função principal consistia em contornar os ônus feudais que o direito medieval estabelecia à propriedade imobiliária principal forma de riqueza, a favor do suserano". (CAMPOS, Diogo Leite de; TOMÉ, Maria João Romão Carreiro Vaz. *A propriedade fiduciária (Trust)*: estudo para a sua consagração no direito português. Coimbra: Almedina, 1999. p. 21). Igualmente, incorre no mesmo equívoco Verônica Scriptore Freire e Almeida, para quem "Naquela época, no Direito inglês, o Trust era conhecido como *use*. O *use* foi introduzido na Inglaterra após a conquista normanda no ano de 1066, ocasião em que as terras da nobreza foram tomadas por Guilherme I, que as reuniu em sua propriedade e formou o sistema feudal, passando a concedê-las, directa ou indirectamente, em forma de *tenures*". (FREIRE E ALMEIDA, Verônica Scriptore. *A tributação dos trusts*. Coimbra: Almedina, 2009. p. 19).

ter sido precursora do *trust*, é imprescindível elucidar no que consistia o *use of lands*, semente que gerou posteriormente o *trust*.[51]

A origem desse mecanismo é controvertida na doutrina. Para parte dos estudiosos, sua inspiração seria a *Treuhand* germânica, ao passo que para outros seria o *fidei commissum* de origem romana.[52] Independentemente disso, a origem do termo *use* decorre da expressão *ad opus*, que quer dizer "para o trabalho"; a propriedade estava sujeita ao trabalho, à lavra de outrem.[53] "*Ad opus*" referia-se, assim, ao papel que a pessoa que recebia o *use of land* deveria exercer em relação ao vassalo ou posteriormente a seu primogênito. Com o passar dos anos, a locução *ad opus* foi abreviada para *opus*, que ulteriormente virou *oes*, *ues* e finalmente *use*.[54]

Ocorre que a aplicação rotineira do *use* se tornou nefasta aos cofres públicos, porquanto diminuiu consideravelmente a arrecadação de tributos, sobretudo no extravagante e opulento reinado de Henrique VIII.[55]

No ensejo de cercear esse subterfúgio utilizado pelos vassalos, em 1535 o Rei Henrique VIII promulgou o *Statute of Uses*, por meio do qual foi estabelecido que, para os fins da lei, o beneficiário seria

---

[51] Consoante aponta Frederic William Maitland: "Entretanto, é absolutamente impossível alguém falar em *trusts*, mesmo nos dias atuais, sem falar primeiro dos *uses*". Tradução da autora. (MAITLAND, Frederic William. *Equity, Also, The Forms of Action at Common Law*: Two Courses of Lectures. Editado por A.H. Chaytor e W.J. Whittaker. Cambridge: University Press, 1910. p. 36).

[52] CAMPOS, Diogo Leite de; TOMÉ, Maria João Romão Carreiro Vaz. *A propriedade fiduciária (Trust):* estudo para a sua consagração no direito português. Coimbra: Almedina, 1999. p. 21. Concorda-se com o posicionamento de Frederic William Maitland, segundo o qual não haveria uma conexão entre o *use* que deu origem ao *trust* e a figura do *fidei commissum* romana: "Alguns pensaram que esta nova jurisprudência dos *uses* foi emprestada do direito romano; que o *use* inglês ou o *trust* são historicamente ligados ao *fidei commissum* romano. Eu mesmo não acredito nessa conexão". Tradução da autora. (MAITLAND, Frederic William. *Equity, Also, The Forms of Action at Common Law*: Two Courses of Lectures. Editado por A.H. Chaytor e W.J. Whittaker. Cambridge: University Press, 1910. p. 32). Nesse mesmo sentido, consultar: MORINEAU, Marta. *Una introducción al common law*. 2. reimp. Ciudad de México: Universidad Nacional Autónoma de México, 2004. p. 107-108.

[53] CAMPOS, Diogo Leite de; TOMÉ, Maria João Romão Carreiro Vaz. *A propriedade fiduciária (Trust):* estudo para a sua consagração no direito português. Coimbra: Almedina, 1999. p. 22.

[54] "O vocábulo *opus* evoluiu paulatinamente para *oes*, depois para *ues* e, por último, para *use*". (CAMPOS, Diogo Leite de; TOMÉ, Maria João Romão Carreiro Vaz. *A propriedade fiduciária (Trust):* estudo para a sua consagração no direito português. Coimbra: Almedina, 1999. p. 22).

[55] O reinado de Henrique VIII compreendeu o lapso temporal de 21/04/1509 a 28/01/1547 e foi marcado por revoltas e acontecimentos políticos conturbados, tais como a Reforma Anglicana.

considerado o titular do bem, não importando em nome de quem o bem se encontrava. Prevaleceu a ideia de que quem recebia as vantagens do *trust* seria considerado o seu titular (em vez de ter o *equitable interest*, seria titular do *legal interest*) e deveria arcar com os tributos. Logo, nesse momento entendeu-se que "aquele que usa" (*cestui que use*) era titular *legal estate*.

Conforme aponta Frederic William Maitland, a reação popular foi de intensa revolta, contribuindo para a eclosão da Revolta da Peregrinação da Graça (*Rebellion of the Pilgrimage of Grace*) durante o reinado de Henrique VIII.[56] Diante dessa comoção pública, mais uma vez a força criativa dos fatos encontrou um modo de transpor a determinação da lei para o fim de não incidir tributos.[57] A engenhosidade nesse segundo momento foi a de criar um *use upon use*, uma "dupla transmissão em *use*". Em outras palavras, a arquitetura do *trust* se mostrava mais sofisticada, pois concatenava duas relações de *use*, sendo que a primeira relação de uso acarretaria numa *legal ownership* e a segunda numa *equitable ownership*. Aglutinando duas relações de uso, a primeira ficava submetida à proibição do *Statute of Uses*, ao passo que a segunda, não.[58] A partir dessa estrutura mais complexa é que se formou o instituto do *trust*, o qual pode ser conceituado a partir da conhecida formulação de Frederic William Maitland como:

---

[56] "O *Statute of Uses* foi forçado sobre um parlamento extremamente relutante por um rei extremamente voluntarioso. Ele foi muito impopular e foi uma das desculpas, senão uma das causas, para a grande Rebelião Católica conhecida como a Peregrinação da Graça". Tradução da autora. (MAITLAND, Frederic William. *Equity, Also, The Forms of Action at Common Law:* Two Courses of Lectures. Editado por A.H. Chaytor e W.J. Whittaker. Cambridge: University Press, 1910. p. 35).

[57] "A utilização do *use* tornou possível evitar alguns incidentes feudais. Sob a lei feudal, o suserano tinha direito a pagamento quando um herdeiro sucedesse à terra feudal, e a outros direitos pecuniários surgindo quando a terra tivesse como titular um herdeiro menor de idade, e o direito de confisco quando não houvesse herdeiro. Tais ônus poderiam ser evitados se a terra fosse investida em diversos *feoffees* do *use*. Era improvável que morressem conjuntamente ou sem herdeiros. Aqueles que morressem poderiam ser substituídos, e os *feoffees* jamais seriam crianças. Assim, o *use*, para os titulares de terras feudais, tinha alguns dos apelos das técnicas de planejamento tributário contemporâneas". Tradução da autora. (HANBURY, Harold Greville; MARTIN, Jill E. *Modern Equity*. 17. ed. London: Sweet & Maxwell, 2005. p. 9).

[58] "A Lei, no entanto, não suprimiu todos os uses. Tinha aplicabilidade apenas quando o feoffee fosse subordinado ao use de terceiro. Se o feoffee tivesse apenas uma locação, não estaria subordinado, e a Lei não seria aplicada. Novamente, ela não se aplicou a situações em que os feoffees tivessem deveres ativos a serem cumpridos. Os feoffees eram então participantes necessários, e o Chanceler decidiu que um dever de vender a terra ou recolher alugueres e rendas sobre a terra com pagamento a X seria um dever suficientemente ativo para excluir a aplicação da Lei". Tradução da autora. (HANBURY, Harold Greville; MARTIN, Jill E. *Modern Equity*. 17. ed. London: Sweet & Maxwell, 2005. p. 10).

Eu definiria um *trust* da seguinte maneira – Quando uma pessoa tem direitos que está obrigada a exercer em favor de terceiro ou para a realização de algum propósito específico, é dito que ela tem tais direitos em *trust* para aquele terceiro ou para aquele propósito e ela é chamada um *trustee*. É uma definição ampla e vaga, mas é a melhor que eu consigo formular.[59]

De modo mais pormenorizado, o instituidor do *trust* transferia sua propriedade para A usá-la em benefício de B, o qual deveria usar a propriedade em benefício de C. A relação entre A e B representaria o domínio legal, enquanto a relação entre B e C acarretaria no domínio útil e estaria fora do campo de proibição do *Statute of Uses*.[60]

De fato, por meio desse mecanismo mais sofisticado, a incidência do *Statute of Uses* ficava afastada. Logo, a figura do *use upon use*, que veio a se tornar o *trust*, foi indubitavelmente uma ótima solução para banir a proibição imposta pela lei. Todavia, ainda padecia de um sério problema: seu cumprimento era desprovido de força jurídica. Desse modo, não passava de uma obrigação moral, cumprida por aqueles que decidiam agir conforme regras de consciência. Em outras palavras, não passava de um acordo de cavalheiros.

Como acima mencionado, o *trust* não possuía força jurídica, dependendo da boa-fé do *trustee* para cumprir com a palavra dada em favor daquele que usa (*cestui que use*). Apenas a partir do século XV é que esse instituto passou a ter reconhecimento jurídico e suas obrigações passaram a vincular o *trustee*. Isso ocorreu no ambiente da Corte de Chancelaria, no qual havia espaço para julgamentos morais.[61] Tendo em vista que o Chanceler era, além de próximo do rei, frequentemente, membro do clero, fundamentos de filósofos e teólogos ingleses foram utilizados para embasar a decisão de dar força jurídica aos *trusts*. Tal fato sucedeu, pois um dos primitivos empregos do *use* foi em favor dos franciscanos, os quais, em virtude do voto de pobreza, não podiam

---

[59] Tradução da autora. (MAITLAND, Frederic William. *Equity, Also, The Forms of Action at Common Law*: Two Courses of Lectures. Editado por A.H. Chaytor e W.J. Whittaker. Cambridge: University Press, 1910. p. 44).

[60] LOSANO, Mario G. *Os grandes sistemas jurídicos*: introdução aos sistemas jurídicos europeus e extra-europeus. Tradução de Marcela Varejão. São Paulo: Martins Fontes, 2007. p. 341.

[61] Conforme assinalam Hanbury & Martin, o Chanceler possuía autoridade para julgar casos envolvendo fraudes e quebra contratual. (HANBURY, Harold Greville; MARTIN, Jill E. *Modern Equity*. 17. ed. London: Sweet & Maxwell, 2005. p. 8).

ser proprietários de bens.⁶² Dentre tais filósofos, destaca-se a obra de Guilherme de Ockham, de Oxford, que possui grande importância para o desenvolvimento da noção de apropriação de bens na tradição *common law*. Por esse motivo, sente-se a necessidade de aprofundar essa questão.

Ockham desenvolveu tais argumentos a partir da necessidade de defender o *modus vivendi* franciscano em face das práticas adotadas pelo restante da Igreja Católica. Essa situação é chamada na literatura de "A querela franciscana", e será a seguir examinada.

1.3 A querela franciscana e os novos contornos do domínio

Um problema muito prático da relação entre homem e coisas ocorreu no século XIII envolvendo as ordens mendicantes (dominicanos e franciscanos).⁶³ Tais ordens religiosas adotavam o "voto de pobreza", por meio do qual os que nela ingressavam deveriam doar seus bens à entidade religiosa e a partir desse momento não poderiam ser proprietários de bens.

De acordo com São Francisco de Assis,⁶⁴ seus componentes deveriam seguir apenas o Evangelho, amar e respeitar a natureza e viver

---

⁶² Além do caso dos freis franciscanos, os quais não podiam ser proprietários em razão do voto de pobreza, os autores Hanbury e Martin citam a situação de cavaleiros que decidiam partir para uma cruzada e precisavam atribuir a alguém poderes para exploração de sua terra. (HANBURY, Harold Greville; MARTIN, Jill E. *Modern Equity*. 17. ed. London: Sweet & Maxwell, 2005. p. 8).

⁶³ "As ordens religiosas mendicantes, dominicanos e franciscanos, criadas praticamente ao mesmo tempo, terão também um papel fundamental. Sua importância está ligada à sua função. Não são ordens monásticas, em que os eclesiásticos viviam no interior dos mosteiros, mas sim ordens dedicadas à vida no mundo leigo, à pregação e à conversão dos hereges e pagãos. É significativo o nome oficial da ordem fundada por são Domingos, Ordem dos Pregadores. Seu papel principal inicialmente foi o combate às heresias surgidas nesse momento no sul da França (cátaros e albigenses) e a defesa da fé, sendo, em seguida, encarregados da Inquisição. Assumiram, em função disso, um lugar importante nas universidades, principalmente em Paris – por conseguinte, no desenvolvimento da filosofia e da teologia escolástica, destacando-se aí o pensamento de são Tomás de Aquino, o filósofo mais importante do período. A ordem fundada por são Francisco de Assis teve também um papel fundamental na revitalização do cristianismo, com sua defesa da austeridade e da pobreza, a discussão da natureza da Igreja e da vida religiosa, e posteriormente ao desempenhar uma função importante no desenvolvimento da filosofia e da ciência natural, sobretudo com a famosa escola franciscana de Oxford (Roberto Grosseteste, *c.* 1175-1253; Roger Bacon, *c.*1214-92)". (MARCONDES, Danilo. *Iniciação à história da filosofia*: dos pré-socráticos a Wittgenstein. 12. ed. Rio de Janeiro: Jorge Zahar, 2008. p. 128).

⁶⁴ "Fundador da ordem dos franciscanos, São Francisco de Assis (it. Giovanni Francesco Bernardone) nasceu em Assis, na Úmbria, Itália, c. 1182, e morreu em Porciúncula, perto de Assis, a 3 de outubro de 1226. [...] De família de ricos comerciantes, dedicou-se ao

em pobreza. Não poderiam acumular bens, ter empregados e tampouco estabelecer moradia permanente.⁶⁵ O compromisso defendido por São Francisco de Assis era o de que os membros de sua ordem deveriam viver tal como Jesus Cristo e seus apóstolos, na simplicidade e na evangelização. Nesse sentido, é eloquente o Evangelho segundo São Mateus, capítulo 19, versículos 23-25, em que Jesus teria dito⁶⁶ aos seus discípulos que: "É mais fácil um camelo passar pelo buraco de uma agulha do que um rico entrar no reino de Deus".⁶⁷ Na mesma direção, pregava-se igualmente que os franciscanos não deveriam se imiscuir com o Direito, muito embora devessem respeitar a ordem estabelecida.⁶⁸

Ao longo do tempo, parte dessas regras de conduta deixou de ser observada.⁶⁹ Ainda que desprovidos de opulência e farturas, os frades

---

comércio de tecidos e, em 1202, participou das lutas entre Assis e Perugia, tendo sido feito prisioneiro por quase um ano. Depois de libertado, caiu seriamente doente e, ao recuperar-se, experimentou conversão súbita, tendo uma visão de Cristo. Voltou para Assis, onde passou a se dedicar ao serviço de Deus, vivendo como eremita, em constante oração. A partir de 1208 cercou-se de muitos discípulos, que, como ele, faziam voto de pobreza. Apesar de leigo, dedicou toda a sua vida à pregação e catequese. Em 1209, junto com 12 discípulos, dirigiu-se a Roma, tendo o papa Inocêncio III aprovado a regra franciscana; os irmãos da ordem, inicialmente instalados em Assis, espalharam-se pela Toscana e por toda a Itália. Em 1212 fundou com santa Clara a ordem das clarissas e assistiu ao IV Concílio de Latrão, obtendo uma indulgência especial, a de Porciúncula. Em 1221 fundou a Ordem Terceira dos Irmãos e Irmãs da Penitência, fraternidade leiga destinada àqueles que não podiam abandonar suas casas, mas que adotavam os princípios franciscanos". (FRANCISCO DE ASSIS. *In:* ENCICLOPÉDIA Mirador Internacional. São Paulo: Encyclopaedia Britannica do Brasil, 1977. p. 4.965).

65   VILLEY, Michel. *A formação do pensamento jurídico moderno.* Tradução de Claudia Berliner. São Paulo: Martins Fontes, 2005. p. 213-214.

66   Por se tratar de um trabalho científico, optou-se por utilizar o verbo condicional.

67   Para a compreensão da passagem completa, consultar NEVES, Cardeal Lucas Moreira. *Bíblia Sagrada*: matrimônio. 50. ed. Petrópolis: Vozes, 2005. p. 1.180-1.181.

68   VILLEY, Michel. *A formação do pensamento jurídico moderno.* Tradução de Claudia Berliner. São Paulo: Martins Fontes, 2005. p. 216.

69   Giorgio Agamben comenta o acerto de Francisco de Assis em deixar a pobreza franciscana como sendo uma temática extrajurídica: "Contudo, como costuma acontecer com frequência, tal doutrina, na exata medida em que essencialmente se propunha definir a pobreza com relação ao direito, revelou-se uma arma de duplo efeito, que abriu o caminho para o ataque decisivo desferido por João XXII precisamente em nome do direito. Uma vez definido o estatuto da pobreza com argumentos puramente negativos com relação ao direito e segundo modalidades que pressupunham a colaboração da Cúria, que havia reservado para si a propriedade dos bens dos quais franciscanos tinham uso, tornou-se claro que a doutrina do *usus facti* representava para os frades menores um escudo bastante frágil contra a artilharia pesada dos juristas curiais. Aliás, é possível que, ao acolher na *Exiit qui seminat* a doutrina de Boaventura sobre a separabilidade entre uso e propriedade, Nicolau III tivesse consciência da utilidade de definir algum modo em termos jurídicos, embora negativos, uma forma de vida que, do contrário, se apresentaria como inadmissível para o ordenamento eclesiástico. Desse ponto de vista, pode-se afirmar que Francisco foi mais precavido do que seus sucessores ao se recusar a articular em uma concepção jurídica e

franciscanos passaram a habitar em sedes fixas, tais como conventos e igrejas. Além do estabelecimento de domicílios, utilizavam bens e tinham pertences pessoais, como roupas, calçados e utensílios de higiene. Necessitavam de água e alimentos, além de instrumentos de escrita e materiais de estudo. Nesse contexto, havia uma dificuldade considerável em defender que não eram proprietários de tais bens, o que desvirtuaria o compromisso mor do voto de miserabilidade.[70]

A complexidade de explicar como fazer uso e consumir sem ocupar a posição de proprietário do bem foi de tamanha monta que é chamada por Michel Villey de "a grande querela franciscana da pobreza" e adjetivada como "um dos principais acontecimentos da história da filosofia do direito".[71]

Logo, mesmo para os frades mais comprometidos em seguir os ensinamentos de São Francisco de Assis, havia um problema de ordem prática e de difícil transposição: como ter sem nada ter?[72]

Num primeiro momento, a postura do papado foi colaborativa com os franciscanos. A solução encontrada pelo papa Nicolau III foi a

---

deixando de fato indeterminado seu *vivere sine proprio*; mas também é verdade que a *novitas vitae* que podia ser tolerada num pequeno grupo de monges errantes (pois tais eram de início os franciscanos), dificilmente podia ser aceita por uma poderosa e numerosa ordem religiosa". (AGAMBEN, Giorgio. *Altíssima pobreza*: regras monásticas e formas de vida. Tradução de Selvino J. Assmann. São Paulo: Boitempo, 2014. p. 140).

[70] Mesmo dentro da ordem Franciscana havia membros com maior e menor comprometimento e respeito ao voto de pobreza, tal como aponta o historiador francês Jacques Le Goff: "São Francisco foge de Assis, mas ele divide sua própria atividade missionária e a de seus irmãos entre os retiro passado nos eremitérios e a pregação feita na cidade ou nas estradas. A cidade permanece, contudo, sendo o lugar onde os grandes clérigos tiveram os mais vivos êxitos. No início do século XIII, um dos primeiros discípulos de Francisco de Assis, Antônio de Pádua, vai pregar em Limoges. Tinha-se anunciado que ele pregaria em uma igreja. Muito tempo antes de sua chegada, já se reunia ali uma imensa multidão, que não caberia na igreja. Lembrara-se, então, de um anfiteatro romano em ruínas, próximo dali. É ali que Santo Antônio vai falar. Por que a fé se negaria à evangelização do público postado sobre os restos de um monumento pagão? Será preciso esperar o século XIV para que, entre alguns franciscanos, se esboce um movimento verdadeiramente organizado de crítica da cidade. Georger Duby e eu, frisando o anacronismo, os qualificamos de 'esquerdistas'. No concílio de Viena, em 1311, esses franciscanos, cuja principal figura era Ubertin de Casale (que reencontramos em *O nome da rosa*, de Umberto Eco), denunciaram o preço dos terrenos do centro da cidade e criticaram violentamente sua própria ordem, que, em muitas cidades, procurava instalar um convento em pleno centro". (LE GOFF, Jacques. *Por amor às cidades*: conversações com Jean Lebrun. Tradução de Reginaldo Carmello Corrêa de Moraes. São Paulo: Editora da UNESP, 1998. p. 136-137).

[71] VILLEY, Michel. *A formação do pensamento jurídico moderno*. Tradução de Claudia Berliner. São Paulo: Martins Fontes, 2005. p. 212.

[72] Faz-se aqui alusão ao Romance da Rosa, citado por Michel Villey. (VILLEY, Michel. *A formação do pensamento jurídico moderno*. Tradução de Claudia Berliner. São Paulo: Martins Fontes, 2005. p. 218).

de se valer do "artifício jurídico segundo o qual desses conventos, desse dinheiro, desses servidores ou desses livros, cuja posse estável era preciso garantir aos monges, eles apenas teriam o *uso*, mas não a *propriedade* (Bula *Quo elongati* de Gregório IX, de 1230 etc.)".[73] A titularidade era atribuída à Santa Sé ou a "amigos espirituais", espécie de "benfeitores laicos", ao passo que os frades franciscanos apenas disporiam do uso de tais bens.[74]

Posteriormente, em virtude de questões políticas, o papado decidiu não mais se comportar como proprietário dos bens utilizados pelos franciscanos. Em 1323, o papa João XXII[75] declarou que a postura de seus antecessores era equivocada, por se basear em uma ficção, e decidiu não mais atuar como "procurador" ou "proprietário" dos bens dos franciscanos.

Cabe ressaltar que o papa João XXII tinha formação jurídica, o que auxilia a compreender sua irresignação com a indiferença que os franciscanos tinham ao mundo do Direito. Além disso, foi o responsável pela canonização de Tomás de Aquino, o que demonstra a predileção pelo tomismo, segundo o qual "a propriedade é um direito natural". Nesse aspecto, a própria opinião de São Tomás de Aquino não coaduna com o estatuto da vida franciscana, pois, para o teólogo, o domínio e o uso seriam inseparáveis.[76]

Para expressar sua contrariedade ao modo de agir dos franciscanos, o papa João XXII editou quatro bulas, nas quais expressa sua reprovação à crença franciscana de atingir a virtude suprema por meio da renúncia aos bens. São elas: *Ad conditorem canonum, Cum inter nonnullos, Quia quorundam* (1322 e 1324) e *Quia vir reprobus* (1329).[77]

Nesses documentos oficiais, a partir da contribuição do célebre jurista da época Béranger Fredol, o papa João XXII refutou argumentos de seus predecessores, procurando esclarecer o real sentido jurídico do

---

[73] VILLEY, Michel. *A formação do pensamento jurídico moderno*. Tradução de Claudia Berliner. São Paulo: Martins Fontes, 2005. p. 217.

[74] LOSANO, Mario G. *Os grandes sistemas jurídicos*: introdução aos sistemas jurídicos europeus e extra-europeus. Tradução de Marcela Varejão. São Paulo: Martins Fontes, 2007. p. 340.

[75] O papa João XXII foi o primeiro a fixar a sede papal em Avignon, França. Seu antagonismo com os franciscanos se deu, entre outros motivos, por não concordar com a disparidade entre o estatuto da vida franciscana e os bens por eles utilizados em sua realidade cotidiana. Iniciou seu papado em 1316 e faleceu em 1334. (GIOVANNI XXII. Disponível em: http://w2.vatican.va/content/vatican/it/holy-father/giovanni-xxii.html. Acesso em: 15 dez. 2015).

[76] HESPANHA, António Manuel. *O direito dos letrados no império português*. Florianópolis: Fundação Boiteux, 2006. p. 82.

[77] VILLEY, Michel. *A formação do pensamento jurídico moderno*. Tradução de Claudia Berliner. São Paulo: Martins Fontes, 2005. p. 267.

termo *jus*.[78] Concluiu que só seria viável entender separadamente os conceitos de usufruto e propriedade se esse último recebesse algum proveito, ainda que futuro e essa relação fosse temporária. Evidentemente, não era o caso dos franciscanos, que desejavam a continuidade do "usufruto" dos bens para o porvir das atividades da ordem religiosa.[79] Ademais, no que concernia aos bens consumíveis, eles por sua natureza eram ingeridos, gastos, desapareciam, não havendo como justificar que eram apenas usados, pois isso implicaria sua restituição.[80]

Nesse momento, ocorre uma contradição na ordem franciscana: apesar de um de seus princípios ser o da não intervenção nas questões jurídicas, frades intelectuais precisam se dedicar ao estudo profundo do direito romano para nele encontrar um fundamento teórico para o seu *modus vivendi*.[81] São Francisco apregoou o voto de pobreza, mas não apresentou instruções de como ele deveria ser implementado no cotidiano dos freis franciscanos. Essa não foi uma preocupação em seu testamento, no qual apenas há o comando de que a sua ordem

---

[78] VILLEY, Michel. *A formação do pensamento jurídico moderno*. Tradução de Claudia Berliner. São Paulo: Martins Fontes, 2005. p. 269.

[79] VILLEY, Michel. *A formação do pensamento jurídico moderno*. Tradução de Claudia Berliner. São Paulo: Martins Fontes, 2005. p. 270.

[80] Giorgio Agamben tece um comentário interessante sobre os argumentos expressados pelo papa João XXII e as características da sociedade de consumo que se consolidou séculos mais tarde: "Ao opor radicalmente uso e consumo, João XXII, com uma inconsciente profecia, oferece o paradigma de uma impossibilidade de usar que encontraria sua realização completa muitos séculos depois na sociedade de consumo. Um uso que nunca é possível ter e um abuso que sempre implica um direito de propriedade e é, portanto, sempre próprio, definem o cânone do consumo de massa. Contudo, dessa maneira, talvez sem dar conta disso, o pontífice também revela a verdadeira natureza de propriedade, que se afirma com a máxima intensidade no momento em que coincide com o consumo da coisa". (AGAMBEN, Giorgio. *Altíssima pobreza*: regras monásticas e formas de vida. Tradução de Selvino J. Assmann. São Paulo: Boitempo, 2014. p. 135).

[81] "Compreende-se agora a razão do paradoxo de que os escolásticos franciscanos, educados na indiferença em relação ao direito, bem poderiam ter contribuído para a teoria jurídica como algo de fundamental. Não puderam permanecer no não-direito; mas, precisamente, eles estão nas fronteiras do direito: acabaram encontrando-se, por fim, numa *situação-limite* e foram sempre as situações-limite que mais estimularam a reflexão filosófica. A deles é duramente criticada. Ei-los agora envolvidos numa controvérsia jurídica. E não qualquer controvérsia: uma controvérsia a respeito daquela noção em torno da qual, como mostrarei mais adiante, se dará a transição do pensamento jurídico clássico para os sistemas modernos: a de *direito individual*. Caso se tratasse apenas de opor, mais uma vez, ao regime da propriedade privada (restaurada na mesma época por são Tomás e sua escola) um ideal comunitário, não teríamos tido nada de inédito. Mas, aqui, tratava-se mais precisamente do estatuto da vida franciscana – questão de grande sutileza, já que a discussão gravitava em torno dos termos técnicos, uso, usufruto, *dominium* ou propriedade, que apenas técnicos em direito sabem distinguir com rigor". (VILLEY, Michel. *A formação do pensamento jurídico moderno*. Tradução de Claudia Berliner. São Paulo: Martins Fontes, 2005. p. 219-220).

deveria se comportar tal como Jesus Cristo e seus apóstolos no tocante à simplicidade e ao não acúmulo de riquezas.[82]

É o que se verifica na obra do escolástico[83] franciscano São Boaventura, o qual justifica no *Digesto* que "em direito romano, o filho de família ou o escravo podem utilizar um pecúlio sem por isso serem qualificados de proprietários".[84] Contudo, o filósofo escolástico que desenvolveu com maior profundidade um estudo acerca do fundamento jurídico do uso dos bens pelos franciscanos foi Guilherme de Ockham,[85] na primeira metade do século XIV.[86]

O franciscano Guilherme de Ockham, conhecido pela alcunha de *Venerabilis Inceptor*,[87] era filósofo com formação em Oxford.[88] Como

---

[82] VILLEY, Michel. *A formação do pensamento jurídico moderno*. Tradução de Claudia Berliner. São Paulo: Martins Fontes, 2005. p. 214.

[83] "É, portanto, apenas em torno dos sécs. XI-XII que assistimos ao surgimento da assim chamada 'escolástica', como ficou conhecida a filosofia medieval a partir de então. Este termo designa, de modo genérico, todos aqueles que pertencem a uma escola ou que se vinculam a uma determinada escola de pensamento e de ensino. Passou a significar também, por esse motivo, um pensamento filosófico que compartilha a aceitação de certos princípios doutrinários comuns, os dogmas do cristianismo que não deveriam ser objeto de discussão filosófica, embora na prática essa discussão não tenha deixado de acontecer. Eis um dos pontos cruciais da famosa querela entre a razão e a fé que percorre toda filosofia medieval desde este período. O desenvolvimento da filosofia torna-se possível devido à difusão e consolidação das escolas nos mosteiros e catedrais dedicadas à formação do clero e incluindo em seu currículo o estudo dos padres da Igreja, de filósofos e teólogos, principalmente santo Agostinho, bem como de gramática e de retórica. Em 1070 a 'reforma gregoriana', decretada pelo papa Gregório VII, estabeleceu que cada abadia e catedral tivesse uma escola onde se ensinavam os elementos básicos da cultura da época, o *trivium*, ou três vias, consistindo de uma introdução à gramática, lógica e retórica; e o *quadrivium*, ou quatro vias, composto de música, geometria, aritmética e física". (MARCONDES, Danilo. *Iniciação à história da filosofia*: dos pré-socráticos a Wittgenstein. 12. ed. Rio de Janeiro: Jorge Zahar, 2008. p. 118).

[84] VILLEY, Michel. *A formação do pensamento jurídico moderno*. Tradução de Claudia Berliner. São Paulo: Martins Fontes, 2005. p. 218-219.

[85] "Guilherme de Ockham (*c.* 1300-50) foi talvez o filósofo mais influente do séc. XIV e teve inúmeros seguidores assim como adversários nesse período, devido a suas posições originais e, sob certos aspectos revolucionárias, principalmente nos campos da lógica, da metafísica e da teoria política. Franciscano, nascido na Inglaterra, estudou na Universidade de Oxford. Seu comentário ao *Livro das sentenças* de Pedro Lombardo, um exercício escolástico comum na época, levantou no entanto suspeitas de heresia, e Ockham foi convocado a Avignon, na França, então sede da Igreja e residência do papa, para ser questionado". (MARCONDES, Danilo. *Iniciação à história da filosofia*: dos pré-socráticos a Wittgenstein. 12. ed. Rio de Janeiro: Jorge Zahar, 2008. p. 133).

[86] VILLEY, Michel. *A formação do pensamento jurídico moderno*. Tradução de Claudia Berliner. São Paulo: Martins Fontes, 2005. p. 221.

[87] CAVICHIOLI, Rafael de Sampaio. *Crítica do sujeito de direito*: da filosofia humanista à dogmática contemporânea. 258f. Dissertação (Mestrado em Direito) – Setor de Ciências Jurídicas, Universidade Federal do Paraná, Curitiba, 2006. p. 14.

[88] MARCONDES, Danilo. *Iniciação à história da filosofia*: dos pré-socráticos a Wittgenstein. 12. ed. Rio de Janeiro: Jorge Zahar, 2008. p. 133.

bom seguidor de São Francisco de Assis, sua formação acadêmica não era jurídica e seu campo de estudo inicialmente não abrangia questões relacionadas ao Direito. Todavia, em virtude da postura de reprovação ao voto de pobreza franciscana assumida pelo papado, foi impelido a examinar algumas questões jurídicas bastante complexas.

Partindo dos ensinamentos de Duns Scot, de quem foi discípulo, Ockham é considerado precursor da ideia de direito subjetivo e do positivismo jurídico. O franciscano de Oxford baseou-se sobremaneira nos estudos de Scot, o qual anos antes havia tecido revolucionária crítica a São Tomás de Aquino no tocante às "revelações entre a razão e a fé".[89] Para Scot, teologia e filosofia se diferenciariam pelo fato de a primeira poder ser conhecida apenas pela revelação, ao passo que a segunda admitiria uma fundamentação racional. De acordo com Scot, "as verdades da fé não podem ser compreendidas e demonstradas pela razão, constituindo meros *credibilia* (o que pode ser criado)".[90]

Outro ponto importante de contraposição entre a teoria de Scot e a filosofia de São Tomás de Aquino diz respeito à crítica dirigida ao realismo tomista, segundo o qual "as essências constituem universais que tornam inteligíveis os seres particulares".[91] Para Scot,

> [...] o universal e o individual estão contidos indiferentemente na essência. Isso significa que o real não é pura universalidade, pois esta fragmenta-se nos diferentes indivíduos. Por outro lado, significa também que o real não é pura individualidade, o que pode ser comprovado pelas ideias gerais. As essências não seriam, portanto, apenas universais, mas também individuais.[92]

A obra de Ockham se caracteriza por apresentar uma "nova via", um novo modo pelo qual algumas questões filosóficas fundamentais seriam teorizadas. Ao se debruçar sobre a questão dos "universais", em contraposição ao tomismo, que assumia uma posição realista, Ockham desenvolverá o nominalismo.

---

[89] AQUINO, Sto. São Tomás *et al*. *Seleção de textos*. Traduzido por Luiz João Baraúna *et al*. 2. ed. São Paulo: Abril Cultural, 1979. p. 234.
[90] AQUINO, Sto. São Tomás *et al*. *Seleção de textos*. Traduzido por Luiz João Baraúna *et al*. 2. ed. São Paulo: Abril Cultural, 1979. p. 234.
[91] AQUINO, Sto. São Tomás *et al*. *Seleção de textos*. Traduzido por Luiz João Baraúna *et al*. 2. ed. São Paulo: Abril Cultural, 1979. p. 234.
[92] AQUINO, Sto. São Tomás *et al*. *Seleção de textos*. Traduzido por Luiz João Baraúna *et al*. 2. ed. São Paulo: Abril Cultural, 1979. p. 234.

De acordo com Carlos Lopes de Mattos, o nominalismo de Ockham:

> [...] retira dos universais toda e qualquer realidade ontológica. Afirma que os universais não têm realidade objetiva, existindo apenas no intelecto humano e como algo produzido por ele; não têm realidade nem nas coisas individuais, nem mesmo na mente divina. Os universais são, portanto, apenas palavras (em latim, *nome*, donde a expressão "nominalismo" para a teoria de Ockham). Sendo somente signos, servem para designar um conjunto de semelhanças ou identidade de caracteres, abstraídos das coisas individuais pelo intelecto humano.[93]

Sendo assim, para o nominalismo, os universais existiram apenas na mente humana. Fora dela, no mundo fenomenológico, os seres são todos singulares, únicos.[94] Essa forma de pensar rompe consideravelmente com a mentalidade até então predominante, pois enseja a compreensão da realidade não mais a partir do coletivo, mas do individual.[95]

Desse modo, o nominalismo representa uma fissura muito importante com a mentalidade do medievo e que engendra as bases do pensamento moderno, muito mais centrado no indivíduo do que nos grupos sociais. No dizer de António Manuel Hespanha:

> Na verdade, passou a entender-se que aqueles atributos ou qualidades ("universais") que se afirmam ou negam em relação aos indivíduos (ser *pater familias*, ser escolar, ser plebeu) e que descrevem as relações sociais em que estes estão integrados não são qualidades incorporadas na sua essência, não são "coisas" sem a consideração das quais a sua natureza não pudesse ser integralmente apreendida – como queriam os "realistas".

---

[93] AQUINO, Sto. São Tomás *et al. Seleção de textos*. Traduzido por Luiz João Baraúna *et al.* 2. ed. São Paulo: Abril Cultural, 1979. p. 236.

[94] "[...] na realidade extramental, só existem seres singulares, entendendo-se como singular 'aquilo que é numericamente um só e não muitos e que não possui a capacidade de ser signo de muitos' (OPh I, 1974)". (DE BONI, Luís Alberto; Ockham, Guilherme de. *In:* BARRETTO, Vicente de Paulo *et al. Dicionário de filosofia do direito*. São Paulo: Unisinos; Rio de Janeiro: Renovar, 2006. p. 615).

[95] Para mais detalhes, consultar a excelente dissertação de mestrado escrita por Rafael de Sampaio Cavichioli, sob orientação do Prof. Dr. Titular José Antônio Peres Gediel, a qual explora com maior profundidade o surgimento do sujeito de direito, valendo-se, para tanto, de primorosa incursão na filosofia do direito. (CAVICHIOLI, Rafael de Sampaio. *Crítica do sujeito de direito:* da filosofia humanista à dogmática contemporânea. 258f. Dissertação (Mestrado em Direito) – Setor de Ciências Jurídicas, Universidade Federal do Paraná, Curitiba, 2006).

Sendo antes meros "nomes", externos à essência, e que, portanto, podem ser deixados de lado na consideração desta. Se o fizermos, obtemos uma série de indivíduos "nus", incaracterísticos, intermutáveis, abstratos, "gerais", iguais. Verdadeiros átomos de uma *sociedade* que, esquecidas as tais "qualidades" agora tornadas descartáveis, podia também ser ignorada pela teoria social e política. Ignorada a sociedade, *i.e.*, o conjunto de vínculos interindividuais, o que ficava era o indivíduo, solto, isolado, despido dos seus atributos sociais.[96]

Logo, para Ockham, a realidade pode ser apreendida pelos indivíduos, dispensando o "universal" como instrumento de mediação para o conhecimento.[97]

Esse novo modo de conceber a realidade também apresentou reflexos na fundamentação desenvolvida por Ockham para justificar a "querela franciscana". Em especial na obra *Opus nonaginta dierum*, o filósofo de Oxford rebate críticas do papa João XXII e veicula seus argumentos para justificar a forma de subsistência franciscana.

Nesse desiderato, de modo inovador associa direito a um poder, de maneira que "cada direito será especificado pelo *conteúdo* do poder".[98] Diferencia, ainda, as noções de *jus poli*, a permissão ou faculdade que se recebe do céu para usar ou consumir um bem, do *jus fori*, "poder instituído pelo legislador temporal", que pode se vincular a um direito, tais como *jus utendi* e *proprietas*.[99] No caso dos franciscanos, haveria apenas o *jus poli*, de modo que eram titulares de um direito, mas renunciariam ao poder, não sendo, portanto, proprietários dos bens.[100]

---

[96] HESPANHA, António Manuel. *Cultura jurídica europeia*: síntese de um milênio. Coimbra: Almedina, 2012. p. 111-112.

[97] GROSSI, Paolo. *A ordem jurídica medieval*. Tradução de Ricardo Marcelo Fonseca; Denise Rossato Agostinetti. São Paulo: Martins Fontes, 2014. p. 243.

[98] VILLEY, Michel. *A formação do pensamento jurídico moderno*. Tradução de Claudia Berliner. São Paulo: Martins Fontes, 2005. p. 274.

[99] "O poder de apropriar-se das coisas foi dado por Deus ao homem, isto é, trata-se, em sentido lato, de algo de direito natural; já o fato de apropriar-se, o domínio próprio, não provém de Deus e sim do homem; o ato de apropriação pertence, portanto, ao direito civil, em seu sentido mais amplo, isto é, àquelas convenções estabelecidas entre os homens para repartirem entre si os bens materiais. Algumas dessas convenções surgiram antes da instituição do poder político, outras, foram instituídas pela autoridade civil, mas também pelos costumes, que possuam igualmente o valor de lei". (DE BONI, Luís Alberto; OCKHAM, Guilherme de. *In:* BARRETTO, Vicente de Paulo *et al. Dicionário de filosofia do direito*. São Paulo: Unisinos; Rio de Janeiro: Renovar, 2006. p. 616).

[100] Conforme esclarece Michel Villey, "Aquilo a que os franciscanos renunciam é, portanto, uma segunda espécie de direito, que será chamado – sempre na esteira de um santo Agostinho deformado – *jus fori*. Ockham define o *jus fori* como a *potestas* que nasce, diz ele, *'ex patione'*, que procede da convenção e da lei positiva humana e comporta a sanção pública. Era o caso

Nas palavras de Ricardo Marcelo Fonseca:

> Ora, tudo isso seria completamente distinto, segundo o filósofo nominalista, do uso de fato (*usus facti*) que seria o "ato mesmo de fazer uso de uma coisa exterior, como habitar, comer e beber", atos estes que nem Cristo e nem os franciscanos renunciaram: renunciaram apenas ao poder. E a permissão de comer, beber ou habitar, este *ius*, não provinha do exercício de um poder, mas sim da permissão que se recebe do céu, da razão ou do direito divino (*ius poli*). Daí ser possível, então, "distinguir, *em relação a um mesmo bem*, cujo uso nos é atribuído, o poder que vem do céu de dele gozar e de consumi-lo, e o poder que vem da lei humana; separar a permissão de fazer uso desse bem, que todos os homens receberam do seu Criador, e o poder instituído pelo poder temporal", sendo que o *status* de jurídico é restrito a esta última espécie de exercício de poder.[101]

A solução para essa celeuma foi uma construção teórica que diferenciou o uso do domínio em útil e em direto. O domínio útil seria apenas a situação de uso, ao passo que o direto compreenderia um direito de propriedade. Essa dicotomia engendrada nesse espaço e tempo servirá como mecanismo para o funcionamento do *use upon use* da *common law*, que mais tarde se tornará o *trust*.

A perspectiva defendida por Ockham não coaduna com a defendida pelo movimento dos "espirituais", ocorrida na França e na Itália ao fim do século XIII. Os entusiastas desse movimento sustentavam não só o voto de pobreza, mas também a não participação na gestão de bens e professam um juízo extremamente negativo às situações de propriedade existentes na sociedade daquela época. Nesse ponto, interferiam na ordem jurídica posta, pois expressavam sua contrariedade a ela, o que diverge do mandamento franciscano de não participação em questões jurídicas.[102]

---

do *dominium*, do usufruto, do *jus utendi*, a que se referem precisamente as bulas favoráveis à ordem, e em relação aos quais Ockham sublinhou que decorriam '*ordinatione humana*' e que sua essência consistia precisamente no poder de recorrer à sanção criada pelo Estado: '*potestas vendicandi et defendendi in humano judicio*'". (VILLEY, Michel. *A formação do pensamento jurídico moderno*. Tradução de Claudia Berliner. São Paulo: Martins Fontes, 2005. p. 276).

[101] FONSECA, Ricardo Marcelo. *A formação da subjetividade jurídica moderna*: notas sobre a constituição de nosso direito. Disponível em: goo.gl/SSvrP6. Acesso em: 13 jan. 2016.

[102] Nas palavras de Michel Villey: "Esses espirituais retomam o culto intransigente da pobreza, chegam mesmo a exagerá-lo: com um rigor escolástico bem diferente da maneira evangélica de são Francisco, professam agora o desprezo pela propriedade, e, como verdade de fé, que Cristo e seus primeiros apóstolos viveram na pobreza, sem jamais serem proprietários;

Conforme prestigiados historiadores do Direito, a originalidade do pensamento de Ockham residiria justamente por romper com o corporativismo típico da Idade Média e inaugurar o paradigma individualista próprio da Modernidade.

A partir do exame dessa ordem de ideias, Luis Alberto de Boni tece uma crítica bastante pertinente ao expor a ironia existente entre a razão pela qual Ockham devotou seus estudos jurídicos (justificativa do *modus vivendi* franciscano) e o fato de sua teoria ter se tornado o alicerce do fundamento racional do direito de propriedade, que na época moderna é caracterizada como individual e absoluta: "Mas não deixa de ser interessante que o defensor da pobreza absoluta dos frades seja também o defensor de um quase sagrado direito de propriedade para as pessoas em geral".[103]

Nessa linha de pensamento, António Manuel Hespanha aponta as consequências da doutrina de Ockham, a qual paulatinamente redundou em substanciais alterações nas relações entre os sujeitos e as coisas. Para Hespanha, "Esta corrente intelectual será desenvolvida pela escolástica franciscana dos finais da Idade Média, pela Escola Peninsular de Direito Natural (Segunda Escolástica) e, finalmente, culminará na concepção individualista da propriedade das escolas jus-racionalistas do século XVIII".[104] Para o autor, as mudanças mais notáveis foram: i) a consideração de haver uma relação estreita entre domínio e vontade, uma vez que propriedade e liberdade fariam parte da autodeterminação dos seres humanos, corolário de um direito natural; ii) o entendimento do domínio como um "direito tendencialmente absoluto"[105] e indivisível. A multiplicidade dominial tão típica do medievo passou a ser considerada um disparate; iii) a designação do

---

denigrem (o que não agradava muito à Curia) a propriedade como uma forma de vida moralmente inferior; para os próprios franciscanos, condenam qualquer vestígio de propriedade, qualquer participação na própria administração dos bens dos conventos; não aceitam estritamente nada além do uso e do 'uso pobre' (*usus pauper*). Revoltam-se contra o papa e lançam, a dissenção na ordem". (VILLEY, Michel. *A formação do pensamento jurídico moderno*. Tradução de Claudia Berliner. São Paulo: Martins Fontes, 2005. p. 221). Para mais detalhes acerca do movimento dos espirituais, consultar FALBEL, Nachman. *Os espirituais franciscanos*. São Paulo: EDUSP; FAPESP, 1995.

[103] DE BONI, Luís Alberto; Ockham, Guilherme de. *In*: BARRETTO, Vicente de Paulo *et al*. *Dicionário de filosofia do direito*. São Paulo: Unisinos; Rio de Janeiro: Renovar, 2006. p. 616.

[104] HESPANHA, António Manuel. *O direito dos letrados no império português*. Florianópolis: Fundação Boiteux, 2006. p. 84-85.

[105] HESPANHA, António Manuel. *O direito dos letrados no império português*. Florianópolis: Fundação Boiteux, 2006. p. 85.

domínio como "poder essencialmente privado; ou seja, originado na vontade individual, em satisfação de impulsos também individuais e, por isso, satisfazendo interesses meramente privados".[106] Seriam essas as principais características do novo "modelo proprietário"[107] cunhado a partir da contribuição franciscana, complementado pela Segunda Escolástica e pelos jus-racionalistas, o qual foi captado nas codificações modernas.[108]

---

[106] HESPANHA, António Manuel. *O direito dos letrados no império português*. Florianópolis: Fundação Boiteux, 2006. p. 86.

[107] "Este modelo 'proprietário' apresenta os seguintes traços estruturais: a) A propriedade é um direito natural, anterior à ordem jurídica positiva, decorrente da própria natureza do homem como ser que necessita de se projectar exteriormente nas coisas para se realizar. Alguns autores vão mesmo ao ponto de colocar a propriedade como origem do direito, direito cujo objetivo não seria senão distinguir 'o meu e o teu'. E, na verdade, o pórtico de algumas das mais características exposições do direito civil de então é constituído pela enunciação de umas quantas 'regras de trânsito' gerais dos direitos (dos 'meus' e dos 'teus') dos indivíduos. b) A propriedade é um direito absoluto, no sentido (que era o originário do Code) de que não está sujeita a limites externos, pelo que o seu exercício não depende de condicionamentos ou autorizações externas. No momento em que foi introduzida no Code civil, esta referência ao carácter absoluto da propriedade implicava a abolição de uma série de ónus fiscais, feudais ou comunitários, que impendiam sobre a terra. Mas iria também justificar a antipatia por todas as formas de limitação ou condicionamento da liberdade de dispor exclusivamente das coisas, anteriormente conhecidas, quer de natureza privada (v.g., as formas de comunhão e de indivisão, os vínculos, a necessidade de autorização ou outorga para alienar, os direitos de preferência, os laudêmios), quer de natureza pública (v.g., os regimes de licenciamento administrativo da transmissão ou oneração do solo, os condicionamentos públicos da venda, como os monopólios ou estancos, os regimes de amortização, etc.). Propriedade absoluta é, assim, a propriedade não partilhada, aquela que não reconhece qualquer dominium eminens ou directum exterior. É a propriedade franca, que obedece à regra natural da 'liberdade natural da propriedade'. c) A propriedade é um direito pleno, ou seja, contém em si todas as faculdades de acção que o seu titular pode desenvolver em relação à coisa, incluindo a sua destruição económica ou física. Isto significa, em primeiro lugar, que o direito de propriedade não se destina a garantir a funcionalidade económica das coisas, não visa reflectir, no campo do direito, as utilidades possíveis das coisas, antes possibilitando exercícios a-funcionais, como o não cultivo de uma terra ou a destruição de uma coisa. d) A propriedade é um direito tendencialmente perpétuo, daí decorrendo a tendência para o desfavor das formas temporalmente limitadas de domínio (fideicomissos, enfiteuses em vidas, cláusulas de retroacção) e a promoção da propriedade perpétua. e) A propriedade é, finalmente, um direito essencialmente privado, não devendo, portanto, co-envolver direitos de carácter público, como acontecera na constituição fundiária e política do Antigo Regime. Estes competiam – como vinha dizendo a doutrina desde Francisco Suarez (De legibus, I, 8 4 ss.) – à iurisdictio e não ao dominium enquanto faculdades dos particulares, seriam abusivos e devim ser abolidos". (HESPANHA, António Manuel. *O direito dos letrados no império português*. Florianópolis: Fundação Boiteux, 2006. p. 87-90).

[108] Conforme afirma Eroulths Cortiano Júnior: "Embora as noções de liberdade e de direito subjetivo nasçam juntas na medievalidade cristã, vão separar-se com o advento do jusracionalismo. De qualquer sorte, a gênese do direito subjetivo demonstra que há um determinado campo para a atuação do indivíduo – de cada um e de todos os indivíduos – dentro do qual ele tem ampla liberdade para decidir acerca de seu destino terreno e perseguir seus interesses. O direito subjetivo vai servir, então, de garantia à liberdade do homem:

Logo, a obra de Ockham "demarca a passagem do direito clássico ao direito moderno". Na síntese de Michel Villey: "[...] percebemos na obra jurídica de Ockham a eclosão, quanto às fontes do direito, do *positivismo jurídico*, e, quanto à sua estrutura, da noção de *direito subjetivo* individual.[109]

Cumpre salientar que o *Venerabilis Inceptor*, por maior que seja o mérito de suas obras, não deve ser considerado o "criador" do conceito de direito subjetivo. Isso porque essa categoria alcança contornos precisos apenas no jusracionalismo moderno, em especial com a Pandectística Alemã nos séculos XVIII e XIX. Logo, a importância de Ockham reside no fato de ele ter criado as bases para o desenvolvimento da noção de direito subjetivo a partir da defesa da existência de um liame entre direito e poder.[110] Sendo assim, pode-se dizer que a obra de Ockham representa um contributo

---

liberdade diante do Estado e liberdade como autonomia. Já o espaço de igualdade há que ser um espaço formal, porque a superação da estrutura tradicional pressupõe a formalização de uma nova ordem, na qual todos passam a ser iguais, a par de suas diferenças. A superação da ordem tradicional faz construir a idéia de sujeito de direito com as respectivas possíveis titularidades. Indivíduo e sujeito se equivalem. E, se todos são sujeitos, todos são iguais". (CORTIANO JÚNIOR, Eroulths. *O discurso jurídico da propriedade e suas rupturas*. Rio de Janeiro: Renovar, 2002. p. 53-54).

[109] VILLEY, Michel. *A formação do pensamento jurídico moderno*. Tradução de Claudia Berliner. São Paulo: Martins Fontes, 2005. p. 225. Em sentido contrário, consultar a obra "Altíssima pobreza", de Giorgio Agamben, no qual o autor discorda das posições dos historiadores do direito Paolo Grossi e Michel Villey: "É a partir desta clara separação entre a propriedade e o uso que estudiosos como Michel Villey e Paolo Grossi puderam encontrar precisamente nos mestres franciscanos os fundamentos de uma teoria moderna do direito subjetivo e de uma teoria pura da propriedade entendida como *actus voluntatis* [ato de vontade]. No entanto, é importante não esquecer que as definições do direito de propriedade como *potestas* em Ockham e a propriedade como *uti re ut sua* e a vontade de domínio, tanto nos tratados publicados por Delorme quanto por Ricardo de Conington e Bonagratia, foram formuladas unicamente para fundamentar a separabilidade e a autonomia do uso e legitimar a pobreza e a renúncia de todo direito. A teoria do direito subjetivo e do *dominium* foi elaborada pelos franciscanos para negar, ou melhor, para limitar o poder do direito positivo e, não, como parecem pensar Villey e Grossi, para fundamentar a sua absolutidade e soberania. Contudo, exatamente por isso, também é certo que eles tiveram de definir suas características próprias e autonomia". (AGAMBEN, Giorgio. *Altíssima pobreza*: regras monásticas e formas de vida. Tradução de Selvino J. Assmann. São Paulo: Boitempo, 2014. p. 137-138).

[110] "É necessário frisar, ainda, que preocupação de Ockham quanto aos argumentos acerca do conceito de domínio é tão somente político-eclesiástica. Não parece acertado também afirmar que com Ockham formulou-se, pela primeira vez, a idéia de direito subjetivo porque este é um conceito de caráter marcadamente pautado no individualismo Moderno e que tem sua formulação consolidada apenas com o jusracionalismo Moderno (e a tese dos direitos do homem e do cidadão) e com a Pandectística Alemã dos séculos XVIII e XIX. Nesse aspecto, parece mais apropriado concordar com Villey, para o qual é '... o conjunto da filosofia professada por Guilherme de Ockham, destinada a um longo caminho, que é a mãe do direito subjetivo'." (CAVICHIOLI, Rafael de Sampaio. *Crítica do sujeito de direito*: da

Na busca dos fundamentos do direito, a referência à natureza das coisas é, com efeito, substituída pouco a pouco pela referência à *natureza do homem*. Essa mutação conduzirá ao advento da "modernidade". A antropologização do jus-naturalismo será na verdade a sua "modernização", fundamentalmente ligada à transformação dos esquemas e categorias até então pertinentes à filosofia.[111]

Nesse particular, a propriedade dita moderna, ou seja, una, absoluta e individualística, será desenvolvida sobretudo nos países de tradição *civil law*, ao passo que nos países de *common law* a propriedade permanecerá com traços medievais arrojados pela adoção da dicotomia "domínio útil" e "domínio direto", que passa a ser aplicada pelo Chanceler em sua Corte para solucionar conflitos que envolviam *equity*.[112] Como acima afirmado, o Chanceler em regra era um homem religioso, o que auxilia a explicar o resgate da doutrina Ockhaniana concernente à querela franciscana.

1.4 O reconhecimento jurídico dos *trusts*

Conforme foi acima afirmado, o *trust* enquanto instituto jurídico surgiu no contexto peculiar do pós-conquista normanda da Inglaterra no qual o povo desenvolveu mecanismos para intrujar o pagamento de tributos. Por decorrer da força criativa do cotidiano da sociedade daquela época, de início carecia de força jurídica. A existência de diferentes tribunais dentro da tradição *common law* deu azo para que ocorressem julgamentos divergentes em casos semelhantes. De acordo com o critério estabelecido no precedente *Earl of Oxford Case*, de 1616, em caso de conflito, a decisão proferida pelo Tribunal de Chancelaria prevaleceria em relação à advinda dos Tribunais de *common law*.[113] No

---

filosofia humanista à dogmática contemporânea. 258f. Dissertação (Mestrado em Direito) – Setor de Ciências Jurídicas, Universidade Federal do Paraná, Curitiba, 2006. p. 37).

[111] GOYARD-FABRE, Simone. *Os fundamentos da ordem jurídica*. Tradução de Cláudia Berliner; revisão da tradução Maria Ermantina de Almeida Prado Galvão. 2. ed. São Paulo: Martins Fontes, 2007. p. 40.

[112] PATAULT, Anne-Marie. *Introduction historique au droit des biens*. Paris: Presses Univ. de France, 1989. p. 16.

[113] LOSANO, Mario G. *Os grandes sistemas jurídicos*: introdução aos sistemas jurídicos europeus e extra-europeus. Tradução de Marcela Varejão. São Paulo: Martins Fontes, 2007. p. 331.

que concerne ao *trust*, não demorou muito para que as diferentes cortes destinassem tratamento díspar a esse instituto.[114]

Para os Tribunais Reais, o *trustee* era considerado o titular do bem. Por outro lado, para a Corte de Chancelaria havia uma preocupação em respeitar o acordo celebrado entre as partes, em preservar a palavra dada. Em razão disso, a solução encontrada pelo Chanceler foi proceder a um desdobramento do direito de propriedade. Entendeu-se que ao *trustee* corresponderia o título de propriedade (*legal title*), ao passo que ao beneficiário (*cestui que use*) caberia o domínio útil (*beneficial use*).

Aos poucos, a partir dos casos que foram levados à apreciação da Corte de Chancelaria, a qual não exigia um *writ* específico que condicionasse o ingresso em juízo e adotava um julgamento baseado sobretudo em fundamentos morais e religiosos, paulatinamente passou-se a dar cogência aos arranjos de *trusts* que eram feitos. Logo, o *trust* se transmutou de uma situação fática para uma figura jurídica mais bem delineada.[115] O descumprimento da palavra dada até então carecia de consequências jurídicas. Nesse momento, passa a produzir implicações relacionadas aos direitos reais.

A juridicidade do *trust* é fundamentada pelo Chanceler sobretudo a partir dos argumentos desenvolvidos por Ockham em sua resposta à querela concernente ao voto de pobreza. Ockham fragmentou o domínio em legal e útil para justificar como os franciscanos poderiam consumir certos bens sem se tornarem proprietários. Essa construção foi aplicada pelo Chanceler para sustentar que o *trustee* teria o domínio legal e o beneficiário (*cestui que* use) o domínio útil.

Interessante notar que a construção de Ockham, proporcionou sustentação jurídica das decisões do Chanceler que conferiram efeitos jurídicos ao *trust* e, igualmente, forneceu elementos para a consolidação do conceito de direito subjetivo. Esse conjunto de ideias possibilitou que o paradigma medieval fosse suplantado aos poucos pelo paradigma moderno.

Logo, curiosa e surpreendentemente a obra de Ockham é utilizada para fundamentar tanto o modelo de propriedade da *common law*, no

---

[114] FREIRE E ALMEIDA, Verônica Scriptore. *A tributação dos trusts*. Coimbra: Almedina, 2009. p. 22.
[115] Conforme explica Mario G. Losano, a dualidade de tribunais findou em 1873 com a publicação do *Judicature Act*. (LOSANO, Mario G. *Os grandes sistemas jurídicos*: introdução aos sistemas jurídicos europeus e extra-europeus. Tradução de Marcela Varejão. São Paulo: Martins Fontes, 2007. p. 331).

qual há a divisão entre domínio legal e domínio útil, como o modelo proprietário da *civil law*, no qual a propriedade é vista como indivisível.

Desse modo, a partir da fundamentação na obra de Ockham, encontra-se um ponto de contato entre as tradições da *common law* e da *civil law*. Os modelos proprietários de ambas as tradições foram alicerçados no pensamento ockhaniano, razão pela qual se entende no presente texto que elas não seriam absolutamente incompatíveis. Desse modo, a refutação da recepção do *trust* em sistemas pertencentes à tradição *civil law* sob a alegação de que seriam modelos proprietários incompatíveis não se mostra adequada, dada a origem comum decorrente do pensamento ockhaniano.

Tendo sido examinadas as primeiras noções sobre os *trusts*, considerando sobretudo o percurso histórico pelo qual passaram até culminar em seu reconhecimento jurídico, serão analisados a seguir os esforços para a construção de um conceito de *trust* que seja aceito internacionalmente. Dada a crescente importância dos *trusts*, surgiram iniciativas para viabilizar a circulação desse modelo para países pertencentes a ordenamentos jurídicos para além da *common law*.

CAPÍTULO II

O ESFORÇO PARA A ESTIPULAÇÃO DE UM CONCEITO INTERNACIONAL DE *TRUST*

2.1 A Convenção da Haia sobre a Lei Aplicável ao *Trust* e a seu Reconhecimento

A Convenção da Haia sobre a Lei Aplicável ao *Trust* e a seu Reconhecimento,[116] concluída em 1º de julho de 1985, foi elaborada pela Conferência da Haia sobre Direito Internacional Privado a partir de sua 14ª Sessão, em 1980, com o objetivo de regular o instituto do *trust*, conhecido por alguns Estados-membros da Conferência, em sua maioria de tradição *common law*, mas desconhecido na maioria dos Estados de tradição *civil law*, havendo a peculiar intenção de construir pontes entre países dessas tradições.[117] Com isso, tornou-se possível o

---

[116] Embora exista tradução oficial do texto da Convenção para o português (Disponível em: https://goo.gl/xJ4gXu. Acesso em: 21 dez. 2015), optou-se por trabalhar com o texto autêntico da Convenção em inglês, para permitir maior atenção à terminologia empregada, visando análise comparada com o teor da primeira seção deste capítulo. O texto autêntico da Convenção em inglês está disponível em: https://goo.gl/vAQPN6. Acesso em: 21 dez. 2015. Há, também, versão autêntica do texto em francês, bem como traduções oficiais para diversos outros idiomas.

[117] "A presente Convenção quer regulamentar uma instituição, o *trust*, conhecida por certos Estados membros da Conferência, mais frequentemente Estados de *common law*, mas que ignoram a maioria dos Estados de *civil law*, membros da Conferência. Nisto, ela difere essencialmente das outras Convenções da Haia, que regulam, no plano dos conflitos de leis, conflitos de jurisdições ou do reconhecimento e da execução das decisões, das instituições, tais como a adoção, o divórcio, o contrato de venda ou as obrigações alimentares, regidas certamente por regras de direito internacional privado divergentes em diferentes Estados, mas conhecidas em todos os lugares. Se algumas dessas Convenções visavam reconciliar os países com princípio de nacionalidade e os países com princípio de domicílio, a presente Convenção é mais particularmente destinada a construir pontes entre países de *commom law* e países de *civil law*". Tradução da autora. (OVERBECK, Alfred E. von. Rapport explicative de M. Alfred E. von Overbeck. *In*: CONFÉRENCE DE LA HAYE DE DROIT INTERNATIONAL

reconhecimento dos *trusts* nos países que o ignoram, mas, ao mesmo tempo, foram fornecidos critérios até então inexistentes para a escolha da lei aplicável aos *trusts* instituídos internacionalmente, mesmo em países onde o *trust* já existe, devido à disparidade das regras de conflito em cada local.[118]

Em que pese tenha sido criado pela *equity* para a consecução de finalidades concernentes ao direito sucessório, conforme elucidado na Seção 1.1 acima, o *trust* teve sua utilização ampliada para outras finalidades, destacando-se hodiernamente nas relações de comércio internacional. Foi sobretudo a utilização do *trust* nesse campo que motivou a análise aprofundada do instituto pela Conferência da Haia e a redação da Convenção.[119]

Importante assinalar, primeiramente, que a Conferência da Haia é uma organização mundial que visa à cooperação interfronteiras em matéria civil e comercial realizada pela primeira vez pelo governo holandês em 1893. A Conferência tornou-se uma organização intergovernamental permanente em sua 7ª Sessão em 1951, com a elaboração de um Estatuto vigente a partir de 15 de julho de 1955, com o propósito de "trabalhar para a unificação progressiva das normas de direito internacional privado".[120] Participaram da elaboração do Estatuto da Conferência da Haia em 1955, como Estados-membros fundadores,

---

PRIVÉ. *Actes et documents de la Quinzième session*: Trust – loi applicable et reconnaissance. Haia: HCCH, 1984. t. II. p. 372).

[118] JAUFFRET-SPINOSI, Camille. La Convention de la Haye relative à la loi applicable au trust et à sa reconnaissance (1er juillet 1985). *Journal du Droit International*, n. 1, p. 26, 1987.

[119] "É essencialmente o desenvolvimento do *trust* nas relações do comércio internacional que incitou os redatores da Convenção da Haia a tentar achar uma lei aplicável neste campo". Tradução da autora. (JAUFFRET-SPINOSI, Camille. La Convention de la Haye relative à la loi applicable au trust et à sa reconnaissance (1er juillet 1985). *Journal du Droit International*, n. 1, p. 24, 1987). Nessa mesma linha, em importante trabalho sobre a principal utilização e vocação dos *trusts* hodiernamente, John H. Langbein (The Secret Life of the Trust: The Trust as an Instrument of Commerce. *Yale Law Journal*, n. 107, p. 165-189, 1997) esclarece que, apesar de os *trusts* serem mais relacionados e estudados em suas modalidades de transmissões gratuitas direcionadas à propósitos familiares ou sucessórios, em verdade atualmente são muito mais utilizados para fins comerciais. A título de ilustração, o autor menciona os valores consideráveis que são movimentados por meio de *trusts* nos EUA e até mesmo no Japão (país cujo ordenamento jurídico é de *civil law*). Em sua opinião, a razão pela qual os *trusts* com fins comerciais não são tão estudados academicamente é porque essa utilização é relativamente recente quando comparada aos usos mais remotos do instituto.

[120] HAGUE CONFERENCE ON PRIVATE INTERNATIONAL LAW. *Statute of the Hague Conference on Private International Law*. Haia: HCCH, 1955. Artigo 1.

dezesseis Estados.[121] Posteriormente, aderiram ao Estatuto outros quarenta e nove.[122]

Visando atingir o propósito da Conferência, delineado em seu Estatuto, são empregados como métodos a negociação e a redação de tratados e convenções multilaterais em diversas áreas do Direito Internacional Privado, tais como a cooperação internacional judicial e administrativa, o reconhecimento de sociedades empresárias, a execução de decisões estrangeiras e a resolução de conflitos entre leis sobre contratos, responsabilidade civil, obrigações alimentares, proteção de crianças, entre outras matérias. Os projetos redigidos pelas Comissões Especiais da Conferência, compostas por especialistas de diversos Estados-membros, são discutidos e adotados nas Sessões Plenárias da Conferência da Haia, ocorridas, a princípio, a cada quatro anos,[123] podendo ser realizadas Sessões Extraordinárias, caso necessário. A última Sessão de que se tem notícia foi realizada em 2007, sendo esta a 21ª Sessão Plenária da Conferência.[124]

A Conferência da Haia difere de outras organizações internacionais que se ocupam do Direito Internacional Privado, como é o caso, por exemplo, do Instituto Internacional para a Unificação do Direito Privado (Instituto de Roma ou UNIDROIT), pois, enquanto este busca unificar o direito material em um plano internacional – como é o caso da Convenção de Viena, ou Lei Uniforme de Compra e Venda Internacional

---

[121] HAGUE CONFERENCE ON PRIVATE INTERNATIONAL LAW. *Statute of the Hague Conference on Private International Law*. Haia: HCCH, 1955. Preâmbulo. Foram eles: República Federativa da Alemanha, Áustria, Bélgica, Dinamarca, Espanha, Finlândia, França, Itália, Japão, Luxemburgo, Noruega, Holanda, Portugal, Reino Unido da Grã-Bretanha e Irlanda do Norte, Suécia e Suíça.

[122] HAGUE CONFERENCE ON PRIVATE INTERNATIONAL LAW. *Statute of the Hague Conference on Private International Law*. Haia: HCCH, 1955. Nota 1. Foram eles: Albânia, Argentina, Austrália, Belarus, Bósnia e Herzegovina, Brasil, Bulgária, Canadá, Chile, República Popular da China, Croácia, Chipre, República Tcheca, Egito, Estônia, Geórgia, Grécia, Hungria, Islândia, Irlanda, Israel, Jordânia, República da Coreia, Letônia, Lituânia, Malásia, Malta, México, Mônaco, Marrocos, Nova Zelândia, Panamá, Paraguai, Peru, Polônia, Romênia, Federação Russa, Sérvia e Montenegro, República da Eslováquia, Eslovênia, África do Sul, Sri Lanka, Suriname, Macedônia, Turquia, Ucrânia, Estados Unidos da América, Uruguai e Venezuela.

[123] "As Sessões Ordináras da Conferência serão, a princípio, realizadas a cada quatro anos". Tradução da autora. (HAGUE CONFERENCE ON PRIVATE INTERNATIONAL LAW. *Statute of the Hague Conference on Private International Law*. Haia: HCCH, 1955. Artigo 4(6)).

[124] HAGUE CONFERENCE ON PRIVATE INTERNATIONAL LAW. *Information on the Hague Conference on Private International Law* (documento eletrônico). Disponível em: https://goo.gl/UC4MR6. Acesso em: 21 dez. 2015.

de Mercadorias[125] –, a Conferência da Haia ocupa-se com conflitos entre normas e problemas de natureza procedimental que surgem no curso de transações transnacionais.[126]

Com este espírito, a Convenção da Haia sobre a Lei Aplicável ao *Trust* e a seu Reconhecimento ("Convenção da Haia"),[127] em seu preâmbulo, assinala que os Estados signatários visaram estabelecer disposições comuns sobre o direito aplicável ao *trust*, a fim de lidar com as questões mais importantes referentes ao seu reconhecimento.[128] Isto ocorre porque, sendo o *trust* um instituto jurídico peculiar, desenvolvido por tribunais de equidade em países de *common law*, mas adotado alhures com ajustes e modificações,[129] a Convenção da Haia buscou

---

[125] Ver, por todos, SCHLECTRIEM, Peter; SCHWENZER, Ingeborg. *Comentários à Convenção das Nações Unidas sobre Contratos de Compra e Venda Internacional de Mercadorias.* Coordenação de tradução de Eduardo Grebler, Véra Fradera e César Guimarães Pereira. São Paulo: RT, 2014.

[126] "Nas últimas décadas, o mundo presenciou um aumento significativo do compromisso com a democracia e com as políticas de integração. Esses objetivos políticos e econômicos, que se complementam, deram origem a uma enorme quantidade de leis importantes. Isso inclui reformas constitucionais e de Direitos civis, acordos de integração e legislação comercial, bem como inovações fiscais. Essas tendências de integração resultaram no surgimento de um melhor conhecimento pelos sistemas estrangeiros. Nesse sentido aparece o Direito dos Trusts". (FREIRE E ALMEIDA, Verônica Scriptore. *A tributação dos trusts.* Coimbra: Almedina, 2009. p. 125). Ver, ainda, KEARNEY, Richard D. The United States and International Cooperation to Unify Private Law. *Cornell International Law Journal*, v. 5, n. 1, p. 4-6, 1972. p. 4.

[127] Maurizio Lupoi (The Hague Convention, the Civil Law and the Italian Experience. *Trust Law International*, v. 21, n. 2, p. 83, 2007) critica a linguagem na versão autêntica francesa da Convenção e em outras traduções oficiais, ao empregar o termo "*trust*" no singular. Em seu entendimento não existe um *trust*, mas sim *trusts*, dada a grande variedade de espécies desse instituto. Para o autor, o uso do singular é genérico e, portanto, inútil: "Outra relevante má-compreensão refere-se ao uso do termo '*trust*' no singular. 'O *trust*' não existe, mas sim '*trusts*': unilaterais, bilaterais, testamentários, *inter vivos*, a longo prazo, a curto prazo, expressos, implícitos, resultantes, para beneficiários, para objetivos, públicos, privados, de família, empresariais, financeiros, securitários, com fins tributários, com fins organizacionais, com fins de guarda, com poderes primordiais incorporados, descobertos, protetivos, para acumulação e manutenção – poderíamos continuar *ad eternum*, e a única conclusão inescapável é que seria praticamente inútil buscar trabalhar em termos gerais para descrever um instituto geral que não existe. Generalidades devem ser evitadas e os *trusts* devem ser dissecados e examinados *de dentro*, não de fora". Tradução da autora. Por concordar-se com as observações de Lupoi, buscou-se ao longo do livro utilizar "*trusts*", no plural, sempre que possível. Aparecem no texto algumas exceções, devido a limitações vernaculares, havendo compromisso sobretudo com a clareza da redação.

[128] HAGUE CONFERENCE ON PRIVATE INTERNATIONAL LAW. *Convention on the Law Applicable to Trusts and on their Recognition.* 1º jul. 1985. Preâmbulo.

[129] "Considerando que o *trust* é um instituto característico criado pelos tribunais de equidade nos países de *common law*, adotado por outros países com certas modificações". Tradução da autora. (HAGUE CONFERENCE ON PRIVATE INTERNATIONAL LAW. *Convention on the Law Applicable to Trusts and on their Recognition.* 1º jul. 1985. Preâmbulo).

lidar com a possibilidade de reconhecimento de *trusts* instituídos em locais cujo direito acolhe-os fossem reconhecidos em países que não possuem este instituto.

Ao tempo da elaboração e posterior assinatura deste importante documento, um primeiro passo significativo já havia sido dado por Bélgica, Alemanha, França, Itália, Luxemburgo e Holanda na assinatura da Convenção de Bruxelas sobre Competência Jurisdicional e a Execução de Decisões em Matéria Civil e Comercial, de 17 de setembro de 1968.[130] Entre outras disposições, a Convenção previa que alguém domiciliado em algum dos Estados signatários poderia ser processado em outro Estado-membro na qualidade de *settlor*, *trustee* ou beneficiário de um *trust* criado por lei, por instrumento escrito ou oralmente, caso evidenciado por escrito, nos tribunais do Estado-membro onde o *trust* fosse domiciliado.[131] No mesmo diapasão, para determinar se um *trust* era domiciliado no Estado-membro a cujo Judiciário for submetida a questão, o juízo deveria aplicar as suas regras de Direito Internacional Privado.[132] Tal documento internacional auxiliou a estipular as bases para o reconhecimento de *trusts* instituídos em países de *common law*, e foi um fator decisivo para a célere ratificação da Convenção da Haia pela Itália, bem como por outros países de tradição *civil law* da Comunidade Europeia.[133]

---

[130] BRUSSELS Convention on Jurisdiction and the Enforcement of Judgments in Civil and Commercial Matters. 27 set. 1968. Disponível em: http://goo.gl/WhkXjU. Acesso em: 14 jan. 2016. Posteriormente, vieram a integrar tal Convenção o Reino da Dinamarca, a Irlanda e o Reino Unido da Grã-Bretanha e Irlanda do Norte, mediante a Convenção de Acessão de 9 out. 1978, com alterações na Convenção de Bruxelas de 1968 (COUNCIL Convention on the Accession of the Kingdom of Denmark, Ireland and the United Kingdom of Great Britain and Northern Ireland to the Convention on Jurisdiction and the Enforcement of Judgments in Civil and Commercial Matters and to the Protocol on its Interpretation by the Court of Justice. 9 out.1978. Disponível em: http://goo.gl/JgHF2J. Acesso em: 14 jan. 2016).

[131] "Para determinar se um *trust* tem domicílio em um Estado-membro cujos tribunais têm competência sobre a causa, o tribunal deverá aplicar suas regras de direito internacional privado". Tradução da autora. (*BRUSSELS Convention on Jurisdiction and the Enforcement of Judgments in Civil and Commercial Matters*. 27 set. Artigo 5.6. 1968. Disponível em: http://goo.gl/WhkXjU. Acesso em: 14 jan. 2016)

[132] "Uma pessoa domiciliada em um Estado-membro poderá ser processada em outro Estado-membro [...] enquanto *settlor*, *trustee* ou beneficiária de um *trust* criado por lei ou por instrumento escrito, ou, ainda, mediante prova escrita de criação verbal, nos tribunais do Estado-membro onde o *trust* tiver domicílio". Tradução da autora. (*BRUSSELS Convention on Jurisdiction and the Enforcement of Judgments in Civil and Commercial Matters*. 27 set. 1968. Artigo 53.2. Disponível em: http://goo.gl/WhkXjU. Acesso em: 14 jan. 2016).

[133] "A Itália foi o primeiro país de tradição *civil law* a ter em sua legislação a Convenção da Haia de 1985 sobre a Lei aplicável aos *Trusts* e seu Reconhecimento. A célere ratificação da Convenção pelo legislador italiano surpreendeu alguns círculos, mesmo que nosso país,

Segundo Maurizio Lupoi, a Convenção foi bem-sucedida em estabelecer critérios para resolver conflitos de leis relativas ao *trust*.[134] Contudo, em especial para os países de *civil law* (e a principal razão de sua participação) é o fato de a Convenção, em seu artigo 2,[135] pretender fornecer uma definição do que é um *trust*, para se poder definir o que pode ser reconhecido como *trust*.[136]

    como outros membros da Comunidade Europeia, já tivesse acordado em adotar uma base judicial uniforme para julgar ações relacionadas aos *trusts* e regras uniformes dispondo sobre o reconhecimento de julgamentos sobre a mesma matéria". Tradução da autora. (GRAZIADEI, Michele. Trusts in Italian Law: A Matter of Property or Obligation? *In: Italian National Reports to the XVth International Congress of Comparative Law, Bristol 1998.* Milano: Giuffrè, 1998. p. 189). Ver, também, VAN LOON, Hans. The Hague Convention of 1st July 1985 on the Law Applicable to Trusts and on their Recognition. *In:* PRUM, André; WITZ, Claude (org.). *Trust et fiducie*: la convention de la Haye et la nouvelle législation luxembourgeoise. Paris: Montchrestien, 2005 p. 21: "O que também motivou os trabalhos sobre a Convenção sobre *Trusts* foi o ingresso dos países que possuem *trusts*, o Reino Unido e a Irlanda, na CEE, e a resultante emenda da *Convenção de Bruxelas de 27 de Setembro de 1968 sobre Competência e Reconhecimento e Execução de Julgamentos em Matéria Civil e Comercial*. Pela primeira vez, a Convenção de Bruxelas, agora convertida no *Regulamento de Conselho (CE) nº 44/2011, de 22 de Dezembro de 2000, sobre Competência e Reconhecimento e Execução de Julgamentos em Matéria Civil e Comercial*, deveria incluir um critério especial para competência sobre casos envolvendo quaisquer das relações internas entre os principais sujeitos do *trust*: *settlor*, *trustee* e beneficiário. Essa competência especial existiria na ausência de escolha determinada de outro foro onde o *trust* tivesse "domicílio". Tal domicílio, porém, não foi definido, e a Convenção de Bruxelas, portanto, deixou aos tribunais competentes determinar se um *trust* tem domicílio em seu foro aplicando suas próprias regras de direito internacional privado. A necessidade de fornecer aos tribunais uma ferramenta para determinar o domicílio, em conjunto com uma necessidade crescente e, em geral, prática de guiar situações interfronteiras em que um *trust* tenha bens em foros que não reconheçam o *trust*, levaram a conferência da Haia a incluir a «questão da validade e reconhecimento internacional dos *trusts*» como um projeto prioritário em sua Décima-Quinta Sessão Plenária". Tradução da autora.

[134] "*The Convention succeeded in laying down conflict rules where generations of scholars had failed and textbook authors were quick to recognize its positive effect*". (LUPOI, Maurizio. The Hague Convention, the Civil Law and the Italian Experience. *Trust Law International*, v. 21, n. 2, p. 80, 2007).

[135] "Para os fins desta Convenção, o termo "*trust*" se refere às relações jurídicas criadas por uma pessoa, o *trustee* – por ato *inter vivos* ou *causa mortis* – quando os bens forem colocados sob controle de um *trustee* para o benefício de um beneficiário ou para um fim específico. O *trust* apresenta as seguintes características: a) os bens constituem um fundo separado e não são parte do patrimônio pessoal do *trustee*; b) a propriedade dos bens do *trust* está em nome do *trustee* ou de outra pessoa em nome do *trustee*; c) o *trustee* tem poderes e deveres, estando em virtude deles responsável por gerenciar, empregar ou dispor dos bens sob os termos do *trust* e dos deveres especiais impostos ao *trustee* pela lei. O fato de o *settlor* reservar certos poderes ou o *trustee* possuir certos direitos na qualidade de beneficiário não exclui necessariamente a existência de um *trust*". Tradução da autora. (HAGUE CONFERENCE ON PRIVATE INTERNATIONAL LAW. *Convention on the Law Applicable to Trusts and on their Recognition*. 1º jul. 1985. Artigo 2).

[136] Em sentido contrário, "A Convenção sobre *Trusts* aborda o problema do *trust* no contexto do conflito de leis. Seu propósito não é introduzir o conceito de *trust* no direito internacional de países que não possuem *trusts*. Esforços para criar um conceito generalizado de *trust*, permitindo países de *civil law* a alinharem suas leis àquelas de países de *common law*

Importante delinear o que se entende por reconhecimento de *trusts*, nos termos da Convenção da Haia, conforme seu artigo 11.[137] A Convenção explicita que somente será possível o reconhecimento de *trusts* instituídos de acordo com normas de direito interno condizentes com a Convenção. Por reconhecimento, entende-se que, no mínimo, os bens do *trust* constituam patrimônio separado dos bens de titularidade dos sujeitos envolvidos na instituição do *trust* (*settlor*, *trustee* e beneficiário), e que o *trustee* tenha capacidade processual para demandar e ser demandado na condição de *trustee*, podendo requerer e atuar nesta condição perante um tabelião ou qualquer outro oficial. O reconhecimento traz consigo, ainda, determinadas consequências: (i) os credores de obrigações pessoais do *trustee* não podem alcançar os bens do *trust*; (ii) os bens do *trust* não comporão o patrimônio do *trustee* na hipótese de sua insolvência ou falência;[138] (iii) os bens do *trust* não estão sujeitos ao regime de bens do *trustee* ou de seu cônjuge, tampouco integrarão o espólio do *trustee* quando de sua morte; e (iv) os bens do *trust* podem ser recuperados quando houver confusão patrimonial com os bens do *trustee* ou forem indevidamente alienados, podendo

---

remontam à década de 1950, e podem ter recebido um novo ímpeto da Convenção da Haia. No entanto, não é a isso que se refere a Convenção: seu propósito é unificar as regras de conflito de leis para, e fornecer reconhecimento de *trusts* contra um plano de fundo de variadas texturas de direitos reais, contratos, sucessões e outras leis. O desafio foi desenvolver regras de conflitos que facilitariam o funcionamento escorreito do *trust* em suas aplicações econômicas e sociais, ao mesmo tempo em que se considera a ausência de instituto semelhante na maioria dos sistemas de *civil law*". Tradução da autora. (VAN LOON, Hans. The Hague Convention of 1st July 1985 on the Law Applicable to Trusts and on their Recognition. *In*: PRUM, André; WITZ, Claude (org.). *Trust et fiducie*: la convention de la Haye et la nouvelle législation luxembourgeoise. Paris: Montchrestien, 2005. p. 19-20).

[137] "O *trust* criado em conformidade com a lei determinada pelo Capítulo anterior deve ser como um *trust*. O reconhecimento significa, pelo menos, que os bens do *trust* sejam distintos do patrimônio pessoal do *trustee* e que o *trustee* possa figurar como autor ou réu, ou comparecer na qualidade de *trustee* perante um notário ou qualquer autoridade pública. Na medida em que a lei aplicável ao *trust* assim exigir ou prever, tal reconhecimento implica notadamente: a) que credores pessoais do *trustee* não tenham acesso aos bens do *trust*; b) que os bens do *trust* são separados do patrimônio do *trustee* em caso de sua insolvência ou falência; c) que os bens do *trust* não integram a propriedade matrimonial ou a sucessão do *trustee*; d) que a recuperação dos bens do *trust* é permitida, nos casos em que o *trustee*, em violação das obrigações resultantes do *trust*, confundiu os bens do *trust* com seus bens pessoais ou deles dispôs. No entanto, os direitos e obrigações de um terceiro detentor dos bens do *trust* permanecem sujeitas à lei determinada pelas regras de conflito do foro". Tradução da autora. (HAGUE CONFERENCE ON PRIVATE INTERNATIONAL LAW. *Convention on the Law Applicable to Trusts and on their Recognition*. 1º jul. 1985. Artigo 11).

[138] Há sistemas jurídicos, como o dos Estados Unidos da América, em que existe a possibilidade de requerer a falência de pessoas físicas. Ver: ESTADOS UNIDOS DA AMÉRICA. *United States Code*, Título 11, Capítulo 13 (1984) (documento eletrônico). Disponível em: http://goo.gl/i04KI7. Acesso em: 23 dez. 2015.

ser assegurado o direito de terceiro de boa-fé de acordo com a norma de direito interno aplicada no foro em questão.[139]

O Relatório Explicativo da Comissão Especial responsável pela redação da Convenção da Haia,[140] elaborado pelo relator Alfred E. von Overbeck, indica a possibilidade de haver em países de *civil law* instituições estruturalmente análogas ao *trust*, portanto abrangidas pela Convenção, e instituições apenas funcionalmente análogas ao *trust*, criando dificuldades maiores ao reconhecimento de *trusts* legalmente instituídos.[141]

Segundo Camille Jauffret-Spinosi, a Convenção da Haia apresenta, assim, duas grandes originalidades. A primeira originalidade seria que, como nunca antes, um ato normativo passou a prever qual será a lei aplicável a alguns países em relação a um instituto que eles ignoram. Com isso, os países que ratificarem a Convenção terão, sem discussão acerca de sua (in)compatibilidade com o sistema jurídico nacional de cada país, aceitado reconhecer o *trust*, atendendo-se a um dos objetivos basilares da Convenção, que é evitar que os juízes dos países que não

---

[139] Milena Donato Oliva sintetiza quais as qualidades distintivas do instituto do trust adotado pela Convenção da Haia: "Portanto, têm-se como traços característicos básicos do *trust* referido na Convenção de Haia os que se seguem: (i) o *trustee* figura como titular das situações jurídicas subjetivas ativas conferidas em *trust*; (ii) tais situações jurídicas ativas formam patrimônio afetado, insuscetível de ataque pelos credores pessoais do *trustee*; (iii) o *trustee* tem o poder-dever de administrar aludido patrimônio especial conforme o estabelecido no ato constitutivo do *trust* e de acordo com a lei; (iv) os beneficiários, em virtude do mecanismo de funcionamento do *trust* calcado no expediente da segregação patrimonial, têm direito pessoal em face do *trustee*, ao qual pode ser atribuído, por opção legislativa, oponibilidade perante terceiros. Esta configuração do *trust*, como se ressaltou, denota a riqueza do instituto, caracterizado pelo binômio versatilidade-segurança, haja vista poder servir, de maneira eficaz, à realização de inúmeras funções, promovendo, por conseguinte, múltiplos interesses merecedores de tutela". (OLIVA, Milena Donato. *Patrimônio separado*: herança, massa falida, securitização de créditos imobiliários, incorporação imobiliária, fundos de investimento imobiliário, trust. Rio de Janeiro: Renovar, 2009. p. 368).

[140] Para uma visão geral abreviada do funcionamento da Comissão Especial, ver JAUFFRET-SPINOSI, Camille. Actes et documents de la quinzième session de la Conférence de La Haye de droit international privé, t. II, Trust, loi applicable et reconnaissance. *Revue Internationale de Droit Comparé*, v. 39, n. 2, p. 502-503, abr./jun. 1987.

[141] "Observaremos, por exemplo, que, se a aplicação da Convenção em relação ao *trust* propriamente dito não dá dúvidas, a questão de saber se instituições análogas que existem em certos países de *civil law* respondem ainda aos critérios da Convenção, será mais difícil para resolver [...]. Observemos, com o Presidente da Comissão, que será necessário distinguir as instituições estruturalmente análogas ao *trust*, que estão ao alcance da Convenção, daquelas que são somente funcionalmente análogas e que não estão regulamentadas". Tradução da autora. (OVERBECK, Alfred E. von. Rapport explicative de M. Alfred E. vonOverbeck. *In*: CONFÉRENCE DE LA HAYE DE DROIT INTERNATIONAL PRIVÉ. *Actes et documents de la Quinzième session*: Trust – loi applicable et reconnaissance. Haia: HCCH, 1984. t. II. p. 372-373).

preveem o *trust* o "qualifiquem", no sentido de dar aos *trusts* uma roupagem própria de seus ordenamentos.[142] Já a segunda originalidade decorre da primeira: a Convenção não é recíproca para todos os Estados que dela participam.[143] Há *"concessão unilateral dos países de civil law de aceitarem reconhecer um trust"*[144], o que traz consigo maior confiança nas autoridades judiciárias e administrativas locais.[145] A Convenção da Haia é, portanto, bastante diferente de outras convenções elaboradas pela Conferência da Haia, na medida em que, segundo Antonio Gambaro, se constitui mais em regras que permitem o reconhecimento de *trusts* instituídos em outros países que em regras de conflito de leis.[146]

Como dito, a Convenção foi desenvolvida a partir da 14ª Sessão Plenária da Conferência da Haia, em 1980, tendo sido concluída na Sessão seguinte, a 15ª, em 1984, e assinada em 1º de julho de 1985.[147] Sua

---

[142] "Pela primeira vez, parece que uma Convenção prevê a lei aplicável em certos países a uma instituição que eles ignoram. Estes países, quando terão ratificado a Convenção aceitarão, sem discuti-la, a instituição dos países de *common law*: o *trust*, sem requalificá-la, sem tentar que produza um efeito tentando aproximá-la de instituições românicas. Aí está um dos maiores interesses da Convenção. Era preciso evitar a qualificação, pelos juízes do interior que ignoravam o *trust*, desta instituição". Tradução da autora. (JAUFFRET-SPINOSI, Camille. La Convention de la Haye relative à la loi applicable au trust et à sa reconnaissance (1er juillet 1985). *Journal du Droit International*, n. 1, p. 23-24, 1987).

[143] "Com efeito, os países de *civil law* aceitam reconhecer o *trust* enquanto que os países de *common law* não se submetem à nenhuma obrigação". Tradução da autora. (JAUFFRET-SPINOSI, Camille. La Convention de la Haye relative à la loi applicable au trust et à sa reconnaissance (1er juillet 1985). *Journal du Droit International*, n. 1, p. 24, 1987). Tradução da autora. (JAUFFRET-SPINOSI, Camille. La Convention de la Haye relative à la loi applicable au trust et à sa reconnaissance (1er juillet 1985). *Journal du Droit International*, n. 1, p. 23-24, 1987).

[144] "Os trabalhos preparatórios demonstram realmente a consciência dos países representados nos quais existe o *trust* da concessão unilateral que representa, para os países que o ignoram, o reconhecimento sem discussão desta instituição, com o objetivo de produzir efeitos em seu território". Tradução da autora. (JAUFFRET-SPINOSI, Camille. La Convention de la Haye relative à la loi applicable au trust et à sa reconnaissance (1er juillet 1985). *Journal du Droit International*, n. 1, p. 23-24, 1987).

[145] "A ausência de reciprocidade impõe também, aos Estados que deverão produzir efeitos ao *trust*, confiem a autoridades judiciárias e administrativas responsáveis da sua vigilância nos lugares aonde ele é exercido."

[146] Antonio Gambaro afirma que: "O resultado foi uma convenção que não segue os padrões típicos das convenções de Haia, porque seu núcleo central não é constituído pela predisposição de normas de conflito uniforme, como pelo reconhecimento por parte de um país signatário dos efeitos de um mecanismo jurídico, ainda que seja alheio ao seu sistema tradicional". Tradução da autora. (GAMBARO, Antonio. Trust. In: *Digesto delle discipline privatistiche*: Sezione civile. 4. ed. Torino: UTET, 1999. v. 19. p. 464).

[147] A Convenção da Haia teve como signatários, cronologicamente, a Holanda, a Itália, Luxemburgo, o Reino Unido da Grã-Bretanha e Irlanda do Norte, os Estados Unidos da América, o Canadá, a Austrália, a França, Chipre e a Suíça. Aderiram posteriormente à Convenção Malta, Liechtenstein, San Marino e Mônaco. Por força da devolução da Região Administrativa Especial de Hong Kong à República Popular da China em 1997, após

vigência, no entanto, deu-se apenas em 1º de janeiro de 1992. Apesar da assinatura, ainda não ratificaram a Convenção Estados Unidos da América, França e Chipre.

É possível dividir os Estados signatários da Convenção em dois grupos: aqueles que possuem *trusts* ou institutos análogos, e aqueles que não os possuem, havendo interesses distintos na ratificação.[148] O primeiro grupo, composto por aqueles países que possuem *trusts*, tem como interesse o reconhecimento dos *trusts* instituídos sob o seu direito em locais onde não existe a figura do *trust*. Há, ainda, interesse na existência de regras para a resolução de conflito de normas, pois há diferenças entre os sistemas de direito interno mesmo entre os países onde existe o *trust*.[149] Já com relação ao segundo grupo, composto por aqueles países onde não há a figura do *trust*, o interesse é menos evidente, mas não menos importante. Como bem apontado no Relatório Explicativo:

> O interesse dos Estados que desconhecem o *trust* aparece com menos clareza. Estes poderiam, ao contrário, temer que os princípios de seus sistemas jurídicos possam ser abalados pela intrusão de um instituto estrangeiro um tanto inquietante. A este respeito, convém destacar que jamais houve a intenção de introduzir o *trust* em países de *civil law*, mas simplesmente fornecer aos seus juízes os instrumentos apropriados para compreender esta figura jurídica. E é precisamente aqui onde reside o interesse na Convenção pelos países que desconhecem o *trust*. Como o instituto não é previsto no direito material, eles evidentemente não possuem regras de direito internacional privado que possam o reger, e eles são, portanto, reduzidos a buscar laboriosamente a introdução dos elementos do *trust* em seus próprios conceitos. Ao contrário, a Convenção põe à sua disposição regras de conflito de leis relativas ao

---

a assinatura da Convenção pelo Reino Unido em 1992, o governo chinês decidiu que a Convenção permaneceria em vigor em Hong Kong, sem, no entanto, aderir a ela. Para a relação completa de Estados signatários da Convenção da Haia, com indicação de data de assinatura, ratificação, vigência e eventuais ressalvas ao texto, ver https://goo.gl/cxgCgN. Acesso em: 22 jul. 2015.

[148] OVERBECK, Alfred E. von. Rapport explicative de M. Alfred E. von Overbeck. *In*: CONFÉRENCE DE LA HAYE DE DROIT INTERNATIONAL PRIVÉ. *Actes et documents de la Quinzième session*: Trust – loi applicable et reconnaissance. Haia: HCCH, 1984. t. II. p. 373.

[149] OVERBECK, Alfred E. von. Rapport explicative de M. Alfred E. von Overbeck. *In*: CONFÉRENCE DE LA HAYE DE DROIT INTERNATIONAL PRIVÉ. *Actes et documents de la Quinzième session*: Trust – loi applicable et reconnaissance. Haia: HCCH, 1984. t. II. p. 373.

trust; após ela indica em que deve consistir o reconhecimento do *trust*, mas também os limites de tal reconhecimento.[150]

Reside aqui o ponto chave da importância da Convenção da Haia aos países de tradição *civil law*, onde o trust não apenas é desconhecido dos operadores do Direito em geral, como é também visto com desconfiança.[151] Como bem explicitado no trecho transcrito, não foi o objetivo da Convenção a criação do instituto jurídico do *trust* nos países que não o possuem, como, além dos sistemas de tradição *civil law*, os sistemas jurídicos hindu e de países socialistas, por exemplo.[152] O que a Convenção permite aos seus signatários e Estados ratificantes é a existência de categorias seguras para se poder afirmar quando um *trust* existe, mesmo se instituído sob as normas de direito interno estrangeiros, e em que condições pode ser reconhecido, ou não. Sem os elementos de reconhecimento fornecidos pela Convenção, corre-se o risco de se empreender uma busca por categorias jurídicas análogas para a compreensão de situações de fato submetidas ao crivo do Poder Judiciário, fadadas evidentemente ao insucesso, ante à peculiaridade do instituto com o qual se labora. O objetivo, portanto, é facilitar a atuação

---

[150] OVERBECK, Alfred E. von. Rapport explicative de M. Alfred E. von Overbeck. *In*: CONFÉRENCE DE LA HAYE DE DROIT INTERNATIONAL PRIVÉ. *Actes et documents de la Quinzième session*: Trust – loi applicable et reconnaissance. Haia: HCCH, 1984. t. II. p. 373. A tradução deste trecho para o português baseou-se também na tradução oficial do Relatório para o inglês, feita pela Secretaria Permanente da Conferência da Haia ("*Bureau Permanent*"): OVERBECK, Alfred E. Explanatory Report by Alfred E. von Overbeck. Tradução de Hague Conference on Private International Law Permanent Bureau. *In*: HAGUE CONFERENCE ON PRIVATE INTERNATIONAL LAW. *Proceedings of the Fifteenth Session (1984)*: Trusts, applicable law and recognition. Haia: HCCH, 1984. t. II. p. 373.

[151] Veja-se, por exemplo, TORRES, Heleno Tavares. Trust não pode ser usado para sonegação fiscal. *Consultor Jurídico* (*on-line*), 11 nov. 2015. Disponível em: http://goo.gl/SFuaJC. Acesso em: 23 dez. 2015. ("O *trust*, não obstante seja importante instrumento jurídico dos países anglo-saxões, nas últimas décadas, porém, passou a ser intensamente utilizado por diversos 'paraísos fiscais', ao lado das *holdings companies*, como medida para o que alguns chamam impropriamente de 'proteção patrimonial'"). Ver também JUSTO, Marcelo. As cinco estratégias favoritas dos ricos para sonegar impostos. *BBC Brasil* (*on-line*), 24 maio 2014. Disponível em: http://goo.gl/Q3aMgi. Acesso em: 23 dez. 2015. (Ao descrever a utilização de "laranjas", "testas de ferro" ou "empresas fantasmas" como "uma maneira de esconder rastros", o texto afirma que "[u]ma variante dessa situação é o Trust, um antigo instrumento legal inglês no qual o dono de um bem cede seu controle para uma pessoa que o administra em benefício de um terceiro"). As eventuais implicações criminais do uso de trusts para a prática de sonegação fiscal ou lavagem de dinheiro, assim como uma análise do rumoroso caso envolvendo trusts e o então Presidente da Câmara dos Deputados, deputado federal Eduardo Cunha, serão tratadas adiante.

[152] Sobre os principais sistemas jurídicos contemporâneos, ver, por todos, DAVID, René; JAUFFRET-SPINOSI, Camille. *Les grands systèmes de droit contemporains*. 11. ed. Paris: Dalloz, 2002.

dos juízes, ao mesmo tempo preservando-se o sistema jurídico interno de cada Estado. Segundo Camille Jauffret-Spinosi, a Convenção da Haia propicia que o *trust* não seja um "Cavalo de Troia" nos sistemas romanistas.[153]

Com relação à sua estrutura, a Convenção da Haia é dividida em cinco capítulos. O Capítulo I dispõe sobre o escopo de aplicação da Convenção, em que se delimita o que se entende por *trust* e quais os institutos que podem ser assim compreendidos. O Capítulo II, acerca do direito aplicável, lida com o escopo da aplicação da norma de regência do *trust*, a possibilidade de sujeitaram-se determinados elementos do *trust* a outras normas e mudanças da lei aplicável ao *trust*. O Capítulo III da Convenção trata do reconhecimento de *trusts*, e estabelece as condições mínimas para que possa haver o reconhecimento, bem como a forma como deverá constar do registro público. Este capítulo também contém dispositivos que permitem o não reconhecimento de um *trust*, quando este se mostrar impróprio, além de possibilitar a preservação de normas de direito interno mais favoráveis ao reconhecimento do *trust* que aquelas da Convenção. O Capítulo IV, por sua vez, contém regras diversas referentes à modulação de alcance e efeito das regras previstas na Convenção, tais como dispositivos que permitem a ampliação do alcance da Convenção mediante decisão judicial, entre outros. Por fim, o Capítulo V dispõe sobre assinatura, ratificação, acessão, vigência e denúncia da Convenção.

Mesmo que o objetivo da Convenção da Haia seja audacioso – na medida em que pretende fornecer critérios para o reconhecimento de *trusts* instituídos em qualquer lugar do mundo nos mais diversos países enquanto *trusts* – foi necessário simplificar a noção de *trust* nela prevista.

Em seu preâmbulo, é determinado que o instituto do *trust* advém das *Courts of Equity da Common Law* e que é adotado com algumas modificações em países com ordenamentos jurídicos com características diversas, sendo ele um instituto singular. Contudo, a dificuldade com a qual a Convenção teve de lidar foi a de como captar e prever todas as modalidades existentes do *trust*, figura notória justamente pela

---

[153] "Então, é assim que os países de *civil law* encontram o *trust* e o confrontam. É no encontro com o desconhecido, mas aquele que está lá, e a sabedoria nunca rejeitou aquilo que não se conhece, mas o acolhe, e quando desmitificado, o *trust* não pode ser um Cavalo de Troia nos sistemas românicos". Tradução da autora. (JAUFFRET-SPINOSI, Camille. La Convention de la Haye relative à la loi applicable au trust et à sa reconnaissance (1er juillet 1985). *Journal du Droit International*, n. 1, p. 26, 1987).

sua versatilidade. Foi necessário simplificar essa figura tão complexa, deixando de fora da Convenção diversas espécies de *trusts*.

A opção da Convenção da Haia foi a de, em seu artigo 2, apresentar uma definição de *trust* concernente aos seus propósitos, isto é, deixa claro que o enunciado não é a definição geral do instituto *trust*, mas sim uma acepção própria para os objetivos e os limites da Convenção.[154] Essa primeira elucidação é muito importante, pois deixa claro que não foi objetivo da Convenção estabelecer um conceito definitivo sobre o *trust*, mas tão somente apresentar uma definição "recorte" que coadunasse com seus propósitos.

A definição proposta no artigo 2 é a de que será considerado pela Convenção da Haia como *trust* a operação por meio da qual o *settlor* – por ato *inter vivos* ou *causa mortis* – transferir bens para o controle de um *trustee* os administrar em favor do(s) beneficiário(s) (*cestui que trust*). A primeira característica do *trust* indicada por esse dispositivo é a de que os seus bens constituem um fundo separado, o qual, embora seja de titularidade do *trustee*, não integra seu patrimônio pessoal. O acervo patrimonial pode estar formalmente em nome do *trustee* ou de outra pessoa em seu benefício. O *trustee* será o responsável legal pela gestão dos bens objeto de *trust*, devendo seguir as diretrizes estabelecidas pelo *settlor* e pela lei. Finalmente, é possível que o *settlor* reserve poderes

---

[154] Sobre os bastidores da opção feita no artigo 2, Hans Van Loon afirma que: "Na Conferência Diplomática em Outubro de 1984, no entanto, o clima mudou. Diversos delegados de países de *civil law* insistiram que a Convenção deveria abranger seus institutos semelhantes aos *trusts*: o delegado egípcio mencionou o *waqf* com fins beneficentes e o delegado japonês o *shintaku*. Outros observaram que possuíam em suas leis institutos que desempenhavam funções equivalentes ao *trust*. Os delegados de Luxemburgo, Sr. Delvaux e Sr. Mathékovitsch, eloquentemente solicitaram a inclusão de institutos análogos, e, naquele contexto, Sr. Delvaux referiu-se à *fiducie* luxemburguesa criada em 1983. [...] É precisamente com o objetivo de oferecer alguma orientação aos juristas de tradição *civil law*, sem familiaridade com o *trust* da *common law*, que o artigo 2 busca elucidar suas características estruturais básicas – não para defini-las, pois tal seria impossível até mesmo para juristas da *common law* – e o artigo 11 prossegue na especificação de alguns de seus efeitos. O artigo 2, portanto, deve sempre ser lido, não isoladamente, mas com o *trust* da *common law* – e em particular com suas características estruturais – em mente. Outra visão desviaria a Convenção de seu objetivo e iria, ademais, levar a inconsistências na aplicação da Convenção da Haia sobre *Trusts* e outros instrumentos internacionais. Por exemplo, embora o artigo 2 – deliberadamente – evite o termo 'propriedade' quando se refere ao papel do *trustee*, falando em 'controle', não resta dúvida de que casos de agência estão fora do escopo da Convenção; conforme observado por J. Harris, 'o artigo 2 deve ser interpretado na prática como limitado à transferência de propriedade a um *trustee* de bens formando um fundo separado de sua riqueza pessoal'". Tradução da autora. (The Hague Convention of 1st July 1985 on the Law Applicable to Trusts and on their Recognition. *In:* PRUM, André; WITZ, Claude (org.). *Trust et fiducie*: la convention de la Haye et la nouvelle législation luxembourgeoise. Paris: Montchrestien, 2005. p. 24-25)

relativos ao *trust* para si, bem como o *trustee* pode ser titular de certos direitos na qualidade de beneficiário.[155] Para Camille Jauffret-Spinosi, os casos de *trusts* em que o *settlor* se nomeia *trustee* e beneficiário (ou um dos beneficiários) também estariam contemplados – ainda que não expressamente – na Convenção.[156] Do mesmo modo, segundo a autora, também nos casos de *trusts* voluntários criados por lei ou pelo juiz não haveria nem *trustee* nem beneficiário definidos.

Outro ponto de destaque é que o artigo 2 não faz alusão ao fato de no *trust* existir a diferença entre a *legal property* e a *beneficial property*. Para Jauffret-Spinosi, essa omissão foi intencional, no sentido de não intimidar os países do sistema romano germânico a participarem da Convenção, cujo rol de direitos reais é, a princípio, limitado.[157]

A autora faz alusão ao fato de que as definições adotadas pelos juristas ingleses sobre o *trust* dão ênfase ao beneficiário, ao passo que a Convenção da Haia destaca o *trustee* e os bens. A razão para essa escolha se deu, pois o *trustee* "é o personagem visível e ativo do *trust*".[158]

No que concerne aos bens, Pierre Lepaulle entende que são os únicos elementos fundamentais do *trust*. Tal situação ocorre porque, como antes afirmado, ele pode ser criado pela lei ou pelo juiz, de modo que não terá *settlor*. Outrossim, o *trustee* pode ser substituído e o *trust* continuará a existir. Por fim, o *trust* pode ser da modalidade *charitable*,[159]

---

[155] "O fato de o *settlor* reservar certos poderes ou o *trustee* possuir certos direitos na qualidade de beneficiário não exclui necessariamente a existência de um *trust*". Tradução da autora. (HAGUE CONFERENCE ON PRIVATE INTERNATIONAL LAW. *Convention on the Law Applicable to Trusts and on their Recognition*. 1º jul. 1985. Artigo 2)

[156] "Mas uma situação de *trust* com três personagens sujeita à alínea 1 do artigo 2 da Convenção, não é a única, mesmo no caso de *trust* criado voluntariamente, é a situação mais frequente, pois existirá sempre um constituinte (os *trusts* criados pela lei ou o juiz conhecem somente um *trustee* e um benificiário)". Tradução da autora. (JAUFFRET-SPINOSI, Camille. La Convention de la Haye relative à la loi applicable au trust et à sa reconnaissance (1er juillet 1985). *Journal du Droit International*, n. 1, p. 27, 1987).

[157] "Ela parece tendenciosa pois oculta quase totalmente a dualidade dos dois direitos de propriedade, dualidade fundamental e caráter essencial do *trust*, mas dualidade voluntariamente eliminada, pois muito ligada a seu sistema de origem: a *commom law*, foi muito distanciada da definição, a fim de intimidar os países românicos cuja lista dos verdadeiros direitos é, em princípio, limitada". Tradução da autora. (JAUFFRET-SPINOSI, Camille. La Convention de la Haye relative à la loi applicable au trust et à sa reconnaissance (1er juillet 1985). *Journal du Droit International*, n. 1, p. 27, 1987).

[158] JAUFFRET-SPINOSI, Camille. La Convention de la Haye relative à la loi applicable au trust et à sa reconnaissance (1er juillet 1985). *Journal du Droit International*, n. 1, p. 29, 1987.

[159] Segundo Diogo Leite de Campos e Maria João Romão Carreiro Vaz Tomé, o *charitable* ou *public trust* diz respeito a "*trusts* que têm por fim a satisfação de interesses públicos, que visam beneficiar a comunidade em geral. Por isso gozam de diversos privilégios legais. O *attorney-general* é responsável pelo seu cumprimento. Denomina-se, de um lado, como

ocasião em que não há um beneficiário definido. Logo, subscreve-se a ideia de que os bens que serão objeto do *trust* são o único elemento obrigatório de um *trust*.[160]

Em prosseguimento, o artigo 2 da Convenção apresenta quais são as características de um *trust*. A primeira é justamente que os bens que compõem o *trust* constituem um patrimônio de afetação e não integram o patrimônio pessoal ou empresarial do *trustee*.[161] Importante ressaltar que a Convenção não adota expressamente o termo "patrimônio de afetação"; menciona *separate fund*, que em português seria algo próximo de "fundo, conjunto de bens separados, apartados". Todavia, neste contexto, e a partir de estudos anteriores que procuraram conceituar o instituto "patrimônio" e "patrimônio de afetação", permite-se concluir que os bens objeto de um *trust* são uma modalidade de patrimônio de afetação.[162] O enquadramento dos bens que compõem o *trust*

---

public trusts, na medida em que visam que um segmento significativo da comunidade possa deles se beneficiar e, de outro, como *charitable*, porque os seus objetivos se traduzem, muito frequentemente, na prática da caridade". (CAMPOS, Diogo Leite de; TOMÉ, Maria João Romão Carreiro Vaz. *A propriedade fiduciária (Trust)*: estudo para a sua consagração no direito português. Coimbra: Almedina, 1999. p. 51-52).

[160] ""Os bens têm também um papel fundamental. Tão fundamental que um autor francês achou que eles eram o único elemento indispensável do *trust*. O *trust* pode ser constituído pela lei ou pelo juiz, consequentemente não pode aí existir um constituinte. O *trustee* pode ser substituído, pode morrer, o *trust* continuará, em si mesmo ele não é de grande relevância. O objetivo do *trust* pode ser caridoso, não há então beneficiário, pessoa física. Somente os bens colocados no *trust* existem obrigatoriamente em todos *trust*". Tradução da autora. (LEPAULLE, Pierre. *Traité théorique et pratique du trust en droit interne, en droit fiscal et en droit international privé* apud JAUFFRET-SPINOSI, Camille. La Convention de la Haye relative à la loi applicable au trust et à sa reconnaissance (1er juillet 1985). *Journal du Droit International*, n. 1, p. 29, 1987).

[161] Camille Jauffret-Spinosi chama atenção para o fato de que a definição do *trust* dada pelo artigo 2 não menciona os juízes que futuramente apreciarão *trusts* de acordo com suas competências de controle e vigilância: "Uma outra pessoa também não é mencionada na definição: o juiz. O *trust* que se insere mais frequentemente na duração é submetido ao controle e à vigilância do tribunal. A tarefa dos juízes de *civil law* que terão que conhecer um *trust* não será fácil: por um lado, a compreensão do *trust*, em razão de sua origem de *equity* e da dualidade de propriedade não é algo fácil; por outro lado, o *trust* sendo uma instituição da *equity*, os juízes têm poderes muito importantes, por exemplo, o de dar injunções para obter do *trustee* o respeito de seu engajamento". Tradução da autora. (JAUFFRET-SPINOSI, Camille. La Convention de la Haye relative à la loi applicable au trust et à sa reconnaissance (1er juillet 1985). *Journal du Droit International*, n. 1, p. 29, 1987).

[162] Ver XAVIER, Luciana Pedroso. *As teorias do patrimônio e o patrimônio de afetação na incorporação imobiliária*. 178f. Dissertação (Mestrado em Direito das Relações Sociais) – Programa de Pós-Graduação em Direito da Universidade Federal do Paraná, Curitiba, PR, 2011. Em consonância, Milena Donato Oliva afirma que: "Note-se que a expressão *separate fund*, utilizada pela Convenção na sua versão em inglês, ou, na língua francesa, *masse distincte*, deve ser entendida, no Brasil, como patrimônio separado, vez ser a categoria que melhor se conforma aos efeitos estabelecidos pela Convenção da Haia". (OLIVA, Milena Donato.

como patrimônio de afetação é de suma importância, pois faz com que um de seus elementos nucleares seja perfeitamente compatível com os ordenamentos de *civil law*, que torna muito mais fácil o seu reconhecimento e, quiçá, futuramente a sua inclusão no ordenamento jurídico de tais países.

A formação desse patrimônio de afetação é primordial para assegurar que os bens do *trust* não sejam tomados em execução de dívidas pessoais do *trustee*. Sem essa distinção, pode-se dizer que não há *trust*.[163]

A segunda característica do *trust* descrita no artigo 2 é a de que o *trustee* deverá ser o titular dos bens objeto do *trust*. Num primeiro momento, essa característica pode parecer conflitar com a primeira acima descrita, mas em verdade não são inconciliáveis. Tendo em vista que o *trustee* é o encarregado dos atos de gestão do *trust*, para que possa praticá-los necessita figurar como titular de tais bens. Contudo, essa titularidade é apenas "formal", para que possa gerir o *trust*, constituindo, portanto, patrimônio afetado à consecução dos objetivos estabelecidos pelo *trust*. Nos termos da Convenção, ainda é possível que os bens estejam em nome de outra pessoa mas "em favor"[164] do *trustee*, em benefício da administração que será realizada pelo *trustee*.

A disposição de tais bens pode ser limitada pelo *settlor* e deve ser respeitada pelo *trustee*, tal como é descrito na terceira característica do *trustee* presente na Convenção da Haia. Nessa derradeira característica, é dito que o *trustee* tem o poder e o dever de gerenciar, empregar ou dispor dos bens em conformidade com as regras do *trust* e os deveres especiais a ele impostos pela lei, sobre os quais tem responsabilidade.[165] No ensejo de controlar a atividade exercida pelo *trustee*, o beneficiário pode fiscalizar seus atos de gestão, inclusive podendo ajuizar ação caso verifique alguma irregularidade.[166]

Patrimônio separado: herança, massa falida, securitização de créditos imobiliários, incorporação imobiliária, fundos de investimento imobiliário, trust. Rio de Janeiro: Renovar, 2009. p. 333).

[163] "A primeira condição requerida para que exista *trust* é consequentemente o reconhecimento da autonomia dos bens colocados em *trust*, sua distinção em relação ao bem pessoal do *trustee*. Se esta distinção não pode ser feita, não existe *trust*". Tradução da autora. (JAUFFRET-SPINOSI, Camille. La Convention de la Haye relative à la loi applicable au trust et à sa reconnaissance (1er juillet 1985). *Journal du Droit International*, n. 1, p. 39, 1987).

[164] No original, *"on behalf"*.

[165] No original, *"in respect of which he is accountable"*.

[166] Em relação aos bens que compõem o *trust*, eles são sujeitos à sub-rogação real: "Estes são intercambiáveis pelo jogo que nós qualificaríamos de sub-rogação real; a composição dos bens do trust pode estar em contínua mudança". Tradução da autora. (JAUFFRET-SPINOSI,

Em seguida, a Convenção determina que sua aplicação recairá somente sobre os *trusts* criados de modo voluntário e por escrito. Desse modo, exclui diversas espécies de *trusts*, tais como os *constructive trusts*, os quais são reconhecidos pelos juízes.

Todavia, a mera intervenção do juiz não conduz por si só à exclusão desse *trust* do campo de aplicação da Convenção. Segundo Camille Jauffret-Spinosi:

> Então, onde um *settlor* for criar um *trust*, mas o ato de instituição do *trust* for incompleto, por exemplo, não for designado *trustee* e um tribunal intervém para nomear um, pode-se dizer que há um *trust* criado pelo tribunal, uma vez que terá havido intervenção de um juiz? Ou se um *trust* for criado para cumprir o compromisso de pagamento de alimentos, ou for inserido em um testamento e que o ato de *trust* ou o próprio testamento forem então homologados por um tribunal, isto transforma um *trust* voluntário em um *trust* criado por uma decisão judicial? Parece que não.[167]

Outro ponto importante é que o artigo 20 da Convenção[168] permite que a qualquer momento os Estados Contratantes estendam a aplicação da Convenção a *trusts* criados por decisões judiciais.[169]

É necessário ainda que o *trust* seja constituído por escrito. Embora nos países de *common law* essa exigência não seja a regra geral, crê-se que a Convenção acertou ao inserir tal condição, pois facilitará sua compreensão em outros países. Por fim, impende esclarecer que a Convenção da Haia apenas exige que o *trust* seja feito por escrito, podendo ser assinado pelo próprio *trustee* ou por um representante legal.[170]

Camille. La Convention de la Haye relative à la loi applicable au trust et à sa reconnaissance (1er juillet 1985). *Journal du Droit International*, n. 1, p. 31, 1987.

[167] Tradução da autora. JAUFFRET-SPINOSI, Camille. La Convention de la Haye relative à la loi applicable au trust et à sa reconnaissance (1er juillet 1985). *Journal du Droit International*, n. 1, p. 33, 1987.

[168] HAGUE CONFERENCE ON PRIVATE INTERNATIONAL LAW. *Statute of the Hague Conference on Private International Law*. Haia: HCCH, 1955. Artigo 20.

[169] "Entretanto, por outro lado, o artigo 20 da Convenção autoriza qualquer Estado contratante a declarar que as disposições da convenção em questão serão extensivas a um *Trust* criado por decisão judicial. Para tal, o país declarante deverá notificar por escrito o Ministério das Relações Exteriores da Holanda, país depositário da Convenção". (FREIRE E ALMEIDA, Verônica Scriptore. *A tributação dos trusts*. Coimbra: Almedina, 2009. p. 128).

[170] "É suficiente que o *trust* seja feito por escrito, não há exigência na Convenção em relação ao autor da assinatura". Tradução da autora. (JAUFFRET-SPINOSI, Camille. La Convention

Desde que seu conteúdo respeite os ditames da ordem pública, qualquer bem pode ser inserido em um *trust*, bem como qualquer beneficiário pode ser indicado.[171]

Maurizio Lupoi tece dura crítica ao entendimento de que o artigo 2 da Convenção contemplaria uma definição de *trust*. Segundo ele, desde os primeiros estudos resultantes na Convenção, convencionou-se que tal dispositivo seria aplicado para instituições análogas ao *trust*.[172] Para Lupoi, a abertura pela Convenção da variedade de institutos que podem ser reconhecidos como *trusts* conduz ao chamado *shapeless trust*, ou *trust* amorfo,[173] que derrota o objetivo pedagógico da Convenção de explicar a um jurista, sem familiaridade com o instituto, o que é um *trust*.[174] Antonio Gambaro, por outro lado, discorda de tal posicionamento, pois entende que os critérios de exclusão presentes no Capítulo II da

---

de la Haye relative à la loi applicable au trust et à sa reconnaissance (1er juillet 1985). *Journal du Droit International*, n. 1, p. 36, 1987).

[171] "A Convenção, não prevendo nenhum limite (e seu texto tem uma vocação geral), qualquer bem pode ser colocado em *trust*, qualquer pessoa pode ser beneficiária, qualquer objeto privado ou caridoso pode ser escolhido". Tradução da autora. (JAUFFRET-SPINOSI, Camille. La Convention de la Haye relative à la loi applicable au trust et à sa reconnaissance (1er juillet 1985). *Journal du Droit International*, n. 1, p. 37, 1987).

[172] "Em outras palavras, a Convenção visa ensinar juristas em países *civil law* como reconhecer um *trust* quando o virem, mas diz-lhes, então que *'analogies structurelles'* são suficientes e que qualquer instituto que preencha os requisitos do artigo 2 será suficiente. Em outras palavras, o artigo 2 tem pouco a ver com *trusts* e apenas define as muitas e variadas relações jurídicas sob o alcance da Convenção". Tradução da autora. (LUPOI, Maurizio. The Hague Convention, the Civil Law and the Italian Experience. *Trust Law International*, v. 21, n. 2, p. 81, 2007). Tal entendimento é comungado por Camille Jauffret-Spinosi: "Consequentemente, é reconhecido que existem, ao lado dos *trusts* de common law, outras instituições mais ou menos parecidas. Mas nenhum artigo da Convenção não permite que elas entrem em seu campo. No entanto, elas também não são expressamente excluídas. Parece que podemos daí deduzir que, se algumas destas instituições apresentam as características do *trust*, tais como descritas no artigo 2, se a definição do *trust* dada neste artigo pode aí ser aplicada, elas deverão ser submetidas à Convenção. Tudo dependerá então da natureza, das condições, dos carácteres destas instituições que parecem a *trusts* integrados num sistema de civil law". Tradução da autora. (JAUFFRET-SPINOSI, Camille. La Convention de la Haye relative à la loi applicable au trust et à sa reconnaissance (1er juillet 1985). *Journal du Droit International*, n. 1, p. 38, 1987).

[173] *"That depicts what this writer proposes to call the 'shapeless trust'"*. (LUPOI, Maurizio. The Hague Convention, the Civil Law and the Italian Experience. *Trust Law International*, v. 21, n. 2, p. 81, 2007).

[174] "O primeiro problema que um jurista em um país de *civil law* enfrenta ao lidar com *trusts* é bastante básico: quem é proprietário dos bens do *trust*? Não pode haver incerteza nesse ponto, e a resposta errada leva a institutos diferentes dos *trusts*. O artigo 2 da Convenção não diz nada a esse respeito, pois apenas se refere à colocação de bens 'sob o controle' de um *trustee*. Os fins pedagógicos dos redatores da Convenção ficaram muito aquém de seus objetivos".Tradução da autora. (LUPOI, Maurizio. The Hague Convention, the Civil Law and the Italian Experience. *Trust Law International*, v. 21, n. 2, p. 81, 2007).

Convenção fornecem balizas para reconhecer o que é e o que não é um *trust*.[175]

Lupoi também critica o artigo 2 por sua linguagem, ao demonstrar que as versões autênticas em inglês[176] e francês[177] da Convenção têm significados diametralmente opostos. Pela definição do *Black's Law Dictionary*, os bens do *trust* são de titularidade do *trustee*, possuindo destinação específica, devendo ser geridos em proveito do beneficiário.[178] Tal entendimento está bem expresso na versão inglesa da Convenção, que dispõe que os bens do *trust* não pertencem ao patrimônio pessoal do *trustee*, e sim são um fundo separado, ainda que de titularidade do *trustee*. Para o autor, a versão francesa aparentemente compreendeu mal tal distinção, tendo disposto que os bens do *trust* não fazem parte do patrimônio do *trustee*. Tal diferença entre os textos, em tese igualmente autênticos e equivalentes, revela a má compreensão quanto ao *trust*, como dotado de personalidade jurídica e seus bens como tendo vida própria, o que é incorreto.[179] Defende-se neste trabalho que os bens

---

[175] "Julgando, entretanto, que a norma tenha sido mal concebida,Lupoi [...] parte do pressuposto que a convenção preveja um *trust* amorfo, ou um mecanismo fiduciário que encontra cidadania no direito de qualquer país, e que não corresponde ao verdadeiro *trust* da *common law*. A intenção dos autores era certamente diferente e encontra expressão no art. 5 da Convenção, segundo o qual exclui-se o reconhecimento onde a lei aplicável não regule inteiramente o tipo de *trust* cujos efeitos sejam objeto da instância de reconhecimento". Tradução da autora. (GAMBARO, Antonio. Trust. In: *Digesto delle discipline privatistiche*: Sezione civile. 4. ed. Torino: UTET, 1999. v. 19. p. 464).

[176] HAGUE CONFERENCE ON PRIVATE INTERNATIONAL LAW. *Convention on the Law Applicable to Trusts and on their Recognition*. 1º jul. 1985. Artigo 2, parágrafo 2, a ("*The assets constitute a separate fund and are not a part of the trustee's own estate*").

[177] CONFÉRENCE DE LA HAYE DE DROIT INTERNATIONAL PRIVÉ. *Convention du premier juillet 1985 relative à la loi applicable au trust et à sa reconnaissance*. 1º jul. 1985. Artigo 2, parágrafo 2, a ("*Les biens du trust constituent une masse distincte et ne font pas partie du patrimoine du trustee*").

[178] "O direito, exercido somente em equidade, para a fruição de bens de propriedade de terceiro; um interesse proprietário mantido por alguém (o *trustee*) a pedido de outrem (o *settlor*) em benefício de terceiro (o *beneficiário*). [...] Uma relação fiduciária referente a propriedade que atribui a alguém o título de propriedade com deveres equitativos para lidar com os bens em benefício de terceiro; a confiança dada a um *trustee*, em conjunto com as obrigações do *trustee* perante os bens e seu beneficiário". Tradução da autora. (GARNER, Brian A. (Ed.). *Black's Law Dictionary*. 9. ed. St. Paul: West, 2009. p. 1.647-1.648).

[179] "Em realidade, as duas frases carregam *sentidos opostos*: de acordo com o texto em francês, os bens do *trust* '*ne font pas partie du patrimoine du trustee*', eles *não* pertencem ao *trustee*, eles são um *patrimoine d'affectation* – as palavras '*les biens du trust*' tornam isso extremamente claro. O texto em inglês diz algo completamente diferente: os bens do *trust pertencem* ao *trustee*, embora os bens '*are not a part of the trustee's own estate*'. Eles fazem parte de *seu* patrimônio, embora não de seu patrimônio *próprio*. Esta diferença básica, sem resolução, entre os textos em francês e em inglês maculam a Convenção da Haia e fornecem, a meu ver, prova conclusiva da primeira má compreensão atual – *trusts* vistos como pessoas jurídicas e bens do *trust* vistos como tendo vida própria". Tradução da autora. (LUPOI, Maurizio.

objeto do *trust* constituem um patrimônio de afetação, sendo necessário compreender que se trata de um ente despersonalizado e que deve cumprir um propósito específico. Não se trata de modalidade de pessoa jurídica e seus bens não têm "vida própria", no sentido de poderem ser livremente dispostos. Esta situação resta bem delineada pelo artigo 1 dos Princípios do Direito de *Trusts* Europeu,[180] o qual estipula que "em um *trust*, a pessoa chamada '*trustee*' é proprietária de bens segregados de seu patrimônio privado e deve administrar tais bens (o 'patrimônio do *trust*') em benefício de um terceiro chamado 'beneficiário' ou em prol de algum propósito".[181]

Os artigos 4 e 5 da Convenção tratam das situações em que ela não é aplicada. No artigo 4 estabelece-se: "A Convenção não se aplica a questões preliminares referentes à validade de testamentos ou de outros atos em virtude dos quais os bens são transferidos ao *trustee*".[182] O que se determina no referido dispositivo é que a Convenção não regulará a existência, a validade e a produção de efeitos dos atos *inter vivos* ou *causa mortis* por meio dos quais os *trusts* são constituídos, com a consequente transferência dos bens para a titularidade do *trustee*. No artigo 5, por sua vez, a Convenção exclui de sua incidência *trusts*

The Hague Convention, the Civil Law and the Italian Experience. *Trust Law International*, v. 21, n. 2, p. 82, 2007).

[180] Os Princípios do Direito de Trusts Europeu (ou, no original, *Principles of European Trust Law*) é uma obra desenvolvida por um grupo de trabalho internacional de experts na área de *trusts*, fundado em 1996 pelo Centro de Pesquisa em Administração e Direito da Universidade de Nimega (*The Business and Law Research Centre at the University of Nijmegen*), na Holanda, após a ratificação da Convenção da Haia sobre *Trusts* e seu Reconhecimento pelo Reino dos Países Baixos e a Itália. O grupo desenvolveu oito princípios do direito de *trusts* europeu, voltados a facilitar transações em países europeus, de modo a permitir que esses Estados reconhecessem o potencial para desenvolvimento de novos conceitos jurídicos internos e servir como guia para como tais desenvolvimentos podem ser enquadrados em contextos jurídicos e socioeconômicos distintos. O livro, publicado em 1999 pela editora Kluwer Law International, detalha a legislação nacional existente referente aos *trusts* e relações fiduciárias, bem como analisa se o conceito de *trust* pode ser incorporado nos sistemas jurídicos de tradição *civil law* com base nos oito princípios delineados. (HAYTON, David J.; KORTMANN, Sebastianus C. J. J.; VERHAGEN, Hendrik L. E. (Eds.). *Principles of European Trust Law*. Den Haag: Kluwer, 1999).

[181] "Em um *trust*, a pessoa denominada '*trustee*' é proprietária de bens segregados de seu patrimônio particular e deve lidar com tais bens (o 'fundo de *trust*') em benefício de terceiro denominado 'beneficiário' ou em prol de algum objetivo".Tradução da autora. (HAYTON, David J.; KORTMANN, Sebastianus C. J. J.; VERHAGEN, Hendrik L. E. (Eds.). *Principles of European Trust Law*. Den Haag: Kluwer, 1999. p. 101).

[182] "A Convenção não se aplica a questões preliminares referentes à validade de testamentos ou de outros atos por virtude dos quais bens são transferidos ao *trustee*". Tradução da autora. (HAGUE CONFERENCE ON PRIVATE INTERNATIONAL LAW. *Convention on the Law Applicable to Trusts and on their Recognition*. 1º jul. 1985. Artigo 4).

nos quais a lei aplicável indicada ignora esse instituto.[183] De fato, seria incompatível com os objetivos da Convenção albergar um *trust* cuja lei escolhida nem sequer reconhece sua existência.[184]

Mais adiante, em seu Capítulo II, a Convenção trata, nos artigos 6 a 10, da escolha da lei aplicável ao *trust* e seus desdobramentos. Preliminarmente, é estabelecido que o *trust* será regrado pela lei escolhida pelo *settlor*, o que demonstra prestígio à sua autonomia. É disposto que essa escolha precisa ser expressa ou ser implícita nas regras contidas no instrumento criador do *trust* ou em sua prova escrita de criação,[185] a qual será interpretada, se necessário, à luz das circunstâncias do caso. Em complemento, é determinado que, no caso da lei escolhida pelo *settlor* não contemplar a existência dos *trusts* ou de uma modalidade específica do instituto, tal escolha não produzirá efeitos. Para sanar essa celeuma, os critérios do artigo 7 serão aplicados.

A leitura conjunta do artigo 6 com o artigo 9[186] conduz ao entendimento de que é possível escolher mais de uma lei para ser aplicada ao *trust*. Segundo Camille Jauffret-Spinosi, essa escolha pode recair sobre "aspectos jurídicos (validade, administração, interpretação do *trust*) e sobre as pessoas (domicílio do beneficiário) ou os bens (situação de diferentes massas de bens)".[187] Tal escolha é livre e decorre da autonomia

---

[183] "A Convenção não se aplica aos casos em que a lei designada pelo Capítulo II não conhecer o *trust* ou a espécie de *trust* envolvida". Tradução da autora. (HAGUE CONFERENCE ON PRIVATE INTERNATIONAL LAW. *Convention on the Law Applicable to Trusts and on their Recognition.* 1º jul. 1985. Artigo 5). Nesse tocante, discordamos sobremaneira da tradução oficial para o português, cuja versão inseriu a palavra "crédito" em vez de "*trust*". A razão da opção do tradutor em empregar o termo "crédito" nos é desconhecida.

[184] Camille Jauffret-Spinosi esclarece os critérios caso sejam escolhidas diversas leis aplicáveis ao *trust* e à lei escolhida para um dos elementos seja nula: "Enfim, se o constituinte escolheu várias leis aplicáveis, uma, por exemplo, pela validade do *trust*, outra para o funcionamento do *trust*, e se uma dessas leis não conhece o *trust*, a escolha pelo constituinte da lei aplicável a este elemento suscetível a ser isolado será nula, e este elemento deverá ser submetido, seja à lei objetivamente aplicável segundo o artigo 7, seja à lei que rege a validade do *trust*". Tradução da autora. (JAUFFRET-SPINOSI, Camille. La Convention de la Haye relative à la loi applicable au trust et à sa reconnaissance (1ᵉʳ juillet 1985). *Journal du Droit International*, n. 1, p. 41, 1987).

[185] No original, "*writing evidencing*".

[186] HAGUE CONFERENCE ON PRIVATE INTERNATIONAL LAW. *Convention on the Law Applicable to Trusts and on their Recognition.* 1º jul. 1985. Artigo 9 ("*In applying this Chapter a severable aspect of the trust, particularly matters of administration, may be governed by a different law*". Tradução da autora: "Na aplicação deste Capítulo, algum elemento do *trust* suscetível a isolamento, em especial sua administração, pode ser regido por lei específica".

[187] JAUFFRET-SPINOSI, Camille. La Convention de la Haye relative à la loi applicable au trust et à sa reconnaissance (1ᵉʳ juillet 1985). *Journal du Droit International*, n. 1, p. 43, 1987.

do *settlor*. Basta que o requisito da lei escolhida contemple o *trust*, caso contrário a fiscalização dos *trusts* pelo juiz seria muito dificultada.[188]

Caso o *settlor* não defina qual é a lei aplicável ou não seja possível depreender qual foi a escolhida, o artigo 7 determina que ele deverá ser regido pela lei com a qual ele está mais proximamente conectado. Ao se averiguar a lei com a qual possui maior proximidade, serão levados em consideração quatro critérios, a saber: (i) a sede administrativa do *trust* designada pelo *settlor*; (ii) a localização dos bens objeto do *trust*; (iii) o domicílio ou a sede do *trustee*; e (iv) os objetivos do *trust* e os locais onde eles devem ser cumpridos. Para Camille Jauffret-Spinosi, constituindo a ordem dos critérios uma hierarquia implícita, percebe-se também nesse artigo um prestígio à autonomia do *settlor*, ao figurar em primeiro lugar a sede da administração por ele designada.[189]

O artigo 8 estabelece a abrangência da lei aplicada ao *trust*, de modo que regerá a validade, a interpretação, os efeitos e a administração do *trust*. Na sequência, o dispositivo enumera de modo não taxativo dez exemplos de situações por ele tuteladas. A primeira delas é a nomeação, a renúncia e a remoção de *trustees*, a capacidade para atuar como *trustee* e a transferência ou sucessão do cargo de *trustee*. A seguir, têm-se:

> *b)* os direitos e deveres recíprocos dos *trustees* entre si; *c)* o direito dos *trustees* de delegar no todo ou em parte a exoneração dos seus deveres ou do exercício de seus poderes; *d)* o poder dos *trustees* de administrar ou de dispor de bens do *trust*, de constituí-los em garantias reais, ou de adquirir novos bens; *e)* os poderes de investimento dos *trustees*; *f)* as restrições sobre a duração do *trust*, e sobre o poder de acumular os rendimentos do *trust*; *g)* as relações entre os *trustees* e os beneficiários, inclusive a responsabilidade pessoal dos *trustees* perante os beneficiários; *h)* a modificação ou extinção do *trust*; *i)* a distribuição dos bens do *trust*; *j)* o dever dos *trustees* de prestar contas da administração.[190]

---

[188] "O *trust* não pode viver num meio que o ignore e sob a vigilância de tribunais que não tem a menor experiência". Tradução da autora. (JAUFFRET-SPINOSI, Camille. La Convention de la Haye relative à la loi applicable au trust et à sa reconnaissance (1er juillet 1985). *Journal du Droit International*, n. 1, p. 45, 1987).

[189] "Entre os quatro elementos mencionados na Convenção, é conveniente observar que a vontade do constituinte é novamente levada em consideração, pois se existe [sic] uma hierarquia implícita entre estes fatores, o primeiro que deverá ser considerado é um lugar escolhido pelo constituinte". Tradução da autora. (JAUFFRET-SPINOSI, Camille. La Convention de la Haye relative à la loi applicable au trust et à sa reconnaissance (1er juillet 1985). *Journal du Droit International*, n. 1, p. 46, 1987).

[190] Tradução da autora. HAGUE CONFERENCE ON PRIVATE INTERNATIONAL LAW. *Convention on the Law Applicable to Trusts and on their Recognition.* 1º jul. 1985. Artigo 8.

Os artigos 9 e 10 devem ser examinados com bastante cuidado, uma vez que sua tradução oficial para o português apresenta equívocos que podem comprometer seu entendimento. No artigo 9 é estabelecido que, no que concerne à lei aplicável, os elementos do *trust* são passíveis de isolamento, de modo que é possível aplicar diferentes leis a cada um dos elementos. Em outras palavras, um mesmo *trust* pode ser regulado por leis diferentes, uma por exemplo para sua validade e outra para sua administração. A tradução oficial menciona, ao contrário: "Em aplicando este Capítulo a outras áreas do *trust*, particularmente a matérias de administração, estas *deverão* ser reguladas por outra lei".[191] Para que fique claro: o artigo 9 expressa uma faculdade, não uma obrigação, tal como se denota da tradução, nesse ponto desacertada. O artigo 10 determina que "A lei aplicável à validade do *trust* rege a possibilidade de substituição desta lei, ou da lei aplicável a um elemento do *trust* suscetível a isolamento, por outra lei".[192] Isso quer dizer que será a lei que rege a validade que deverá ser consultada para se investigar se poderá haver substituição da legislação aplicável.[193] A tradução oficial, por outro lado, estipula de modo impreciso: "A lei aplicável à validade do *trust* determinará se esta lei ou a lei que regulamenta outras áreas do *trust* deverá ser substituída por outra lei".[194]

No terceiro Capítulo da Convenção, os artigos de 11 a 14 tratam do tema do reconhecimento dos *trusts*, uma das razões de sua originalidade e árdua tarefa de tentar mitigar as diferenças entre os sistemas da *civil law* e da *common law*.[195] O artigo 11 complementa o artigo 2 no sentido

---

[191] Disponível em: https://goo.gl/xJ4gXu. Acesso em: 21 dez. 2015. (grifos nossos).

[192] Tradução da autora. HAGUE CONFERENCE ON PRIVATE INTERNATIONAL LAW. *Convention on the Law Applicable to Trusts and on their Recognition*. 1º jul. 1985. Artigo 10.

[193] "Está especificado que a mudança da lei aplicável pode ser pedida somente por um dos elementos do *trust* suscetível de ser isolado e que teria sido submetido à uma lei distinta. É a lei aplicável à validade do *trust* que deverá ser consultada para saber se as condições que ela coloca eventualmente para essa mudança sejam preenchidas". Tradução da autora. (JAUFFRET-SPINOSI, Camille. La Convention de la Haye relative à la loi applicable au trust et à sa reconnaissance (1er juillet 1985). *Journal du Droit International*, n. 1, p. 50, 1987).

[194] Disponível em: https://goo.gl/xJ4gXu. Acesso em: 21 dez. 2015. (grifos nossos).

[195] A respeito da importância do Capítulo III: "Assim, enquanto as disposições do Capítulo II – Lei Aplicável, que são paralelas em certa medida às regras da *Convenção de Roma sobre a Lei Aplicável às Obrigações Contratuais*, de 1980, são relativamente diretas, pensou-se ser necessário o acréscimo do Capítulo III sobre Reconhecimento para lidar em particular com os aspectos patrimoniais do *trust*, tanto no que diz respeito às relações internas do *trust* quanto às relações com terceiros, que poderão provar serem mais difíceis de digerir por sistemas de *civil law*". Tradução da autora. (VAN LOON, Hans. The Hague Convention of 1st July 1985 on the Law Applicable to Trusts and on their Recognition. *In*: PRUM, André;

de prever os requisitos mínimos que um *trust* deve conter e quais serão os efeitos advindos do seu reconhecimento.[196]

O artigo 12 facilita a publicidade do *trust*, para que seja possível ter certeza de sua existência, de quais são os bens que o compõem e de quem ocupa a posição de *trustee*, desde que o registro desses documentos e títulos seja compatível com a legislação do país no qual se deseja realizar tais atos.[197] Esse artigo contribui para facilitar o reconhecimento do *trust* em países de *civil law*, pois permite seu registro público, esmorecendo preocupações a respeito de sua regular constituição.

O artigo 13 indica que "Nenhum Estado é obrigado a reconhecer um *trust* cujos elementos significantes, à exceção da escolha da lei aplicável, do local da administração e da residência habitual do *trustee*, são mais estreitamente ligados a Estados que não conheçam o instituto do *trust* ou a espécie de *trust* envolvida".[198] Esse dispositivo completa o sentido expressado pelo artigo 5 de não obrigar um país a reconhecer um *trust* ou uma modalidade se não prevê esse instituto. De modo similar, o artigo 13 viabiliza o não reconhecimento de *trusts* cuja lei escolhida é incompatível com os elementos mais significantes do *trust*, que estariam mais atrelados a um país cujo ordenamento jurídico não contempla o

---

WITZ, Claude (org.). *Trust et fiducie*: la convention de la Haye et la nouvelle législation luxembourgeoise. Paris: Montchrestien, 2005. p. 23).

[196] "O *trust* criado em conformidade com a lei determinada pelo Capítulo anterior deve ser como um *trust*. O reconhecimento significa, pelo menos, que os bens do *trust* sejam distintos do patrimônio pessoal do *trustee* e que o *trustee* possa figurar como autor ou réu, ou comparecer na qualidade de *trustee* perante um notário ou qualquer autoridade pública. Na medida em que a lei aplicável ao *trust* assim exigir ou prever, tal reconhecimento implica notadamente: a) que credores pessoais do *trustee* não tenham acesso aos bens do *trust*; b) que os bens do *trust* são separados do patrimônio do *trustee* em caso de sua insolvência ou falência; c) que os bens do *trust* não integram a propriedade matrimonial ou a sucessão do *trustee*; d) que a recuperação dos bens do *trust* é permitida, nos casos em que o *trustee*, em violação das obrigações resultantes do *trust*, confundiu os bens do *trust* com seus bens pessoais ou deles dispôs. No entanto, os direitos e obrigações de um terceiro detentor dos bens do *trust* permanecem sujeitas à lei determinada pelas regras de conflito do foro". (HAGUE CONFERENCE ON PRIVATE INTERNATIONAL LAW. *Convention on the Law Applicable to Trusts and on their Recognition*. 1º jul. 1985. Artigo 11).

[197] "O *trustee* que deseje registrar bens, móveis ou imóveis, ou documentos de título referentes a eles, terá o direito de requerer sua inscrição na qualidade de *trustee* ou de tal forma que a existência do *trust* seja divulgada, desde que isto não seja proibido pela lei ou incompatível com o direito do Estado onde o registro é firmado". (HAGUE CONFERENCE ON PRIVATE INTERNATIONAL LAW. *Convention on the Law Applicable to Trusts and on their Recognition*. 1º jul. 1985. Artigo 12).

[198] HAGUE CONFERENCE ON PRIVATE INTERNATIONAL LAW. *Convention on the Law Applicable to Trusts and on their Recognition*. 1º jul. 1985. Artigo 13.

trust ou uma determinada espécie de *trust*. Cabe ressaltar que o artigo 13 prevê uma prerrogativa, que poderá ou não ser utilizada.

Por derradeiro, o artigo 14 estipula que "A Convenção não impede a aplicação de regras de direito mais favoráveis ao reconhecimento de *trusts*".[199] Trata-se de uma cláusula aberta, que evita o engessamento dos países que optarem por ratificar a Convenção da Haia. Caso no futuro sejam aprovadas leis mais benéficas ao *trust*, o país que ratificou a Convenção poderá optar por aplicar a mais vantajosa.

Em prosseguimento, são tratadas as disposições gerais (artigos 15-25) e as finais (artigos 26-32). Alguns desses artigos também são contemplados em outras Convenções, isto é, são enunciados gerais presentes em tais documentos que visam à uniformização do direito internacional privado.

O artigo 15 estabelece que "A Convenção não impede a aplicação das disposições da lei indicada pelas regras de conflito do foro, na medida em que tais disposições não podem ser derrogadas por ato voluntário".[200] O respeito às leis de conflito do foro que está reconhecendo o *trust* é de suma relevância para que na prática o reconhecimento de um *trust* não sirva de instrumento para desconsiderar importantes direitos protegidos pela lei local, em especial os referentes a vulneráveis. Nesse sentido, o artigo 15 lista algumas matérias que não podem ser ignoradas pelo *trust*: "a proteção de menores e incapazes; os efeitos pessoais e patrimoniais do casamento; os testamentos e a sucessão legítima, em especial a parcela indisponível destinada a cônjuges e parentes; a transferência de título de propriedade e interesses securitários em propriedade; a proteção de credores em casos de insolvência; a proteção de terceiros de boa-fé em outros casos".

Na derradeira parte do artigo 15[201], é estabelecido que, se o reconhecimento de um *trust* for obstado pelo fato de ele conflitar com a proteção às matérias acima indicadas, o magistrado deverá empreender

---

[199] Tradução da autora. HAGUE CONFERENCE ON PRIVATE INTERNATIONAL LAW. *Convention on the Law Applicable to Trusts and on their Recognition*. 1º jul. 1985. Artigo 14.
[200] Tradução da autora. HAGUE CONFERENCE ON PRIVATE INTERNATIONAL LAW. *Convention on the Law Applicable to Trusts and on their Recognition*. 1º jul. 1985. Artigo 15.
[201] "Se o reconhecimento de um *trust* for impedido pela aplicação do parágrafo anterior, o juiz deverá buscar dar efeito aos objetivos do *trust* de outras formas jurídicas". Tradução da autora. (HAGUE CONFERENCE ON PRIVATE INTERNATIONAL LAW. *Convention on the Law Applicable to Trusts and on their Recognition*. 1º jul. 1985. Artigo 15).

esforços para possibilitar consecução dos efeitos pretendidos por esse *trust*, utilizando-se de outros modos jurídicos para alcançar tal eficácia.[202]

Dentre as disposições gerais, destaca-se o artigo 19, segundo o qual: "A Convenção não poderá atentar à competência dos Estados em matéria fiscal".[203] Esse artigo prevê que o regramento fiscal de cada país prevalecerá quando estiver ocorrendo o reconhecimento de um *trust*. Trata-se de dispositivo de suma importância, pois um dos receios dos participantes da Convenção era o de que os *trusts* possibilitassem a não incidência de tributos domésticos, o que seria prejudicial para sua arrecadação.

A tributação dos *trusts*, ainda, deve ser examinada com bastante cuidado para que eles não sejam usados para fins escusos, tais como a prática de *treaty shopping*, como alude Rodrigo Maitto da Silveira:

> De se ressaltar, aliás, que a complexidade envolvendo a tributação dos *trusts* reforça a sua utilização como instrumento de planejamento tributário internacional, muitas vezes com o único propósito de mascarar a figura do beneficiário efetivo, o que acarreta um maior controle, dependendo da conveniência, por parte da legislação interna dos países, de modo a evitar não apenas situações para as quais não exista previsão quanto à tributação, como também a utilização de tratados contra a bitributação celebrados por terceiros países para se alcançar benefícios fiscais (*treaty shopping*). A versatilidade do *trust*, contudo, faz com que o seu uso revele como uma importante opção a ser considerada em planejamentos sucessórios e patrimoniais que busquem racionalidade tributária, sem que, com isso, tal instituto seja associado a práticas evasivas.[204]

O autor conclui que, para um tratamento fiscal adequado do *trust*, é preciso sempre analisar o caso concreto, de modo que considerações genéricas sobre o tema se mostram incompletas.[205]

O artigo 18 estipula que "As disposições da Convenção podem ser desconsideradas quando sua aplicação for manifestamente incompatível

---

[202] JAUFFRET-SPINOSI, Camille. La Convention de la Haye relative à la loi applicable au trust et à sa reconnaissance (1er juillet 1985). *Journal du Droit International*, n. 1, p. 52, 1987.

[203] Tradução da autora. HAGUE CONFERENCE ON PRIVATE INTERNATIONAL LAW. *Convention on the Law Applicable to Trusts and on their Recognition*. 1º jul. 1985. Artigo 19.

[204] SILVEIRA, Rodrigo Maitto da. O tratamento fiscal do trust em situações internacionais. *Quartier Latin, Revista de Direito Tributário Internacional*, v. 1, n. 2, p. 202, 2010.

[205] SILVEIRA, Rodrigo Maitto da. O tratamento fiscal do trust em situações internacionais. *Quartier Latin, Revista de Direito Tributário Internacional*, v. 1, n. 2, p. 202, 2010.

com a ordem pública".[206] Essa disposição é de extrema importância para que a soberania dos países contratantes seja preservada e a ratificação da Convenção da Haia não lhes seja prejudicial.[207]

Analisando as decisões do Superior Tribunal de Justiça para a homologação de sentenças estrangeiras, cujo critério é a ofensa ou não à ordem pública, soberania nacional ou à dignidade da pessoa humana,[208] verifica-se haver óbvia intenção de salvaguardar os valores nacionais.[209] Cabe, portanto, descobrir afinal quais valores são esses.

Jacob Dolinger entende ser ordem pública a tradução do sentimento de toda uma nação.[210] No mesmo sentido, para Strenger, este instituto vem a ser o "conjunto de princípios implícita ou explicitamente conhecidos na ordenação jurídica, os quais, considerados fundamentais, excluem a aplicação do direito estrangeiro".[211] O princípio da ordem pública também é visto como uma forma de proteger a ordem jurídica nacional e, por consequência, os princípios fundamentais da legislação.

Joseph Story, ex-membro da Suprema Corte dos Estados Unidos da América, considerado por muitos autores o pioneiro da concepção moderna de ordem pública, entende que este instituto faz com que nenhum Estado precise abrir mão de seus interesses ou ter postura contrárias à sua segurança ou com seu entendimento do que seja justo. Em outras palavras, esse princípio impede que seja imposto a outras nações aquilo que é aceito em um determinado Estado.[212]

---

[206] Tradução da autora. HAGUE CONFERENCE ON PRIVATE INTERNATIONAL LAW. *Convention on the Law Applicable to Trusts and on their Recognition*. 1º jul. 1985. Artigo 18.

[207] No Brasil, o respeito à ordem pública está previsto no art. 17 da Lei de Introdução às Normas do Direito Brasileiro (Decreto-Lei nº 4.657, de 4 de setembro de 1942): "As leis, atos e sentenças de outro país, bem como quaisquer declarações de vontade, não terão eficácia no Brasil, quando ofenderem a soberania nacional, a ordem pública e os bons costumes".

[208] (HDE 3.243/EX, Rel. Ministro RAUL ARAÚJO, CORTE ESPECIAL, julgado em 11/11/2021, DJe 17/11/2021); (HDE 1.600/EX, Rel. Ministro OG FERNANDES, CORTE ESPECIAL, julgado em 01/09/2021, DJe 13/09/2021); (AgInt na HDE 3.471/EX, Rel. Ministro HUMBERTO MARTINS, CORTE ESPECIAL, julgado em 25/05/2021, DJe 27/05/2021).

[209] De acordo com o art. 105, inciso I, alínea "i", da Constituição da República, após a reforma pela Emenda Constitucional nº 45, de 31 de dezembro de 2004, "Compete ao Superior Tribunal de Justiça processar e julgar, originariamente [...] a homologação de sentenças estrangeiras e a concessão de *exequatur* às cartas rogatórias".

[210] DOLINGER, Jacob. *Direito internacional privado*: parte geral. Rio de Janeiro: Forense, 2012. p. 313.

[211] STRENGER, Irineu. Aplicação de normas de ordem pública nos laudos arbitrais. *Revista dos Tribunais*, v. 75, n. 606, p. 9, abr. 1986.

[212] DOLINGER, Jacob. *Direito internacional privado*: parte geral. 2. ed. Rio de Janeiro: Renovar, 1997. p. 351.

Conforme exposto nessas definições, fica claro que a aplicação do instituto da ordem pública é extremamente contextual, posto que depende de um caso concreto para que a autoridade judiciária defina se certa situação específica constitui um óbice ao emprego do direito internacional, provocando o consequente indeferimento da homologação da sentença estrangeira.[213]

Isso se deve ao seguinte fato: o princípio da ordem pública é excessivamente relativo, instável[214], fazendo com que não seja possível estabelecer um rol taxativo daquilo que é atentatório à ordem pública nacional.[215]

A relatividade deste instituto deriva das diferenças de costumes e dos valores morais de cada nação. Já a instabilidade é decorrente das constantes mudanças dos valores que cada sociedade sofre com o tempo, fazendo com que seja necessário que o julgador interprete a ordem pública de acordo com as variações dos princípios que formam aquela comunidade, demonstrando sua contemporaneidade. Assim, percebe-se que cada ordenamento tem uma concepção própria para o instituto da ordem pública em decorrência das diversas tradições jurídicas.

Conforme demonstrado, não há definição unívoca para a noção de ordem pública e, em decorrência disso, o problema enfrentado consiste, principalmente, em definir *a priori* o que efetivamente seria considerado atentatório à sua lógica.

No caso dos *trusts*, percebe-se que boa parte da doutrina lança mão do argumento de que a figura não poderia ser reconhecida justamente por esbarrar na ordem pública. Ocorre que tal pretexto não se justifica, pois não há nenhuma incompatibilidade intrínseca entre o reconhecimento de *trusts* e o sistema jurídico brasileiro, tal como se defende neste livro.

Apesar de a Convenção da Haia não ser isenta de críticas, é preciso concordar que ela representa um esforço crucial para a diminuição das diferenças entre a *common law* e a *civil law*.[216] Foi bem-sucedida em

---

[213] DOLINGER, Jacob. *A evolução da ordem pública no direito internacional privado*. Tese (Concurso à Cátedra de Direito Internacional Privado) – Universidade do Estado do Rio de Janeiro, Rio de Janeiro, 1979. p. 137.

[214] SAVATIER, René. *Cours de droit international privé*. Paris: Librarie Générale de Droit et de Jurisprudence, 1947. p. 218.

[215] NIBOYET, Jean-Paulin. *Notions sommaires de droit international privé en vue de l'examen de licence*. Paris: Recueil Sirey, 1937. p. 136.

[216] "A *Convenção sobre a Lei Aplicável aos Trusts e seu Reconhecimento* (doravante «a Convenção sobre *Trusts*»), assinada pela primeira vez em 1º de julho de 1985, é talvez o exemplo mais

estabelecer uma definição de *trust* que também abarca suas figuras análogas. A Convenção tornou precisa, ainda, como seria a escolha da lei aplicável e suas consequências, o reconhecimento dos *trusts*, o modo de tributação dos *trusts*, dentre outras relevantes normativas, de sorte que são fornecidas as categorias mais fundamentais para que um país que o ignora possa o recepcionar.

Nas palavras de Hans Van Loon, os países de *civil law* podem se beneficiar muito ao integrarem a Convenção da Haia diante da possibilidade de se dar um primeiro passo em direção à recepção do *trust*. Essa recepção seria salutar para as relações jurídicas travadas no ramo do direito de família e do direito empresarial, com a vantagem de não desvirtuar os ordenamentos jurídicos que não preveem o *trust*.[217]

Além da necessidade de ampliação dos países ratificantes da Convenção da Haia, é muito importante que ela seja estudada e debatida nos meios acadêmicos para que sua compreensão seja aprimorada. Nesse sentido, Luc Thévenoz assevera que:

> A meu ver, é preciso compreender o interesse dos juristas de um país de direito civil pela Convenção e, feito isso, permitir-lhes aplicá-la de maneira metódica, é um desafio maior. Trata-se nesse caso de um desafio científico e pedagógico, no qual os professores universitários têm um papel crucial a desempenhar. O contato com meus alunos, o contato frequente que tenho com os profissionais, a leitura das raras

franco desse esforço, pois busca reduzir as grandes diferenças entre os países de tradição jurídica inglesa, onde os *trusts* são lugar comum, e aqueles países, particularmente de tradição *civil law*, onde o *trust* é geralmente desconhecido".Tradução da autora. (VAN LOON, Hans. The Hague Convention of 1st July 1985 on the Law Applicable to Trusts and on their Recognition. *In:* PRUM, André; WITZ, Claude (org.). *Trust et fiducie*: la convention de la Haye et la nouvelle législation luxembourgeoise. Paris: Montchrestien, 2005. p. 19-20).

[217] "Outros países de *civil law* poderão estudar e seguir o exemplo luxemburguês: eles poderão se beneficiar de dispositivo semelhante, que cumpre os propósitos que seriam alcançados, com menor facilidade, por meio de uma variedade de dispositivos encontrados em suas leis. No entanto, onde a introdução de alguma espécie de arranjo semelhante ao *trust* é considerada ambiciosa demais, aderir à Convenção da Haia forneceria um primeiro passo. É interessante notar que o antigo Reino Médio, o Reino de Lotário, parece guardar especial afinidade com as Convenções sobre *Trusts*: não apenas a Holanda, Luxemburgo, Itália e Malta – sul da Sicília – aderiram agora à Convenção, como também a Suíça está adiantada em seus preparativos para a ratificação. Os países de *civil law*, em geral, por meio da Convenção sobre *Trusts*, estariam em posição para lidar com *trusts*, bem como institutos semelhantes ao *trust* como a nova *fiducie* luxemburguesa, de modo a ser benéfico a famílias e empresas em toda a Europa e o mundo sem romper o tecido de seus sistemas jurídicos". Tradução da autora. (VAN LOON, Hans. The Hague Convention of 1st July 1985 on the Law Applicable to Trusts and on their Recognition. *In:* PRUM, André; WITZ, Claude (org.). *Trust et fiducie*: la convention de la Haye et la nouvelle législation luxembourgeoise. Paris: Montchrestien, 2005. p. 33).

decisões dos tribunais e das autoridades suíças (e estrangeiras), o exame de documentos às vezes reunidos às pressas para criar *trusts* estrangeiros me mostraram, ao longo de uma década, que o esforço está só começando. Enquanto um ensino sobre as bases do *trust* não for ofertado, ao menos à título opcional, aos estudantes mais adiantados, enquanto os fundamentos dessa instituição e os principais problemas de sua utilização não sejam regularmente estudados nos programas de formação continuada, nós constataremos um déficit de compreensão que pode ser refletido na qualidade dos serviços jurídicos oferecidos.[218]

Por fim, a necessidade de contínuo estudo da Convenção da Haia mostra-se imprescindível, pois a interpretação de seus dispositivos por cada país pode variar. A seguir, será brevemente examinado o interessante e peculiar modo como a Itália interpretou e tem aplicado a Convenção.

2.2 Incorporação de tratados internacionais

A partir do exame da Convenção da Haia relativa aos *trusts*, cogitam-se quais seriam as possíveis vantagens das quais o Brasil poderia usufruir caso optasse por incorporar tal Convenção ao seu ordenamento jurídico.

A primeira seria a promoção da internacionalização de sua economia. Poderia ser mais fácil atrair investimentos externos, bem como fornecer aos cidadãos brasileiros alternativas jurídicas para a ordenação de seu patrimônio.

O segundo benefício seria estabelecer critérios mínimos sobre o que seria um *trust*, quais efeitos ele produziria, quem seria seu titular, a quem caberia sua administração e a titularidade dos bens, apenas para citar alguns exemplos.

Hodiernamente, apesar de o instituto do *trust* existir e ser bastante utilizado, no Brasil ainda é desconhecido ou, pior, mal-compreendido. A ignorância ou a interpretação equivocada do *trust* pode conduzir a situações perversas, inclusive do ponto de vista criminal. Isso ocorre porque, para que se enquadre uma conduta em um fato punível, é preciso ao menos saber quais condutas são ilícitas.

---

[218] THÉVENOZ, Luc. Les enjeux de la ratification de la Convention de La Haye pour les pays de droit civil. In: PRUM, André; WITZ, Claude (org.). *Trust et fiducie*: la convention de la Haye et la nouvelle législation luxembourgeoise. Paris: Montchrestien, 2005. p. 51.

O recente caso envolvendo o ex-Presidente da Câmara dos Deputados, Eduardo Cunha,[219] é eloquente nesse sentido. Sem expressar um juízo de valor sobre as possíveis condutas do parlamentar, cabe mencionar que diversas notícias e declarações foram a lume na imprensa, demonstrando a falta total de conhecimento sobre a definição do que é um *trust*. Em diversas dessas manifestações públicas, o *trust* foi equivocadamente identificado com outro instituto, sociedade empresária *offshore*, com o qual não se confunde. Mais do que isso, é importante frisar que o *trust* não é uma modalidade de pessoa jurídica. Trata-se de um erro crasso que vem sendo veiculado na mídia e que lamentavelmente propaga informações erradas sobre o *trust*.[220]

Outra imprecisão amplamente veiculada tem sido a de que o beneficiário seria o titular dos bens objetos do *trust*. Como anteriormente esclarecido, tal propriedade, com finalidade de gestão em favor do beneficiário, caberá ao *trustee*.[221]

---

[219] Este trabalho foi originalmente escrito durante a 1ª e 2ª Sessões Legislativas da 55ª Legislatura da Câmara dos Deputados (2015-2016), durante as quais a Presidência da Mesa Executiva esteve ocupada por Eduardo Cunha, eleito pelo PMBD-RJ e cassado durante o curso da legislatura. A partir do mês de novembro de 2015, foi iniciada investigação contra o parlamentar, sua esposa e sua filha por evasão de divisas, lavagem de dinheiro e outros possíveis crimes econômicos, a qual resultou em condenação em primeira instância e confirmada pelo Tribunal Regional Federal da 4ª Região. Em 2021, o processo foi anulado pelo Supremo Tribunal Federal e remetido à Justiça Estadual, vide: https://www.conjur.com.br/2021-set-14/turma-stf-anula-processo-moro-eduardo-cunha. Acesso em: 10 dez. 2021.

[220] "TRUST – Forma de organização de uma empresa em que seus bens (dinheiro, imóveis, ações) são confiados a um terceiro, que os administra junto a uma instituição financeira. Isso pode dificultar a identificação do seu beneficiário final". (FALCÃO, Márcio; BERGAMO, Mônica. Explicação de Cunha para contas é frágil, dizem investigadores. *Folha de S.Paulo* (on-line), 06 nov. 2015. Disponível em: http://goo.gl/71k3Mg. Acesso em: 30 nov. 2015). Ainda, na declaração a seguir, o *trust* é confundido com *offshores*: "O professor de Direito da FGV Thiago Bottino disse que os trusts, contratados por Cunha, podem esconder negócios fictícios. 'Se esses trusts, se essas empresas offshores, na verdade, ficarem caracterizados apenas como fachadas para a posse desses recursos sem ter uma relação direta com o nome da pessoa, ou seja, tentando afastar a titularidade desses valores, se essa fraude for caracterizada ainda asisim, você vai ter a possibilidade de usar o argumento: 'ah não era no meu nome, logo não preciso declarar'. Justamente porque seria uma tentativa de burlar essa obrigação', explica". (TRIBUTARISTAS contestam explicações de Cunha sobre contas na Suíça. *Jornal Nacional* (on-line), 7 nov. 2015. Disponível em: http://goo.gl/QsYDFk. Acesso em: 30 nov. 2015).

[221] "Alguns países, dizem, passaram a exigir a declaração dos 'trusts' e dos chamados 'settlors' como são conhecidas as pessoas que constituem os 'trusts' e os administram em nome dos beneficiários". (FALCÃO, Márcio; BERGAMO, Mônica. Explicação de Cunha para contas é frágil, dizem investigadores. *Folha de S.Paulo* (on-line), 06 nov. 2015. Disponível em: http://goo.gl/71k3Mg. Acesso em: 30 nov. 2015).

Percebe-se que não foi compreendida a estrutura básica de um *trust*, ou seja, quais são seus elementos subjetivos e quais são os objetivos, bem como o modo e a forma como sua gestão é realizada.[222]

São alarmantes as declarações que procuram escamotear a definição do *trust* em prol de desígnios meramente punitivos, os quais, embora compreensíveis diante do cenário político instável do país, não podem sobrepujar as garantias constitucionais e a regra da legalidade do direito penal brasileiro.[223]

Essa situação auxilia a demonstrar que, em sendo o *trust* um instituto de ampla e global utilização, melhor que solenemente o

---

[222] *"JN: Mas de qualquer forma, presidente, o senhor é o dono do dinheiro? Cunha: Não, eu não sou o dono do dinheiro, não. Eu sou usufrutuário em vida, nas condições determinadas.* **Mas o senhor não acha que para a população brasileira de uma maneira geral é difícil não associar esse dinheiro ao senhor, ainda que o senhor seja a pessoa que vai usufruir, beneficiário? Para a população, de uma maneira geral, o senhor é o dono do dinheiro? Cunha**: *Não, veja bem: primeiro lugar, a origem é lícita. Em segundo lugar, eu abri mão de ser o dono do dinheiro no momento em que eu contratei o trust. Se eu quisesse continuar como dono do dinheiro, eu teria não só mantido a conta, tido a conta em meu nome com gestão livre, como eu teria, talvez, repatriado ou declarado aqui. [...]* **JN: Deixa eu contrapor duas posições diferentes em relação ao argumento do senhor, presidente. O Banco Central afirma que em todos os casos é preciso fazer uma declaração do beneficiário residente. O senhor é o beneficiário desses dois fundos. Agora apenas do Netherton, que é o que permanece. E também existe uma visão por parte do Ministério Público de que é preciso fazer a declaração do trust justamente para que esse trust não seja usado para esconder ativos no exterior. Cunha:** *Veja bem, eu discordo dessa interpretação, não sou só eu, os advogados também discordam disso. No caso, nós pegamos o advogado na própria Suíça, que fez seu parecer com relação à situação contratual existente. Esse parecer está em inglês, com suas documentações todas, tem sua tradução em português, que está muito claro que eu não sou proprietário nominal dos ativos, que eu não detenho conta, obviamente eu não detenho conta e não detendo ativo, eu não tenho que declarar. Então, essa é uma discussão, o trust é muito antigo no mundo".* (EDUARDO Cunha afirma que não é o dono do dinheiro em contas na Suíça. *Jornal Nacional* (*on-line*), 07 nov. 2015. Disponível em: goo.gl/5e4Ect. Acesso em: 30 nov. 2015).

[223] "A entrevista de Cunha também repercutiu no meio político. Integrantes do Conselho de Ética fizeram avaliações diferentes. O presidente do Conselho não se convenceu. 'Cada um fala o que quer, diz o que quer. Agora, quem está do outro lado interpreta como também quer. Se o dinheiro é meu e eu boto em algum lugar, esse dinheiro deixa de ser meu? Eu acho que não. O dinheiro continua', afirma o José Carlos Araújo, PSD/BA. [...] O deputado Nelson Marchezan Júnior, do PSDB/RS, disse que os argumentos parecem frágeis. 'As notícias expostas na mídia até agora são gravíssimas e os argumentos postos por ele, até agora, não parecem que atende à necessidade que a sociedade tem, não só que o Conselho de Ética tem de explicações. A defesa deverá ser tão contundente e tão convincente como as provas apresentadas até agora são', afirma. [...] Um dos autores da representação contra Cunha, o deputado Chico Alencar, do PSOL/RJ, disse que a entrevista foi uma confissão. 'Na verdade, ele está dizendo o seguinte: olha tem cara de jacaré, olho de jacaré, corpo de jacaré, tamanho de jacaré, mas é uma lagartixa. E olha trust é uma entidade para quem você entrega a administração dos seus bens, de sua propriedade então olha não convence. Faz um jogo de palavras porque na verdade tem essa movimentação financeira. Ele reconhece isso aliás', afirma o líder do partido". (TRIBUTARISTAS contestam explicações de Cunha sobre contas na Suíça. *Jornal Nacional* (*on-line*), 07 nov. 2015. Disponível em: http://goo.gl/QsYDFk. Acesso em: 30 nov. 2015).

ignorar, pelo fato de ele não ser previsto na legislação brasileira, é ao menos estabelecer quais seus elementos fundamentais. A situação ganha contornos mais complexos em se considerando que há *trusts* sendo constituídos em outros países envolvendo cidadãos brasileiros, ou bens, direitos ou valores originados no país. Crê-se que essa compreensão no âmbito do direito e do Poder Judiciário brasileiro poderia ser feita por meio da ratificação da Convenção da Haia, que, embora não seja isenta de críticas, como já mencionado, apresenta uma maturação de conceitos que dificilmente seria alcançada por uma iniciativa apenas brasileira de buscar compreender o *trust*.

Nesse sentido, Camille Jauffret-Spinosi sintetiza a importância e as potencialidades da Convenção da Haia:

> O *trust*, atualmente, é parte integrante do direito internacional. É uma realidade que não pode mais ser desconhecida. E o primeiro grande interesse da Convenção de Haia foi ter explicado o *trust* aos países que o ignoram a fim de que estes não tenham mais as reações anteriores, ou seja, recusar uma instituição não compreendida e frequentemente suspeita de fraude, ou, na melhor das hipóteses, deformá-la traindo para que produza um efeito totalmente ou parcialmente em seu território.[224]

Tal processo não seria instantâneo, ainda que houvesse iniciativa para a assinatura da Convenção da Haia sobre *trusts*. No que diz respeito ao Direito brasileiro, a assinatura de tratado ou convenção internacional pelo Chefe de Estado (Presidente da República) não basta para sua incorporação ao direito interno. De acordo com a Constituição da República, ao Presidente da República compete, nos termos do artigo 84, inciso VIII,[225] celebrar tratados, convenções e atos internacionais. No entanto, estes estão sujeitos a referendo do Congresso Nacional. Assim, exigindo a Constituição manifesta deliberação por ambas as casas parlamentares da União, mediante Decreto Legislativo (artigo 49, I[226]), é necessária instauração de procedimento complexo para que os

---

[224] Tradução da autora. JAUFFRET-SPINOSI, Camille. La Convention de la Haye relative à la loi applicable au trust et à sa reconnaissance (1er juillet 1985). *Journal du Droit International*, n. 1, p. 26, 1987.

[225] Artigo 84 da Constituição da República de 1988: "Compete privativamente ao Presidente da República: [...] VIII – celebrar tratados, convenções e atos internacionais, sujeitos a referendo do Congresso Nacional".

[226] Art. 49 da Constituição da República de 1988: "É da competência exclusiva do Congresso Nacional: [...] I – resolver definitivamente sobre tratados, acordos ou atos internacionais que acarretem encargos ou compromissos gravosos ao patrimônio nacional".

atos internacionais firmados pelo Executivo possam produzir efeitos. Importante observar, todavia, que não há um ato normativo específico que discipline o procedimento de ratificação e incorporação dos atos internacionais ao direito interno, sendo a praxe dos Poderes Executivo e Legislativo observada a descrita pela doutrina.[227]

Identifica-se, primeiramente, uma fase internacional de formação do tratado ou convenção, com sua negociação e assinatura, sendo esta de competência privativa do Presidente da República, enquanto Chefe de Estado, podendo ser delegada ao Ministro das Relações Exteriores, bem como aos Chefes de Missões Diplomáticas. No caso da Convenção da Haia, seria preciso que algum representante brasileiro iniciasse um diálogo com os demais Estados signatários e com a própria Conferência da Haia – da qual o Brasil já é membro – para verificar se há compatibilidade do texto com o Direito brasileiro, ou se há alguma ressalva a ser feita na assinatura pelo Brasil.

Assinado o tratado, inicia-se a fase interna, com o encaminhamento de mensagem do Presidente da República ao Congresso Nacional contendo o inteiro teor do tratado que se visa ratificar, bem como exposição de motivos para sua incorporação ao direito interno. Com isso, é deflagrada uma etapa de autorização legislativa da ratificação pela Câmara dos Deputados e pelo Senado Federal, iniciando-se pela discussão e votação na Casa Baixa, e, com a aprovação da Câmara, discussão e votação na Casa Alta do Parlamento. Aprovado o texto em ambas as casas, é promulgado Decreto Legislativo pelo Presidente do Senado, instrumento legislativo que autoriza a ratificação pelo Presidente da República. Note-se que, excetuados os tratados e convenções internacionais sobre direitos humanos – cujo processo legislativo exige tramitação idêntica às propostas de emenda à Constituição, com dois

---

[227] Ver REZEK, Francisco. Parlamento e tratados: o modelo constitucional do Brasil. *Revista de Informação Legislativa*, v. 41, n. 162, p. 121-148, abr./jun. 2004; PIOVESAN, Flávia. *Direitos humanos e o direito constitucional internacional*. 14. ed. rev. e atual. São Paulo: Saraiva, 2013. Veja-se, no entanto, que relevante julgado do Supremo Tribunal Federal, ao analisar a constitucionalidade da Convenção nº 158 da Organização Internacional do Trabalho, incorporada pelo Decreto Legislativo nº 68, de 1992, e pelo Decreto nº 1.855, de 1996, assinalou que "É na Constituição da República – e não na controvérsia doutrinária que antagoniza monistas e dualistas – que se deve buscar a solução normativa para a questão da incorporação dos atos internacionais ao sistema de direito positivo interno brasileiro". (BRASIL. Supremo Tribunal Federal. Medida Cautelar em Ação Direta de Inconstitucionalidade nº 1.480. Relator: Ministro Celso de Mello, Brasília, 04 set. 1997. *Diário da Justiça*, Brasília, 18 maio 2001. p. 429). Neste julgado, que faz menção a decisões anteriores daquela Corte, há importantes apontamentos acerca do procedimento emoldurado pela Constituição da República.

turnos de votação e maioria qualificada de três quintos dos votos dos membros de cada casa parlamentar, nos termos do artigo 5º, §3º, da Constituição Federal,[228] devido à sua equiparação hierárquico normativa às emendas constitucionais –, não há exigência de quórum qualificado ou outra formalidade para a aprovação do Decreto Legislativo autorizatório. O Decreto Legislativo deve ser encaminhado formalmente à Presidência da República para que possa haver a ratificação do tratado, convenção ou ato internacional.

Mesmo assim, o ato ainda não pode produzir efeitos, seja no plano nacional ou internacional. Isso ocorre porque depende ainda de envio do documento ratificado pelo Presidente da República ao depositário do tratado, que diligenciará o protocolo da ratificação e remessa aos demais Estados signatários para a produção de efeitos internacionais, assim como de promulgação de Decreto de Execução pelo Presidente da República, com publicação no Diário Oficial, para que haja executoriedade do ato internacional no direito interno, tal qual prevê lei federal ordinária,[229] podendo, inclusive, revogar tacitamente lei ordinária anterior cujo conteúdo for incompatível com o texto do tratado incorporado.[230]

---

[228] "Art. 5º [...] §3º Os tratados e convenções internacionais sobre direitos humanos que forem aprovados, em cada Casa do Congresso Nacional, em dois turnos, por três quintos dos votos dos respectivos membros, serão equivalentes às emendas constitucionais. (Incluído pela Emenda Constitucional nº 45, de 2004)".

[229] Ver julgado do Supremo Tribunal Federal acerca da Convenção da OIT acima referido (BRASIL. Supremo Tribunal Federal. Medida Cautelar em Ação Direta de Inconstitucionalidade nº 1.480. Relator: Ministro Celso de Mello, Brasília, 04 set. 1997. *Diário da Justiça*, Brasília, 18 maio 2001. p. 429): "O *iter* procedimental de incorporação dos tratados internacionais [...] conclui-se com a expedição, pelo Presidente da República, de decreto, de cuja edição derivam três efeitos básicos que lhe são inerentes: (a) a promulgação do tratado internacional; (b) a publicação oficial de seu texto; e (c) a executoriedade do ato internacional, que passa, então, e somente então, a vincular e a obrigar no plano do direito positivo interno".

[230] Acerca da situação hierárquico-normativa dos tratados e convenções internacionais, ver novamente o julgado do Supremo Tribunal Federal acerca da Convenção da OIT acima referido (BRASIL. Supremo Tribunal Federal. Medida Cautelar em Ação Direta de Inconstitucionalidade nº 1.480. Relator: Ministro Celso de Mello, Brasília, 04 set. 1997. *Diário da Justiça*, Brasília, 18 maio 2001. p. 429): "Os tratados ou convenções internacionais, uma vez regularmente incorporados ao direito interno, situam-se, no sistema jurídico brasileiro, nos mesmos planos de validade, de eficácia e de autoridade em que se posicionam as leis ordinárias, havendo, em consequência, entre estas e os atos de direito internacional público, mera relação de paridade normativa. Precedentes. No sistema jurídico brasileiro, os atos internacionais não dispõem de primazia hierárquica sobre as normas de direito interno. A eventual precedência dos tratados ou convenções internacionais sobre as regras infraconstitucionais de direito interno somente se justificará quando a situação de antinomia com o ordenamento doméstico impuser, para a solução do conflito, a aplicação alternativa do critério cronológico ('*lex posterior derogat priori*') ou, quando cabível, do critério da especialidade. Precedentes".

2.3 Reconhecimento da existência de *trusts* pelo direito brasileiro

É importante notar, desde logo, que, para além de não haver de plano qualquer incompatibilidade entre a criação ou reconhecimento de *trusts* e as normas do Direito brasileiro, há até mesmo leis brasileiras que reconhecem a existência de *trusts*, instituídos por cidadãos brasileiros ou por bens originados no Brasil.

A chamada "Lei de Repatriação de Divisas" (Lei nº 13.254, de 13 de janeiro de 2016), que institui o Regime Especial de Regularização Cambial e Tributária – RERCT de recursos, bens ou direitos de origem lícita, não declarados ou declarados incorretamente, remetidos, mantidos no exterior ou repatriados por residentes ou domiciliados no País, criada com finalidade eminentemente arrecadatória,[231] reconhece expressamente a existência de *trusts*. Pelo Regime instituído pela Lei, permite-se que patrimônio mantido no exterior, ainda que irregularmente, com a prática de crime, possa ser reintroduzido no Brasil, mediante tributação e multa.

É interessante observar o conceito de "recursos ou patrimônio de origem lícita", nos termos da Lei de Repatriação de Divisas, segundo a qual são considerados lícitos, além dos bens e dos direitos adquiridos com recursos oriundos de atividades permitidas ou não proibidas pela lei, também o objeto, o produto ou o proveito de determinadas espécies normativas, arroladas taxativamente pela Lei em seu artigo 5º, §1º, a saber: sonegação fiscal,[232] sonegação de contribuição previdenciária,[233] falsidade documental ou ideológica,[234] evasão de divisas[235] e lavagem de dinheiro,[236] desde que a lavagem se restrinja a estes crimes passíveis de regularização. Tendo sido praticado qualquer destes crimes, com a repatriação dos recursos ou patrimônio remetidos ou mantidos

---

[231] Ver ROSA NETO, Peregrino Dias. Uma visão crítica da lei de repatriação de divisas. *Gazeta do Povo* (*on-line*), 10 mar. 2016. Disponível em: http://goo.gl/QLXZnH. Acesso em: 13 mar. 2016. "A medida faz parte do ajuste fiscal pretendido pelo governo central, com propósito de arrecadar mais impostos e tentar reduzir o enorme rombo nas contas publicas causado por sua própria culpa".

[232] Arts. 1º e 2º, incisos I, II e V, da Lei nº 8.137, de 27 de dezembro de 1990, e Lei nº 4.729, de 14 de julho de 1965.

[233] Art. 337-A do Código Penal.

[234] Arts. 297, 298, 299 e 304 do Código Penal.

[235] Art. 22, *caput* e parágrafo único, da Lei nº 7.492, de 16 de junho de 1986.

[236] Art. 1º da Lei nº 9.613, de 3 de março de 1998.

criminalmente no exterior, é possível a extinção da punibilidade.²³⁷ Importante notar, aqui, que o rol de crimes passíveis de extinção da punibilidade é taxativo, em tese não sendo incluídos crimes utilizados como meio para o seu cometimento, como é o caso da falsidade documental ou associação criminosa.²³⁸

Nesta esteira, ao tratar da declaração única de regularização visando à repatriação, a Lei exige em seu artigo 4º, dentre outras informações necessárias à instrução da declaração, "a descrição dos respectivos recursos, bens ou direitos de qualquer natureza não declarados, remetidos ou mantidos no exterior ou repatriados, ainda que posteriormente repassados à titularidade ou responsabilidade, direta ou indireta, de *trust* de quaisquer espécies".²³⁹ Deve-se ressaltar que "até aí não haverá necessidade de comprovar a origem e licitude dos [recursos, bens ou direitos]",²⁴⁰ no entanto "a Receita Federal tem a prerrogativa de rejeitar a regularização cambial, sob o pressuposto

---

²³⁷ LUCCHESI, Guilherme Brenner. A extinção da punibilidade na Nova Lei de Repatriação. *Gazeta do Povo (on-line)*, 18 jan. 2016. Disponível em: http://goo.gl/5x4Z7Z. Acesso em: 19 jan. 2016.

²³⁸ ROSA NETO, Peregrino Dias. Uma visão crítica da lei de repatriação de divisas. *Gazeta do Povo (on-line)*, 10 mar. 2016. Disponível em: http://goo.gl/QLXZnH. Acesso em: 13 mar. 2016.

²³⁹ Texto integral do dispositivo de lei referido: "Art. 4º Para adesão ao RERCT, a pessoa física ou jurídica deverá apresentar à Secretaria da Receita Federal do Brasil (RFB) e, em cópia para fins de registro, ao Banco Central do Brasil declaração única de regularização específica contendo a descrição pormenorizada dos recursos, bens e direitos de qualquer natureza de que seja titular em 31 de dezembro de 2014 a serem regularizados, com o respectivo valor em real, ou, no caso de inexistência de saldo ou título de propriedade em 31 de dezembro de 2014, a descrição das condutas praticadas pelo declarante que se enquadrem nos crimes previstos no §1º do art. 5º desta Lei e dos respectivos bens e recursos que possui. §1º A declaração única de regularização a que se refere o *caput* deverá conter: I – a identificação do declarante; II – as informações fornecidas pelo contribuinte necessárias à identificação dos recursos, bens ou direitos a serem regularizados, bem como de sua titularidade e origem; III – o valor, em real, dos recursos, bens ou direitos de qualquer natureza declarados; IV – declaração do contribuinte de que os bens ou direitos de qualquer natureza declarados têm origem em atividade econômica lícita; V – na hipótese de inexistência de saldo dos recursos, ou de titularidade de propriedade de bens ou direitos referidos no caput, em 31 de dezembro de 2014, a descrição das condutas praticadas pelo declarante que se enquadrem nos crimes previstos no §1º do art. 5º desta Lei e dos respectivos recursos, bens ou direitos de qualquer natureza não declarados, remetidos ou mantidos no exterior ou repatriados, ainda que posteriormente repassados à titularidade ou responsabilidade, direta ou indireta, de *trust* de quaisquer espécies, fundações, sociedades despersonalizadas, fideicomissos, ou dispostos mediante a entrega a pessoa física ou jurídica, personalizada ou não, para guarda, depósito, investimento, posse ou propriedade de que sejam beneficiários efetivos o interessado, seu representante ou pessoa por ele designada; e VI – (VETADO)".

²⁴⁰ ROSA NETO, Peregrino Dias. Uma visão crítica da lei de repatriação de divisas. *Gazeta do Povo (on-line)*, 10 mar. 2016. Disponível em: http://goo.gl/QLXZnH. Acesso em: 13 mar. 2016.

de que esta apresenta evidências documentais, abrindo caminho para um processo administrativo ou penal".[241]

Embora possa ser visto com bons olhos o reconhecimento da existência de *trusts* pelo legislador brasileiro, não se pode prescindir de duas observações. Primeiramente, como já mencionado em outros trechos deste livro[242] e reconhecido por diversos autores, há evidente má compreensão de como operam os *trusts*, tendo o legislador brasileiro disposto que determinados bens ou direitos poderiam ser "repassados à titularidade ou responsabilidade" de *trust*. Como se sabe, o *trust* não é pessoa jurídica, tampouco é o titular ou responsável de bens, direitos ou valores. No caso de instituição de um *trust*, o titular do patrimônio é o *trustee*, havendo no texto legal manifesta incorreção. Ademais, há de se observar, ainda, certa presunção de má-fé por trás da instituição de *trusts*, como se o seu propósito fosse dissimular ou dificultar a identificação do "verdadeiro" proprietário dos bens do *trust*, em conduta que poderia constituir crime de lavagem de dinheiro.[243]

Verifica-se, assim, que o legislador brasileiro, embora reconheça a existência de *trusts* e até mesmo a possibilidade de que eles sejam constituídos por brasileiros ou compreendam bens, direitos ou valores originados no Brasil, mostra certa desconfiança com relação a esse arranjo patrimonial, sendo necessário maior aprofundamento deste instituto e melhor conhecimento de sua origem para expor o contexto de seu desenvolvimento e os possíveis ganhos para uso com finalidades lícitas no país.

---

[241] ROSA NETO, Peregrino Dias. Uma visão crítica da lei de repatriação de divisas. *Gazeta do Povo (on-line)*, 10 mar. 2016. Disponível em: http://goo.gl/QLXZnH. Acesso em: 13 mar. 2016.

[242] Ver acima a subseção referente ao caso do deputado federal Eduardo Cunha (PMDB-RJ) e as notas de rodapé correlatas.

[243] Art. 1º, Lei nº 9.613, de 3 de março de 1998: "Ocultar ou dissimular a natureza, origem, localização, disposição, movimentação ou propriedade de bens, direitos ou valores provenientes, direta ou indiretamente, de infração penal". Na prática desta ocultação ou dissimulação da propriedade dos bens, costuma-se identificar três etapas distintas, conforme explicado por Sérgio Fernando Moro: "É usual no estudo da lavagem de dinheiro a referência às fases ou às etapas do crime. Seriam elas a colocação (*placement*), a dissimulação ou circulação (*layering*) e a integração (*integration*). Na primeira etapa, o produto do crime é desvinculado de sua origem material; na segunda, o numerário é movimentado por meio de diversas transações de modo a impedir ou dificultar o rastreamento, e pela terceira é reintegrado em negócios ou propriedades, com a simulação de investimentos lícitos". (MORO, Sérgio Fernando. *Crime de lavagem de dinheiro*. São Paulo: Saraiva, 2010. p. 32)

2.4 O projeto de quadro comum de referência

Outra experiência internacional que também se refere a *trusts* é o Projeto de Quadro Comum de Referência. O Projeto (*Draft Common Frame of Reference* ou DCFR) é uma das tentativas de harmonização do direito privado da União Europeia, buscada desde a formação do bloco comunitário em 1993 pelo Tratado de Maastricht.[244] A formação da União Europeia atendeu, de um lado, à queda do regime comunista e à perspectiva de reunificação alemã e, de outro, ao desejo de intensificação das relações travadas entre os Estados-membros. Dentre seus objetivos, constantes do Tratado constitutivo, apontam-se como principais: (i) a criação de um espaço que não contemple fronteiras internas, (ii) a execução de uma política externa comum e (iii) o desenvolvimento de estreita cooperação no domínio da justiça.[245] Havendo interesse na criação de um mercado único na Europa, no qual o movimento de mercadorias, pessoas, serviços e capital não sofra qualquer impedimento legal pelas fronteiras dos Estados-membros, a harmonização da legislação destes países é fundamental para evitar que disparidade entre as leis locais pudesse obstar a livre circulação e, assim, dividir o mercado.[246]

Atendendo aos seus objetivos de formação da União, foram estabelecidas a adoção do euro como moeda comum dos Estados-membros e a livre circulação de pessoas pelos territórios integrantes da União.

---

[244] TREATY on European Union, Maastricht, 7 fev. 1992. Disponível em: https://eur-lex.europa.eu/legal-content/EN/TXT/PDF/?uri=OJ:C:1992:191:FULL&from=EN. Acesso em: 03 fev. 2016.

[245] "À União atribui-se os seguintes objectivos: a promoção de um progresso económico e social equilibrado e sustentável, nomeadamente mediante a criação de um espaço sem fronteiras internas, [a] execução de uma política externa [...] comum [e] o desenvolvimento de uma estreita cooperação no domínio da justiça e dos assuntos internos". Tradução oficial para o Português. (TREATY on European Union, Maastricht, 7 fev. 1992. Disponível em: https://eur-lex.europa.eu/legal-content/EN/TXT/PDF/?uri=OJ:C:1992:191:FULL&from=EN. Acesso em: 03 fev. 2016. Artigo B). A respeito da formação da União Europeia e seus antecedentes históricos, ver: TOSTES, Ana Paula B. *União Europeia:* o poder político do direito. Rio de Janeiro: Renovar, 2004.

[246] "A União Europeia tem como objetivo fundamental a criação de um único mercado na Europa, em que o trânsito de bens, pessoas, serviços e capital não é impedido pelas fronteiras se seus Estados-membros. Para essa finalidade, a União Europeia tem sempre se dedicado a atividades legiferantes, seja pela imposição de regulamentos por toda a Europa sobre uma variedade de assuntos (e.g. legislação antitruste e diversos aspectos da propriedade intelectual, ou dirigindo os Estados-membros a harmonizar suas diferentes leis sobre assuntos específicos para garantir a consistência de seus resultados por todo o mercado – isto é, objetivando evitar que leis nacionais possam ser meios, conscientes ou inconscientes, de dividir o mercado".Tradução da autora. (MACQUEEN, Hector L. The Common Frame of Reference in Europe. *Tulane European and Civil Law Forum*, v. 25, p. 179, 2010).

Neste sentido, emergiu a possibilidade de unificação das matérias de direito privado para todo o bloco comunitário.

Importante ressaltar que a iniciativa de unificação do direito privado antecede a própria formação da União Europeia, tendo o Parlamento Europeu, ainda em 1989, sugerido o esforço de harmonização do direito privado dos Estados-membros pela Resolução n° A2-157/89.[247] Tal temática foi reintroduzida pela Resolução n° A3-0329/94 do Parlamento Europeu, prevendo a elaboração da mais célebre das iniciativas de unificação do direito privado do bloco, o Projeto de Código Civil Europeu.[248]

Além dessa iniciativa, a Comissão Europeia[249] desenvolveu um "Plano de Ação" para a elaboração de um Quadro Comum de Referência em 2003, visando assegurar "maior coerência entre o acervo comunitário[250] existente e futuro na área de contratos", utilizando "sistemas jurídicos nacionais existentes para localizar possíveis denominadores, para desenvolver princípios comuns, e, onde apropriado, identificar as melhores soluções".[251] O Quadro Comum de Referência surgiria como uma "caixa de ferramentas" de princípios, conceitos e terminologia que seria comumente compreendida em toda a União Europeia, assim como parâmetro para a elaboração de leis futuras e revisão das leis existentes.[252] O trabalho foi incumbido ao Grupo de Estudos sobre o Código Civil Europeu[253] e ao Grupo Acquis (Grupo de Pesquisa

---

[247] COMMISSION OF THE EUROPEAN COMMUNITIES. *Communication from the Commission to the Council and the European Parliament on European Contract Law*. Bruxelas, 7 nov. 2001. Disponível em: http://goo.gl/PrH3ff. Acesso em: 3 fev. 2016.

[248] Para uma visão geral desta iniciativa e possíveis repercussões para o direito brasileiro e latino-americano, ver XAVIER, Marília Pedroso. Código europeu de contratos: O suposto retorno ao modelo codificado e as perspectivas para o Brasil e a América Latina. In: TEPEDINO, Gustavo; FACHIN, Luiz Edson (org.). *Diálogos sobre direito civil*. Rio de Janeiro: Renovar, 2012. v. 3. p. 615-635. É interessante notar que as obras escritas antes de 2008, ano da apresentação da primeira versão do Projeto de Quadro Comum de Referência, fazem pouca menção a essa iniciativa na harmonização do direito europeu, priorizando o enfoque sobre o projeto de Código Civil Europeu. Ver, por todos, MORAIS, Fabíola. *Aproximação do direito contratual dos estados-membros da União Européia*. Rio de Janeiro: Renovar, 2007.

[249] Órgão executivo da União Europeia, representando os seus interesses no conjunto.

[250] "*Acquis communautaire*", o conjunto de toda a legislação da União Europeia, constituindo a base comum de direitos e obrigações que vinculam todos os Estados-membros, cf. EUR-Lex. Acervo comunitário. (GLOSSÁRIO das sínteses. Disponível em: http://eur-lex.europa.eu/summary/ glossary/acquis.html?locale=pt. Acesso em: 9 fev. 2016).

[251] Tradução da autora. BRAUN, Alexandra. Trusts in the Draft Common Frame of Reference: The "Best Solution" for Europe? *Cambridge Law Journal*, v. 70, n. 2, p. 327, jul. 2011.

[252] Tradução da autora. MACQUEEN, Hector L. The Common Frame of Reference in Europe. *Tulane European and Civil Law Forum*, v. 25, p. 179, 2010.

[253] *Study Group on a European Civil Code*.

sobre Direito Privado da Comunidade Europeia Existente[254]), os quais apresentaram em 2008 um primeiro projeto de Quadro Comum de Referência, contendo princípios definições e regras-modelos para o direito privado europeu,[255] que experimenta a convergência mediante um processo legiferante comparado.[256]

A primeira versão do Projeto, apresentada em 2008, continha apenas sete Livros: Livro I – Disposições Gerais;[257] Livro II – Contratos e Outros Atos Jurídicos;[258] Livro III – Obrigações e Direitos Correlatos;[259] Livro IV – Contratos em Espécies e Direitos e Obrigações Decorrentes;[260] Livro V – Benfeitorias em Negócios de Terceiros;[261] Livro VI – Responsabilidade Não-Contratual Decorrente do Dano Causado a Terceiro[262]; e Livro VII – Enriquecimento Ilícito.[263] No ano seguinte foi apresentada versão final do Projeto de Quadro Comum de Referência pelo Grupo de Estudos e pelo Grupo Acquis, incluindo regras-modelos no Livro IV sobre contratos de mútuo e de doação, e três novos livros: Livro VIII – Aquisição e Perda da Propriedade de Bens;[264] Livro IX – Garantias Reais sobre Bens Móveis;[265] e Livro X – *Trusts*.[266] Por terem sido redigidos posteriormente aos demais Livros do Projeto, no curto espaço de tempo de um ano, os Livros VIII, IX e X do Projeto de Quadro Comum de Referência não sofreram o mesmo escrutínio que os demais, o que é

---

[254] *Research Group on Existing EC Private Law (Acquis Group)*.
[255] BAR, Christian von; CLIVE, Eric; SCHULTE-NÖLKE, Hans (Eds.). *Principles, Definitions and Model Rules of European Private Law*: Draft Common Frame of Reference (DCFR). Outline Edition. München: Sellier, 2009. p. 3-4.
[256] Tradução da autora. MACQUEEN, Hector L. The Common Frame of Reference in Europe. *Tulane European and Civil Law Forum*, v. 25, p. 194, 2010.
[257] *General provisions*, no original.
[258] *Contracts and other juridical acts*, no original.
[259] *Obligations and corresponding rights*, no original.
[260] *Specific contracts and the rights and obligations arising from them*, no original.
[261] *Benevolent intervention in another's affairs*, no original.
[262] *Non-contractual liability arising out of damage caused to another*, no original.
[263] *Unjustified enrichment*, no original.
[264] *Acquisition and loss of ownership of goods*, no original.
[265] *Proprietary security rights in movable assets*, no original.
[266] "Há um ano, o DCFR foi publicado pela primeira vez em uma edição interina de esboço. Esta edição é uma revisão daquela em três principais aspectos. Primeiro, a edição interina não continha regras-modelo no Livro IV sobre contratos de mútuo e doação, tampouco nos Livros VIII a X sobre aquisição e perda da propriedade de bens, garantias reais sobre bens móveis e *trusts*. Foram incluídas nesta edição". Tradução da autora. (BAR, Christian von; CLIVE, Eric; SCHULTE-NÖLKE, Hans (Eds.). *Principles, Definitions and Model Rules of European Private Law*: Draft Common Frame of Reference (DCFR). Outline Edition. München: Sellier, 2009. p. 4).

reconhecido pelos próprios Grupos responsáveis pelo Projeto.[267] A falta de tempo para desenvolvimento dos temas abrangidos pelos Livros VIII, IX e X resta evidente da análise do Livro X, sobre *trusts*, uma vez que, analisando a versão integral do Projeto comentado, na obra *Principles, Definitions and Model Rules of European Private Law*, espécie de relatório final elaborado pelos grupos responsáveis, apenas três dos dez capítulos do Livro possuem comentários seção por seção, em contraste aos demais livros elaborados para o Projeto original, em que todas as regras receberam comentário específico.[268]

Deve-se apontar que o Projeto de Quadro Comum de Referência é uma iniciativa acadêmica, tratando-se de um conjunto de regras consideradas as melhores por estudiosos.[269] Não se trata, porém, de um texto político, devendo ser votado e legislado pela Comissão Europeia e o Parlamento Europeu.[270] Neste sentido, ainda não existe

---

[267] "Os Livros VIII, IX e X foram preparados da mesma maneira que os outros livros do DCFR, à base de deliberação em grupos de trabalho, conselhos consultivos e reuniões plenárias. No entanto, por motivos principalmente de tempo, a Equipe de Compilação e Redação não foi capaz de dar a esses Livros o mesmo escrutínio completo que foi capaz de conferir aos demais".Tradução da autora. (BAR, Christian von; CLIVE, Eric; SCHULTE-NÖLKE, Hans (Eds.). *Principles, Definitions and Model Rules of European Private Law*: Draft Common Frame of Reference (DCFR). Outline Edition. München: Sellier, 2009. p. 22).

[268] "Avaliar o *trust* no DCFR não é uma tarefa fácil. Isso se dá, em parte, porque, ao contrário dos demais livros do DCRF, este não contém notas explicando as proposições que delineia referirem aos sistemas jurídicos europeus existentes. Ademais, os comentários pelos redatores do Livro X abrangem apenas três de seus dez capítulos. É-nos dada, assim, pouca introspecção ao plano de fundo do *trust* no DCFR". Tradução da autora. (BRAUN, Alexandra. Trusts in the Draft Common Frame of Reference: The "Best Solution" for Europe? *Cambridge Law Journal*, v. 70, n. 2, p. 329, jul. 2011).

[269] "Nesse sentido, o projeto *acadêmico* de Quadro Comum de Referência é apenas um conjunto de regras-modelo que alguns estudiosos julgaram ser as melhores. Como tal, o QCR é uma realização considerável, a julgar pelo número e prestígio dos estudiosos que nele trabalharam". Tradução da autora. (VAQUER, Antoni. Praface. *In:* VAQUER, Antoni (Ed.). *European Private Law Beyond the Common Frame of Reference*: Essays in Honour of Reinhard Zimmermann. Groningen: Europa, 2008. p. vii).

[270] "Deve-se enfatizar que aquilo a que nos referimos hoje como o DCFR originou de uma iniciativa de juristas europeus. Equivale à compreensão no formato de regras de décadas de pesquisa independente e cooperação por acadêmicos especialistas em direito privado, direito comparado e o direito da Comunidade Europeia. A independência dos dois Grupos e de todos os seus colaboradores foi mantida e observada sem reserva em todas as etapas de nossos trabalhos. Isso, por sua vez, tornou possível acolher muitas das sugestões recebidas no curso de um grande número de reuniões com interessados e outros especialistas de todo o continente. Apenas os dois Grupos, no entanto, têm responsabilidade sobre o conteúdo deste volume. Em particular, ele não contém uma única regra ou conceito ou princípio que tenha sido aprovada ou mandatada por um corpo politicamente legitimado ao nível europeu ou nacional (exceto, evidentemente, naquilo que coincide com a legislação da UE ou nacional existente). É possível que no futuro o DCFR seja convertido, ao menos em parte, em um Quadro Comum de Referência, mas esta é uma questão para outros decidirem. Esta introdução apenas delineia algumas considerações que possam ser utilmente levadas em

um Quadro Comum de Referência que possa ser usado como fonte do direito em qualquer instância, seja ela nacional, comunitária ou internacional. Eventual Quadro Comum poderá utilizar o Projeto na íntegra, selecionar trechos ou rejeitá-lo por inteiro. Isto evidentemente não retira a importância do Projeto, que é uma referência útil para o estudo de direito comparado.

Apesar da importância do estudo, foram apontadas controvérsias a respeito do Projeto, como o uso do inglês como idioma de trabalho, a dificuldade de adaptação do Projeto às possíveis funções do Quadro Comum de Referência, a amplitude do conteúdo abrangido e sua falta de legitimação. Com relação ao uso da língua inglesa, ainda que os organizadores do Projeto indiquem que haverá traduções para tantos idiomas o quão breve quanto possível,[271] Vivianne Geraldes Ferreira aponta que a própria escolha do inglês como idioma-base dos trabalhos é problemática, pois os termos jurídicos expressos em inglês são por vezes inexatos, havendo ainda importante questão cultural no uso da linguagem pelo sistema jurídico de cada nação, que estaria sendo abandonada ao se optar exclusivamente pelo inglês.[272] Do mesmo modo, considerando as possíveis funções de um Quadro Comum de Referência – "caixa de ferramentas para o legislador comunitário no

---

consideração durante o possível processo de transformação". Tradução da autora. (BAR, Christian von; CLIVE, Eric; SCHULTE-NÖLKE, Hans (Eds.). *Principles, Definitions and Model Rules of European Private Law*: Draft Common Frame of Reference (DCFR). Outline Edition. München: Sellier, 2009. p. 4).

[271] "As equipes de pesquisa têm a intenção de publicar as regras-modelo do DCFR o mais rápido e no maior número de idiomas possível. No entanto, a versão em inglês é a única versão do DCFR que foi discutida e adotada pelos corpos responsáveis dos grupos participantes e pela Equipe de Compilação e Redação". Tradução da autora. (BAR, Christian von; CLIVE, Eric; SCHULTE-NÖLKE, Hans (Eds.). *Principles, Definitions and Model Rules of European Private Law*: Draft Common Frame of Reference (DCFR). Outline Edition. München: Sellier, 2009. p. 29).

[272] "É discutível se a opção pelo idioma inglês não fala contra o próprio PCQR, uma vez que esta língua não seria a mais indicada para fornecer os conceitos necessários para regras jurídicas comuns de direito privado. Determinados conceitos expressos em inglês são por vezes inexatos, vagos ou mesmo incorretos. É o que se pode dizer de palavras como *void* ou *withdrawal*, que podem possuir mais de um significado considerado o direito continental. Outros conceitos simplesmente não são adequados ao instituto jurídico que expressam [...]. Direito é linguagem: A redação unicamente em inglês (ou a partir dele) poderia permitir entendimentos diversos ou equivocados, baseados na correlação com o direito e idiomas nacionais, em relação a termos que se pretendem comuns. Além disso, o direito, assim como o idioma, está profundamente relacionado com a cultura de cada povo. Abrir mão de ambos, ao mesmo tempo, parece bastante desproporcional e tem um negativo valor simbólico, ainda que involuntário". (FERREIRA, Vivianne Geraldes. Quadro comum de referência: abandono da tradição jurídica europeia em nome da europeização do direito? *Anuario da Facultade de Dereito da Universidade da Coruña*, n. 12, p. 507, 2008).

aperfeiçoamento da legislação, caixa de ferramentas para o legislador nacional e modelo para um futuro instrumento opcional"[273] –, a autora pondera se os modelos de regras propostos pelo Projeto poderiam servir simultaneamente aos legisladores e aos particulares, bem como se a Comunidade Europeia teria competência para legislar sobre todas as matérias compreendidas no Projeto.[274] Ferreira aponta, ainda, que o amplo espectro de matérias abordadas pelo Projeto extrapola o interesse original em um Quadro Comum de Referência, que seria "a constatação pela Comissão Européia [sic] dos prejuízos causados ao livre comércio justamente pelas diferenças existentes nas ordens jurídicas nacionais em matéria de direito contratual",[275] o que "depõe contra sua viabilidade e aceitação políticas".[276] Por fim, quanto à falta de legitimação do Projeto, a autora aponta duas questões: primeiro, não há representatividade suficiente na composição dos grupos de pesquisa;[277] segundo, houve desligamento da tradição jurídica europeia-continental e seu fundamento romano enquanto possível elemento de confluência entre os sistemas estudados.[278] Tais aspectos demonstram que, embora

---

[273] FERREIRA, Vivianne Geraldes. Quadro comum de referência: abandono da tradição jurídica europeia em nome da europeização do direito? *Anuario da Facultade de Dereito da Universidade da Coruña*, n. 12, p. 507, 2008.

[274] FERREIRA, Vivianne Geraldes. Quadro comum de referência: abandono da tradição jurídica europeia em nome da europeização do direito? *Anuario da Facultade de Dereito da Universidade da Coruña*, n. 12, p. 507-508, 2008.

[275] FERREIRA, Vivianne Geraldes. Quadro comum de referência: abandono da tradição jurídica europeia em nome da europeização do direito? *Anuario da Facultade de Dereito da Universidade da Coruña*, n. 12, p. 508, 2008.

[276] FERREIRA, Vivianne Geraldes. Quadro comum de referência: abandono da tradição jurídica europeia em nome da europeização do direito? *Anuario da Facultade de Dereito da Universidade da Coruña*, n. 12, p. 508, 2008.

[277] "Dos 71 membros do grupo coordenador do *Study Group*, apenas quatro são juristas espanhóis e dois portugueses. Entre os 54 membros do *Acquis Group*, há seis juristas espanhóis e dois juristas portugueses. Se considerarmos um país como a Espanha e suas comunidades autônomas, com características tão diversas, é extremamente provável que os interesses e a cultura jurídica dessas regiões não tenham sido suficientemente representados nos trabalhos dos grupos de pesquisa. É necessário indagar se, a par de suas inquestionáveis qualificações acadêmicas, os juristas participantes realmente falam por toda a comunidade jurídica representada". (FERREIRA, Vivianne Geraldes. Quadro comum de referência: abandono da tradição jurídica europeia em nome da europeização do direito? *Anuario da Facultade de Dereito da Universidade da Coruña*, n. 12, p. 508-509, 2008).

[278] "Por outro lado, ainda que houvesse o mesmo peso e mesma representatividade para todos os países membros – e regiões – na elaboração do PQCR, ainda assim seria possível que as decisões tomadas não agradassem a todos e se afastassem ao menos parcialmente dos respectivos direitos nacionais. Não basta, pois, buscar legitimação no direito comparado: é necessária outra fonte, que possua tal autoridade capaz de emprestar força a uma regra que eventualmente se afaste de certa ordem jurídica nacional. Uma fonte intimamente ligada com a tradição jurídica européia [sic] e que, infelizmente, parece ter sido colocada

a iniciativa do Projeto de Quadro Comum de Referência seja séria e bem-intencionada, padece de falhas em suas premissas e fontes. De qualquer forma, representa um passo fundamental na ampliação global da utilização do *trust*, o que justifica o exame do tratamento do *trust* realizado por esse Projeto.

O Livro X do Projeto de Quadro Comum de Referência trata de *trusts*, estando subdividido em dez capítulos[279], contemplando ao total 116 regras-modelo, cada qual com suas subdivisões internas.

É importante destacar que o Projeto de Quadro Comum de Referência é um esforço muito mais abrangente e complexo que a Convenção da Haia sobre *Trusts* e seu Reconhecimento, pois, enquanto esta refere-se apenas à possibilidade de reconhecimento de *trusts* instituídos com base em legislações de direito interno pelos sistemas jurídicos dos países signatários da Convenção, o objetivo do Projeto é propor regras-modelos, espécie de *soft law*[280] sem qualquer força normativa, que podem ser utilizadas para o desenvolvimento de

---

de lado na elaboração do PQCR é o Direito Romano. O Direito Romano se faz presente em todos os Códigos europeus, em maior ou menor grau. É certo que não houve sua recepção uniforme pelas diferentes ordens jurídicas nacionais. Porém, a par das divergências surgidas durante os processos de recepção, as semelhanças ainda podem ser encontradas. O retorno às origens do direito privado europeu, isto é, o retorno ao direito romano pode não apenas evidenciar essas semelhanças, como também justificar e amenizar as eventuais diferenças existentes. Abrir mão dessa valiosa herança comum européia [sic] importa em nítida falta de legitimação de qualquer projeto transnacional de regulação". (FERREIRA, Vivianne Geraldes. Quadro comum de referência: abandono da tradição jurídica europeia em nome da europeização do direito? *Anuario da Facultade de Dereito da Universidade da Coruña*, n. 12, p. 509, 2008).

[279] 1) Disposições fundamentais (*Fundamental provisions*); 2) Constituição de *trusts* (*Constitution of trusts*); 3) Patrimônio do *trust* (*Trust fund*); 4) Regras do *trust* e invalidade (*Trust terms and invalidity*); 5) Deliberações e poderes do *trustee* (*Trustee decision-making and powers*); 6) Obrigações e direitos dos *trustees* e auxiliares do *trust* (*Obligations and rights of trustees and trust auxiliaries*); 7) Tutelas para o descumprimento das regras do *trust* (*Remedies for non-performance*); 8) Substituição de *trustees* ou auxiliares do *trust* (*Change of trustees or trust auxiliary*); 9) Extinção e alteração de *trusts* e substituição de beneficiário (*Termination and variation of trusts and transfer of rights to benefit*); e 10) Relações com terceiros (*Relations to third parties*). Com relação aos Capítulos 6 e 8, o auxiliar do *trust* é umas das partes facultativas do *trust* que tem o poder de nomear ou remover um *trustee* ou consentir com a sua renúncia ("*A trust auxiliary is a person who, according to the trust terms, has a power to appoint or remove a trustee or to consent to a trustee's resignation*". Tradução da autora) (Regra X.–1:203(4) do Projeto).

[280] Conjunto de regras sem força normativa, como linhas-guia, que não são inteiramente desprovidas de significado jurídico. Ver GARNER, Brian A. (Ed.). *Black's Law Dictionary*. 9. ed. St. Paul: West, 2009. p.1519. "*soft law. 1. Collectively, rules that are neither strictly binding nor completely lacking in legal significance. 2. Int'l law. Guidelines, policy declarations, or codes of conduct that set standards of conduct but are not legally binding*". Tradução da autora: "*soft law. 1.* Coletivamente, regras que não são estritamente vinculativas tampouco completamente desprovidas de relevância jurídica. 2. *Direito internacional.* Linhas-guia, declarações de

sistemas jurídicos internos ou parâmetro de análise e interpretação pelos operadores do direito.[281] Assim, o escopo do Projeto é de maior amplitude que o da Convenção, resultando em um extenso corpo de regras, nem todas de valia para o estudo, descrito neste livro.

O Livro X inicia indicando na regra X.–1:101 a quais *trusts* o Projeto se aplica, sendo estes os *trusts* criados de acordo com as regras do Capítulo 2 do Livro, referente à constituição de *trusts*, bem como *trusts* criados por lei ou por decisão judicial.[282] Neste sentido, embora os responsáveis pelo projeto apontem que, a princípio, o Livro X se aplica a todas as espécies de *trusts*, devido à especificidade de alguns sistemas jurídicos de direito interno – em especial de países de tradição *common law* –, nem todos os *trusts* constituídos com base nas legislações nacionais estão compreendidos pelo Projeto.[283] De acordo com os responsáveis pelo Projeto, as regras-modelo sobre *trusts* conduziriam a uma maior liberdade, na medida em que facilitaria a disposição do patrimônio de acordo com os desejos particulares do proprietário.[284]

---

políticas ou códigos de conduta que definem padrões de conduta, mas não são juridicamente vinculativos".

[281] "A maior parte do DCFR consiste em 'regras-modelo'. O adjetivo 'modelo' indica que as regras não são apresentadas como possuidoras de qualquer força normativa, mas são regras de *soft law*, da espécie contida nos Princípios de Direito Europeu dos Contratos e publicações semelhantes. Se determinadas regras podem ser utilizadas como modelos para leis, por exemplo, que promovam a melhoria da coerência interna do *acquis communautaire* cabe a outros decidir". Tradução da autora. (BAR, Christian von; CLIVE, Eric; SCHULTE-NÖLKE, Hans (Eds.). *Principles, Definitions and Model Rules of European Private Law*: Draft Common Frame of Reference (DCFR). Outline Edition. München: Sellier, 2009. p. 71).

[282] Tradução da autora: "X. – 1:101: *Trusts* a que este Livro se aplica (1) Este Livro se aplica a Trusts criados de acordo com o Capítulo 2 (Criação de *trusts*). (2) Com as devidas modificações, este Livro também se aplica a *trusts*: (a) criados por: (i) uma declaração neste sentido estabelecida em um decreto; ou (ii) uma decisão judicial com efeito prospectivo; ou (b) surgindo por operação de lei estabelecida em um decreto referente a uma questão não especificada nestas regras. (3) Neste Livro, "tribunal" inclui um oficial público ou um corpo, se autorizado a agir sob o direito nacional aplicável, mas não inclui juízos arbitrais".

[283] "Este artigo determina o escopo de aplicação do Livro X. Em princípio, o Livro se aplica a todos os tipos de *trusts*. Como delineado nos comentários a seguir, no entanto, para alguns tipos de *trusts* as regras neste Livro somente podem ser aplicadas após modificações ajustadas à natureza especial do *trust*. Ademais, algumas matérias que em alguns sistemas (particularmente aqueles da *Common Law*) dariam origem a um *trust* não o fazem neste ou em outros Livros. Portanto, nem todos os *trusts* previstos em sistemas jurídicos nacionais são compreendidos por este Livro". Tradução da autora. (BAR, Christian von; CLIVE, Eric (Eds.). *Principles, Definitions and Model Rules of European Private Law*: Draft Common Frame of Reference (DCFR). Full Edition. München: Sellier, 2009. v. 6. p. 5.669).

[284] "as regras sobre *trusts* no Livro X podem aumentar a liberdade ao criar possibilidades de reservar bens para objetivos específicos (comerciais, familiares ou beneficentes) de forma flexível, que vêm sendo muito utilizada de forma valiosa em alguns sistemas por muito tempo e está gradualmente se espalhando para outros". Tradução da autora. (BAR, Christian von; CLIVE, Eric; SCHULTE-NÖLKE, Hans (Eds.). *Principles, Definitions and Model Rules of*

Nesse sentido, é importante destacar o que se entende por *trust* na definição proposta na regra X.–1:201 do Projeto. De acordo com a regra-modelo em questão, um *trust* é uma relação jurídica na qual um *trustee* tem o dever de administrar ou dispor de um ou mais bens (o patrimônio do *trust*) de acordo com os termos que regem a relação (as regras do *trust*) para favorecer um beneficiário ou para fins de melhorias em proveito coletivo.[285] Neste sentido, o Projeto, em vez de abordar os *trusts* como uma entidade, do qual os sujeitos e os bens seriam partes componentes, ou então o patrimônio do *trust* como o *trust* em si, tratando-o como pessoa jurídica, opta pela definição enquanto relação jurídica, cujo aspecto principal é o conjunto de direitos e deveres que recaem sobre a pessoa do *trustee*.[286] É importante ressaltar que a definição de *trust* enquanto relação jurídica também está presente no artigo 2 da Convenção da Haia.[287] De qualquer modo, é evidente que o

---

European Private Law: Draft Common Frame of Reference (DCFR). Outline Edition. München: Sellier, 2009. p. 71).

[285] Tradução da autora: "**X. – 1:201: Conceito de *trust*:** Um *trust* é uma relação jurídica em que um *trustee* tem a obrigação de administrar ou dispor de um ou mais bens (o fundo de *trust*) de acordo com os termos que regem a relação (termos do *trust*) em benefício de um beneficiário ou em prol de objetivos de benefício público".

[286] "É possível definir um *trust* a partir de diversos pontos de vista. Pode ser definido como, ou como se fosse, uma entidade em si, tratando tanto o *trustee* como o objeto do *trust* como partes componentes. Alternativamente, o fundo de *trust* por si poderia ser visto como o *trust*. Enquanto ambas abordagens encontram um eco no uso do termo, nenhuma é vista favoravelmente aqui. O *trust* não é tratado como pessoa jurídica independente dos *trustes* (que, nessa abordagem, seria reduzidos ao status de membros de seu conselho de administração). Tampouco é conferida personalidade jurídica ao fundo em si, pois isso deixaria muito fora da equação. Enquanto a natureza especial do patrimônio do *trust* (e em particular sua indisponibilidade aos credores pessoais do *trustee*) equivale a uma característica essencial de um *trust*, os direitos e deveres de administração do *trustee* indubitavelmente formam um pilar igualmente central ao instituto do *trust*. Parece, portanto, mais imediatamente compreensível se o *trust* for definido em termos de um arranjo de direitos e obrigações focado no fundo de *trust*. Estas regras, portanto, reservam o termo '*trust*' para denotar a relação jurídica entre um *trustee* obrigado a administrar ou dispor da propriedade do *trust* de um lado e do outro os beneficiários ou outras pessoas intituladas a fazer cumprir os deveres do *trustee*".Tradução da autora. (BAR, Christian von; CLIVE, Eric (Eds.). *Principles, Definitions and Model Rules of European Private Law*: Draft Common Frame of Reference (DCFR). Full Edition. München: Sellier, 2009. v. 6. p. 5.679).

[287] Segundo Alexandra Braun, ainda que em ambos os textos a definição seja convergente, a Convenção da Haia sobre *Trusts* e seu Reconhecimento vai além para dispor expressamente que os *trusts* podem ser criados por ato *inter vivos* ou *causa mortis*, não havendo tal disposição expressa no Projeto de Quadro Comum de Referência: "Comparando este conceito com aquele oferecido pela Convenção da Haia sobre *Trusts*, é notável que em ambos os casos o *trust* seja definido como 'relação jurídica'. De fato, o artigo 2 da Convenção dispõe que 'para os objetivos desta Convenção, o termo '*trust*' refere-se às relações jurídicas criadas – *inter vivos* ou *causa mortis* – por uma pessoa, o *settlor*, quando bens forem colocados sob o controle de um *trustee* em benefício de um beneficiário ou por um objetivo específico'. Embora nada seja dito no conceito do DCFR quanto à possibilidade de criação *inter vivos*

Projeto de Quadro Comum de Referência reconhece como característica predominante do *trust* a existência do dever de administração dos bens do *trust* de acordo com as suas regras de instituição que recai sobre o *trustee*.[288]

Apesar de sua importância, o Capítulo 2 do Livro sobre *trusts* – principal critério para definir se um *trust* pode ser regido pelo Projeto de Quadro Comum de Referência – é um dos sete capítulos do Livro que não mereceu nenhum comentário pelos autores do Projeto. Desta forma, as regras referentes à constituição dos *trusts* são apenas apostas na versão final do Projeto, sem maiores explicações ou análises.[289]

Isso se deve, em parte, ao fato de o Livro X não ser um processo legiferante comparado, ao contrário do restante do Projeto de Quadro Comum de Referência, mas, sim, uma tentativa de instaurar processo legiferante com base no Direito de apenas um dos Estados-membros,[290] o Direito Inglês. A predominância do modelo inglês de *trusts* resta evidente a partir da análise de diversos dispositivos-chave do Projeto, dentre os quais Alexandra Braun aponta a concepção do *trust* como instrumento unilateral, e não contratual, de modo que o *trustee* tem obrigações apenas perante os beneficiários, e não o *settlor*,[291] que aparentemente tem pouca influência sobre o funcionamento do *trust* para além da instituição de

---

ou *causa mortis*, isto é definido no Artigo X-2:103, que trata de disposições testamentárias bem como *trusts* vitalícios". Tradução da autora. (BRAUN, Alexandra. Trusts in the Draft Common Frame of Reference: The "Best Solution" for Europe? *Cambridge Law Journal*, v. 70, n. 2, p. 329, jul. 2011).

[288] "Este Artigo estabelece o conceito de *trust* em termos de uma relação jurídica. Ele identifica uma parte essencial a essa relação (o *trustee*) e dispõe que as características essenciais dessa relação é o dever do *trustee* de administrar ou dispor dos bens do *trust*, conforme estabelecido nos termos do *trust*. Tal disposição será ou em benefício de um ou mais beneficiários, ou em prol de certos objetivos, ou ainda uma mistura dos dois". Tradução da autora. (BAR, Christian von; CLIVE, Eric (Eds.). *Principles, Definitions and Model Rules of European Private Law*: Draft Common Frame of Reference (DCFR). Full Edition. München: Sellier, 2009. v. 6. p. 5.679).

[289] Para leitura da íntegra desta seção do Projeto, vide BAR, Christian von; CLIVE, Eric (Eds.). *Principles, Definitions and Model Rules of European Private Law*: Draft Common Frame of Reference (DCFR). Full Edition. München: Sellier, 2009. v. 6. p. 5.701-5.705.

[290] "[...] resta claro que o Livro X não tenta harmonizar o direito nesta área e assim atingir uma aproximação do direito dos Estados-membros. Ele não encontra possíveis denominadores comuns, tampouco desenvolve princípios comuns, mas ao contrário estabelece seus próprios dispositivos uniformes. O Livro X do DCFR é, assim, uma tentativa em legislar, ainda que não uma tentativa de 'criação comparada de regras'". Tradução da autora. (BRAUN, Alexandra. Trusts in the Draft Common Frame of Reference: The "Best Solution" for Europe? *Cambridge Law Journal*, v. 70, n. 2, p. 338, jul. 2011).

[291] Ou *"truster"*, como é definido no Projeto, de acordo com a tradição escocesa, uma das poucas divergências do modelo inglês: "[...] o DCFR emprega o termo escocês '*truster*' em vez de '*settlor*'". Tradução da autora. (BRAUN, Alexandra. Trusts in the Draft Common Frame

suas regras quando da sua criação.²⁹² Outra característica marcante do *trust* inglês reproduzido no Projeto é a desnecessidade de registro, seja para fins administrativos ou tributários.²⁹³

Os argumentos levantados por Braun revelam que o tratamento dos *trusts* pelo Projeto de Quadro Comum de Referência destoa não apenas do restante do Projeto, desenvolvido pelos membros das mesmas comissões, aparentemente com a mesma metodologia,²⁹⁴ mas da própria ideia por trás da criação de um Quadro Comum de Referência, que seria o delineamento dos princípios do acervo comunitário existente, visto que não houve intervenção dos Poderes Legislativos nacionais de boa parte dos Estados-membros, não existindo princípios comuns referentes a essa área do direito.²⁹⁵ A autora aponta três situações de falha dos grupos na redação do Livro X. Primeiramente, há nítido problema metodológico em comparação com os demais livros, visto que o método do Livro X (universalização de princípios de um único sistema) difere do método do restante do Projeto (harmonização dos princípios dos

---

of Reference: The "Best Solution" for Europe? *Cambridge Law Journal*, v. 70, n. 2, p. 330, jul. 2011).

²⁹² "[...] os redatores aparentemente veem o *trust* como um instrumento unilateral e não contratual. Como consequência, o *trustee* não tem deveres perante o *truster* [ou *settlor*, ver nota explicativa acima], mas apenas perante os beneficiários, e o *truster* não consegue fazer cumprir o *trust*. Ademais, o *trustee* não tem direitos contra o *truster* de remuneração ou reembolso de custos e despesas, e a morte desse aparentemente não afeta o *trust*. Nesse sentido, o *trust* previsto pelos redatores é muito mais um no modelo inglês". Tradução da autora. (BRAUN, Alexandra. Trusts in the Draft Common Frame of Reference: The "Best Solution" for Europe? *Cambridge Law Journal*, v. 70, n. 2, p. 330, jul. 2011).

²⁹³ "Finalmente, o fato de o *trust* não precisar ser levado a registro, seja por razões administrativas ou tributárias, também aparentaria reforçar as raízes inglesas do *trust* do DCFR". Tradução da autora. A autora aponta, ainda, outras características oriundas da tradição inglesa. (BRAUN, Alexandra. Trusts in the Draft Common Frame of Reference: The "Best Solution" for Europe? *Cambridge Law Journal*, v. 70, n. 2, p. 336, jul. 2011).

²⁹⁴ "Os Livros VIII, IX e X foram preparados da mesma maneira que os outros livros do DCFR, à base de deliberação em grupos de trabalho, conselhos consultivos e reuniões plenárias". Tradução da autora. (BAR, Christian von; CLIVE, Eric; SCHULTE-NÖLKE, Hans (Eds.). *Principles, Definitions and Model Rules of European Private Law*: Draft Common Frame of Reference (DCFR). Outline Edition. München: Sellier, 2009. p. 22).

²⁹⁵ "[...] o DCFR também não delineia princípios da *acquis communautaire* existente, pois esta não é uma área em que o legislativo europeu interviu e no qual a intervenção do direito comunitário ainda está em consideração. Em suma, o *trust* do DCFR não surge nem dos princípios comuns aos sistemas jurídicos nacionais nem do direito comunitário, ambos os quais foram identificados pela Comissão Europeia como as 'fontes básicas' para um futuro Quadro Comum de Referência". Tradução da autora. (BRAUN, Alexandra. Trusts in the Draft Common Frame of Reference: The "Best Solution" for Europe? *Cambridge Law Journal*, v. 70, n. 2, p. 339, jul. 2011).

sistemas dos Estados-membros).²⁹⁶ Na sequência, a autora observa que não apenas há inconsistência com relação aos princípios do Projeto como um todo, que visa a "preservação cultural e diversidade linguística"; há ainda afirmação inadequada pelos autores do Projeto, quando estes sustentam que o Projeto de Quadro Comum de Referência "forneceu recomendações baseadas na extensa pesquisa comparada e análise cuidadosa".²⁹⁷ Por fim, Braun sustenta que o uso do direito de apenas um país cria potenciais dificuldades na proposição de um modelo Europeu, na medida em que o esforço em introduzir uma versão modificada do direito inglês pode ser visto como "imperialismo jurídico".²⁹⁸

De toda esta questão, caberia salientar que, enquanto o Projeto de Quadro Comum de Referência foi uma iniciativa ambiciosa, que visou, neste particular, fornecer parâmetros para a criação e reconhecimento de *trusts* em toda a Comunidade Europeia, por questões metodológicas e especialmente aparente falta de tempo, o título referente aos *trusts* careceu de maior desenvolvimento, refletindo apenas o direito de um único país. Somando-se a isso a necessidade de interesse político na adoção oficial do texto apresentado, verifica-se que a iniciativa do Projeto permanece suspensa desde a sua apresentação em 2009, não sendo um instrumento de influência tão relevante quanto é a Convenção da Haia.

2.5 A experiência italiana

A fim de ilustrar a importância da Convenção da Haia sobre a Lei Aplicável ao *Trust* e ao seu Reconhecimento, traz-se o exemplo italiano, de modo a demonstrar algumas consequências interessantes

---

[296] "Primeiro, significa que a metodologia adotada na redação do Livro X é inconsistente com aquela utilizada em outras partes do DCFR". Tradução da autora. (BRAUN, Alexandra. Trusts in the Draft Common Frame of Reference: The "Best Solution" for Europe? *Cambridge Law Journal*, v. 70, n. 2, p. 339, jul. 2011).

[297] BRAUN, Alexandra. Trusts in the Draft Common Frame of Reference: The "Best Solution" for Europe? *Cambridge Law Journal*, v. 70, n. 2, p. 339, jul. 2011.

[298] E, finalmente, o fato de o Livro X basear-se quase que inteiramente no direito de um único Estado-membro cria potenciais dificuldades na sua proposição como um modelo europeu. Na medida em que se esforça para introduzir uma versão modificada do direito inglês em todos os Estados-membros, o Projeto pode ser visto como uma forma de 'imperialismo jurídico'". É importante notar aqui que a autora é inglesa, professora da Universidade de Oxford, na Inglaterra, não se tratando de mera denúncia continental de imperialismo, mas verdadeira e pertinente observação. Tradução da autora. (BRAUN, Alexandra. Trusts in the Draft Common Frame of Reference: The "Best Solution" for Europe? *Cambridge Law Journal*, v. 70, n. 2, p. 339, jul. 2011).

possíveis a partir do reconhecimento interno de *trusts* instituídos com base em lei estrangeira.

A Itália foi o primeiro país da *civil law* a ratificar a Convenção da Haia, o que foi autorizado pela Lei de 16 de outubro de 1989, nº 364.[299] A partir da vigência da Convenção na Itália em 1º de janeiro de 1992, o *trust* passou a ser passível de reconhecimento naquele país.

A Itália, nesse aspecto, é um país interessante de ser examinado – ainda que superficialmente, para que não se perca o foco do trabalho – por ser da tradição *civil law*, por ter ratificado a Convenção e por seu atual Código Civil ter servido de inspiração para o Código Civil brasileiro de 2002. Enxerga-se, assim, certa proximidade do ordenamento jurídico italiano com o brasileiro.

A celeridade na ratificação da Convenção da Haia se deu em razão do desejo em promover a internacionalização da economia italiana.[300] Tamanha foi a rapidez que Michele Graziadei fala em um *trust rush*, ou "corrida pelo *trust*".[301]

Segundo o delegado italiano na 15ª Sessão da Conferência da Haia sobre Direito Internacional Privado, Prof. Antonio Gambaro, os *trusts* são "perfeitamente limpos e morais",[302] e não colidem com

---

[299] ITÁLIA. *Legge 16 ottobre 1989, nº 364*: Ratifica ed esecuzione della convenzione sulla legge applicabile ai trusts e sul loro riconoscimento, adottata L'Aja il 1º luglio 1985. Suppl. Ord. alla G. U., nº 261. Disponível em: http://goo.gl/aZHp2G. Acesso em: 14 jan. 2016.

[300] GRAZIADEI, Michele. Trusts in Italian Law: A Matter of Property or Obligation? *In: Italian National Reports to the XVth International Congress of Comparative Law, Bristol 1998*. Milano: Giuffrè, 1998. p.190. Ver LANGBEIN, John H. The Secret Life of the Trust: The Trust as an Instrument of Commerce. *Yale Law Journal*, n. 107, 1997, p. 165.

[301] GRAZIADEI, Michele. Trusts in Italian Law: A Matter of Property or Obligation? *In: Italian National Reports to the XVth International Congress of Comparative Law, Bristol 1998*. Milano: Giuffrè, 1998. p. 190, n.r. 4. Acerca da aceleração na recepção do *trust*, Gambaro afirma que: "O fato é que a corrida para o *trust*, nada mais é do que uma manifestação episódica do intenso movimento dos modelos hoje em ação em todos os sistemas ocidentais. É claro que uma circulação dos modelos tem havido sempre, mas deve-se perguntar, justamente, se hoje não se assiste a uma aceleração que nada mais é que uma aceleração da mudança jurídica, que corresponde a uma aceleração das mudanças estruturais das sociedades ocidentais chamadas a viver uma terceira revolução tecnológica no espaço de dois séculos. Neste contexto, todo sistema jurídico é chamado a justificar as suas próprias regras no plano da racionalidade econômica e social, mas lhes é proibido de apelar à sistemática da própria tradição jurídica, a qual, por outro lado, é uma sereia que atrai apenas os juristas cultos, mas deixa completamente indiferentes os outros cidadãos". Tradução da autora. (GAMBARO, Antonio. Trust. *In: Digesto delle discipline privatistiche*: Sezione civile. 4. ed. Torino: UTET, 1999. v. 19. p. 468).

[302] (HAGUE CONFERENCE ON PRIVATE INTERNATIONAL LAW. *Proceedings of the Fifteenth Session (1984)*: Trusts, applicable law and recognition. Haia: HCCH, 1984. t. II. p. 288 apud GRAZIADEI, Michele. Trusts in Italian Law: A Matter of Property or Obligation? *In: Italian National Reports to the XVth International Congress of Comparative Law, Bristol 1998*. Milano:

nenhum princípio basilar da lei italiana.[303] Além disso, Michele Graziadei entende que recusar o *trust* aprioristicamente seria ignorar os atuais desenvolvimentos que a matéria recebeu,[304] sendo tal entendimento comungado por Maurizio Lupoi, a partir de seu posicionamento a respeito da *equitable ownership*.[305]

A ratificação da Convenção da Haia levada a efeito pela Itália deu ensejo a duas interpretações diferentes sobre o propósito da Convenção e suas consequências. A primeira destas posições, firmada por Antonio Gambaro, é a de que a Convenção da Haia não é uma lei uniforme que introduz *trusts* na lei italiana.[306] Já a segunda posição

---

Giuffrè, 1998. p. 191, n.r. 5 (*"trusts were 'perfectly clean and moral'"*). Nesse contexto, a palavra "clean" tem o sentido de algo imaculado, não contaminado por nenhuma ilicitude.

[303] "[...] *they did not subvert any fundamental principle of Italian substantive law*". (GRAZIADEI, Michele. Trusts in Italian Law: A Matter of Property or Obligation? *In: Italian National Reports to the XVth International Congress of Comparative Law, Bristol 1998*. Milano: Giuffrè, 1998, p. 191).

[304] "Essa resposta trai a abordagem ingênua dos direitos reais que não faz distinção entre conceitos tradicionais e realidades modernas de propriedade em países de *civil law*. Ademais, demonstra desconhecimento de importantes desenvolvimentos no direito dos *trusts* nos principais países de *common law*. Tais desenvolvimentos devem, ao contrário, ser relembrados antes de se concluir que na Itália não deve haver 'liberdade de constituir *trusts*', como é denominado nesses países". Tradução da autora. (GRAZIADEI, Michele. Trusts in Italian Law: A Matter of Property or Obligation? *In: Italian National Reports to the XVth International Congress of Comparative Law, Bristol 1998*. Milano: Giuffrè, 1998. p. 211).

[305] "A 'propriedade equitativa' tem progressivamente se mostrado o que é: titularidade dos bens do *trust*. O direito dos *trusts* em Jersey define 'beneficiário' como 'aquele que tem direito a beneficiar-se de um *trust* ou em favor de quem a discricionariedade para distribuir bens mantidos em *trust* pode ser exercida. Isso é algo que pode ser facilmente acomodada nos fundamentos conceituais do *civil law* e não há nada que ofenda as sensibilidades da *civil law*. Não é por acaso que os termos 'equidade' e 'equitativo' não são encontrados do direito de Jersey, porém não há quem duvide tratar-se de local que possui *trusts* e cujos precedentes judiciais são tidos em alta estima pela Inglaterra e pelos países da *Commonwealth*". Tradução da autora. (LUPOI, Maurizio. The Hague Convention, the Civil Law and the Italian Experience. *Trust Law International*, v. 21, n. 2, p. 83, 2007).

[306] "Contra Lupoi [...], o qual, ao contrário, entende que a finalidade da Convenção seja a de padronizar as normas de direito internacional privado nos países de *common law*, uma vez que estas, em termos de *trust*, prestam significativas divergências. Pessoalmente, tendo participado de todos os trabalhos da Conferência, como especialista designado e, em seguida, como um representante do Governo italiano, tenho lembranças um pouco diferentes. Além disso, não só seria chato para os representantes da Itália, França e Alemanha, que estão entre os mais ativos, assistir a predisposição de um texto que não lhes dizia respeito. Dificilmente o Secretariado e todo o *Bureau Permanent della Conférence*, teriam assim, por longo tempo, as suas melhores energias para se obter uma Convenção sobre a padronização das regras de conflito em relação ao *trust*, dado que a maior parte dos países de *common law* não tem uma tradicional vocação para aderir às Convenções da Haia". Tradução da autora. (GAMBARO, Antonio. Trust. *In: Digesto delle discipline privatistiche*: Sezione civile. 4. ed. Torino: UTET, 1999. v. 19. p. 465, n. 51).

entende que, a partir da ratificação da Convenção da Haia, é possível a criação de *trusts* internos.

Segundo Michele Graziadei, entende-se por *trust* interno o *trust* instituído sobre alguma lei estrangeira sobre *trusts*, de acordo com o primeiro parágrafo do artigo 6 da Convenção, que não tem nenhum outro fator que o ligue a tal país estrangeiro.[307] Um dos argumentos de Maurizio Lupoi para defender os *trusts* internos é o fato de serem utilizados para resolver situações que não podem ser sanadas pelo ordenamento jurídico italiano.[308]

Michele Graziadei, sintetizando a atual situação italiana, explica que:

> A divisão é irrelevante para estabelecer se cidadãos ou residentes em países de *civil law* devem ser autrizados a criar *trusts* pelas regras de escolha de lei estabelecidas pela Convenção. O art. 6 da Convenção não cria a liberdade de escolha da lei aplicável em dependência do fato de o *settlor* ser domiciliado ou residente em um país da *common law*. De fato, o art. 6 da Convenção queda silente sobre a existência de *qualquer* nexo com o país foro onde a Convenção está em vigência como condição pré-existente para a validade do exercício da escolha da lei. Em outras palavras, a escolha de uma lei estrangeira (dentro dos limites estabelecidos pelo art. 5) é por si só suficiente para engendrar a aplicação da Convenção. Portanto, assim como alguém domiciliado na Inglaterra pode estabelecer *trusts* disciplinados pela lei de Jersey sobre bens situados na Inglaterra em prol de beneficiários ingleses, também pode um cidadão italiano criar *trusts* disciplinados pela lei inglesa sobre bens situados na Itália em prol de beneficiários italianos. Enquanto isso possa parecer fantástico para alguns comentaristas, é exatamente isso o que ocorre na Itália no momento. Com o auxílio de um seleto número de advogados e tabeliães italianos (em contato com consultores

---

[307] "Por '*trust* puramente interno' me refiro a *trusts* que são submetidos a lei estrangeira sobre *trusts* (pela indicação da lei aplicável de acordo com o art. 6, parágrafo primeiro da Convenção), mas que carece de outros fatores de conexão com o país estrangeiro indicado". Tradução da autora. (GRAZIADEI, Michele. Trusts in Italian Law: A Matter of Property or Obligation? *In: Italian National Reports to the XVth International Congress of Comparative Law, Bristol 1998.* Milano: Giuffrè, 1998. p. 191-192, n.r. 7).

[308] "O que os tribunais italianos viram nos *trusts* '*interni*' é prontamente explicado: o Código Civil italiano está, em grande parte, ultrapassado e diversos interesses legítimos não estão protegidos. Em vez de recorrer a técnicas tortuosas ou indiretas, raramente efetivas, para proteger tais interesses, os profissionais os protegem abertamente por meio de *trusts*. Sendo tais interesses legítimos – e esta é a chave para compreender os *trusts* '*interni*' – os tribunais não veem nenhum dano em ter um instituto estrangeiro fazendo o que institutos nacionais são incapazes de fazer". Tradução da autora. (LUPOI, Maurizio. The Hague Convention, the Civil Law and the Italian Experience. *Trust Law International*, v. 21, n. 2, p. 84, 2007).

estrangeiros dos locais relevantes), cidadãos italianos e sociedades empresárias situadas na Itália executam instrumentos instituindo *trusts inter vivos* para beneficiários italianos regulados pela lei de países como a Inglaterra, Jersey e Malta.[309]

Em que pese o fato de Graziadei descrever a existência e o funcionamento de alguns institutos italianos que se assemelham ao *trust*, ao concluir a análise de todos eles, reconhece suas limitações quando comparados a diferentes espécies de *trusts*.[310] Conclui, assim, que

> Em uma perspectiva mais ampla, a Itália carece de uma forma jurídica geral pela qual a propriedade possa ser confiada a um administrador *independente* – nem um agente do *settlor*, nem dos beneficiários – encarregado do dever de administrar bens dos beneficiários com os efeitos listados no art. 11 da Convenção.[311]

---

[309] Tradução da autora. (GRAZIADEI, Michele. Trusts in Italian Law: A Matter of Property or Obligation? In: *Italian National Reports to the XVth International Congress of Comparative Law, Bristol 1998*. Milano: Giuffrè, 1998. p. 219-220).

[310] "O *fideicommissum* regulado em nosso Código Civil é declarado no testamento do cônjuge ou dos pais ou dos ascendentes do incapaz. Os beneficiários a quem são destinados os bens com a morte do testador devem ser pessoas ou instituições que foram responsáveis por seu bem-estar durante a supervisão do tutor, que atua pelo incapaz. Assim, graças ao *fideicommissum*, o incapaz é mantido sob os cuidados de pessoas ou instituições indicadas pelo testador. Os credores da pessoa encarregada do *fideicommissum* pode penhorar apenas os frutos de sua quota parte testada (art. 695 c.c.). A alienação ou hipoteca dos bens em questão está sujeita à aprovação judicial, dada apenas quando claramente conveniente (art. 694 c.c.). Considerando que o incapaz não tem capacidade para administrar seus próprios negócios, o *fideicommissum* em questão não pode ser considerado exceção à proibição de limites à alienação de bens *causa mortis* ou *inter vivos*. Desde 1975, qualquer outra espécie de *fideicommissum* é nula de pleno direito (art. 692.5 c.c.), embora *fideicommissa* criados no exterior produzem efeitos não Itália, pois não violam nossa ordem pública. Em contraste, de acordo com o art. 627 c.c., disposições fiduciárias sigilosas e semissigilosas criadas por testamento são apenas inaplicáveis. Diferentemente do *fideicommissum*, a disposição fiduciária contemplada pelo art. 627 c.c. não beneficia aquele indicado como herdeiro ou legatário no testamento. Tal pessoa é mencionada no testamento apenas para ocultar o beneficiário sigiloso ou semissigiloso da transmissão pelo testador. [...] O atual regulamento do *fideicommissum* permite em raras instâncias o emprego desse dispositivo para controlar a transmissão de propriedade *causa mortis*. [...] No entanto, na Itália, como em outros lugares, os abastados sentem a necessidade de controlar a transmissão de propriedade nas próximas gerações". Tradução da autora. (GRAZIADEI, Michele. Trusts in Italian Law: A Matter of Property or Obligation? In: *Italian National Reports to the XVth International Congress of Comparative Law, Bristol 1998*. Milano: Giuffrè, 1998. p. 196-199).

[311] Tradução da autora. (GRAZIADEI, Michele. Trusts in Italian Law: A Matter of Property or Obligation? In: *Italian National Reports to the XVth International Congress of Comparative Law, Bristol 1998*. Milano: Giuffrè, 1998. p. 210).

As peculiaridades do *trust* interno italiano são enumeradas por Maurizio Lupoi, a saber: (i) os bens imóveis componentes do *trust* estão sendo registrados nos cartórios de registro público;[312] (ii) os documentos de instituição de um *trust* estão sendo assinados em cartórios de registros públicos, tendo, portanto, fé pública;[313] (iii) os *trusts* estão sendo feitos sob medida por advogados para seus clientes, e não por formulários genéricos;[314] e (iv) os *discretionary trusts*, que dão muitos poderes de gestão ao *trustee*, estão sendo evitados.[315]

De acordo com Antonio Gambaro, uma vez reconhecido que é possível a instituição de um *trust* na Itália, não é possível fazer um juízo de valor sobre sua finalidade, desde que seja lícita.[316]

A respeito da conveniência e da oportunidade de a Itália empreender esforços para ter uma legislação de direito interno sobre *trusts*, Gambaro mostra-se cauteloso, no sentido de que, antes de legislar, é preciso aguardar uma certa maturidade para ver como o instituto está sendo aplicado e como se desenvolverá no porvir.[317]

---

[312] *"Land Registrars now register the trustee's title as a matter of course"*. (LUPOI, Maurizio. The Hague Convention, the Civil Law and the Italian Experience. *Trust Law International*, v. 21, n. 2, p. 84, 2007).

[313] *"For this reason trust instruments must be executed before notaries"*. (LUPOI, Maurizio. The Hague Convention, the Civil Law and the Italian Experience. *Trust Law International*, v. 21, n. 2, p. 85, 2007).

[314] *"Italian trust instruments may involve higher professional fees than elsewhere because they are tailored in each instance to the specific needs of the client"*. (LUPOI, Maurizio. The Hague Convention, the Civil Law and the Italian Experience. *Trust Law International*, v. 21, n. 2, p. 85, 2007).

[315] "Clientes italianos não estão mais dispostos a aceitar *trusts* discricionários em que os *trustees* têm, no papel, os poderes mais amplos, apenas para serem reduzidos pelos próprios *trustees* em um exercício de repentino autocontrole sempre que sentirem que o exercício de tais poderes pode os expor a processo por um beneficiário descontente". Tradução da autora. (LUPOI, Maurizio. The Hague Convention, the Civil Law and the Italian Experience. *Trust Law International*, v. 21, n. 2, p. 85, 2007).

[316] "Uma vez reconhecido que o *trust* faz parte de nosso ordenamento, o mérito dos interesses que ele promove deve ser tomado como garantido". Tradução da autora. (GAMBARO, Antonio. Trust. In: *Digesto delle discipline privatistiche*: Sezione civile. 4. ed. Torino: UTET, 1999. v. 19. p. 466).

[317] "Não podendo mais sustentar que o *trust* é um instituto desconhecido pelo nosso direito positivo, dever-se-á necessariamente ser discutido com base em uma reconstrução cuidadosa dos direitos do nosso sistema de organização dos direitos patrimoniais, tanto para sustentar que o juiz italiano, uma vez que seja garantida no plano interno a execução das obrigações assumidas pelo Estado no plano internacional, é levado a recusar o reconhecimento dos *trusts* que a Itália não é obrigada a reconhecer, seja para sustentar a tese contrária. Certamente parece que não sejam invocáveis normas com o art. 2.740 C.C para sustentar a existência de um princípio geral com base ao qual se faça proibição à autonomia privada de conseguir a criação de patrimônios separados. Em primeiro lugar, porque o alcance efetivo da norma citada depende do contexto normativo e não prevalece sobre ele; em segundo lugar, porque após a introdução no nosso sistema das Sim e EuroSim, dos fundos de pensão, da Sociedade

A segunda posição firmada pela doutrina italiana demonstra que mesmo um documento jurídico com pretensão unificadora pode dar ensejo a mais de uma interpretação, cada qual produzindo efeitos bastante diversos. Interessante também notar que outros países de tradição *civil law*, tais como a França, que é signatária da Convenção, não a ratificaram. É possível que isso tenha ocorrido por receio dos efeitos que a interpretação e a aplicação da Convenção poderiam ocasionar.

Por outro lado, entende-se que a posição italiana é compatível com o conceito amplo de *trust* albergado pela Convenção e com o ânimo de recepção do instituto a partir do reconhecimento de sua singularidade, versatilidade e potencialidade para colmatar lacunas não preenchidas por institutos originariamente presentes no ordenamento jurídico italiano. Por certo, figurará como um modelo para os demais países de *civil law* que ratificaram a Convenção.

---

unipessoal, invocar a leitura tradicional do artigo. 2.740 C.C como fonte de um princípio de ordem pública, parece até um pouco ridículo. Entre o ato de autonomia privada, que serve para constituir uma sociedade unipessoal e o ato de autonomia privada que serve para proceder à transferência irrevogável um número de ativos para um agente de *trust*, o artigo. 2.740 C.C. não serve para instituir qualquer diferença significativa. Por outro lado, é certo que ele não pode ser constituído na Itália que aponte o direito italiano como lei aplicável, porque nenhuma disciplina do gênero existe em nosso ordenamento". Tradução da autora. (GAMBARO, Antonio. Trust. *In: Digesto delle discipline privatistiche*: Sezione civile. 4. ed. Torino: UTET, 1999. v. 19. p. 466-467).

CAPÍTULO III

CLASSIFICAÇÕES DOS *TRUSTS*

O estudo dos *trusts* revela o caráter multifacetado do instituto. Como já citado, é impossível falar, segundo Maurizio Lupoi, em "o *trust*", mas sim em *trusts*.[318] A despeito das diferenças intrínsecas entre as variedades de *trusts*, e a dificuldade de formulação de um conceito geral, foram feitas classificações buscando agrupar os diversos gêneros de *trusts* a partir dos critérios expostos adiante.

3.1 Classificação quanto à formação dos *trusts*

A mais célebre e talvez mais importante classificação dos *trusts* toma como critério distintivo a forma de sua criação: se por um ato de vontade ou por operação legal. Convenciona-se adotar a classificação elaborada por Frederick William Maitland, a partir das disposições do *Statute of Frauds*: "*Trusts* são criados (1) por um ato de uma parte, (2) por operação da lei. Eu não penso que esses termos não estejam sujeitos

---

[318] "Outra grande incompreensão diz respeito ao uso da expressão '*trust*' no singular. 'O *trust*' não existe; existem '*trusts*': unilaterais, bilaterais, testamentários, *inter vivos*, a longo prazo, a curto prazo, expressos, presumidos, resultantes, implícitos, para beneficiários, para propósitos, públicos, privados, *trusts* familiares, *trusts* empresariais, *trusts* financeiros, *trusts* securitários, em razão de tributação, em razão de administrativo, em razão de guarda, que incorporem poderes derrogatórios, nus, protetivos, para acumulação e manutenção – é possível seguir infinitamente, e a única conclusão inescapável seria que é quase inútil tentar conceber termos gerais para descrever um instituto geral que não existe enquanto tal. Generalidades devem ser evitadas e os *trusts* devem ser dissecados e examinados de dentro, e não de fora". Tradução da autora. (LUPOI, Maurizio. *The Hague Convention, the Civil Law and the Italian Experience*. Trust Law International, v. 21, n. 2, 2007, p. 83). Como já ressalvado no capítulo anterior, por concordar-se com as observações de Lupoi, buscou-se ao longo deste livro utilizar "*trusts*" no plural sempre que possível. Aparecem no texto algumas exceções, devido a limitações vernaculares, havendo compromisso sobretudo com a clareza da redação.

a críticas, no entanto são bastante conhecidos e úteis".[319] Maitland propõe, com base em tal critério, uma classificação adicional: (1) os *trusts* criados por ato de uma parte seriam subdivididos em (a) *trusts* expressos e (b) *trusts* implícitos; e (2) os *trusts* criados por ato da lei seriam subdivididos em (a) *trusts* resultantes e (b) *trusts* presumidos.[320]

A ampla adoção da classificação de Maitland é visível ao se analisar as obras sobre *trusts* disponíveis em língua portuguesa, que, mesmo sem citar o professor inglês, escoram-se em sua classificação.[321] A despeito de algumas divergências conceituais, notadamente a definição do que seria um *trust* implícito,[322] a classificação com base em tal critério é bastante difundida.

De acordo com a classificação mencionada, haveria, dentre os *trusts* instituídos a partir da vontade de um *settlor*, *trusts* expressos e *trusts* implícitos. Os *trusts* expressos[323] seriam aqueles em que há

---

[319] MAITLAND, Frederic William. *Equity, Also, The Forms of Action at Common Law:* Two Courses of Lectures. Editado por A.H. Chaytor e W.J. Whittaker. Cambridge: University Press, 1910. p. 53.

[320] MAITLAND, Frederic William. *Equity, Also, The Forms of Action at Common Law:* Two Courses of Lectures. Editado por A.H. Chaytor e W.J. Whittaker. Cambridge: University Press, 1910. p. 53.

[321] "**2.2. Express Trusts, Resulting (Implied) e Constructive Trusts** Trata-se da aplicação do critério da autonomia da vontade à constituição do *trust*" (CAMPOS, Diogo Leite de; TOMÉ, Maria João Romão Carreiro Vaz. *A propriedade fiduciária (Trust):* estudo para a sua consagração no direito português. Coimbra: Almedina, 1999. p. 57), "[...] insta destacar que o *Trust* é normalmente constituído através de um acto voluntário e intencional do criador (*settlor*), *inter vivos* ou *causa mortis* (*Trust testamentary*), o chamado *Express Trust*. Contudo, os *Trusts* também podem ser constituídos em virtude de lei e sem nenhuma expressa intenção do *settlor* em criá-los, são eles os '*Implied Trusts*' que se classificam em *Constructive Trust* e em *Resulting Trusts*". (FREIRE E ALMEIDA, Verônica Scriptore. *A tributação dos trusts.* Coimbra: Almedina, 2009. p. 51-52).

[322] "Já disse o que tinha a dizer sobre a criação de *trusts* pelo ato de uma parte. Lewin e outros autores dividem *trusts* criados de tal forma em expressos e implícitos. É difícil traçar uma divisão, pois, como não são necessárias palavras solenes para a criação de um *trust*, e como sempre que o *trust* for criado por um ato de uma parte é quase necessário que algumas palavras sejam usadas – mesmo que um surdo-mudo crie um *trust* 'falando com seus dedos' haveria o uso de palavras –, a distinção passa a ser entre palavras claras e palavras menos claras, e clareza é uma questão de gradação. Portanto, Lewin, sob a categoria de '*Trusts* Implícitos', trata de casos em que um testador cria um *trust* pelo uso de palavras tais como 'eu desejo', 'eu peço', 'eu espero'. Nenhuma distinção firme pode ser traçada – 'eu desejo' é quase tão forte quanto 'eu confio', e 'eu confio que ele fará isso' é quase o mesmo que 'sob a confiança de que ele fará isso'. Eu não penso, portanto, que a distinção seja importante, e frequentemente se descobrirá que a denominação '*Trust* Expresso' é dada a todos os *trusts* criados por um ato da parte, *i.e.* por declaração, enquanto '*Trust* Implícito' representa aquilo que Lewin denomina um *trust* criado por ato da lei". Tradução da autora. (MAITLAND, Frederic William. *Equity, Also, The Forms of Action at Common Law*: Two Courses of Lectures. Editado por A.H. Chaytor e W.J. Whittaker. Cambridge: University Press, 1910. p. 75-76).

[323] *Express Trusts*.

um ato voluntário por parte do *settlor*, explicitamente declarando a existência de um *trust* e de todos os seus termos.[324] Por outro lado, os *trusts* seriam implícitos[325] quando o ato de vontade instituidor do *trust* não fosse suficientemente claro para definir expressamente todos os termos de operação do *trust*, sendo necessária alguma interpretação da vontade do *settlor*.[326]

Haveria, por outro lado, *trusts* criados por força da lei, e não por ato de vontade, expressa ou implícita, de um *settlor*. Dentre os *trusts* criados pela lei, há os *trusts* resultantes,[327] que são criados pelos tribunais a partir de uma presunção da vontade das partes.[328] Além

---

[324] "*Trusts* expressos são também chamados *trusts* diretos. Eles são geralmente criados por instrumentos que apontam diretamente e expressamente os bens, as pessoas e as finalidades do *trust*; portanto, eles são chamados *trusts* diretos ou expressos em oposição àqueles *trusts* que são implicados, presumidos ou interpretados pela lei que surgem das transações entre partes". Tradução da autora. (PERRY, Jairus Ware. *A Treatise on the Law of Trusts and Estates*. 4. ed. atual. por Frank Parsons. Boston: Little, Brown & Co., 1889. v. 1. p. 16). Denomina-se como *express trust* aquele que resulta de um acto voluntário do disponente. Assim, trata-se de um *trust* voluntariamente declarado como tal pelo *settlor* ou pelo testador". (CAMPOS, Diogo Leite de; TOMÉ, Maria João Romão Carreiro Vaz. *A propriedade fiduciária (Trust)*: estudo para a sua consagração no direito português. Coimbra: Almedina, 1999. p. 57); "O *Express Trust* pode ser considerado como 'exemplo central ou núcleo do *Trust*' e caracteriza-se pela vontade expressa do *settlor* em constituir um *Trust*, bem como pelo estabelecimento explícito dos seus termos e condições. Assim, a 'certeza de vontade' de constituir o *Trust* deve resultar da interpretação da declaração do *settlor*, e os bens e direitos devem ser indicados com suficiente precisão". (FREIRE E ALMEIDA, Verônica Scriptore. *A tributação dos trusts*. Coimbra: Almedina, 2009. p. 53).

[325] *Implied Trusts*.

[326] "*Trusts* implícitos são *trusts* que os tribunais, a partir das palavras de um instrumento, no qual nenhum *trust* expresso foi declarado, mas tais palavras são utilizadas de modo que o tribunal infere ou deduz que era o propósito ou a intenção das partes criar um *trust*". Tradução da autora. (PERRY, Jairus Ware. *A Treatise on the Law of Trusts and Estates*. 4. ed. atual. por Frank Parsons. Boston: Little, Brown & Co., 1889. v. 1. p. 16).

[327] *Resulting Trusts*.

[328] "*Trusts* resultantes são *trusts* que os tribunais presumem surgir das transações entre as partes, como no caso daquele que paga o preço pela compra de uma propriedade e o título é registrado em nome de outro. Os tribunais presumem que um *trust* foi pretendido em favor daquele que pagou o preço". Tradução da autora. (PERRY, Jairus Ware. *A Treatise on the Law of Trusts and Estates*. 4. ed. atual. por Frank Parsons. Boston: Little, Brown & Co., 1889. v. 1. p. 16). "Os *resulting trusts* são *intent-enforcing trusts*, constituídos mediante inferências da jurisprudência da equidade em virtude de o *legal title* se encontrar na esfera jurídica de uma pessoa e de o *equitable title* pertencer a outra. Este tipo de *trusts* tem lugar quando não se verifica uma disposição completa e eficaz do *equitable title*. Nestas situações, havendo transmissão do *legal title* para terceiro, o *equitable title* reverte (ou 'resulta') para o disponente. [...] Estes *trusts* são constituídos automaticamente, porquanto resultam diretamente da lei independentemente da vontade real do *settlor*". (CAMPOS, Diogo Leite de; TOMÉ, Maria João Romão Carreiro Vaz. *A propriedade fiduciária (Trust)*: estudo para a sua consagração no direito português. Coimbra: Almedina, 1999. p. 58-59); "[...] os *Resulting Trusts* são constituídos por força de lei, na presença de indícios idóneos que revelam de maneira inequívoca, o conteúdo de uma vontade semelhante. Com efeito, essa modalidade

destes, existem os *trusts* presumidos,[329] criados pela jurisdição da *equity* para solucionar situações que seriam de todo intoleráveis diante do enriquecimento ilícito, criando-se um *trust* em favor do prejudicado.[330]

Em que pese a ampla difusão da classificação, ela não está, evidentemente, isenta de críticas. Em um célebre artigo publicado no início do século XX, George P. Costigan Jr. propõe uma alteração do critério, passando-se da análise da origem do ato – se de uma parte ou da lei – para a análise do fundamento do *trust*, marcado pela expressão da vontade do *settlor* ou pela necessidade de se retificar alguma espécie de fraude.[331]

Costigan inicia sua análise a partir da natureza dos *trusts* considerados "expressos" e "implícitos", entendendo que, em ambos os casos, tem-se a expressão da vontade do *settlor*, ainda que a vontade demande alguma interpretação.[332] Tem-se, assim, que o *trust* chamado "implícito" é criado pelas próprias partes, e não pelos tribunais, como tradicionalmente defendido.[333] Ademais, pontua que a definição de *trust*

---

de *Trusts* é criada por tribunais quando há motivos para presumir que uma pessoa tenha pretendido constituir um *Express Trust*, mas que, por circunstâncias alheias a sua vontade, não chegou a formalizar o pacto, ou quando a transmissão da *equitable ownership* não é totalmente implementada". (FREIRE E ALMEIDA, Verônica Scriptore. *A tributação dos trusts*. Coimbra: Almedina, 2009. p. 52).

[329] *Constructive Trusts*.

[330] "Um *trust* presumido é aquele que surge quando alguém, revestido de algum caráter fiduciário, por fraude ou de alguma outra forma, tem alguma vantagem pessoal indevida. Os tribunais interpretam que tal vantagem deve pertencer ao *cestui que trust* ou a um *trust* presumido". Tradução da autora. (PERRY, Jairus Ware. *A Treatise on the Law of Trusts and Estates*. 4. ed. atual. por Frank Parsons. Boston: Little, Brown & Co., 1889. v. 1. p. 16). "Trata-se dos *fraud-rectifying trusts*, constituídos por inferência judicial da equidade. O *constructive trust* pode ser definido como um remédio, imposto pela equidade, com vista a precluir a manutenção ou a afirmação da *equitable ownership* dos bens ou direitos por parte de pessoas que são *express* ou *resulting trustees* ou de pessoas que, por razões especiais, devem ser tratadas como *express trustees*, na medida em que essa conservação ou afirmação da *equitable ownership* seriam sempre contrárias a algum princípio da equidade". (CAMPOS, Diogo Leite de; TOMÉ, Maria João Romão Carreiro Vaz. *A propriedade fiduciária (Trust)*: estudo para a sua consagração no direito português. Coimbra: Almedina, 1999. p. 58-59).

[331] COSTIGAN JR., George P. The classification of trusts as express, resulting, and constructive. *Harvard Law Review*, Cambridge, v. 27, n. 5, p. 437, mar. 1914.

[332] "[...] aquela definição de *trusts* implícitos parece ser apenas uma definição daqueles *trusts* expressos em que a linguagem expressa precisa ser interpretada. Um *trust* é genuinamente expresso ainda que a linguagem expressa exija interpretação se a linguagem expressa, conforme interpretada, o estabelece integralmente". Tradução da autora. (COSTIGAN JR., George P. The classification of trusts as express, resulting, and constructive. *Harvard Law Review*, Cambridge, v. 27, n. 5, p. 438, mar. 1914).

[333] Ver, acima, a definição de *trust* implícito de Perry, que entende serem criados pelos tribunais. (PERRY, Jairus Ware. *A Treatise on the Law of Trusts and Estates*. 4. ed. atual. por Frank Parsons. Boston: Little, Brown & Co., 1889. v. 1. p. 16).

implícito é problemática, pois muitas vezes se confunde com as noções de *trusts* resultantes e de *trusts* presumidos.[334] Isso se deu porque se fez distinção entre *trusts* implicados pelos fatos[335] (os *trusts* implícitos) e *trusts* implicados pela lei[336] (os *trusts* resultantes e presumidos) – uma distinção incorreta, segundo Costigan,[337] o qual entende que os únicos *trusts* verdadeiramente implícitos são os *trusts* resultantes, pois são implicados pelos fatos.[338]

Com isso, propõe Costigan que sejam entendidos por *trusts* expressos (1) todos aqueles *trusts* orais e escritos cuja linguagem seja declarada e manifesta em tempos precisos, estes os mais difundidos e utilizados *trusts*,[339] bem como (2) todos aqueles *trusts* criados por vontade manifesta, mas cujos termos careçam de interpretação para se precisar detalhadamente todas as suas circunstâncias.[340] Em ambos os casos, os *trusts* são criados pela vontade manifesta do *settlor*, não havendo dúvida quanto à sua intenção de constituir um *trust*.[341]

Segundo Costigan, seriam implícitos apenas os *trusts* resultantes, os quais o autor busca definir a partir dos *uses* resultantes previamente

---

[334] Veja-se que Vaz Tomé e Leite de Campos tratam os *resulting trusts* e os *implied trusts* como sinônimos. (CAMPOS, Diogo Leite de; TOMÉ, Maria João Romão Carreiro Vaz. *A propriedade fiduciária (Trust)*: estudo para a sua consagração no direito português. Coimbra: Almedina, 1999. p. 57).

[335] *Implied-in-fact trusts*.

[336] *Trusts implied by law*.

[337] "É somente porque os *trusts* presumidos são incorretamente denominados 'presumidos' é que eles puderam ser chamados de implícitos". Tradução da autora. (COSTIGAN JR., George P. The classification of trusts as express, resulting, and constructive. *Harvard Law Review*, Cambridge, v. 27, n. 5, p. 439, mar. 1914).

[338] "[...] é desejável rejeitar a costumeira definição de *trusts* implícitos e restringir as palavras '*trusts* implícitos' aos *trusts* implícitos de fato, *i.e.* aos *trusts* resultantes". Tradução da autora. (COSTIGAN JR., George P. The classification of trusts as express, resulting, and constructive. *Harvard Law Review*, Cambridge, v. 27, n. 5, p. 439, mar. 1914).

[339] "O *express trust* é o mais difundido e utlizado". (CAMPOS, Diogo Leite de; TOMÉ, Maria João Romão Carreiro Vaz. *A propriedade fiduciária (Trust)*: estudo para a sua consagração no direito português. Coimbra: Almedina, 1999. p. 57); "O *Express Trust* pode ser considerado como 'exemplo central ou núcleo do *Trust*' e caracteriza-se pela vontade expressa do *settlor* em constituir um *Trust*, bem como pelo estabelecimento explícito dos seus termos e condições". (FREIRE E ALMEIDA, Verônica Scriptore. *A tributação dos trusts*. Coimbra: Almedina, 2009. p. 53).

[340] Essa segunda classe de *trusts* expressos, dependentes de interpretação, é por sua vez subdividida por Costigan. Tal subclassificação, no entanto, não parece ser de maior importância para a finalidade deste livro, como se demonstra adiante. (COSTIGAN JR., George P. The classification of trusts as express, resulting, and constructive. *Harvard Law Review*, Cambridge, v. 27, n. 5, p. 454-455, mar. 1914).

[341] "Implicar é inferir, e inferir é deduzir, de fato, algo como preexistente". Tradução da autora. (COSTIGAN JR., George P. The classification of trusts as express, resulting, and constructive. *Harvard Law Review*, Cambridge, v. 27, n. 5, p. 439, mar. 1914).

ao *Statute of Uses*.³⁴² Os *trusts* resultantes, neste sentido, existiriam nas situações de transmissão de bens em que não houve nenhuma vontade expressa das partes pela criação de um *trust*, mas seria razoável presumir a existência de um *trust* para não gerar onerosidade excessiva ao transmitente. Haveria dois grupos de situações que resultariam na criação de um *trust* implícito: (1) nos casos em que A paga a B o preço pela propriedade, e determina a transmissão do título a C, com quem A não possui vínculo conjugal ou de filiação, não havendo qualquer manifestação expressa, oral ou escrita, de criação de um *trust* e (2) nos casos em que A paga a B o preço pela propriedade, e determina a transmissão do título a C, com quem A possui vínculo conjugal ou de filiação, não havendo qualquer manifestação expressa, oral ou escrita, de criação de um *trust*, mas em que está presente alguma circunstância – como, por exemplo, o uso de todos os seus bens na compra da propriedade – sob a qual não seria razoável inferir uma doação.³⁴³ Em ambos os casos, há transmissão lícita e voluntária de propriedade, mas não seria razoável pressupor uma doação do transmitente ao receptor, pois seria excessivamente onerosa. Poderia, assim, haver uma decisão judicial reconhecendo a existência de um *trust*. Tal decisão reconheceria o que se presume ser a vontade do transmitente, portanto Costigan defende ser essa também uma classificação de *trusts* baseada na expressão da vontade. Ressalte-se que, em ambos os casos, seria possível desconstituir a presunção e com ela o *trust* a partir de uma demonstração pelo donatário de que havia a intenção de se fazer uma doação.³⁴⁴

Por fim, Costigan aponta sua última classe de *trusts* – os *trusts* presumidos, *constructive trusts* ou *trusts in invitum* –, estes os únicos *trusts* a serem criados por força da lei, e não pela expressão da vontade do *settlor*, com a finalidade de retificar alguma espécie de fraude. Entende-se, assim, por *constructive trusts* todo *trust* reconhecido e aplicado pela jurisdição da *equity* que não possa ser considerado um

---

[342] COSTIGAN JR., George P. The classification of trusts as express, resulting, and constructive. *Harvard Law Review*, Cambridge, v. 27, n. 5, p. 439-448, mar. 1914.

[343] COSTIGAN JR., George P. The classification of trusts as express, resulting, and constructive. *Harvard Law Review*, Cambridge, v. 27, n. 5, p. 462, mar. 1914.

[344] Deve-se observar que as subclassificações de *trusts* resultantes propostas por Costigan divergem daquelas apresentadas por outros autores, *v.g.* Diogo Leite de Campos e Maria João Romão Carreiro Vaz Tomé (*A propriedade fiduciária (Trust)*: estudo para a sua consagração no direito português. Coimbra: Almedina, 1999. p. 60-62). Isso se dá devido à alteração do critério para se definir o que se entende por um *trust* resultante – isto é, um *trust* criado com base na presunção da vontade do transmitente –, entendimento que nos parece mais apropriado, eis que fundado em critério objetivo.

trust expresso ou resultante.[345] Relembra o autor que o fundamento para o reconhecimento dos *trusts* presumidos é o mesmo para o reconhecimento dos *trusts* resultantes e também dos *trusts* expressos.[346] Há, assim, mais similitudes que diferenças entre as diversas categorias de *trusts*, estando todas fundadas sob a necessidade de se evitar o enriquecimento ilícito à luz da *equity*.[347] Assim, para corrigir eventuais situações de enriquecimento ilícito, permite a *equity* que os tribunais possam reconhecer a existência de um *trust* pela parte que se presuma lesada em uma situação de transmissão de propriedade. Costigan aponta, assim, seis grupos de casos em que poderia ser criado um *trust* por interpretação: (1 e 2[348]) nos casos em que A paga a B o preço por um bem imóvel, e determina a transmissão do título a C, com quem A possua ou não vínculo conjugal ou de filiação, e que assume um *trust* oral expresso em favor de A, o qual é posteriormente repudiado por C ou por seu herdeiro, com base no *Statute of Frauds*,[349] reivindicando a propriedade para si;[350] (3) nos casos em que A, sem o consentimento de B, usa seus recursos para a compra de terras registradas em nome

---

[345] COSTIGAN JR., George P. The classification of trusts as express, resulting, and constructive. *Harvard Law Review*, Cambridge, v. 27, n. 5, p. 448, mar. 1914.

[346] COSTIGAN JR., George P. The classification of trusts as express, resulting, and constructive. *Harvard Law Review*, Cambridge, v. 27, n. 5, p. 452, mar. 1914.

[347] "Nós somos muito propensos a esquecer que o único motivo pelo qual a chancelaria afirmou sua competência para reconhecer *uses*, os primeiros *trusts*, foi para evitar o enriquecimento ilícito dos *feoffees* por sua retenção fraudulenta de terras transmitidas a eles em *use* ou confiança, e que atualmente não há qualquer outro motivo para o reconhecimento de qualquer espécie de *trust* pela chancelaria". Tradução da autora. (COSTIGAN JR., George P. The classification of trusts as express, resulting, and constructive. *Harvard Law Review*, Cambridge, v. 27, n. 5, p. 453, mar. 1914.

[348] Costigan trata as situações em que há vínculo conjugal ou de parentesco como diferentes dos casos em que não há vínculo conjugal ou de parentesco. Para os fins da pesquisa que precedeu este livro, não se vislumbrava prejuízo na junção destas duas categorias.

[349] O *Statute of Frauds*, promulgado em 1677 na Inglaterra – mesma denominação dada às legislações posteriores em outros países da tradição *common law* nele inspiradas –, tornou inexequíveis os contratos de transmissão de bens imóveis em que não fossem observadas algumas formalidades, tais como a redução a termo escrito e assinado pelo transmitente. Tal inobservância, no entanto, não acarreta a nulidade de tais contratos. (GARNER, Brian A. (Ed.). *Black's Law Dictionary*. 9. ed. St. Paul: West, 2009. p. 1.545). Assim, com base no *Statute of Frauds* é vedada a criação de *trusts* orais em caso de transmissão de bens imóveis, exigindo-se um instrumento escrito. Acerca da vedação e da impossibilidade de causar prejuízo ao transmitente, ver COSTIGAN JR., George P. The classification of trusts as express, resulting, and constructive. *Harvard Law Review*, Cambridge, v. 27, n. 5, p. 463, mar. 1914.

[350] COSTIGAN JR., George P. The classification of trusts as express, resulting, and constructive. *Harvard Law Review*, Cambridge, v. 27, n. 5, p. 462, mar. 1914.

da A[351]; (4) nos casos em que A, sem contraprestação[352], transmite a C, por meio de escritura que indica existência de contraprestação, e inclui uma cláusula de *habendum*[353] ao uso de C, mas sob um *trust* expresso oral em favor de A, e em que C ou seu herdeiro repudia o *trust* com base no *Statute of Frauds* e a *parol-evidence rule*,[354] retendo a propriedade para si;[355] (5) nos casos em que A transmite a propriedade a C na forma do grupo de casos anterior ou transmite a C sob um *trust* expresso oral em favor de X, mas em que C repudia o *trust* com base no *Statute of Frauds* e na *parol-evidence rule*, com base no *Statute of Wills*[356] ou com base em ambos o *Statute of Frauds* e o *Statute of Wills*;[357] e (6) todos os demais *trusts*

---

[351] COSTIGAN JR., George P. The classification of trusts as express, resulting, and constructive. *Harvard Law Review*, Cambridge, v. 27, n. 5, p. 453, mar. 1914).

[352] *Consideration*. Ver GARNER, Brian A. (Ed.). *Black's Law Dictionary*. 9. ed. St. Paul: West, 2009. p. 347: Tradução da autora: "Algo – como um ato, um prazo de tolerância, ou uma promessa de restituição – negociada e recebida por um promissário de um promitente; aquilo que motiva alguém a fazer algo, especialmente praticar um ato jurídico. A contraprestação, ou algum substituto como a perda do direito em razão de promessa que levou a outra parte a praticar um ato, é necessária para que um acordo seja exequível". Na tradição *common law*, a *consideration* é requisito essencial para a conclusão de contratos. No caso do exemplo, portanto, em não havendo contraprestação de C em favor de A pela transmissão do bem, não poderia ser considerado um contrato válido nos termos da lei. O reconhecimento de um *trust*, nesse caso, seria uma solução encontrada pela *equity* para preservar os acordos das partes, evitando onerosidade excessiva e enriquecimento ilícito.

[353] "A parte de um instrumento, como uma escritura ou um testamento, o que define a extensão do interesse sendo transmitido ou quaisquer condições que afetem a transmissão". Tradução da autora. (GARNER, Brian A. (Ed.). *Black's Law Dictionary*. 9. ed. St. Paul: West, 2009. p. 778). A cláusula *habendum* é comumente chamada "*to-have-and-to-hold clause*", isto é, a cláusula de "ter e manter", o que reforça o caráter temporário do domínio sobre o bem, em geral condicionado a alguma obrigação futura.

[354] Regra segundo a qual não é possível a alteração de um documento escrito por uma declaração verbal, por exemplo. Brian Garner afirma que: "O princípio da tradição *common law* segundo o qual um documento escrito pretendido pelas partes como a incorporação final de suas vontades não possa ser modificado por prova de acordos anteriores ou contemporâneos que possam acrescentar, modificar ou contradizer o documento escrito. A regra comumente opera de modo a evitar que uma parte apresente prova extrínseca de negociações que ocorreram antes ou durante a redução do documento à sua versão final escrita". Tradução da autora. (GARNER, Brian A. (Ed.). *Black's Law Dictionary*. 9. ed. St. Paul: West, 2009. p. 1.227).

[355] COSTIGAN JR., George P. The classification of trusts as express, resulting, and constructive. *Harvard Law Review*, Cambridge, v. 27, n. 5, p. 462, mar. 1914.

[356] Lei inglesa de 1540 que estabelece o direito de sucessão testamentária de bens imóveis, e legislações posteriores de outros países de tradição *common law* nela inspiradas. Ver GARNER, Brian A. (Ed.). *Black's Law Dictionary*. 9. ed. St. Paul: West, 2009. p. 1.546.

[357] COSTIGAN JR., George P. The classification of trusts as express, resulting, and constructive. *Harvard Law Review*, Cambridge, v. 27, n. 5, p. 462, mar. 1914. Em ambos os casos tem-se a transmissão voluntária de bem imóvel de A para C, seja *inter vivos* ou testamentária, no entanto a condição imposta por A não é exequível de acordo com a lei, sendo a intenção de A repudiada por C para a manutenção do bem para si. Ainda que a lei não garanta a imposição da condição, segundo a *equity*, tal solução geraria um benefício indevido a C, visto que não houve contraprestação na aquisição da propriedade. É, assim, imposta a

que não sejam expressos ou resultantes e que tenham sido, portanto, impostos e aplicados devido a fraude real ou presumida.[358] Como se vê, em todas as situações há alguma espécie de prejuízo ao transmitente causado pelo receptor, sendo necessária a criação de um *trust* em seu favor ou de terceiro para evitar o enriquecimento sem causa.

Apesar da importância da classificação dos *trusts* baseada na forma de sua criação – se por vontade expressa ou implícita do *settlor*, ou por operação legal para a retificação de alguma fraude sob a *equity* – em seus sistemas jurídicos de origem, a relevância para este livro resume-se à descrição da multiplicidade das formas de criação de *trusts* em seu sistema de origem.

Ao se propor a recepção dos *trusts* ao Direito brasileiro, em um primeiro momento vê-se a possibilidade de criação no Brasil de *trusts* expressos[359] – ainda que possa ser demandada alguma atividade interpretativa para se precisar a vontade do *settlor*. Por não se tratar de foro sujeito à jurisdição da *equity*, não se vislumbra a possibilidade de se criar no Brasil, ao menos em um primeiro momento, *trusts* presumidos ou mesmo *trusts* resultantes, ainda que sejam classificações importantes para se delimitar quais espécies de *trusts* podem ser criadas no Brasil. Por tal motivo, a seguir, será feita a análise das categorias mais comuns de subdivisão dos *trusts*, restringindo-se apenas aos *trusts* expressos, por entender ser a categoria mais relevante para a presente análise.

3.2 Classificação quanto à finalidade

Outro critério bastante importante[360] para os *trusts* diz respeito à sua finalidade, analisando-se seu beneficiário. Com base nesse critério, é possível estabelecer os *trusts* enquanto privados[361] ou caritativos.[362]

---

segregação daquela parcela do patrimônio de C, criando-se um *trust* em favor de A ou de outro beneficiário por ele indicado na escritura ou em seu testamento.

[358] COSTIGAN JR., George P. The classification of trusts as express, resulting, and constructive. *Harvard Law Review*, Cambridge, v. 27, n. 5, p. 462, mar. 1914.

[359] Vale destacar que a Convenção da Haia se aplica apenas aos *trusts* expressos, criados voluntariamente e comprovados por escrito, conforme a regra de seu artigo 3.

[360] Vaz Tomé e Leite de Campos apontam essa classificação como a "*summa* classificação" dos *trusts*. (CAMPOS, Diogo Leite de; TOMÉ, Maria João Romão Carreiro Vaz. *A propriedade fiduciária (Trust)*: estudo para a sua consagração no direito português. Coimbra: Almedina, 1999. p. 51).

[361] *Private Trusts*.

[362] *Public* ou *Charitable Trusts*.

De um lado, os *trusts* caritativos são *trusts* que têm por finalidade o atendimento de algum interesse público, de modo a favorecer a população em geral.[363] Ainda que não haja uma definição precisa do que possa ser considerado "caritativo",[364] há dois princípios basilares utilizados para estabelecer uma finalidade pública ou caritativa nos *trusts*. Primeiramente, é necessário que não haja nenhuma finalidade lucrativa ou atividade que vise beneficiar alguma pessoa específica.[365] Ademais, é necessário que se favoreça a população em geral ou uma parcela determinada, visando sempre o interesse público.[366] No entanto, ainda que o *trust* caritativo tenha beneficiários indeterminados, seu objetivo caritativo deve ser determinado e bem definido.[367] Assim, em sendo um *trust* considerado caritativo, há diversas vantagens legais, inclusive a possibilidade de se excepcionar a *rule against perpetuities* – que determina que os *trusts* devem ser constituídos com prazo determinado. Em todos os Estados analisados, seguindo-se a tradição inglesa, o cumprimento dos *trusts* caritativos é supervisionado pelo *attorney-general* da localidade.[368]

---

[363] CAMPOS, Diogo Leite de; TOMÉ, Maria João Romão Carreiro Vaz. *A propriedade fiduciária (Trust)*: estudo para a sua consagração no direito português. Coimbra: Almedina, 1999. p. 51.

[364] "Não existe definição legislativa de *charity*. Este conceito varia com a evolução das circunstâncias sociais, económicas e culturais. Por isso, afigura-se difícil definir certo propósito como *charitable* quando esse não tenha sido objeto de decisão judicial anterior que verse o mesmo tipo, ou tipo análogo, de propósito". (CAMPOS, Diogo Leite de; TOMÉ, Maria João Romão Carreiro Vaz. *A propriedade fiduciária (Trust)*: estudo para a sua consagração no direito português. Coimbra: Almedina, 1999. p. 53).

[365] "Desde logo, nenhuma atividade que vise a obtenção de proveitos (a favor de uma pessoa) é considerada como *charitable*. Não se verifica, porém, qualquer objecção a uma *charity* que cobra, pelos seus serviços, um preço superior ao custo, desde que sobre ela impenda a obrigação de aplicar tal diferença na realização do fim da *charity*". (CAMPOS, Diogo Leite de; TOMÉ, Maria João Romão Carreiro Vaz. *A propriedade fiduciária (Trust)*: estudo para a sua consagração no direito português. Coimbra: Almedina, 1999. p. 53).

[366] "Em segundo lugar, nenhum *trust*, que não seja para benefício público, é visto como *charitable*. Daqui decorre que o *trust* deve ser constituído para o benefício da comunidade em geral, ou de uma determinada parte da mesma, e não apenas de um grupo de pessoas de qualquer modo relacionadas entre si ou com o disponente por acordos privados. Por outro lado, um propósito de natureza política nunca é totalmente *charitable*". (CAMPOS, Diogo Leite de; TOMÉ, Maria João Romão Carreiro Vaz. *A propriedade fiduciária (Trust)*: estudo para a sua consagração no direito português. Coimbra: Almedina, 1999. p. 53).

[367] "Verifica-se, então, a única e exclusiva exceção à regra que estabelece o requisito de determinação exacta dos beneficiários. De fato, o beneficiário pode não ter sido determinado no acto constitutivo do *Trust*. De outra parte, destaca-se que os objectivos caritativos devem ser sempre certos e determinados". (FREIRE E ALMEIDA, Verônica Scriptore. *A tributação dos trusts*. Coimbra: Almedina, 2009. p. 62).

[368] No Reino Unido, compete ao Procurador-Geral de Sua Majestade para a Inglaterra e o País de Gales (*Her Majesty's Attorney General for England and Wales*) a fiscalização e aplicação

Como critério negativo, estabelece-se que todos os *trusts* que não sejam considerados públicos são classificados como privados, entendendo-se que há, nestes *trusts*, a constituição de um benefício em favor de pessoas, de algum modo, relacionadas ao *settlor*.[369]

Os *trusts* caritativos viabilizam importantes iniciativas filantrópicas e demonstram as potencialidades dessa figura, que também pode ser utilizada para concretizar propósitos humanitários e altruísticos.

Em certa medida, os *trusts* caritativos se assemelham às fundações presentes nos ordenamentos da *civil law*. Diferentemente das corporações, a fundação é uma pessoa jurídica composta por bens. Trata-se de um patrimônio afetado ao cumprimento da finalidade para o qual foi constituído. Assim como o *trust*, a fundação pode ser criada por ato *inter vivos* ou por via testamentária.

A primeira dessemelhança entre essas duas figuras reside no fato de que as fundações são pessoas jurídicas de direito privado,[370] ao passo que os *trusts* são entes jurídicos despersonalizados. Em segundo lugar, a versatilidade da fundação é bastante reduzida quando comparada à do *trust*, porquanto ela só pode ser instituída para atender as finalidades previstas no parágrafo único do artigo 62 do Código Civil, recentemente ampliado pela Lei nº 13.151, de 2015.[371] O caráter restritivo da atual

---

dos *trusts* caritativos (ver goo.gl/7BfcvN). Esta atribuição foi mantida em diversos outros países da tradição *common law*, inclusive nos Estados Unidos da América, onde cada estado atribui a seu procurador-geral a fiscalização dos *trusts* caritativos. Ver, *e.g.* o Estado do Texas: ESTADOS UNIDOS DA AMÉRICA. Texas. *Property Code*, Título 9, Subtítulo C, Capítulo 123, §123.002: "PARTICIPAÇÃO DO PROCURADOR-GERAL. Para e em nome do interesse do público em geral deste estado em *trusts* caritativos, o procurador-geral é parte legítima e poderá intervir em procedimento referente a um *trust* caritativo. O procurador-geral poderá aderir e firmar composição, acordo, contrato ou julgamento vinculado a um procedimento referente a um *trust* caritativo". Tradução da autora.

[369] "Os *private trusts* são *trusts* constituídos para o benefício de pessoas que se encontram, de algum modo, numa qualquer relação com o *settlor* e que, em último recurso, são aquelas que têm legitimidade para os executar". (CAMPOS, Diogo Leite de; TOMÉ, Maria João Romão Carreiro Vaz. *A propriedade fiduciária (Trust)*: estudo para a sua consagração no direito português. Coimbra: Almedina, 1999. p. 56).

[370] As fundações são classificadas como pessoas jurídicas de direito privado no art. 44, inciso III, do Código Civil Brasileiro.

[371] Na atual dicção do Código Civil, em seu art. 62, parágrafo único, é admissível a constituição de fundação para o fito de promoção: i) da assistência social; ii) da cultura, defesa e conservação do patrimônio histórico e artístico; iii) da educação; iv) da saúde; v) da segurança alimentar e nutricional; vi) da defesa, preservação e conservação do meio ambiente e promoção do desenvolvimento sustentável; vii) da pesquisa científica, desenvolvimento de tecnologias alternativas, modernização de sistemas de gestão, produção e divulgação de informações e conhecimentos técnicos e científicos; viii) da promoção da ética, da cidadania, da democracia e dos direitos humanos; ix) das atividades religiosas. A ampliação das finalidades que podem ser objeto das fundações está em conformidade com os enunciados 8 e 9 da I Jornada

codificação é decorrente do esforço para a manutenção da idoneidade dessa modalidade de pessoa jurídica, conforme explica Paulo Lôbo:

> O CC de 2002 promoveu radical alteração do modelo fundacional que vigorava na legislação anterior, restringindo profundamente os fins que podem ser utilizados. O modelo aberto anterior permitiu seu desvirtuamento, com a proliferação de fundações que encobriam fins econômicos, ou de participação e controle de empresas. Historicamente, as fundações surgiram como frutos de desprendimento e liberalidade de pessoas que pretenderam afetar parte de seu patrimônio a finalidades pias, caritativas, assistenciais e religiosas. O direito brasileiro não mais admite fundações criadas no interesse do instituidor, de sua família ou de sua atividade econômica.[372]

Tanto a fundação quanto o *trust* podem perseguir fins de caridade. Contudo, os *trusts* permitem a exploração de inúmeras outras finalidades, sendo mais flexíveis que a fundação, hoje bastante enrijecida pela legislação.

No que diz respeito à finalidade caritativa, não aparenta haver maiores diferenças entre a criação de uma fundação e a instituição de um *trust* caritativo. Segundo François Barrière, há uma relação indissociável entre os *charitable trusts* anglo-americanos e as fundações públicas francesas, no entanto os regimes jurídicos desses institutos não são suficientemente distintos a ponto de justificar a introdução de *trusts* caritativos no direito francês.[373]

A existência de fundações no Direito brasileiro para se alcançar os mesmos objetivos de interesse público que os *trusts* caritativos não obsta, no entanto, a possibilidade de se recepcionar *trusts*. Como hodiernamente não é possível criar uma fundação para a consecução de um interesse particular, o *trust* continua a oferecer uma gama de possibilidades não alcançadas pelas fundações, tais como a preservação

---

de Direito Civil promovida pelo Conselho da Justiça Federal. Segundo o Enunciado nº 8: "Art. 62, parágrafo único: a constituição de fundação para fins científicos, educacionais ou de promoção do meio ambiente está compreendida no CC, art. 62, parágrafo único". Por outro lado, o Enunciado nº 9 prevê que: "Art. 62, parágrafo único: o art. 62, parágrafo único, deve ser interpretado de modo a excluir apenas as fundações com fins lucrativos".

[372] LÔBO, Paulo. *Direito civil*: parte geral. São Paulo: Saraiva, 2012. p. 183.

[373] BARRIÈRE, François. *Charitable trusts* anglo-américains et fondations françaises: des moyens analogues de protection du patrimoine naturel ou culturel. *In*: CORNU, Marie; FROMAGEAU, Jérôme (Dir.). *Fondation et trust*: dans la protection du patrimoine. Paris: L'Harmattan, 1999. p. 90.

do patrimônio familiar, o planejamento sucessório, a proteção dos incapazes e dos capazes sob curatela,[374] dentre inúmeras outras.

Sendo assim, a modalidade de *trust* caritativo demonstra que essa figura pode desempenhar fins honrosos, muito embora esteja envolta numa névoa de preconceito que o equipara *tout court* às ilicitudes.

3.3 Classificação quanto ao momento de criação

Quanto ao momento de criação dos *trusts*, estes podem ser criados para produzir efeitos durante a vida do *settlor* ou após a sua morte.

Os *trusts* criados pelo *settlor* em vida para gerar efeitos vitalícios são chamados *trusts inter vivos* ou *living trusts*.[375] Nestes casos, o próprio *settlor* pode figurar como *trustee* e/ou beneficiário, também podendo designar terceiros para ocupar tais papéis.[376] É importante observar, ademais, que o *trust inter vivos* pode ultrapassar a vida do *settlor*,[377] contanto que seja respeitada a *rule against perpetuities*.

Por outro lado, é possível que o *settlor* decida pela criação de um *trust* em testamento ou em outro documento escrito,[378] visando à produção de efeitos após a sua morte. Nestes casos, denomina-se *trust*

---

[374] A proteção aos incapazes e aos capazes submetidos à curatela será examinada no capítulo V deste livro.

[375] "[...] o *trust* instituído em vida do *settlor* é designado como *trust inter vivos* ou *living trust*". (CAMPOS, Diogo Leite de; TOMÉ, Maria João Romão Carreiro Vaz. *A propriedade fiduciária (Trust)*: estudo para a sua consagração no direito português. Coimbra: Almedina, 1999. p. 67); "Os *Trusts inter vivos* ou *living trusts* são criados para gerar efeitos durante a vida do *settlor*". (FREIRE E ALMEIDA, Verônica Scriptore. *A tributação dos trusts*. Coimbra: Almedina, 2009. p. 59).

[376] "Tais *Trusts* são usados extensamente, porque permitem que o *settlor* designe um *trustee* para fornecer uma gestão profissional do seu património, para seu próprio benefício ou de terceiros. Contudo, como vimos, poderá o *settlor* na constituição de um *Trust inter vivos* pretender ser também o *trustee*. Neste caso, o *settlor* deve definir claramente no acto constitutivo do *Trust*, a *res* que constituirá a *trust property*, seus beneficiários e os respectivos benefícios, e ainda, a sua qualidade de *trustee*". (FREIRE E ALMEIDA, Verônica Scriptore. *A tributação dos trusts*. Coimbra: Almedina, 2009. p. 59).

[377] "[...] o *settlor* pode constituir um *trust inter vivos*, que produz os seus efeitos já durante a sua vida e que continua a produzi-los após a sua morte". (CAMPOS, Diogo Leite de; TOMÉ, Maria João Romão Carreiro Vaz. *A propriedade fiduciária (Trust)*: estudo para a sua consagração no direito português. Coimbra: Almedina, 1999. p. 68).

[378] "Normalmente, o *Trust testamentary* será constituído por escrito através do *trust instrument*, e à sua elaboração devem assistir duas testemunhas. Regem sobre ele, então, as disposições legais respeitantes ao testamento. Perceba-se que, caso o constituinte não observe tais condições, o *Trust* é nulo e aplicar-se-ão as regras da sucessão legal". (FREIRE E ALMEIDA, Verônica Scriptore. *A tributação dos trusts*. Coimbra: Almedina, 2009. p. 59).

testamentário.³⁷⁹ É importante observar que, nesses casos, ainda que haja uma manifestação de vontade em vida pelo *settlor* pela constituição de um *trust*, este só passa a existir de fato com a morte do *settlor* e a transmissão dos bens do *trust* ao *trustee*. Desta forma, de acordo com a escada ponteana – planos da existência, validade e eficácia dos fatos jurídicos³⁸⁰ – muito embora exista um ato jurídico válido manifesto pelo *settlor*, cuja eficácia está condicionada à sua morte, o *trust* testamentário somente passa a existir com sua constituição.³⁸¹

A utilização do *trust* testamentário parece ser uma forma mais eficaz de preservar a intenção do *settlor* mesmo após a sua morte, de modo a evitar a dilapidação do patrimônio por herdeiros inexperientes, ou a manutenção dos objetivos do *settlor* ao instituir um *trust* com finalidade caritativa.³⁸² Considerando-se a invalidade do estabelecimento de vinculação jurídica com o adquirente pelo disponente na sucessão testamentária dos sistemas da *civil law*, bem como as dificuldades de se exigir o cumprimento de condição ou encargo estipulados no legado,³⁸³

---

³⁷⁹ *Trust testamentary*.

³⁸⁰ PONTES DE MIRANDA, Francisco Cavalcanti. *Introdução*: pessoas físicas e jurídicas. Atualizado por Judith Martins-Costa, Gustavo Haical e Jorge Cesar Ferreira da Silva. São Paulo: RT, 2012. t. 1. p. 13-26; MELLO, Marcos Bernardes de. *Teoria do fato jurídico*: plano da existência. 18. ed. São Paulo: Saraiva, 2012. p. 133-140.

³⁸¹ Discorda-se, neste ponto, de Freire e Almeida, que afirma que "este tipo de *Trust* torna-se eficaz com a morte do *settlor*". (FREIRE E ALMEIDA, Verônica Scriptore. *A tributação dos trusts*. Coimbra: Almedina, 2009. p. 60). Acredita-se estar no plano da existência e não da eficácia. Em passagem posterior, a autora corrige sua posição ao afirmar que "até o óbito do *settlor*, o *Trust testamentary* ainda não foi criado, embora a vontade de criar tal *Trust* seja revogável". (p. 66).

³⁸² "Em termos práticos, pois, o *Trust testamentary* se revela extremamente útil como instrumento na preservação de heranças. Como exemplo, é muito comum a instituição desse tipo de *Trust* por pessoas que temem a inexperiência de seus filhos, que poderiam em pouco tempo dilapidar tudo aquilo que a família amealhou. Da mesma forma, tal *Trust* é instrumento eficaz para aqueles que tencionam a prática da caridade, mas temem que uma doação pura e simples não surta os efeitos pretendidos, afastando com isso os objetivos do doador. De sua face, o *Trust*, praticamente, afasta esse risco". (FREIRE E ALMEIDA, Verônica Scriptore. *A tributação dos trusts*. Coimbra: Almedina, 2009. p. 60).

³⁸³ "O *trust inter vivos* da *common law* apresenta a vantagem de evitar todas aquelas dificuldades que surgem nos sistemas jurídicos da *civil law*. Em virtude do entendimento que se tem do testamento enquanto livremente revogável até à morte do seu autor, os sistemas jurídicos continentais não permitem ao disponente o estabelecimento de qualquer vinculação jurídica com o adquirente. Acresce que, no caso de um legado com encargo ou condição, os herdeiros têm um forte incentivo para procurar a revogação do legado por não cumprimento do encargo ou da condição. Apesar de o testador poder limitar a possibilidade de revogação, tal é passível de gerar ressentimentos e, em qualquer caso, aumenta os custos do negócio que são já significativos devido à ausência de claras e eficientes regras supletivas". (CAMPOS, Diogo Leite de; TOMÉ, Maria João Romão Carreiro Vaz. *A propriedade fiduciária (Trust)*: estudo para a sua consagração no direito português. Coimbra: Almedina, 1999. p. 68-69).

o reconhecimento de *trusts* testamentários em sistemas jurídicos como o nosso figuraria como alternativa viável para as pessoas as quais desejam que sua vontade seja observada após a morte. Embora possa ser represensível viabilizar meios para que pessoas falecidas possam continuar controlando as vidas de seus herdeiros e familiares,[384] não aparenta haver nenhuma incompatibilidade entre o reconhecimento dos *trusts* testamentários – desde que vedadas as perpetuidades – e o sistema patrimonial brasileiro.

3.4 Classificação quanto à revogabilidade do *trust*

No momento de criação do *trust*, pode o *settlor* prever sua revogabilidade.

De regra, em não havendo nenhuma disposição no documento de criação do *trust* nesse sentido, os *trusts* serão irrevogáveis,[385] sendo que, nestes casos, o *trust* não pode ser alterado ou encerrado pelo *settlor* a partir de sua criação. Com isso, tratando-se de *trust* irrevogável, o *settlor* não possui mais nenhum domínio sobre os bens do *trust*, não podendo sequer alterar o *trustee* ou contribuir com a *trust property*, exceto no caso de figurar como beneficiário do *trust*.[386]

---

[384] De outro lado, como contra-argumento, há de se considerar que o patrimônio foi acumulado pelo *settlor*/disponente em vida, cabendo-lhe decidir como melhor empregar suas economias, e que não há obrigação por parte de seus herdeiros de aceitar o legado ou o benefício do *trust*.

[385] "O *settlor* tem a faculdade de estabelecer a revogabilidade ou irrevogabilidade do *trus* [sic]. Deste modo, a titularidade dos bens ou direitos pode regressar à sua esfera jurídica. Podem surgir aqui *resulting trusts*. Trata-se de um efeito não natural do acto constitutivo e, na falta de estipulação expressa, o *trust* considera-se irrevogável. Com efeito, na ausência dessa declaração, muitas ordens jurídicas consideram o *trust* como irrevogável. Porém, alguns estados americanos consagram, legislativamente, a regra oposta". (CAMPOS, Diogo Leite de; TOMÉ, Maria João Romão Carreiro Vaz. *A propriedade fiduciária (Trust)*: estudo para a sua consagração no direito português. Coimbra: Almedina, 1999. p. 69). A regra oposta mencionada por Vaz Tomé e Leite de Campos, vigente nos Estados Unidos, está prevista na §602 do *Uniform Trust Code*, adotado por 32 estados americanos: "A menos que os termos de um *trust* expressamente disponham que o *trust* é irrevogável, o *settlor* poderá revogar ou emendar o *trust*. Esta subseção não se aplica a um *trust* criado sob um instrumento concluído antes da efetiva data deste Código". Tradução da autora. (UNIFORM LAWS COMMISSION. *Uniform Trust Code*. §602(a), 2000).

[386] "Essencialmente, constituindo um *Trust* revogável, o *settlor* poderá: adicionar ou retirar alguns recursos do *Trust* durante sua vida; mudar os termos e a maneira da administração do *Trust*; e, finalmente, reter o direito de transformar em *Trust* irrevogável em alguma [sic] momento futuro. [...] Já no caso do *Trust* irrevogável, o *settlor* não terá mais nenhuma capacidade contributiva em relação a *trust property*, a não ser que seja o único ou um dos beneficiários do *Trust*". (FREIRE E ALMEIDA, Verônica Scriptore. *A tributação dos trusts*. Coimbra: Almedina, 2009. p. 66).

Por outro lado, é possível que o *settlor*, no ato de constituição do *trust*, reserve a si poderes implícitos ou explícitos, dentre os quais a possibilidade de revogação do *trust*, de substituir o *trustee* ou decidir as partes que cabem a cada beneficiário. Tem-se, assim, um *trust* revogável, que pode ser a qualquer momento alterado pelo *settlor*, inclusive com a possibilidade de extinção definitiva e reintrodução dos bens do *trust* em sua esfera patrimonial pessoal, motivo pelo qual se entende que, de certa forma, permanece como proprietário resolúvel dos bens do *trust*.

É importante destacar ser o poder de revogação exclusivo do *settlor*, não podendo ser delegado a qualquer outra pessoa.[387] Portanto, o *trust* revogável existe apenas nos *trusts inter vivos*, pois, conforme discutido no tópico anterior, nos *trusts* testamentários ainda não houve a criação de fato do *trust*, apenas a existência de um ato de vontade do *settlor* que não produz efeitos até a sua morte. Tratando-se, assim, de manifestação de vontade de eficácia contida, o ato do *settlor* que manifesta a vontade de criar o *trust* pode ser revogado até a sua morte. Após a sua morte, com a constituição do *trust* e a transmissão dos bens ao *trustee*, não é mais permitida a revogação.[388]

Em havendo a recepção dos *trusts* ao Direito brasileiro, é importante observar – caso seja adotado o modelo italiano de reconhecimento dos *trusts* "internos" constituídos com base em lei estrangeira – o que dispõe a lei de regência do *trust* a respeito da revogabilidade. Por outro lado, em caso de criação de uma lei brasileira sobre *trusts*, será necessário estipular qual a regra geral: *trusts* revogáveis ou *trusts* irrevogáveis? A primeira solução, adotada pelo Código Uniforme sobre *Trusts* nos Estados Unidos da América, aparenta ser a solução mais adequada, pois permite como regra a retenção de domínio do *settlor* sobre os bens do *trust*, realidade esta mais tangível à nossa compreensão limitada do funcionamento dos *trusts* em seu nascedouro.

---

[387] "[...] o poder de revogação é um poder exclusivo do *settlor* e reservado somente por ele". (FREIRE E ALMEIDA, Verônica Scriptore. *A tributação dos trusts*. Coimbra: Almedina, 2009. p. 66).

[388] "[...] a distinção entre revogável e irrevogável existe somente para o *Trust inter vivos*. Isso ocorre porque, até o óbito do *settlor*, o *Trust testamentary* ainda não foi criado, embora a vontade de criar tal *Trust* seja revogável. Após a morte do *settlor* e a consequente criação do *Trust*, não há nenhuma pessoa que possa revogar o *Trust*". (FREIRE E ALMEIDA, Verônica Scriptore. *A tributação dos trusts*. Coimbra: Almedina, 2009. p. 66).

3.5 Classificação quanto à liberalidade do *trustee*

Também no ato de constituição do *trust* é possível que o *settlor* reserve ao *trustee* o poder de definir os beneficiários do *trust*, ou as quotas que lhes competem.

No caso dos *trusts* discricionários,[389] há uma margem de liberdades dada ao *trustee*, que poderá estabelecer a forma de distribuir os bens do *trust* ou a renda deles proveniente, de modo a escolher quem será o beneficiário e qual a parcela da renda ou do capital será destinada em favor de cada beneficiário.[390] Esta modalidade de *trust* é bastante útil quando o *settlor* constitui um *trust* em favor de seus filhos menores, deixando o ajuste de parcelas previamente constituídas à discricionariedade do *trustee*, recomendando-se que haja alguma supervisão sobre o exercício de sua discricionariedade por algum membro da família, por exemplo.[391] É possível, assim, a adaptação da distribuição do *trust* para melhor atender alterações circunstanciais supervenientes à constituição do *trust*, como alguma doença ou deficiência. Há, evidentemente, limites ao exercício da discricionariedade pelo *trustee*, não sendo possível extrapolar os parâmetros de constituição definidos nos termos de criação do *trust*.[392] É possível, no entanto, a exclusão de determinados beneficiários, que podem vir a não receber parte alguma do fundo de *trust*. Assim, até o exercício de liberalidade por parte do *trustee* nos *trusts* discricionários, não há direito dos indivíduos nomeados como beneficiários ao benefício, apenas uma expectativa de direito de figurar como beneficiário.[393]

---

[389] *Discretionary Trusts*.
[390] "[...] em um *Discretionary Trust*, nenhum beneficiário específico é designado pelo *settlor*. Da mesma forma, os beneficiários não são nomeados a nenhum benefício, inclusive a qualquer direito que baste para sua sustentação. Dessa forma, o *settlor* designa o *trustee* para definir o beneficiário. Ainda, o *trustee* na sua discrição, decide exactamente o quanto, se algum, da renda, capital ou ambos, será usado para o benefício dos beneficiários". (FREIRE E ALMEIDA, Verônica Scriptore. *A tributação dos trusts*. Coimbra: Almedina, 2009. p. 67).
[391] FREIRE E ALMEIDA, Verônica Scriptore. *A tributação dos trusts*. Coimbra: Almedina, 2009. p. 67-68.
[392] FREIRE E ALMEIDA, Verônica Scriptore. *A tributação dos trusts*. Coimbra: Almedina, 2009. p. 68.
[393] "Nesse contexto, em um *Discretionary Trust* nenhum indivíduo que está na classe de possíveis beneficiários, isto é, entre os quais o *trustee* pode exercer sua discrição, tem direito 'individual' na *trust property*. Assim ocorre, até o momento em que o *trustee* realmente exercite sua discrição e declare que 'tal' parte ou quantidade irão para aquele indivíduo. Os possíveis beneficiários apenas têm uma expectativa em receber algum benefício do *Trust*". (FREIRE E ALMEIDA, Verônica Scriptore. *A tributação dos trusts*. Coimbra: Almedina, 2009. p. 68).

Por outro lado, o *settlor* pode, no ato de constituição do *trust*, estabelecer uma parcela determinada que compete a cada beneficiário. Tem-se assim um *trust* fixo,[394] que somente pode ser alterado pelo *settlor* caso seja também um *trust* revogável. No *trust* fixo existem diversas formas de predeterminar a divisão dos bens do *trust*, sendo possível, por exemplo, estabelecer um ou mais beneficiários como destinatários de renda dos bens do *trust* e outro ou mais beneficiários como titulares dos bens do *trust* em um momento futuro.[395]

Esta classificação reveste-se de grande importância ao esclarecer o grau de precisão exigido para a constituição de um *trust*. *Settlors* mais controladores poderão exercer sua discricionariedade plena de modo a constituir *trusts* bastante detalhados, deixando ao *trustee* apenas os poderes de administração do fundo de *trust*. Em outros casos, pode ser prudente prever a possibilidade de adaptação dos termos de distribuição dos bens e rendas entre os beneficiários, podendo o *settlor* estabelecer maior ou menor margem de discricionariedade ao *trustee*, dando-lhe parâmetros mais ou menos detalhados, conforme os interesses a serem preservados pelo *trust*.

Em havendo a recepção dos *trusts* ao Direito brasileiro, entende-se ser possível a criação tanto de *trusts* fixos quanto discricionários.

3.6 A profusão das modalidades de *trusts*

Foram apresentadas neste tópico as classificações dos *trusts* que se mostram de maior relevância em seus sistemas jurídicos de origem, e que apresentam alguma importância para o estudo e compreensão dos *trusts* no Brasil. Há, evidentemente, outras classificações,[396] que todavia não são fundamentais para a compreensão do instituto.

---

[394] *Fixed Trust* ou *Mandatory Trust*.

[395] "Logo, os direitos equitativos dos beneficiários encontram-se predefinidos no acto constitutivo do *Trust*. Dessa forma parte da *trust property* que o beneficiário receberá é definida previamente no *trust instrument*. Entretanto, isto não significa que o beneficiário receberá um actual valor pecuniário. Por exemplo, um beneficiário pode ter sido designado para a renda da *trust property* enquanto que um outro beneficiário é designado para o capital (*legal title*) em um momento futuro. O segundo beneficiário sabe que tem um direito sobre a *trust property*, porém não é um direito actual". (FREIRE E ALMEIDA, Verônica Scriptore. *A tributação dos trusts*. Coimbra: Almedina, 2009. p. 69).

[396] Vaz Tomé e Leite de Campos, por exemplo, nomeiam *trusts* legais e ilegais, *trusts* ativos e passivos, *spendthrift trusts*, *trusts* protetivos, *trusts* mistos, *trusts* securitários, *trusts* unitários, *trusts* constituídos com base nos casos *Totten* e *Farkas v. Williams* e *trusts* familiares (CAMPOS, Diogo Leite de; TOMÉ, Maria João Romão Carreiro Vaz. *A propriedade fiduciária (Trust)*: estudo para a sua consagração no direito português. Coimbra: Almedina, 1999. p. 67-94).

Ademais, vê-se a possibilidade de inúmeras combinações entre as modalidades de *trusts* definidas pelos critérios de classificação, o que mais uma vez ressalta a pluralidade do instituto e a complexidade das realidades jurídicas permitidas. Em se tratando o *trust* sobretudo de um remédio instituído sob a *equity*, é natural que não haja apenas uma maneira de se constituir um *trust*, com apenas um feixe estreito de propósitos. É, sem dúvida, uma das figuras de maior diversidade fática, podendo ser utilizado para dar guarida a um sem número de propósitos estipulados pelo *settlor* e sob as mais diversas formas.

CAPÍTULO IV

A SINGULARIDADE DOS *TRUSTS* E SEU COTEJO COM INSTITUTOS ASSEMELHADOS

Encontram-se no ordenamento jurídico brasileiro alguns institutos que apresentam semelhanças com os *trusts*. Contudo, nenhum deles se identifica perfeitamente ou pode oferecer todas as funções exercidas pelos *trusts*. A simetria entre esses institutos ocorre apenas parcialmente, ora em relação à estrutura, ora em relação à função e produção de efeitos.

Dentre as inúmeras comparações que poderiam ser realizadas, optou-se por empreender um recorte que captasse tanto figuras clássicas do direito civil, tais como a enfiteuse e o fideicomisso, quanto alguns institutos contemporâneos, como o patrimônio de afetação. São examinadas, ainda, modalidades empresariais que têm sido confundidas com a característica de afetação patrimonial (que também existe no *trust*). Por fim, optou-se por brevemente examinar os dois projetos de lei atualmente em trâmite em nosso país que analisam o "contrato fiduciário", o qual apresenta diversas correspondências com o *trust*.

4.1 Enfiteuse e *trust*

Em certa medida, o *trust* apresenta aspectos similares ao instituto da enfiteuse. Para mostrar tais pontos de contato, primeiramente serão expostos o conceito e brevemente a evolução histórica do instituto, o tratamento conferido à enfiteuse no Direito brasileiro e, por fim, as similitudes e disparidades com o *trust*.

Por enfiteuse, entende-se "o direito real limitado que confere a alguém, perpetuamente, os poderes inerentes ao domínio, com a obrigação de pagar ao dono da coisa uma renda anual".[397] É igualmente conhecida como aforamento, aprazamento,[398] emprazamento ou prazos.[399]

A enfiteuse abrange dois sujeitos: o senhorio e o enfiteuta, os quais podem ser tanto pessoas físicas quanto jurídicas.[400] Cabe ao senhorio instituir a enfiteuse em favor de um enfiteuta, o qual lhe pagará uma renda anual módica chamada "foro". O senhorio permanecerá proprietário do bem, ao passo que o enfiteuta será titular dos poderes inerentes ao domínio, quais sejam os de usar, fruir e dispor. Diferentemente do que ocorre nas servidões, a enfiteuse deve ser atribuída à pessoa determinada, não sendo nunca direito subjetivamente real.[401]

Segundo José Carlos Moreira Alves, a origem da enfiteuse é complexa e incerta. Afirma o autor que "as fontes que possuímos a respeito não nos indicam, de modo seguro, como é que a enfiteuse se originou e evoluiu até o direito justinianeu".[402] Ainda que pairem dúvidas

---

[397] GOMES, Orlando. *Direitos reais*. 19. ed. rev., atual. e aum. por Luiz Edson Fachin. Rio de Janeiro: Forense, 2006. p. 299.

[398] AMORIM, Edgar Carlos de. *Teoria e prática da enfiteuse*. Rio de Janeiro: Forense, 1986. p. 1.

[399] GOMES, Orlando. *Direitos reais*. 19. ed. rev., atual. e aum. por Luiz Edson Fachin. Rio de Janeiro: Forense, 2006. p. 299. Miguel Maria de Serpa Lopes sustenta existirem diferenças históricas entre os termos acima citados, mas conclui que o Código Civil de 1916 abordou-os como sinônimos: "Enquanto a palavra *enfiteuse* recorda simplesmente o berço da instituição, evocando reminiscências do mundo greco-romano, a divisão do Império e a triste supremacia de Bizâncio sobre a velha Roma de tradições republicanas, a palavra *aforamento*, como 'fôro', 'foreiro', em contraposição a 'jugueiro', 'reguengo' e outras palavras antigas indicativas de relações análogas, como o 'encomunha', 'engeiras' etc., transporta-nos a época medieval, com os seus barões revoltados reclamando como concelhos e as corporações seus direitos e isenções a mão armada. A palavra genuinamente portuguesa é historicamente *aforamento*. A palavra *enfiteuse* decorreu da influência do Direito romano, constituindo uma verdadeira corruptela, sendo que, no Direito romano, assinalou uma época de decadência e de miséria, campos desertos, agricultura paralisada, latifúndios contrastando com a sua extensão o estado de abandono e desolação em que eram deixados. De qualquer modo, o Código Civil tornou sinônimas de um só instituto, a enfiteuse, o aforamento ou emprazamento [...]". (SERPA LOPES, Miguel Maria de. *A enfiteuse*: sua natureza jurídica e seu futuro. Rio de Janeiro: Freitas Bastos, 1956. p. 19). É precisamente o art. 678 do Código Civil de 1916 que dispõe nesse sentido: "Dá-se a enfiteuse, aforamento, ou emprazamento, quando por ato entre vivos, ou de última vontade, o proprietário atribui à outro o domínio útil do imóvel, pagando a pessoa, que o adquire, e assim se constitui enfiteuta, ao senhorio direto uma pensão, ou foro, anual, certo e invariável".

[400] PONTES DE MIRANDA, Francisco Cavalcanti. *Direito das coisas*: direitos reais limitados. Enfiteuse. Servidões. Atualizado por Nelson Nery Júnior e Luciano de Camargo Penteado. São Paulo: RT, 2012. t. 18. p. 145.

[401] PONTES DE MIRANDA, Francisco Cavalcanti. *Direito das coisas*: direitos reais limitados. Enfiteuse. Servidões. Atualizado por Nelson Nery Júnior e Luciano de Camargo Penteado. São Paulo: RT, 2012. t. 18. p. 145.

[402] MOREIRA ALVES, José Carlos. *Direito romano*. 16. ed. Rio de Janeiro: Forense, 2014. p. 355.

sobre o seu surgimento, sua gênese é identificada com os arrendamentos de terras não cultivadas na Grécia, tendo supostamente sido aplicada mais tarde no Egito e no Império Romano.[403]

Conforme esclarece Mário Júlio Brito de Almeida Costa, sob o *nomen generale* de enfiteuse, incluem-se diferentes tipos de arranjos oriundos de exigências particulares de cada localidade, com o traço comum de transferência pelo proprietário concedente ao concessionário "dum sólido poder sobre a terra".[404] Desse modo, aponta-se que a enfiteuse romana possuía a característica de ser direito real sobre coisa alheia, havendo ao enfiteuta apenas a transmissão dos poderes inerentes ao domínio.[405] Na Idade Média, o instituto se modificou e passou a propiciar o fracionamento do domínio em direto, que correspondia ao senhorio, e útil, atribuído ao enfiteuta.[406]

No Brasil, a enfiteuse já era prevista nas Ordenações, porém de modo assistemático.[407] Foi contemplada, posteriormente, nos artigos de 678 a 694 do Código Civil de 1916. Com o passar dos anos, a enfiteuse perdeu prestígio. O Projeto Orlando Gomes já previa sua exclusão.[408] Essa também foi a posição do Projeto de Código Civil que deu origem ao Código Civil de 2002. No dizer de Luiz Edson Fachin, "É um direito real a caminho de desfalecer".[409]

---

[403] O vocábulo *enfiteuse*, do verbo grego *emphytêuin*, plantar, cultivar, que por sua vez deriva de *phytéo*, de raiz *phyt*, plantar, designa um importante instituto jurídico do mundo grego, que lança suas origens no regime fundiário do Egito e de Cartago, adotado no mundo romano pela *Lex Marciana*, em fins da República, e aperfeiçoamento, mais tarde, pela *Lex Hadriana*, que disciplinara, em especial, as concessões de terras incultiváveis, na África do Norte. (CRETELLA JÚNIOR, José. *Curso de direito romano*: o direito romano e o direito civil brasileiro. 10. ed. rev. e aum. Rio de Janeiro: Forense, 1986. p. 227). "Enfiteuse" seria a forma aportuguesada de uma palavra de origem grega derivada de "plantar", com sentido de cultivo, em grego, "phyteises, phyteos". No verbo, encontra-se o radical "phyt", que designa "arbusto, planta", etc.

[404] COSTA, Mário Júlio Brito de Almeida. *Origem da enfiteuse no direito português*. Coimbra: Coimbra Editora, 1957. p. 162.

[405] "Segundo parece, a enfiteuse do direito justineaneu – que, como vimos atrás, é direito real sobre coisa alheia – decorreu da fusão de duas espécies de arrendamento: o dos *agri uectigales* (arrendamento de origem romana) e o decorrente da concessão do *ius emphyteuticum* e do *ius perpetuum* (arrendamentos originários da parte oriental do Império Romano)". (ALVES, José Carlos Moreira. *Direito romano*. 16. ed. Rio de Janeiro: Forense, 2014. p. 355).

[406] ALVES, José Carlos Moreira. *Direito romano*. 16. ed. Rio de Janeiro: Forense, 2014. p. 353.

[407] GOMES, Orlando. *Direitos reais*. 19. ed. rev., atual. e aum. por Luiz Edson Fachin. Rio de Janeiro: Forense, 2006. p. 300.

[408] HIRONAKA, Giselda Maria Fernandes Novaes. Enfiteuse: instituto em extinção. *Revista do Instituto de Pesquisas e Estudos*, Bauru, n. 21, p. 45, abr./jul. 1998.

[409] GOMES, Orlando. *Direitos reais*. 19. ed. rev., atual. e aum. por Luiz Edson Fachin. Rio de Janeiro: Forense, 2006. p. 300.

No anteprojeto elaborado por Orlando Gomes, apresentado ao Ministro da Justiça em março de 1963, havia a proibição expressa de se constituir novas enfiteuses (artigo 516), de se cobrar laudêmio e de se criarem subenfiteuses nas já existentes (artigo 517, I e II).[410] Percebe-se a intenção de expurgar do ordenamento jurídico brasileiro o instituto da enfiteuse, intento só alcançado com o Código Civil de 2002.

A Constituição Federal de 1988 tratou da enfiteuse em seu artigo 49 do Ato das Disposições Constitucionais Transitórias.[411] Nesse artigo, limitou-se a determinar que a lei disporá sobre a enfiteuse, não fornecendo aprofundamentos sobre o instituto. Esse silêncio parcial da Constituição Federal de 1988 é criticado por Paulo Henriques da Fonseca. Para o referido autor, a enfiteuse desempenha importante função social. Não obstante, estaria em processo de extinção do ordenamento jurídico brasileiro sem que fossem previstas regras de transição:

> O instituto em processo de acelerada caducidade decretada pela Lei Maior, ADCT, art. 49 e Código Civil de 2002. Trata-se de uma raríssima situação em que um instituto jurídico é condenado à morte sem que sejam previstas formas de operar a transição de modo positivo para um novo status quo, ainda mais quando sua finalidade (edificar e plantar) diz respeito às funções sociais que a propriedade deve desempenhar. Mas os instrumentos documentais próprios da enfiteuse, como o Contrato, a escritura particular e as anotações de pagamento de foros e laudêmios, continuam sendo utilizados como a única forma de registro acessível a muitas famílias em vastas regiões do Brasil, mormente as mais pobres.[412]

---

[410] HIRONAKA, Giselda Maria Fernandes Novaes. Enfiteuse: instituto em extinção. *Revista do Instituto de Pesquisas e Estudos*, Bauru, n. 21, p. 45, abr./jul. 1998.

[411] Art. 49 do Ato das Disposições Constitucionais Transitórias da Constituição Federal de 1988: "A lei disporá sobre o instituto da enfiteuse em imóveis urbanos, sendo facultado aos foreiros, no caso de sua extinção, a remição dos aforamentos mediante aquisição do domínio direto, na conformidade do que dispuserem os respectivos contratos. §1º Quando não existir cláusula contratual, serão adotados os critérios e bases hoje vigentes na legislação especial dos imóveis da União. §2º Os direitos dos atuais ocupantes inscritos ficam assegurados pela aplicação de outra modalidade de contrato. §3º A enfiteuse continuará sendo aplicada aos terrenos de marinha e seus acrescidos, situados na faixa de segurança, a partir da orla marítima. §4º Remido o foro, o antigo titular do domínio direto deverá, no prazo de noventa dias, sob pena de responsabilidade, confiar à guarda do registro de imóveis competente toda a documentação a ele relativa".

[412] FONSECA, Paulo Henriques da. A enfiteuse e função social do solo urbano: a regularização local e popular. *In:* CONGRESSO NACIONAL DO CONPEDI. *Anais do XVI Congresso Nacional.* Florianópolis: Fundação Boiteux, 2007. p. 1.738.

O Código Civil de 2002, por sua vez, não previu a enfiteuse dentre os direitos reais na coisa alheia. Limitou-se a tratar desse instituto no artigo 2.028 do livro complementar, das disposições finais e transitórias.[413] Por meio desse dispositivo, foi proibida a criação de novas enfiteuses e subenfiteuses. Além disso, como o atual Código não trata dessa figura, as enfiteuses existentes são reguladas pelo Código Civil de 1916. Para Flávio Tartuce e José Fernando Simão, a "hipótese é de *ultratividade*, 'em que uma lei revogada continua a produzir efeitos após sua revogação'".[414] Segundo os autores, "essa *ultratividade* visa à proteção do direito adquirido e do ato jurídico perfeito, nos termos do artigo 5º, inc. XXXVI, da CF/1988".[415] Os autores, ainda, mencionam um lapso presente no atual Código Civil. Referem-se ao artigo 1.266, que trata do achado do tesouro em terreno objeto de enfiteuse, o qual transparece um descuido do legislador.[416]

Dentre as críticas que são direcionadas à enfiteuse estão as de que ela acarretaria um "ganho ocioso" ao senhorio pelo fato de o foreiro ter de lhe pagar a cada alienação onerosa o laudêmio "que é calculado não só sobre o valor desse terreno já melhorado pelas benfeitorias e acessões nele realizadas pelo enfiteuta, como também sobre o valor destas, situação essa que se perpetua".[417] Para Álvaro Villaça de Azevedo, a extinção da enfiteuse é oportuna e ela é perfeitamente substituída pelo arrendamento.[418] Outro instituto apontado como um sucessor aprimorado da enfiteuse é o direito real de superfície, introduzido no artigo 1.369 e seguintes do Código Civil.[419]

Em sentido contrário, Paulo Henriques da Fonseca defende que, mesmo nos dias atuais, a enfiteuse desempenha importante papel,

---

[413] Art. 2.038 do Código Civil de 2002: "Fica proibida a constituição de enfiteuses e subenfiteuses, subordinando-se as existentes, até sua extinção, às disposições do Código Civil anterior, Lei nº 3.071, de 1º de janeiro de 1916, e leis posteriores. §1º Nos aforamentos a que se refere este artigo é defeso: I – cobrar laudêmio ou prestação análoga nas transmissões de bem aforado, sobre o valor das construções ou plantações; II – constituir subenfiteuse".

[414] TARTUCE, Flávio. *Direito civil*: direito das coisas. 7. ed. rev., atual. e ampl. Rio de Janeiro: Forense; São Paulo: Método, 2015. v. 4. p. 411-412.

[415] TARTUCE, Flávio. *Direito civil*: direito das coisas. 7. ed. rev., atual. e ampl. Rio de Janeiro: Forense; São Paulo: Método, 2015. v. 4. p. 411-412.

[416] Art. 1.266 do Código Civil de 2002: "Achando-se em terreno aforado, o tesouro será dividido por igual entre o descobridor e o enfiteuta, ou será deste por inteiro quando ele mesmo seja o descobridor".

[417] AZEVEDO, Álvaro Villaça de. *Direito das coisas*. São Paulo: Atlas, 2014. p. 158.

[418] AZEVEDO, Álvaro Villaça de. *Direito das coisas*. São Paulo: Atlas, 2014. p. 158.

[419] AZEVEDO, Álvaro Villaça de. *Direito das coisas*. São Paulo: Atlas, 2014. p. 157.

inclusive auxiliando na promoção da função social do solo urbano[420], pois proporciona "a perpetuidade e permanência do direito real, que se coaduna com a natureza e finalidade do direito à moradia e ocupação do solo, a modicidade dos foros, em geral de valores irrisórios e a gestão local e consensual do instituto".[421]

Apesar de ser um direito real pouco prestigiado[422] e, atualmente, tendente a desaparecer,[423] a enfiteuse desempenha ainda hoje um papel relevante do ponto de vista da dogmática das titularidades. A existência de diferentes modalidades de enfiteuse, conforme o período histórico, ensejou importante debate acerca da possibilidade de divisão do domínio em útil e direto no ordenamento jurídico brasileiro. Conforme aduz Pontes de Miranda, em que pesem os artigos de 678 a 694 do Código Beviláqua utilizarem as expressões "domínio útil" e "domínio direto", essas locuções seriam apenas retóricas,[424] não querendo significar que existiria de fato desmembramento da propriedade:

---

[420] FONSECA, Paulo Henriques da. *Além do feudo e do burgo*: a enfiteuse como instituto mutante, suas possibilidades e limites. 258 f. Tese (Doutorado em Teoria e dogmática do Direito) – Programa de Pós-Graduação em Direito, Universidade Federal de Pernambuco, Recife, 2016. p. 210.

[421] FONSECA, Paulo Henriques da. A enfiteuse e função social do solo urbano: a regularização local e popular. *In:* CONGRESSO NACIONAL DO CONPEDI. *Anais do XVI Congresso Nacional*. Florianópolis: Fundação Boiteux, 2007. p.1.726. Não obstante seja um trabalho bastante original, discorda-se parcialmente dessa afirmação. Entende-se que a função social da propriedade se desenvolveu em meados do século XX. Como acima visto, a enfiteuse – nos limites das fontes históricas existentes sobre o tema – remonta à Antiguidade Clássica, de modo que não se crê ser adequado afirmar que desde esse período a enfiteuse exercia função social.

[422] Veja-se a contundente opinião de Flávio Tartuce: "Diante do novo tratamento do Código Civil de 2002, não há mais razão em se estudar a enfiteuse nos programas de Direito Civil, seja na graduação ou na pós-graduação. Em provas e concursos públicos, o tema sequer consta na grande maioria dos editais. Quanto à aplicação prática para o Direito Civil, essa é quase inexistente". (TARTUCE, Flávio. *Direito civil*: direito das coisas. 7. ed. rev., atual. e ampl. Rio de Janeiro: Forense; São Paulo: Método, 2015. v. 4. p. 414).

[423] Cabe ressaltar que, em junho de 2021, o Governo Federal, através do Programa SPU+, viabilizou que os proprietários de terrenos de marinha e interiores adquiram os imóveis da União, ficando livres da cobrança do laudêmio e outros valores. A Secretaria de Coordenação e Governança do Patrimônio da União (SPU), do Ministério da Economia, lançou a forma de remição do foro digital em julho de 2021. Com isso, o ocupante poderia comprar os bens da União com desconto de 25% para pagamento à vista, ficando livre do pagamento do laudêmio e do foro anual. Mais informações em: GOVERNO acabará com a cobrança de taxa de laudêmio: Medida impactará cerca de 600 mil imóveis em todo o país. *Gov.br*, Brasília, 11 jun. 2021. Disponível em: https://www.gov.br/pt-br/noticias/financas-impostos-e-gestao-publica/2021/06/governo-acabara-com-a-cobranca-de-taxa-de-laudemio. Acesso em: 09 dez. 2021.

[424] Em sentido contrário: "a enfiteuse [...] representa exceção a tal princípio de indivisibilidade do direito de propriedade se bem considerada sua essência". (SALOMÃO NETO, Eduardo. *O Trust e o direito brasileiro*. São Paulo: LTr, 1996. p. 80).

A enfiteuse é, no sistema jurídico brasileiro, o direito real limitado de maior conteúdo; não é outro domínio. As expressões 'domínio direito' e 'domínio útil' são reminiscências só verbais, que não correspondem à natureza do direito real de enfiteuse. A extensão do conteúdo da enfiteuse, como dos arrendamentos perpétuos de *ager victigalis*, tinha de preocupar os juristas, ainda mesmo antes do contacto do direito romano com o feudalismo germânico [...].[425]

Infere-se, portanto, que o termo "enfiteuse" passou a expressar diferentes significados conforme o transcorrer de seu percurso histórico.

Consoante o entendimento de Pontes de Miranda acima exposto, o ordenamento jurídico brasileiro previu a enfiteuse com características mais assemelhadas à sua versão romana.[426] Todavia, por influência do jurista Francisco de Paula Lacerda de Almeida,[427] que alterou a versão original do Projeto de Código Civil de Clóvis Beviláqua,[428] o instituto

---

[425] PONTES DE MIRANDA, Francisco Cavalcanti. *Direito das coisas*: direitos reais limitados. Enfiteuse. Servidões. Atualizado por Nelson Nery Júnior e Luciano de Camargo Penteado. São Paulo: RT, 2012. t. 18. p. 143.

[426] Em sua clássica obra sobre direitos reais, Orlando Gomes primeiramente afirma que o Brasil não adotou a enfiteuse com características medievais. Contudo, mais além, ainda na mesma obra, declara que na enfiteuse haveria desmembramento da propriedade, que é justamente a característica fundamental da enfiteuse medieval. Não obstantes os méritos do autor, entende-se haver nesse ponto da obra uma contradição no enfrentamento da enfiteuse. "Entre nós, a enfiteuse teve aplicação sem os desvirtuamentos do Direito medieval. Duas razões principais explicam o fato. A primeira é que não foi objeto de regulamentação sistemática nas Ordenações, vigendo, em consequência, costumes que não se transplantaram para o país. A segunda reside nas condições particulares do Brasil, país de grande extensão territorial e exígua população. Chamada a desempenhar a função econômica para a qual fora instituída, acolheu-a afinal o Código Civil, em termos que a aproximam da figura delineada no Direito Romano". (GOMES, Orlando. *Direitos reais*. 19. ed. rev., atual. e aum. por Luiz Edson Fachin. Rio de Janeiro: Forense, 2006. p. 302). "Do ponto de vista estritamente jurídico, a enfiteuse é um instituto que se opõe ao conceito unitário da propriedade, restaurado pelo Direito moderno; porquanto, embora regulada como direito real na coisa alheia, confere a seu titular poderes tão amplos que, em verdade, pode ele considerar-se verdadeiro dono do imóvel. Responde, com efeito, a um sistema econômico ultrapassado, conservando a figura de um domínio eminente superposto a uma propriedade de fato, que não se compadece com a estrutura atual do direito de propriedade". (p. 304).

[427] "Por essa razão a enfiteuse – que perdeu com isso a denominação de origem romana – tomou em nosso direito sob a influência das ideias medievais o nome de emprazamento ou aforamento e vem assim a ser o contrato pelo qual o senhor de um prédio concede a outro o domínio útil dele com a reserva do domínio direto". (LACERDA DE ALMEIDA, Francisco de Paula. *Direito das cousas*. Rio de Janeiro: J. Ribeiro dos Santos, 1908. p. 418).

[428] "A construção que resulta da nova lei, cujo art. 694 não provém do projeto Clóvis Beviláqua, que expressamente proibia a subenfiteuse (art. 797), aberra da evolução e da tradição do direito brasileiro. Da tradição, porque cria dois graus de domínio útil (o do enfiteuta, o do subenfiteuta), como que a refeudalizar, no século XX, a propriedade, e contra as lições da grande maioria dos praxistas dos séculos XVI e XVII, de pascoal José de Mello Freire e de Lafayette Rodrigues Pereira. Da evolução, porque, em vez de precisar as linhas construtivas

da subenfiteuse contemplaria a divisão em domínio útil e domínio direto conforme a versão medieval dessa figura.[429] Segundo Pontes de Miranda, "certo é que a subenfiteuse vem do Projeto revisto, art. 825, precisamente de emenda da Comissão revisora, de que era membro Lacerda de Almeida e por ele sugerida".[430] Para o referido autor, a opção de Lacerda de Almeida teria sido motivada por fatores religiosos e representaria um retrocesso ao direito civil:

> A intervenção das convicções religiosas – sendo religião o processo adaptativo dotado de maior efeito de estabilização – tem, no direito, às vezes, consequências de recuo no tempo: um simples dispositivo legal, que devera obedecer a sugestões jurídicas ou políticas, e não a sugestões religiosas, puxou o direito civil para aquém do século XVI.[431]

Não obstante tais críticas, fato é que a subenfiteuse é prevista no direito civil brasileiro e ampara o duplo domínio. Tendo em vista que até os presentes dias encontram-se produzindo efeitos subenfiteuses constituídas antes da entrada em vigência do Código Civil de 2002, é possível afirmar que há no ordenamento jurídico brasileiro subdivisão entre domínio útil e domínio direto.

Desse modo, discorda-se do argumento de que a cisão do domínio em útil e direto seria impossível e incompatível com o ordenamento jurídico brasileiro pelo fato de ele pertencer à *civil law*, cujo modelo é o da propriedade una, absoluta e indivisível. A diferença entre domínio útil e domínio direto é uma realidade em nosso país, ainda que restrita à subenfiteuse.

Nessa linha, é possível traçar pontos de aproximação entre a enfiteuse e o *trust*. Ambos se desenvolveram a partir da utilização de terras incultas por pessoas não proprietárias. A enfiteuse, como visto,

---

do instituto, e tornar mais livre o direito de propriedade, faz nascer no subenfiteuta novo *direito real*, que coexiste com o domínio útil do enfiteuta e o direito do senhorio". (PONTES DE MIRANDA, Francisco Cavalcanti. *Fontes e evolução do direito civil brasileiro*. 2. ed. Rio de Janeiro: Forense, 1981. p. 200).

[429] "Somente Lacerda de Almeida, medievalizador católico do direito, irá, em 1908, ao extremo de construir a subenfiteuse como direito real de segundo grau; e tal influência religiosa levaria o Código Civil a este recuo de tantos séculos". (PONTES DE MIRANDA, Francisco Cavalcanti. *Fontes e evolução do direito civil brasileiro*. 2. ed. Rio de Janeiro: Forense, 1981. p. 204).

[430] PONTES DE MIRANDA, Francisco Cavalcanti. *Fontes e evolução do direito civil brasileiro*. 2. ed. Rio de Janeiro: Forense, 1981. p. 201.

[431] PONTES DE MIRANDA, Francisco Cavalcanti. *Fontes e evolução do direito civil brasileiro*. 2. ed. Rio de Janeiro: Forense, 1981. p. 201.

tem sua origem identificada na Antiguidade Clássica,[432] ao passo que o *trust se* desenvolveu na Inglaterra medieval pós-conquista normanda.[433]

O ponto de contato mais estreito pode ser identificado entre o *trust* medieval e a subenfiteuse pelo fato de que em ambos ocorre a divisão entre domínio direto e domínio útil. Nesse ponto, interessante notar que, apesar de parte da doutrina escol defender que o *trust* não se coaduna com o sistema de direitos reais do Brasil pelo fato de sermos partidários de uma concepção una de propriedade, própria da Modernidade,[434] a previsão no artigo 1.016 do Código Civil de 1916 da subenfiteuse abre caminho para se pensar que o próprio ordenamento jurídico brasileiro já contempla essa situação. Tendo em vista a ultratividade do referido dispositivo do Código Beviláqua, até os presentes dias há subenfiteuses em plena vigência e, portanto, hipótese de duplo domínio no ordenamento jurídico brasileiro.

4.2 Fideicomisso e *trust*

Por "fideicomisso" entende-se a determinação realizada via testamento de transmissão de herança ou legado em favor de um fiduciário para que, ocorrendo a morte do fideicomitente ou ocorrendo determinado termo ou condição, os bens em questão sejam transmitidos

---

[432] Apesar da origem da enfiteuse ser identificada na Antiguidade clássica, é certo que esse instituto passou por diversas modificações ao longo dos séculos. Desse modo, não se pretende afirmar que a enfiteuse da atualidade é decorrência direta da enfiteuse romana. Parte-se da premissa de que a história do Direito não deve ser empregada como discurso legitimador. Nesse sentido, FONSECA, Ricardo Marcelo. *Introdução teórica à história do direito*. Curitiba: Juruá, 2009. p. 5; GROSSI, Paolo. *Primeira lição sobre direito*. Tradução de Ricardo Marcelo Fonseca. Rio de Janeiro: Forense, 2006. p. 35; HESPANHA, António Manuel. *Cultura jurídica européia*: síntese de um milênio. Florianópolis: Fundação Boiteux, 2005. p. 25-26.

[433] MAITLAND, Frederic William. *Equity, Also, The Forms of Action at Common Law*: Two Courses of Lectures. Editado por A.H. Chaytor e W.J. Whittaker. Cambridge: University Press, 1910. p. 23 e segs.

[434] Essa é a opinião expressada por Judith Martins-Costa: "Tais condições, à falta das quais não existirá *trust* se mostram antinômicas à parcela essencial do sistema romanístico, onde, a par do princípio da unicidade do domínio é inadmitida a incindibilidade do Direito subjetivo de forma a separar a pretensão e o direito de ação do Direito subjetivo para serem outorgados a terceiros, que os exerceriam em nome próprio, questão que teria importantes reflexos no direito de sequela a ser eventualmente exercido sobre os bens postos em *trust*, de modo a se poder concluir pela inadmissibilidade da acolhida pura e simples, na órbita desses sistemas, da instituição do *trust*". (MARTINS-COSTA, Judith H. Os negócios fiduciários: considerações sobre a possibilidade de acolhimento do "trust" no direito brasileiro. *Revista dos Tribunais*, São Paulo, n. 657, p. 44, jul. 1990).

em caráter definitivo a um terceiro, o fideicomissário.[435] Participam do fideicomsso três espécies de sujeitos: em primeiro lugar, o fideicomitente, que é o testador que decide instituir o fideicomisso; em segundo lugar, há o fiduciário, que, no momento da morte do fideicomitente, receberá em caráter resolúvel os bens objeto do fideicomisso e, em terceiro lugar, tem-se o fideicomissário, que será o titular em caráter permanente dos bens. O fideicomisso pode ser universal, recaindo sobre todos os bens deixados em herança, ou particular, incidindo apenas sobre bens determinados.

Para que haja fideicomisso, portanto, é necessário que haja ao mesmo tempo a instituição de dupla disposição testamentária, sendo a primeira em favor do fiduciário e a segunda em prol do fideicomissário, bem como a obrigação do fiduciário em conservar e transmitir os bens posteriormente ao fideicomissário quando ocorrer a condição ou termo convencionado pelo fideicomitente.[436]

Consoante afirmou Pontes de Miranda, o fideicomisso não configura verdadeira substituição testamentária, mas sim uma sucessão, pois o fiduciário não é simplesmente trocado pelo fideicomitente.[437] Na situação ideal prevista em testamento pelo fideicomitente, o fideicomissário vai pospor-se ao fiduciário.[438] Logo, nessa matéria, entende-se

---

[435] Artigo 1.951 do Código Civil: "Pode o testador instituir herdeiros ou legatários, estabelecendo que, por ocasião de sua morte, a herança ou o legado se transmita ao fiduciário, resolvendo-se o direito deste, por sua morte, a certo tempo ou sob certa condição, em favor de outrem, que se qualifica de fideicomissário".

[436] RÁO, Vicente; BARRETO, Plinio. Fideicomisso inexistência: cláusula testamentária determinando que a herança dos filhos, por sua morte, passe aos seus legítimos herdeiros – mera vinculação de bens, como tal tendo sido considerado no inventário do testador e de herdeiros seus posteriormente falecidos – reconhecimento daquele instituto que implicaria na modificação de atos judiciais perfeitos e acabados, com desrespeito a coisa julgada formal – atinência necessária do intérprete a vontade do testador – aplicação do artigo 1.666 do Código Civil. *Revista dos Tribunais*, São Paulo, v. 186, p. 28, jul. 1950.

[437] "Num só capítulo, o Código Civil [de 1916] juntou dois institutos de natureza diversa, e só semelhantes na aparência: a substituição *vulgar* e o fideicomisso. Naquela há, realmente, uma *substituição* – uma pessoa fica no lugar que tocava a outra; nesse, não: uma foi, ou é, até certo tempo, ou até certo fato, e depois outra lhe sucede na herança. Não a *substitui*, vem-lhe *depois*. Os juristas constroem-na como instituição condicional; sem que isso lhe obste poder ser ela mesma condicional nos casos em que o pode ser a instituição do herdeiro ou legatário". (PONTES DE MIRANDA, Francisco Cavalcanti. *Direito das sucessões*: sucessão testamentária, disposições testamentárias e formas ordinárias de testamento. Atualizado por Giselda Hironaka e Paulo Lôbo. São Paulo: RT, 2012. v. 58. p. 145).

[438] Impende esclarecer que os bens objeto de fideicomisso e o direito do fideicomissário são excluídos da regra geral de comunicação dos bens no regime da comunhão universal. Conforme art. 1.668 do Código Civil: "São excluídos da comunhão: II – os bens gravados de fideicomisso e o direito do herdeiro fideicomissário, antes de realizada a condição suspensiva".

ter havido equívoco do legislador em qualificar o fideicomisso como espécie de substituição. A substituição vulgar ou pura efetivamente caracteriza uma permuta de herdeiro ou legatário, pois é a situação na qual o testador insere cláusula indicando quem deve receber os bens caso o primeiro indicado não queira ou não possa aceitar a herança ou o legado.[439] Frise-se que nessa hipótese apenas um deles receberá os bens, ao contrário do fideicomisso, no qual primeiramente os bens ficarão com o fiduciário, como propriedade resolúvel,[440] e ulteriormente e em caráter definitivo com o fideicomissário. Inclusive, caso o fideicomissário aceite a herança ou o legado, terá direito à parte que for acrescida aos bens em propriedade resolúvel do fiduciário.[441]

O tema encontra-se atualmente regulado nos artigos 1.951 a 1.960 do Código Civil, situado no mesmo capítulo, mas em seção diversa das substituições vulgar e recíproca, ao contrário do que ocorria no Código Civil de 1916. Diferentemente, ainda, do que previa o Código Beviláqua, a atual codificação civil restringiu demasiadamente as hipóteses de estipulação de fideicomisso. O artigo 1.952 do Código Civil reduz a utilização da substituição fideicomissária apenas em benefício "dos não concebidos ao tempo da morte do testador".[442] Logo, a princípio limita-se a aplicação do fideicomisso em proveito da prole eventual, a qual recebeu capacidade testamentária passiva, conforme artigo 1.799, I do Código Civil.[443] Entretanto, o artigo 1.800, §4º, do Código Civil, estabelece prazo de dois anos após a abertura da sucessão para haver a concepção do herdeiro.[444]

Nesse ponto nota-se mudança em relação ao Código Civil de 1916. O Código Beviláqua previa a possibilidade de a prole eventual herdar

---

[439] Art. 1.947 do Código Civil: "O testador pode substituir outra pessoa ao herdeiro ou ao legatário nomeado, para o caso de um ou outro não querer ou não poder aceitar a herança ou o legado, presumindo-se que a substituição foi determinada para as duas alternativas, ainda que o testador só a uma se refira".
[440] Art. 1.953 do Código Civil: "O fiduciário tem a propriedade da herança ou legado, mas restrita e resolúvel".
[441] Art. 1.956 do Código Civil: "Se o fideicomissário aceitar a herança ou o legado, terá direito à parte que, ao fiduciário, em qualquer tempo acrescer".
[442] Art. 1.952 do Código Civil: "A substituição fideicomissária somente se permite em favor dos não concebidos ao tempo da morte do testador".
[443] Art. 1.799 do Código Civil: "Na sucessão testamentária podem ainda ser chamados a suceder: I – os filhos, ainda não concebidos, de pessoas indicadas pelo testador, desde que vivas estas ao abrir-se a sucessão".
[444] Art. 1.800, §4º, do Código Civil: "Se, decorridos dois anos após a abertura da sucessão, não for concebido o herdeiro esperado, os bens reservados, salvo disposição em contrário do testador, caberão aos herdeiros legítimos".

via testamento, desde que expressamente determinado pelo testador e que, quando do falecimento desse, a prole eventual fosse existente.[445] No Código Civil de 2002, ao contrário, não é necessário estar concebido ou nascido no momento da morte do testador. Exige-se apenas que em até dois anos contados da abertura da sucessão tenha havido a concepção.

Uma questão polêmica que se relaciona com o tema do fideicomisso é a possibilidade de o fideicomissário ser concebido por meio de fertilização artificial *post mortem*.[446] No atual estágio da doutrina e da jurisprudência,[447] para que seja possível a utilização de material genético criopreservado do marido, são necessários prévia autorização por escrito e o *status* de viúva.[448]

---

[445] "A expressão 'mesmo que falecido o marido' tem dado margem a inúmeros debates e discussões. O permissivo legal não significa que a prática da inseminação ou fertilização *in vitro post mortem* seja autorizada ou estimulada. Ainda que o cônjuge tenha fornecido o sêmen, não há como presumir o consentimento para a inseminação depois de sua morte. Somente na hipótese de ter havido expressa autorização do marido é que a fertilização pode ser feita após o seu falecimento. O princípio da *autonomia da vontade* condiciona a utilização do material genético. Sem tal autorização, os embriões devem ser eliminados, pois não se pode presumir que alguém queira ser pai depois de morto. Deste modo, a viúva não pode exigir que a clínica lhe entregue o material genético que se encontra armazenado para que seja nela inseminado, por não se tratar de bem objeto de herança". (DIAS, Maria Berenice. *Manual de direito das famílias*. 10. ed. São Paulo: Revista dos Tribunais, 2015. p. 401).

[446] Sobre o tema, Giselda Hironaka e Paulo Lôbo – ao tecerem atualizações ao Tratado de Direito Privado de Pontes de Miranda – entendem que o embrião pré-implantatório pode herdar de modo legítimo em caso de fertilização homóloga e testamentariamente em caso de fertilização heteróloga. (PONTES DE MIRANDA, Francisco Cavalcanti. *Direito das sucessões*: sucessão testamentária, disposições testamentárias e formas ordinárias de testamento. Atualizado por Giselda Hironaka e Paulo Lôbo. São Paulo: RT, 2012. v. 58. p. 181).

[447] "DIREITO CIVIL. CONSTITUCIONAL. PROCESSUAL CIVIL. EMBARGOS INFRINGENTES. UTILIZAÇÃO DE MATERIAL GENÉTICO CRIOPRESERVADO POST MORTEM SEM AUTORIZAÇÃO EXPRESSA DO DOADOR. AUSÊNCIA DE DISPOSIÇÃO LEGAL EXPRESSA SOBRE A MATÉRIA. IMPOSSIBILIDADE DE SE PRESUMIR O CONSENTIMENTO DO DE CUJUS PARA A UTILIZAÇÃO DA INSEMINAÇÃO ARTIFICIAL HOMÓLOGA POST MORTEM. RESOLUÇÃO 1.358/92, DO CONSELHO FEDERAL DE MEDICINA. 1. Diante da falta de disposição legal expressa sobre a utilização de material genético criopreservado *post mortem*, não se pode presumir o consentimento do *de cujus* para a inseminação artificial homóloga *post mortem*, já que o princípio da autonomia da vontade condiciona a utilização do sêmen criopreservado à manifestação expressa de vontade a esse fim. 2. 'No momento da criopreservação, os cônjuges ou companheiros devem expressar sua vontade, por escrito, quanto ao destino que será dado aos pré-embriões criopreservados, em caso de divórcio, doenças graves ou de falecimento de um deles ou de ambos, e quando desejam doá-lo' (a Resolução 1.358/92, do Conselho Federal de Medicina) 3. Recurso conhecido e desprovido. (DISTRITO FEDERAL. Tribunal de Justiça do Distrito Federal e dos Territórios. Acórdão nº 874.047. Relator: Desembargador Carlos Rodrigues. Brasília, 25 maio 2015. *Diário da Justiça Eletrônico*, Brasília, 18 jun. 2015).

[448] Enunciado 106 da I Jornada de Direito Civil do Conselho da Justiça Federal: "Para que seja presumida a paternidade do marido falecido, será obrigatório que a mulher, ao se submeter a uma das técnicas de reprodução assistida com o material genético do falecido, esteja na condição de viúva, sendo obrigatória, ainda, a autorização escrita do

marido para que se utilize seu material genético após sua morte". Também o e. STJ, ao julgar o REsp nº 1.918.421/SP: RECURSO ESPECIAL. INEXISTÊNCIA DE NEGATIVA DE PRESTAÇÃO JURISDICIONAL. IMPOSSIBILIDADE DE ANÁLISE DE OFENSA A ATOS NORMATIVOS INTERNA CORPORIS. REPRODUÇÃO HUMANA ASSISTIDA. REGULAMENTAÇÃO. ATOS NORMATIVOS E ADMINISTRATIVOS. PREVALÊNCIA DA TRANSPARÊNCIA E CONSENTIMENTO EXPRESSO ACERCA DOS PROCEDIMENTOS. EMBRIÕES EXCEDENTÁRIOS. POSSIBILIDADE DE IMPLANTAÇÃO, DOAÇÃO, DESCARTE E PESQUISA. LEI DE BIOSSEGURANÇA. REPRODUÇÃO ASSISTIDA POST MORTEM. POSSIBILIDADE. AUTORIZAÇÃO EXPRESSA E FORMAL. TESTAMENTO OU DOCUMENTO ANÁLOGO. PLANEJAMENTO FAMILIAR. AUTONOMIA E LIBERDADE PESSOAL. 1. A negativa de prestação jurisdicional não se configura quando todos os aspectos relevantes para o correto julgamento da causa são considerados pelo órgão julgador, estabelecendo-se, de modo claro e fundamentado, a compreensão firmada, ainda que em sentido diferente do desejado pelos recorrentes. 2. Nos termos do entendimento do STJ, é inviável, em recurso especial, a verificação de ofensa/aplicação equivocada de atos normativos *interna corporis*, tais como regimentos internos, por não estarem compreendidos no conceito de tratado ou lei federal, consoante a alínea "a" do inciso III do art. 105 da CF/1988. 3. No que diz respeito à regulamentação de procedimentos e técnicas de reprodução assistida, o Brasil adota um sistema permissivo composto por atos normativos e administrativos que condicionam seu uso ao respeito a princípios éticos e constitucionais. Do acervo regulatório destaca-se a Resolução n. 2.168/2017 do Conselho Federal de Medicina, que impõe a prevalência da transparência, do conhecimento e do consentimento da equipe médica, doadores e receptores do material genético em todas as ações necessárias à concretização da reprodução assistida, desde a formação e coleta dos gametas e embriões, à sua criopreservação e seu destino. 4. Quanto ao destino dos embriões excedentários, a Lei da Biossegurança (Lei n. 11.105/2005) dispõe que poderão ser implantados no útero para gestação, podendo, ainda, ser doados ou descartados. Dispõe, ademais, que, garantido o consentimento dos genitores, é permitido utilizar células-tronco embrionárias obtidas da fertilização in vitro para fins de pesquisa e terapia. 5. Especificamente quanto à reprodução assistida post mortem, a Resolução CFM n. 2.168/2017, prevê sua possibilidade, mas sob a condição inafastável da existência de autorização prévia específica do(a) falecido(a) para o uso do material biológico criopreservado, nos termos da legislação vigente. 6. Da mesma forma, o Provimento CNJ n. 63 (art. 17, §2º) estabelece que, na reprodução assistida post mortem, além de outros documentos que especifica, deverá ser apresentado termo de autorização prévia específica do falecido ou falecida para uso do material biológico preservado, lavrado por instrumento público ou particular com firma reconhecida. 7. O Enunciado n. 633 do CJF (VIII Jornada de Direito Civil) prevê a possibilidade de utilização da técnica de reprodução assistida póstuma por meio da maternidade de substituição, condicionada, sempre, ao expresso consentimento manifestado em vida pela esposa ou companheira. 8. O Planejamento Familiar, de origem governamental, constitucionalmente previsto (art. 196, §7º e art. 226), possui natureza promocional, e não coercitiva, com fundamento nos princípios da dignidade da pessoa humana e da paternidade responsável, e consiste na viabilização de utilização de recursos educacionais e científicos, bem como na garantia de acesso igualitário a informações, métodos e técnicas de regulação da fecundidade. 9. O princípio da autonomia da vontade, corolário do direito de liberdade, é preceito orientador da execução do Planejamento Familiar, revelando-se, em uma de suas vertentes, um ato consciente do casal e do indivíduo de escolher entre ter ou não filhos, o número, o espaçamento e a oportunidade de tê-los, de acordo com seus planos e expectativas. 10. Na reprodução assistida, a liberdade pessoal é valor fundamental e a faculdade que toda pessoa possui de autodeterminar-se fisicamente, sem nenhuma subserviência à vontade de outro sujeito de direito. 11. O CC/2002 (art. 1.597) define como relativa a paternidade dos filhos de pessoas casadas entre si, e, nessa extensão, atribui tal condição à situação em que os filhos são gerados com a utilização de embriões excedentários, decorrentes de concepção homóloga, omitindo-se, contudo, quanto à forma legalmente prevista para

O parágrafo único do art. 1.952 do Código Civil dispõe que, se no momento em que ocorrer a morte do testador, o fideicomissário já tiver nascido, tornar-se-á proprietário dos bens instituídos em fideicomisso. O fiduciário, por sua vez, será usufrutuário de tais bens.[449]

Importante diferenciar o fideicomisso do usufruto. Esse tema já foi objeto de intenso debate, captado por Haroldo Valladão na obra *Enfim... Fideicomisso!*, na qual é examinado um caso judicial em que a controvérsia jurídica era a elucidação de se determinada cláusula testamentária instituía usufruto ou fideicomisso. A resolução contou com pareceres de Alfredo Bernardes, Clóvis Beviláqua, Hahnemann Guimarães, Orozimbo Nonato e Carlos Maximiliano, prevalecendo a interpretação em favor da ocorrência de fideicomisso. Acerca das diferenças entre o fideicomisso e o usufruto, suas naturezas jurídicas são bem diversas, pois, enquanto o primeiro pertence ao direito das sucessões, sendo modalidade de substituição testamentária, o segundo é um direito real limitado. Ao passo que no fideicomisso haverá transferência de titularidade dos bens, pois o fiduciário tem apenas a propriedade resolúvel e deverá transmiti-la em caráter definitivo ao fideicomissário, no usufruto a propriedade é exercida de modo simultâneo, sendo seus poderes desmembrados entre usufrutuário e nu-proprietário.

Nessa linha, caso o fideicomissário faleça antes do fiduciário ou previamente à realização da condição estipulada, a propriedade resolúvel do fiduciário será consolidada, caducando o fideicomisso.[450]

---

utilização do material genético post mortem. 12. A decisão de autorizar a utilização de embriões consiste em disposição post mortem, que, para além dos efeitos patrimoniais, sucessórios, relaciona-se intrinsecamente à personalidade e dignidade dos seres humanos envolvidos, genitor e os que seriam concebidos, atraindo, portanto, a imperativa obediência à forma expressa e incontestável, alcançada por meio do testamento ou instrumento que o valha em formalidade e garantia. 13. A declaração posta em contrato padrão de prestação de serviços de reprodução humana é instrumento absolutamente inadequado para legitimar a implantação post mortem de embriões excedentários, cuja autorização, expressa e específica, haverá de ser efetivada por testamento ou por documento análogo. 14. Recursos especiais providos. (BRASIL. Superior Tribunal de Justiça. Recurso Especial nº 1.918.421/SP. Relator(a): Min. Marco Buzzi. Julgamento: 08/06/2021. Órgão Julgador: 4ª Turma. Data de Publicação: 26/08/2021).

[449] Art. 1.952, parágrafo único, do Código Civil: "Se, ao tempo da morte do testador, já houver nascido o fideicomissário, adquirirá este a propriedade dos bens fideicometidos, convertendo-se em usufruto o direito do fiduciário".

[450] Art. 1.958 do Código Civil: "Caduca o fideicomisso se o fideicomissário morrer antes do fiduciário, ou antes de realizar-se a condição resolutória do direito deste último; nesse caso, a propriedade consolida-se no fiduciário, nos termos do art. 1.955".

Isso ocorre porque não há direito de representação na substituição fideicomissária.[451]

Cabe ressaltar que a opção do codificador de 2002 de reduzir drasticamente o número de situações passíveis de instituição de fideicomisso tornou o instituto de pouca serventia e aplicação prática escassa na atualidade.[452]

A instituição de fideicomisso só pode ocorrer em testamento, sendo vedada a sua inserção em cláusula contratual, pois representaria afronta à vedação do *pacta corvina*, expressamente previsto no artigo 426 do Código Civil.[453] Nesse sentido, prevê o enunciado nº 529 da V Jornada de Direito Civil do Conselho da Justiça Federal: "O fideicomisso, previsto no artigo 1.951 do Código Civil, somente pode ser instituído por testamento".

Para surtir plenos efeitos, a instituição do fideicomisso deve ser inequívoca, devendo constar expressamente a quem se dirige a dupla liberalidade, isto é, quem ocupará a posição de fiduciário e quem ocupará a de fideicomissário. O fideicomisso não pode ser presumido.[454] Sobre

---

[451] "Diferentemente do que acontece na sucessão legítima, em que há o direito de representação, na substituição fideicomissária isto não ocorre: morto o fideicomissário, não há falar-se em direito de representação". (NERY JUNIOR, Nelson. Usucapião ordinária escritura de doação com cláusula de substituição fideicomissária como justo título para usucapião. Doação *causa mortis*. Insinuação de doação. Registro Imobiliário. *Revista de Direito Privado*, v. 2, p. 177, abr. 2000).

[452] Nessa perspectiva, Flávio Tartuce assevera que: "A verdade é que o fideicomisso sempre teve reduzida ou nenhuma aplicação entre nós, e o Código Civil de 2002 encarregou-se de diminuir ainda mais a sua incidência prática, porque, nos termos do seu art. 1.952, a substituição fideicomissária *somente se permite* em favor dos *não concebidos* ao tempo da morte do testador. Em suma, somente é possível fideicomisso para beneficiar como fideicomissário a prole eventual ou *concepturo*, o que torna sem sentido atual toda a jurisprudência anterior sobre o tema". (TARTUCE, Flávio. *Direito civil*: direito das sucessões. 9. ed. rev., atual. e ampl. Rio de Janeiro: Forense, 2016. v. 6. p. 480).

[453] Art. 426 do Código Civil: "Não pode ser objeto de contrato a herança de pessoa viva".

[454] "HABILITAÇÃO EM INVENTÁRIO. PRELIMINAR DE NÃO CONHECIMENTO DA APELAÇÃO. RECURSO INADEQUADO. DECISÃO QUE INDEFERE PEDIDO DE HABILITAÇÃO. CABIMENTO DE AGRAVO DE INSTRUMENTO. INOCORRÊNCIA. MÉRITO. MATÉRIA NÃO VENTILADA NA PETIÇÃO INICIAL. IMPOSSIBILIDADE DE APRECIAÇÃO EM SEDE RECURSAL. SUPRESSÃO DE INSTÂNCIA. INEXISTÊNCIA DE FIDEICOMISSO. NEGÓCIO JURÍDICO. NECESSIDADE DE EXPOSIÇÃO CLARA E EXPRESSA NO TESTAMENTO. OCORRÊNCIA DE SUBSTITUIÇÃO TESTAMENTÁRIA VULGAR. I – Havendo impugnação à habilitação em inventário deve a controvérsia ser dirimida nas vias ordinárias, devendo ser observado as disposições dos artigos 1.055 a 1.062 do Código de Processo Civil, com a instauração de procedimento incidental a ser resolvido por sentença atacável por apelação. Somente quando solucionada a questão nos próprios autos do inventário, por decisão interlocutória, é que se mostra comportável o agravo de instrumento. II – Matéria que não foi ventilada na petição inicial e somente abordada na fase recursal, constitui inovação que não pode ser apreciada pelo tribunal

o fato de haver incerteza sobre o conteúdo do testamento, Eduardo César Silveira Marchi afirma que se deve utilizar como parâmetro interpretativo o propósito almejado pelo testador fideicomitente.[455]

Outra novidade do Código Civil de 2002 é a de que pode o fiduciário renunciar à herança ou ao legado, sendo transmitida ao fideicomissário a aceitação, salvo disposição em contrário do testador.[456] O contrário também pode ocorrer, sendo possível o fideicomissário renunciar à herança ou ao legado. Nesse caso, a propriedade dos bens passará de resolúvel para definitiva do fiduciário, salvo disposição em contrário do testador.[457] Tendo em vista que a propriedade definitiva dos bens fica com o fideicomissário, ele responde pelos encargos da herança que ainda existirem.[458]

Apresentadas as principais características do fideicomisso, em especial à luz da reformulação operada pelo Código Civil de 2002, passa-se a cotejar tal figura com o *trust*, em busca de suas semelhanças e dessemelhanças.

Percebe-se que o fideicomisso e o *trust* apresentam como pontos de contato o fato de permitirem a disposição de bens em favor de determinadas pessoas, sobretudo das que se almeja proteger por diversas

---

em sede revisional, sob pena de supressão de instância. III – O fideicomisso, por ser um negócio jurídico testamentário, deve estar expressamente consignado no testamento, com clara indicação de sua existência e definição do fideicomitente, fiduciário e fideicomissário, não podendo ser presumida sua existência. Havendo cláusula testamentária nomeando um segundo herdeiro ou legatário, para substituir o primeiro, se, por qualquer razão, não se operar a transmissão do benefício ao indicado original, tem-se a substituição testamentária vulgar, situação diversa do fideicomisso". (GOIÁS. Tribunal de Justiça do Estado de Goiás. Apelação Cível nº 2009.91410262. Relator: Desembargador. Goiânia, 09 jun. 2010. *Diário da Justiça do Estado de Goiás*, Goiânia, 09 jun. 2010).

[455] Eduardo César Silveira Marchi afirma que, em caso de dúvida, as disposições testamentárias devem ser interpretadas a partir da intenção do testador. Segundo o autor, esse modo de interpretação tem origem na *"causa curiana"* e estaria plasmado no artigo 85 do Código Civil de 1916. Atualmente, trata-se do artigo 112 do Código Civil, que permaneceu quase inalterado em relação ao artigo 85 do Código Civil de 1916. ("Nas declarações de vontade se atenderá mais à intenção nelas consubstanciada do que ao sentido literal da linguagem") (MARCHI, Eduardo César Silveira. Interpretação dos negócios jurídicos: a "causa curiana" e o art. 85 do Código Civil Brasileiro. *Revista dos Tribunais*, São Paulo, v. 648, p. 21, out. 1989).

[456] Art. 1.954 do Código Civil de 2002: "Salvo disposição em contrário do testador, se o fiduciário renunciar a herança ou o legado, defere-se ao fideicomissário o poder de aceitar".

[457] Art. 1.955 do Código Civil: "O fideicomissário pode renunciar a herança ou o legado, e, neste caso, o fideicomisso caduca, deixando de ser resolúvel a propriedade do fiduciário, se não houver disposição contrária do testador".

[458] Art. 1.957 do Código Civil: "Ao sobrevir a sucessão, o fideicomissário responde pelos encargos da herança que ainda restarem".

razões. Ambos podem ser criados por testamento e em sua estrutura contemplam três sujeitos.

Contudo, constata-se que o *trust* é mais abrangente que o fideicomisso, pois permite diversos arranjos de disposição de bens, ao passo que o fideicomisso atualmente só permite que o fideicomissário seja um *concepturo*. O *trust*, por sua vez, pode beneficiar quaisquer tipos de pessoas, desde a prole eventual, até pessoas já nascidas capazes ou incapazes.

No tocante à constituição, o *trust* também pode ser criado por testamento, mas não apenas por essa via. Nesse aspecto, é também mais amplo que o fideicomisso.

Acerca da estrutura, tal como acima afirmado, tanto o *trust* quanto o fideicomisso envolvem três sujeitos. Todavia, o papel que cada um deles desempenha é diverso. No caso do fideicomisso, o testador fideicomitente instituirá o fideicomisso sobre os bens que desejar e deverá indicar quem ocupará as posições de fiduciário e a de fideicomissário, devendo esse último ser concepturo. Nos termos do artigo 1.959 do Código Civil, "são nulos os fideicomissos além do segundo grau". Isso quer dizer que, caso seja convencionada uma tripla liberalidade, ou seja, sejam indicados um fiduciário e um primeiro e um segundo fideicomissários, a indicação desse último será considerada nula, conforme o artigo 166, VI do Código Civil. A primeira indicação deverá ser preservada em homenagem ao princípio da conservação dos negócios jurídicos.[459] Ao fiduciário caberá primordialmente conservar os bens recebidos e, ocorrendo a condição ou termo estipulado, transmiti-los ao fideicomissário, pois sua propriedade é resolúvel. O fideicomissário, por sua vez, poderá aceitar ou não a herança ou o legado e, caso se posicione pela aceitação, tornar-se-á o proprietário em caráter definitivo dos bens. No caso do *trust*, cabe ao *settlor* criar o *trust*, devendo escolher qual será a modalidade, quais serão as regras que o regerão, quais bens serão objeto e quem serão o *trustee* e o beneficiário. O *trustee* se tornará o proprietário dos bens e deverá administrá-los nos limites determinados pelo *settlor* e sempre em prol do beneficiário. Sua função não é a de meramente conservar os bens, mas de geri-los em favor dos beneficiários. Não há restrição sobre quem pode ser beneficiário, sendo admitido que o próprio *settlor* se autoproclame beneficiário.

---

[459] TARTUCE, Flávio. *Direito civil*: direito das sucessões. 9. ed. rev., atual. e ampl. Rio de Janeiro: Forense, 2016. v. 6. p. 483.

Verifica-se, portanto, que, apesar de o *trust* e o fideicomisso apresentarem semelhanças e visarem a proteção patrimonial de pessoas indicadas por alguém que seja titular de bens, o fideicomisso apresenta pouquíssima relevância no cotidiano jurídico. Nessa perspectiva, Sérgio Jacomino entende que:

> No tocante ao fideicomisso, as alterações foram infelizes. Ficaram a meio caminho dos objetivos consubstanciados nas sugestões de alteração propugnadas pelos principais autores do projeto. Resumiu-se a reformulação numa imbricação pouco sistemática de conceitos colhidos no campo doutrinário, dando ensanchas à recidiva dos vícios que contaminaram o rigor científico que deve imperar nestas iniciativas.[460]

Sendo assim, percebe-se que o fideicomisso não desempenha as mesmas funções que o *trust*, não se apresentando, portanto, como um substituto adequado ou mesmo como figura análoga ao *trust*.

4.3 Sociedade de propósito específico

A Sociedade de Propósito Específico (SPE) pode ser definida como "a reunião de empresas ou pessoas para execução de um objetivo, mediante a constituição de uma pessoa jurídica nova, distinta da dos sócios e com prazo determinado".[461] Consiste em pessoa jurídica com personalidade jurídica própria e autonomia patrimonial, e diferencia-se das demais sociedades porque possui objeto e prazo de duração determinados.

Trata-se de pessoa jurídica atrelada a determinada modalidade societária, com registro dos atos na Junta Comercial e no Cadastro Nacional de Pessoas Jurídicas. Ao final de sua denominação, deve constar a sigla "SPE", a fim de diferenciá-la de outras sociedades.

Em síntese, as peculiaridades da SPE consistem (i) na possibilidade de assumir mais de uma modalidade societária, (ii) apresentar um objeto predeterminado, que é a execução de um certo negócio jurídico – como a alienação das unidades de um empreendimento imobiliário, por

---

[460] JACOMINO, Sérgio. O fideicomisso no projeto do Código Civil. *Revista de Direito Imobiliário*, São Paulo, v. 44, p. 27, maio 1998.
[461] MATTOS, Aldo Dórea. *Patrimônio de afetação na incorporação imobiliária*: mais proteção para o adquirente. 2. ed. São Paulo: Pini, 2013. p. 107.

exemplo –, e (iii) a duração da sociedade limitar-se ao cumprimento desse objeto.

A Sociedade de Propósito Específico está prevista nos artigos 5º, §2º, I, 5º-A, I, II, 9º, entre outros, da Lei nº 11.079/2004, que instituiu o Regime das Parcerias Público-Privadas (PPPs). Consta, ainda, no artigo 50, XVI, da Lei nº 11.101, de 2005 (Lei de Falências e Recuperação Judicial) e aplica-se a ela o artigo 981, parágrafo único, do Código Civil.

Sobre as origens da SPE, verifica-se grande divergência doutrinária. Segundo Gabriel Luiz de Carvalho, a estrutura de uma SPE não é algo completamente novo no Direito brasileiro e em outros ordenamentos jurídicos, pois apresenta semelhanças com a figura do "consórcio-societário", instituído pela Portaria nº 107/1967 do Instituto Brasileiro de Desenvolvimento Florestal (IBDF). Posteriormente, a figura do consórcio foi complementada pelas Leis nº 8.666/1993, 8.987/1995 e 9.074/1995 – e esta última prevê que, em processos licitatórios, uma vez vencedor, o consórcio extinguir-se-á para constituir uma SPE, ou seja, uma sociedade personalizada e com objetivo determinado.[462]

Mattos diferencia a SPE do consórcio:

> Um consórcio é a junção temporal de duas ou mais empresas para a consecução de um objetivo comum, sem que cada empresa perca a sua individualidade, ou seja, sem o surgimento de uma empresa jurídica nova. Consórcio não tem personalidade jurídica própria (embora possa requerer CNPJ próprio); SPE tem. Sendo assim, a SPE recolhe seus tributos independentemente das empresas constituintes e tem personalidade patrimonial, que é a possibilidade de ser titular de bens e direitos e de registrá-los em suas contas de ativo. Analogamente, a SPE também registra em seu passivo todas as suas obrigações e deveres, sejam contratuais, societários ou fiscais.[463]

Marcelo Andrade Féres[464] apresenta o mesmo entendimento de Carvalho quanto às origens da SPE. Entretanto, há quem defenda que

---

[462] CARVALHO, Gabriel Luiz de. *Sociedade de propósito específico*: natureza e aplicação. Disponível em: https://jus.com.br/artigos/10756/sociedadedepropositoespecifico. Acesso em: 02 ago. 2016.

[463] MATTOS, Aldo Dórea. *Patrimônio de afetação na incorporação imobiliária*: mais proteção para o adquirente. 2. ed. São Paulo: Pini, 2013. p. 108-109.

[464] FÉRES, Marcelo Andrade. As sociedades de propósito específico (SPE) no âmbito das parcerias público-privadas (PPP): algumas observações de direito comercial sobre o art. 9º da Lei nº 11.079/2004. *Revista Jurídica da Presidência*, Brasília, v. 7, n. 75, out./nov. 2005. Disponível em: https://goo.gl/ZxOZTh. Acesso em: 04 ago. 2016.

a SPE seria uma modalidade societária completamente nova.⁴⁶⁵ Alguns autores sustentam que a SPE seria verdadeira decorrência ou exemplar da figura norte-americana da *Joint Venture*,⁴⁶⁶ enquanto outros afirmam que teria se originado a partir das sociedades em conta de participação (SCP).⁴⁶⁷ Mattos apresenta algumas diferenças entre a SPE e a SCP:

> A SCP é formada por um sócio ostensivo e os demais ocultos, competindo ao sócio ostensivo a responsabilidade pela apuração dos resultados e recolhimentos dos impostos. A SCP é utilizada quando há investidores que não querem aparecer ostensivamente, deixando "visível" apenas a empresa incorporadora. Na SCP, que é regulada pelos arts. 991 a 996 do Código Civil, o sócio ostensivo é o único que se obriga para com terceiros; os outros sócios ficam unicamente obrigados para com o sócio ostensivo por todos os resultados das transações e obrigações sociais empreendidas nos termos precisos do contrato. A constituição da SCP não está sujeita às formalidades legais prescritas para as demais sociedades, não sendo necessário o registro de seu contrato social na Junta Comercial.⁴⁶⁸

Para Souza, a SPE consiste em um modelo de negócios baseado em experiências tipicamente norte-americanas, como, por exemplo, a

---

[465] HENTZ, Luiz Antonio Soares. *Direito de empresa no Código Civil de 2002*: teoria geral do novo direito comercial. 3. ed. São Paulo: Juarez de Oliveira, 2005. p. 215.

[466] Segundo Martelene Carvalhaes Pereira e Souza, a *Joint Venture* é instituto norte-americano que consiste na junção de pessoas físicas ou jurídicas com expertises distintas e que emprestam suas habilidades, recursos e conhecimentos para empreender um determinado objetivo. (SOUZA, Martelene Carvalhaes Pereira e. *Patrimônio de afetação, SPE, SCP e consórcio*: estruturação de negócios imobiliários e de construção civil. São Paulo: Pini, 2014. p. 54-55).

[467] "Diferentemente daqueles que defendem a origem da sociedade de propósito específico na relação jurídica de *joint venture*, do direito norte-americano, penso que, de fato, a origem do referido instituto está diretamente vinculada ao tipo societário de longa data, talvez, historicamente, o mais remoto de todos, que é a sociedade em conta de participação, com se vê nas palavras de Fernand Braudel, citado por Ricardo Negrão, cuja atualidade mereceu por parte do legislador o devido prestígio de sua mantença no Código Civil de 2002, na classificação das sociedades não personificadas (art. 991). É certo que a sociedade de propósito específico, embora defendamos a sua raiz na sociedade em conta de participação, mereceu a devida reformulação na Lei 11.079/2004, que lhe emprestou status de sociedade formal, com personalidade jurídica, organizada nos moldes da legislação societária brasileira, com padrão de governança corporativa na administração da atividade específica para a qual foi ou será constituída, inclusive com a adoção de contabilidade e demonstrações financeiras padronizadas, como expressamente aponta o §3º, do art. 9º da Lei de Parceria Público-Privada". (GUERRA, Luiz Antonio. Licitação: direito administrativo, consórcio empresarial e sociedade de propósito específico, proteção e segurança jurídica para o poder público. *Revista Jurídica da Presidência*, Brasília, v. 8, n. 81, p. 50, out./nov. 2006).

[468] MATTOS, Aldo Dórea. *Patrimônio de afetação na incorporação imobiliária*: mais proteção para o adquirente. 2. ed. São Paulo: Pini, 2013. p. 109.

Joint Venture. A autora esclarece que, no entanto, a SPE surgiu no Brasil com o intuito de proteger o investidor, o financiador e o comprador, em face do episódio da falência da incorporadora Encol, que prejudicou um considerável número de famílias brasileiras.[469]

De modo semelhante, Mattos afirma que, com a decretação de sua falência, a Encol utilizou-se das Sociedades de Propósito Específico para "segregar o patrimônio dos novos lançamentos, garantindo aos adquirentes e financiadores que o dinheiro arrecadado para uma obra não seria canalizado para outros empreendimentos da mesma incorporadora".[470]

Sobre as vantagens da constituição de uma Sociedade de Propósito Específico, explica a autora:

> A SPE é de grande valia para organização dos negócios em empreendimentos imobiliários e construção de obras, antes regulados por contratos interempresariais, com a vantagem de outorgar personalidade jurídica à sociedade, limitando a responsabilidade dos seus membros e assegurando a autonomia do patrimônio social.[471]

Quanto às modalidades societárias da SPE, Luiz Antonio Guerra defende que esta pode constituir qualquer regime jurídico societário contido no Código Civil de 2002, com exceção das sociedades não personificadas, da sociedade em nome coletivo e da sociedade cooperativa.[472]

De outro lado, Souza e Mattos[473] sustentam que a SPE somente pode ser constituída na forma de sociedade por quotas de responsabilidade limitada (regida pelo Código Civil de 2002) ou sociedade anônima (regida pela Lei nº 6.404, de 1976), mediante registro dos atos constitutivos na Junta Comercial.[474]

---

[469] SOUZA, Martelene Carvalhaes Pereira e. *Patrimônio de afetação, SPE, SCP e consórcio*: estruturação de negócios imobiliários e de construção civil. São Paulo: Pini, 2014. p. 55.

[470] MATTOS, Aldo Dórea. *Patrimônio de afetação na incorporação imobiliária*: mais proteção para o adquirente. 2. ed. São Paulo: Pini, 2013. p. 107.

[471] SOUZA, Martelene Carvalhaes Pereira e. *Patrimônio de afetação, SPE, SCP e consórcio*: estruturação de negócios imobiliários e de construção civil. São Paulo: Pini, 2014. p. 55.

[472] GUERRA, Luiz Antonio. Licitação: direito administrativo, consórcio empresarial e sociedade de propósito específico, proteção e segurança jurídica para o poder público. *Revista Jurídica da Presidência*, Brasília, v. 8, n. 81, p. 49, out./nov. 2006.

[473] MATTOS, Aldo Dórea. *Patrimônio de afetação na incorporação imobiliária*: mais proteção para o adquirente. 2. ed. São Paulo: Pini, 2013. p. 108.

[474] Souza explica que o contrato social deverá conter (i) nome empresarial por firma social ou denominação social; (ii) capital da sociedade expresso em moeda corrente; (iii) discriminação das quotas de cada sócio; (iv) a forma e o prazo de integralização das quotas; (v) endereço

Souza afirma que as Sociedades de Propósito Específico podem ser tributadas pelo lucro real, pelo lucro presumido ou pelo Regime Especial de Tributação (RET) das incorporações imobiliárias submetidas a afetação, que consiste basicamente na unificação dos seguintes tributos federais: (i) imposto de renda (IR); (ii) contribuição social sobre lucro líquido (CSLL); (iii) programa de integração social e de formação do patrimônio do servidor público (PIS/PASEP) e (iv) contribuição para financiamento da seguridade social (COFINS). Isso se tornou bastante interessante para tais sociedades, visto que a Medida Provisória nº 601, de 2012, com entrada em vigor em 1º de janeiro de 2013, reduziu a alíquota do referido regime especial de tributação de 6% para 4%.[475] Atualmente, após as alterações incluídas pela Lei nº 13.970/2019, além da alíquota de 4%, restou positivado que o Regime Especial de Tributação das Incorporações Imobiliárias será aplicado até o recebimento integral do valor das vendas de todas as unidades que compõem o memorial de incorporação registrado no cartório de imóveis competente, independentemente da data de sua comercialização, e, no caso de contratos de construção, até o recebimento integral do valor do respectivo contrato.

Com a constituição de uma Sociedade de Propósito Específico, as sócias afetarão parcela de seu patrimônio à realização da atividade econômica que fundamentou a criação da nova pessoa jurídica. Essa massa patrimonial constituirá o patrimônio líquido da SPE – o qual responderá pelas dívidas patrimoniais referentes ao empreendimento. Todavia, tal hipótese não se confunde com o Patrimônio de Afetação, tendo em vista que não há a segregação patrimonial de uma pessoa, mas a efetiva criação de uma pessoa jurídica com seu patrimônio uno.

A semelhança que pode ser traçada entre a SPE e os *trusts* é a de que ambos visam minorar riscos e possibilitar a execução de atividades específicas. Pode-se, por exemplo, constituir um *trust* voltado à consecução de um determinado empreendimento, estipulando que, após a concretização do negócio, o *trust* será extinto. Todavia, o *trust*

---

da sede; (vi) objeto social (preciso e detalhado); (vii) prazo de duração da sociedade; (viii) data de encerramento do exercício social; (ix) qualificação, poderes e atribuições dos administradores e dos administradores não sócios; (x) detalhamento da participação de cada sócio nos lucros e perdas; (xi) eventual foro ou cláusula arbitral. (SOUZA, Martelene Carvalhaes Pereira e. *Patrimônio de afetação, SPE, SCP e consórcio*: estruturação de negócios imobiliários e de construção civil. São Paulo: Pini, 2014. p. 58).

[475] SOUZA, Martelene Carvalhaes Pereira e. *Patrimônio de afetação, SPE, SCP e consórcio*: estruturação de negócios imobiliários e de construção civil. São Paulo: Pini, 2014. p. 74 e 84.

não é modalidade de pessoa jurídica. Como já exposto, seus bens passam para a titularidade do *trustee* e, mais contemporaneamente, entende-se que é criado um patrimônio de afetação que segrega essa massa patrimonial do patrimônio pessoal do *trustee* e o vincula às finalidades para as quais foi criado.

4.4 Patrimônios de afetação

Como já mencionado, o *trust* medieval, cuja característica marcante era a divisão em domínio útil e domínio direto, foi se transformando ao longo dos séculos e apresentando diferentes características. Devido aos esforços empreendidos para a estipulação de um conceito internacional de *trust*, em especial pela Convenção da Haia sobre *Trusts* e seu Reconhecimento, hodiernamente, a característica mais acentuada do *trust* é o fato de ele ser um patrimônio de afetação.

Todavia, em que pese o *trust* contemporâneo ser um patrimônio de afetação, os patrimônios de afetação que temos no ordenamento jurídico brasileiro não são *trusts*. Em outras palavras, poder-se-ia utilizar a fórmula "todo o *trust* é um patrimônio de afetação, mas nem todo patrimônio de afetação é um *trust*".

Relevante notar que os patrimônios de afetação estão sendo constantemente prestigiados nas recentes legislações, tais como o Código de Processo Civil de 2015, o que contribui para a abertura de um ambiente favorável à recepção dos *trusts* no Brasil.

4.4.1 O patrimônio de afetação na incorporação imobiliária

No âmbito da incorporação imobiliária,[476] o Patrimônio de Afetação (PA) está previsto no Capítulo I-A, artigos 31-A a 31-E, da Lei

---

[476] Muito embora o objeto deste tópico consista no Patrimônio de Afetação relacionado às incorporações imobiliárias, esta não é a única hipótese prevista na legislação pátria. É o que ocorre, por exemplo, com os fundos de investimento imobiliário e com a afetação de créditos imobiliários para efeito de securitização. Nesse sentido, Chalhub esclarece que "a afetação pode corporificar-se de formas distintas, conforme a função do acervo afetado e em atenção à espécie de negócio em que venha a ser aplicada". (CHALHUB, Melhim Namem. *Da incorporação imobiliária*. 3. ed. Rio de Janeiro: Renovar, 2010. p. 82).

nº 4.591, de 1964 (que trata dos condomínios edilícios e incorporações imobiliárias), incluído pela Lei nº 10.931, de 2004.[477-478]

Segundo Mattos, o Patrimônio de Afetação pode ser definido como "o conjunto autônomo de bens, direitos e obrigações formado para um determinado fim, sem possibilidade de desvio para outra finalidade".[479] O autor esclarece, ainda, que a afetação não importa na disposição do bem e na saída do patrimônio do sujeito, mas sim na imobilização em função de uma finalidade.[480]

Para Chalhub, o Patrimônio de Afetação "constitui uma universalidade e, portanto, responde pelas obrigações contraídas para cumprimento da finalidade para a qual tiver sido estruturado ou que a esta estejam vinculadas". Apresenta ativo e passivo próprios e pode ser formado (i) pelos bens, direitos e obrigações originais e por (ii) frutos e encargos advindos de sua gestão e que forem imputados a ele.[481]

O Patrimônio de Afetação nada mais é do que uma parcela de patrimônio que foi separada do montante total, uma parte do patrimônio que foi afetada a uma determinada finalidade, em razão de averbação junto ao Registro de Imóveis. Trata-se, portanto, "de uma universalidade de direitos e obrigações destinada ao cumprimento de determinada função e integrada ao patrimônio geral".[482]

---

[477] "A lei resulta do Projeto de Lei nº 2.109/1999 (que reproduz anteprojeto que apresentamos ao IAB, sob a forma da Indicação nº 220, de 14 de julho de 1999), ao qual foi anexado o Projeto de Lei do Poder Executivo nº 3.065/2004 (nesse PL, o Poder Executivo agrupou diversas matérias que se encontram dispersas em algumas Medidas Provisórias, relacionadas aos mercados de capitais, financeiro e imobiliário, e nesse conjunto inseriu a regulamentação da afetação das incorporações imobiliárias)". (CHALHUB, Melhim Namem. Alienação fiduciária, incorporação imobiliária e mercado de capitais: estudos e pareceres. Rio de Janeiro: Renovar, 2012. p. 259).

[478] No presente tópico, optou-se por centrar o estudo nos aspectos mais práticos do patrimônio de afetação na incorporação imobiliária. Para uma visão histórico-dogmática mais aprofundada, consultar: XAVIER, Luciana Pedroso. *As teorias do patrimônio e o patrimônio de afetação na incorporação imobiliária*. 178f. Dissertação (Mestrado em Direito das Relações Sociais) – Programa de Pós-Graduação em Direito da Universidade Federal do Paraná, Curitiba, PR, 2011.

[479] MATTOS, Aldo Dórea. *Patrimônio de afetação na incorporação imobiliária*: mais proteção para o adquirente. 2. ed. São Paulo: Pini, 2013. p. 41.

[480] MATTOS, Aldo Dórea. *Patrimônio de afetação na incorporação imobiliária*: mais proteção para o adquirente. 2. ed. São Paulo: Pini, 2013. p. 42.

[481] CHALHUB, Melhim Namem. *Alienação fiduciária, incorporação imobiliária e mercado de capitais*: estudos e pareceres. Rio de Janeiro: Renovar, 2012. p. 254-255.

[482] CHALHUB, Melhim Namem. *Da incorporação imobiliária*. 3. ed. Rio de Janeiro: Renovar, 2010. p. 82.

Assim, constitui uma massa patrimonial autônoma, uma modalidade de patrimônio separado que pode ser instituída de forma facultativa, o que vem sendo alvo de críticas por parcela da doutrina.[483]

Para Leandro Leal Ghezzi, a possibilidade de afetação do patrimônio a uma determinada finalidade configura exceção à clássica posição doutrinária da unicidade patrimonial, com o objetivo de assegurar que o patrimônio afetado não seja alcançado pelos efeitos da insolvência.[484] Sobre o tema, Souza afirma que a unicidade patrimonial não impede o direcionamento (por alienação ou afetação) de determinados bens e direitos para finalidades específicas.[485]

Nas palavras de Ghezzi, o Patrimônio de Afetação é um patrimônio especial e vinculado apenas à satisfação dos direitos dos adquirentes e de credores específicos de uma incorporação imobiliária. Por meio dele, cada um dos grupos de adquirentes fica resguardado em face das consequências negativas de outros empreendimentos do mesmo incorporador.[486]

No mesmo sentido, Souza afirma que se trata de "avançado sistema de proteção dos credores vinculados a uma incorporação

---

[483] "Esta faculdade que tem o incorporador não parece consoante com o propósito da lei, que terminou perdendo uma excelente oportunidade de tornar a afetação cogente. Ao relegar a adesão ao novo regime ao livre arbítrio do incorporador, a referida lei deixou um flanco aberto que pode enfraquecer seu poder de proteção ao consumidor". (MATTOS, Aldo Dórea. *Patrimônio de afetação na incorporação imobiliária*: mais proteção para o adquirente. 2. ed. São Paulo: Pini, 2013. p. 44). De mesmo modo, Chalhub critica o caráter facultativo em determinadas hipóteses: "De outra parte, a afetação deve ser instituída compulsoriamente nas situações que envolvam relevante interesse social, como são os casos do bem de família e da captação e administração de recursos do público, nos negócios dos fundos de investimento e da incorporação imobiliária". (CHALHUB, Melhim Namem. *Alienação fiduciária, incorporação imobiliária e mercado de capitais*: estudos e pareceres. Rio de Janeiro: Renovar, 2012. p. 258). Ainda: "Chamávamos à atenção, à época, para a realidade de nascer morta em sua efetividade a referida norma; isso porque deixava-se a critério exclusivo do incorporador a referida submissão do projeto de incorporação ao sistema proposto de garantia". (AGHIARIAN, Hércules. *Curso de direito imobiliário*. 11. ed. São Paulo: Atlas, 2012. p. 279.). Por fim: "É lamentável que o legislador tenha modificado a compulsoriedade da afetação da incorporação, tal como fora idealizada no Anteprojeto do IAB. Não há dúvidas que tal alteração prejudica não somente a aplicabilidade desta figura, mas também a própria ideia de afetação patrimonial voltada ao atendimento de uma função socialmente relevante". (XAVIER, Luciana Pedroso. *As teorias do patrimônio e o patrimônio de afetação na incorporação imobiliária*. 178f. Dissertação (Mestrado em Direito das Relações Sociais) – Programa de Pós-Graduação em Direito da Universidade Federal do Paraná, Curitiba, PR, 2011. p. 115).

[484] GHEZZI, Leandro Leal. *A incorporação imobiliária à luz do Código de Defesa do Consumidor e do Código Civil*. 2. ed. São Paulo: Revista dos Tribunais, 2011. p. 259-260.

[485] SOUZA, Martelene Carvalhaes Pereira e. *Patrimônio de afetação, SPE, SCP e consórcio*: estruturação de negócios imobiliários e de construção civil. São Paulo: Pini, 2014. p. 87.

[486] GHEZZI, Leandro Leal. *A incorporação imobiliária à luz do Código de Defesa do Consumidor e do Código Civil*. 2. ed. São Paulo: Revista dos Tribunais, 2011. p. 264.

imobiliária, dentro do qual os consumidores têm seus direitos priorizados"[487] e esclarece:

> O patrimônio afetado a um fim determinado é a consecução da incorporação, ou seja, a construção e a entrega das unidades prontas aos seus respectivos adquirentes e finalizando com a transferência da propriedade. Este bem afetado não se comunica também com outros patrimônios de afetação, portanto, somente responde pelas obrigações e dívidas contraídas à respectiva incorporação, protegendo o negócio contra eventuais dívidas e obrigações de outros negócios do incorporador. Com a lei, todas as dívidas, de natureza tributárias, trabalhistas e junto a instituições financeiras ficam restritas ao empreendimento afetado, sem qualquer relação com outros compromissos e dívidas assumidos pelo incorporador ou construtor.[488]

Para Chalhub, além da finalidade protetiva e de consistir em garantia com eficácia incomparável aos adquirentes, do ponto de vista jurídico-empresarial, o Patrimônio de Afetação, ao conferir maior nitidez ao negócio e apresentar mecanismos de controle mais eficazes e novos elementos de equilíbrio contratual, ajusta-se à tendência atual da teoria contratual, baseada nos princípios da boa-fé e equidade.[489]

Logo, a finalidade da afetação patrimonial é proteger os adquirentes das unidades de um determinado empreendimento. A legislação apresenta cunho protetivo e não o objetivo de prejudicar adquirentes e consumidores com a limitação do patrimônio.

Nesse sentido, a eventual falência do incorporador não atingirá o patrimônio de afetação, afastando-se da massa concursal os bens, direitos, obrigações e encargos da incorporação.[490]

Sendo assim, em caso de falência da incorporadora, o patrimônio afetado fica reservado para garantir que o empreendimento seja finalizado e que os adquirentes não sejam prejudicados com o inadimplemento do dever do incorporador de efetuar a entrega das unidades.

---

[487] SOUZA, Martelene Carvalhaes Pereira e. *Patrimônio de afetação, SPE, SCP e consórcio*: estruturação de negócios imobiliários e de construção civil. São Paulo: Pini, 2014. p. 87.

[488] SOUZA, Martelene Carvalhaes Pereira e. *Patrimônio de afetação, SPE, SCP e consórcio*: estruturação de negócios imobiliários e de construção civil. São Paulo: Pini, 2014. p. 89.

[489] CHALHUB, Melhim Namem. *Alienação fiduciária, incorporação imobiliária e mercado de capitais*: estudos e pareceres. Rio de Janeiro: Renovar, 2012. p. 261.

[490] GHEZZI, Leandro Leal. *A incorporação imobiliária à luz do Código de Defesa do Consumidor e do Código Civil*. 2. ed. São Paulo: Revista dos Tribunais, 2011. p. 262.

Souza demonstra que as origens do Patrimônio de Afetação se relacionam justamente com a ideia de proteção dos adquirentes. A autora explica que foi instituído inicialmente pela Medida Provisória nº 2.221/2001, a qual foi convertida em lei por força da Emenda Constitucional nº 32/2001. Por meio dessa lei, concebeu-se o patrimônio de afetação como garantia da recomposição imediata do patrimônio individual dos adquirentes nas hipóteses de falência do incorporador ou de paralisação das obras sem justo motivo.[491]

Entende-se que o patrimônio de afetação constitui uma importante forma de proteger o direito constitucional à moradia ao delimitar os riscos dos adquirentes.[492] Mattos sustenta que o Patrimônio de Afetação protege a incorporação contra as práticas das incorporadoras de retirar recursos de um empreendimento para investir em outras obras, adquirir novos terrenos ou para benefício pessoal. Assim, o Patrimônio de Afetação garante que, em caso de falência do incorporador, o terreno e suas acessões não serão arrecadados para a massa falida.[493]

Nesse sentido, a legislação traz inúmeros benefícios aos adquirentes: (i) maior garantia de que o valor pago pela unidade será aplicado no empreendimento; (ii) garantia de que o incorporador não possa gastar o valor do terreno sem antes vender as unidades do mesmo empreendimento e arcar com os custos de construção das unidades não vendidas; (iii) garantia de que os bens e direitos do Patrimônio de Afetação serão objeto de garantia real apenas do respectivo empreendimento e somente no valor necessário para concluir as unidades faltantes; (iv) maior transparência, visto que o incorporador só pode movimentar os recursos do Patrimônio de Afetação em conta bancária criada para esse exclusivo fim; (v) dever de prestação de contas do incorporador; (vi) existência de Comissão de Representantes que pode auditar as contas do incorporador; e (vii) responsabilidade dos adquirentes que se limita ao pagamento do preço de suas respectivas unidades, sem responder por dívidas do incorporador, mesmo em caso de falência.[494]

---

[491] SOUZA, Martelene Carvalhaes Pereira e. *Patrimônio de afetação, SPE, SCP e consórcio*: estruturação de negócios imobiliários e de construção civil. São Paulo: Pini, 2014. p. 85.

[492] XAVIER, Luciana Pedroso. *As teorias do patrimônio e o patrimônio de afetação na incorporação imobiliária*. 178f. Dissertação (Mestrado em Direito das Relações Sociais) – Programa de Pós-Graduação em Direito da Universidade Federal do Paraná, Curitiba, PR, 2011. p. 112-113.

[493] MATTOS, Aldo Dórea. *Patrimônio de afetação na incorporação imobiliária*: mais proteção para o adquirente. 2. ed. São Paulo: Pini, 2013. p. 43.

[494] SOUZA, Martelene Carvalhaes Pereira e. *Patrimônio de afetação, SPE, SCP e consórcio*: estruturação de negócios imobiliários e de construção civil. São Paulo: Pini, 2014. p. 108.

Souza afirma que a afetação patrimonial não consiste em garantia de que a obra será executada, mas sim de que há patrimônio suficiente reservado para tal finalidade, e também não retira do incorporador a administração do negócio e o poder de livre disponibilidade dos bens integrantes da incorporação, mas garante que o produto das vendas das unidades e do financiamento destinar-se-á ao respectivo empreendimento, e não a um caixa comum a todos os empreendimentos daquele incorporador. Logo, o Patrimônio de Afetação não prejudica a administração do empreendimento e visa coibir o desvio da destinação dos valores.[495]

Por outro lado, é preciso esclarecer que a legislação também apresenta pontos negativos. Nesse sentido, Chalhub destaca (i) a afetação facultativa, a critério do incorporador (artigo 31-A da Lei nº 4.591/1964); (ii) a penalização dos adquirentes com a perda da eficácia da afetação em caso de inadimplemento de débitos fiscais, previdenciários e trabalhistas do Patrimônio de Afetação (artigo 9º da Lei nº 10.931/2004); (iii) a supressão dos direitos dos trabalhadores em caso de ineficácia da afetação e (iv) alguns mecanismos de burocratização e encarecimento do negócio, que servem como fatores de desestímulo à iniciativa privada (artigos 31-A, §§5º, 6º, 7º e 9º, 31-D da Lei nº 4.591/1964).[496]

O autor explica que essas disposições não estiveram sempre presentes no texto legislativo e que foram incluídas por meio de emendas e interferências diversas durante o trâmite do Projeto de Lei do Poder Executivo nº 3.065/2004. Apesar da inserção de disposições que aperfeiçoaram os textos iniciais, outros dispositivos subverteram o fundamento axiológico da norma.[497]

No que concerne às características do Patrimônio de Afetação, Mattos enumera as seguintes: (i) autorização legal: a formação de patrimônios especiais exige previsão legal, fato esse reafirmado pelo Superior Tribunal de Justiça em sede do REsp nº 1.438.142/SP; (ii) universalidade: o Patrimônio de Afetação inclui todos os direitos e obrigações do patrimônio segregado; (iii) incomunicabilidade: autonomia do Patrimônio de Afetação em relação aos demais bens do

---

[495] SOUZA, Martelene Carvalhaes Pereira e. *Patrimônio de afetação, SPE, SCP e consórcio*: estruturação de negócios imobiliários e de construção civil. São Paulo: Pini, 2014. p. 97.

[496] CHALHUB, Melhim Namem. *Alienação fiduciária, incorporação imobiliária e mercado de capitais*: estudos e pareceres. Rio de Janeiro: Renovar, 2012. p. 262-269.

[497] CHALHUB, Melhim Namem. *Alienação fiduciária, incorporação imobiliária e mercado de capitais*: estudos e pareceres. Rio de Janeiro: Renovar, 2012. p. 262.

instituidor; (iv) autossustentação: os créditos decorrentes da venda das unidades imobiliárias deve ser suficiente para cobrir os custos da obra; (v) inacessibilidade de credores não vinculados: o Patrimônio de Afetação não é atingido por credores de outros empreendimentos; e (vi) oponibilidade a terceiros: efeito *erga omnes* decorrente da averbação no Registro de Imóveis.[498]

O Patrimônio de Afetação será constituído por meio da averbação de termo junto à matrícula do terreno na qual também fora averbado o memorial de incorporação, perante o competente Cartório de Registro de Imóveis, sem mais formalidades.[499] Assim, o termo de afetação pode ser elaborado em folha à parte, por meio de declaração no sentido de que a incorporação se submete ao regime da afetação, de acordo com os artigos 31-A e seguintes da Lei nº 10.931/2004.[500]

Esse termo deverá ser assinado pelo incorporador e conter a anuência dos titulares de direitos reais sobre o referido terreno. Para Chalhub, é necessária a manifestação expressa do proprietário do bem ou do titular dos direitos sobre os quais houver de incidir a afetação, mas os promitentes compradores não precisam anuir com a afetação, devendo apenas ser cientificados de sua ocorrência.[501] O autor ainda destaca que, a partir da averbação do termo, surge o dever de realizar a contabilização separada da incorporação.[502]

Mattos ressalta que "o termo de afetação deve ser firmado pelo incorporador e, quando for o caso, também pelos titulares de direitos reais de aquisição sobre o terreno", atentando-se para o fato de que "pode ser incorporador também o promitente comprador, o cessionário deste ou promitente cessionário, assim como o construtor e o corretor".[503]

---

[498] MATTOS, Aldo Dórea. *Patrimônio de afetação na incorporação imobiliária*: mais proteção para o adquirente. 2. ed. São Paulo: Pini, 2013. p. 48.

[499] Para mais detalhes, consultar o modelo de requerimento de averbação de patrimônio de afetação desenvolvido pelo 1º Ofício de Registro de Imóveis de Belo Horizonte/MG, em 16 de junho de 2009, disponível em: XAVIER, Luciana Pedroso. *As teorias do patrimônio e o patrimônio de afetação na incorporação imobiliária*. 178f. Dissertação (Mestrado em Direito das Relações Sociais) – Programa de Pós-Graduação em Direito da Universidade Federal do Paraná, Curitiba, PR, 2011. p. 178.

[500] CHALHUB, Melhim Namem. *Da incorporação imobiliária*. 3. ed. Rio de Janeiro: Renovar, 2010. p. 101.

[501] CHALHUB, Melhim Namem. *Da incorporação imobiliária*. 3. ed. Rio de Janeiro: Renovar, 2010. p. 104-105.

[502] CHALHUB, Melhim Namem. *Da incorporação imobiliária*. 3. ed. Rio de Janeiro: Renovar, 2010. p. 95.

[503] MATTOS, Aldo Dórea. *Patrimônio de afetação na incorporação imobiliária*: mais proteção para o adquirente. 2. ed. São Paulo: Pini, 2013. p. 58.

Com relação à tributação, a Lei nº 10.931, de 2004, instituiu o Regime Especial de Tributação (RET) aplicável ao Patrimônio de Afetação, unificando os tributos federais (IR/CSLL/PIS/COFINS) na alíquota de 7%. Ao longo do tempo, a alíquota foi modificada para 6% pela Lei nº 12.024, de 2009, e, posteriormente, foi reduzida para 4% em razão da Lei nº 12.844, de 2013, produzindo efeitos a partir de 1º de janeiro de 2013 e consolidando um atrativo aos incorporadores. Frise-se que o incorporador tem a escolha entre tributar pelo Lucro Real, pelo Lucro Presumido ou pelo RET, mas a opção por este último é irretratável.[504]

A base de cálculo desses tributos é a receita mensal do empreendimento, compreendida como a totalidade das receitas auferidas com a venda das unidades imobiliárias e as respectivas receitas financeiras e variações monetárias, que, segundo Mattos, consistem em juros, descontos, lucro na operação de reporte, prêmio de resgate de títulos ou debêntures, rendimentos nominais relativos a aplicações financeiras de renda fixa e variações monetárias dos direitos de crédito e das obrigações do contribuinte.[505]

Ainda com relação aos incentivos, a Lei nº 11.977 de 2009 instituiu o Programa Minha Casa, Minha Vida (PMCMV), com o intuito de incentivar a aquisição de unidades habitacionais por famílias com renda mensal de até dez salários mínimos. Nesse sentido, a Lei nº 12.024/2009 outorgou, em seu artigo 2º, a possibilidade que a construtora contratada para construir unidades habitacionais vinculadas a esse programa, de valor inferior a R$ 100.000,00 (cem mil reais), fica autorizada a recolher tributo unificado pela alíquota de 1% da receita mensal do contrato de construção, desde que esta tenha se iniciado a partir de 31 de março de 2009.[506]

Quanto ao marco temporal, destaca-se que o patrimônio poderá ser submetido ao regime de afetação a qualquer tempo, desde que antes da ocorrência de uma das hipóteses de extinção descritas no artigo 31-E da Lei nº 4.591, de 1964, as quais serão estudadas adiante.

---

[504] SOUZA, Martelene Carvalhaes Pereira e. *Patrimônio de afetação, SPE, SCP e consórcio*: estruturação de negócios imobiliários e de construção civil. São Paulo: Pini, 2014. p. 125.

[505] MATTOS, Aldo Dórea. *Patrimônio de afetação na incorporação imobiliária*: mais proteção para o adquirente. 2. ed. São Paulo: Pini, 2013. p. 88.

[506] MATTOS, Aldo Dórea. *Patrimônio de afetação na incorporação imobiliária*: mais proteção para o adquirente. 2. ed. São Paulo: Pini, 2013. p. 89.

Além disso, uma única incorporação imobiliária pode apresentar mais de um Patrimônio de Afetação, como ocorre, por exemplo, com empreendimentos com mais de uma torre. Nesse caso, deve haver a indicação precisa de cada uma das edificações submetidas ao regime de afetação: (i) nos condomínios horizontais, deve-se indicar a fração ideal de todo o terreno e discriminar a parte do terreno destinada à edificação e a área para uso exclusivo de casa ou sobrado, jardim e quintal, assim por diante; (ii) nos edifícios com dois ou mais pavimentos, deve-se indicar a fração ideal de todo o terreno, discriminando a área utilizada para edificação, as partes comuns e privativas e aquelas destinadas para uso exclusivo de cada unidade.[507]

No que concerne à Comissão de Representantes, órgão formado para representar a totalidade dos adquirentes perante o construtor, importa mencionar que, em regra, não há obrigatoriedade de constituição, podendo ser convocada em assembleia – mediante requerimento do incorporador, do construtor ou de, no mínimo, 1/3 dos adquirentes das frações ideais – e aprovada por voto da maioria simples dos presentes.

A Comissão de Representantes, formada por, no mínimo, três adquirentes de unidades imobiliárias, deverá ser obrigatoriamente constituída apenas em caso de (i) falência do incorporador, pois será responsável pela administração do empreendimento do respectivo Patrimônio de Afetação; e (ii) de paralisação da obra pela construtora, por mais de trinta dias e sem motivo justificado.

Na hipótese de falência do incorporador e se não houver Comissão de Representantes instituída, será convocada assembleia – em sessenta dias da data da decretação da falência ou da insolvência civil – para o fim de formar essa comissão, mediante (i) requerimento de, no mínimo, 1/6 dos adquirentes; (ii) determinação judicial; e (iii) requerimento da instituição financeira responsável pelo financiamento do empreendimento.

Neste caso, a Comissão de Representantes "assumirá a administração da incorporação e prosseguirá a obra independente dos efeitos da falência, ou será responsável por liquidar o patrimônio se assim for a deliberação".[508] O mandato da Comissão de Representantes será irrevogável e permanecerá válido mesmo após o fim da obra, com o objetivo de que o incorporador, o titular do domínio e o titular de direitos

---

[507] SOUZA, Martelene Carvalhaes Pereira e. *Patrimônio de afetação, SPE, SCP e consórcio*: estruturação de negócios imobiliários e de construção civil. São Paulo: Pini, 2014. p. 92.

[508] SOUZA, Martelene Carvalhaes Pereira e. *Patrimônio de afetação, SPE, SCP e consórcio*: estruturação de negócios imobiliários e de construção civil. São Paulo: Pini, 2014. p. 97.

aquisitivos do imóvel objeto da incorporação firmem o contrato definitivo com os adquirentes. Considerando que a Comissão de Representantes apresentará poder específico para resguardar direitos dos condôminos, seus membros responderão por eventual ineficácia dos atos firmados.[509]

O incorporador possui obrigações relacionadas especificamente com o patrimônio sob regime de afetação – artigo 31-D da legislação –, além das obrigações normalmente conferidas pela Lei nº 4.591, de 1964.

Dentre essas obrigações, constam o dever de prestar contas aos adquirentes e a devida administração do caixa do empreendimento. Nesse sentido, o incorporador pode sacar da conta do empreendimento (i) o valor correspondente ao terreno, equivalente às unidades vendidas, após o recebimento dos adquirentes ou do financiador; (ii) o valor correspondente ao gasto da obra, proporcionalmente a cada unidade vendida; (iii) o valor disponível em conta bancária que exceder o necessário para pagar o custo da conclusão da obra; e (iv) mensalmente, o valor dos custos e despesas com a administração do empreendimento.[510]

Diante de todos esses deveres, o incorporador responde por todos os danos ocasionados ao Patrimônio de Afetação, sem prejuízo de outras responsabilidades, como prevê o artigo 31-A, §2º, da Lei nº 4.591, de 1964: "O incorporador responde pelos prejuízos que causar ao patrimônio de afetação".

Quanto à extinção do Patrimônio de Afetação, as hipóteses constam no artigo 31-E da Lei nº 4.591, de 1964. Destaca-se que a Lei nº 11.101/2005 (Lei de Falências e Recuperação Judicial) traz um procedimento para a falência e a recuperação judicial e extrajudicial de sociedades empresárias, mas o artigo 119, inciso IX, da própria lei, excepciona essa regra ao prever que os patrimônios de afetação serão regidos por legislação específica e que seus bens, direitos e obrigações permanecerão separados da massa falida até o cumprimento da finalidade do patrimônio afetado.[511]

Vislumbram-se quatro hipóteses de extinção do Patrimônio de Afetação no artigo 31-E da Lei nº 4.591, de 1964: (i) averbação da construção, com transferência da propriedade das unidades e quitação

---

[509] AGHIARIAN, Hércules. *Curso de direito imobiliário*. 11. ed. São Paulo: Atlas, 2012. p. 287.

[510] SOUZA, Martelene Carvalhaes Pereira e. *Patrimônio de afetação, SPE, SCP e consórcio*: estruturação de negócios imobiliários e de construção civil. São Paulo: Pini, 2014. p. 100-102.

[511] XAVIER, Luciana Pedroso. *As teorias do patrimônio e o patrimônio de afetação na incorporação imobiliária*. 178f. Dissertação (Mestrado em Direito das Relações Sociais) – Programa de Pós-Graduação em Direito da Universidade Federal do Paraná, Curitiba, PR, 2011. p. 127.

do financiamento; (ii) revogação por denúncia da incorporação; (iii) revogação por outras hipóteses legais; e (iv) liquidação em assembleia geral.

No caso do inciso I do artigo supramencionado, a extinção ocorre pelo "registro dos títulos de transferência da propriedade, o que ocorrerá após averbação da construção e quitação do financiamento", e não pela simples averbação da construção.[512] Vale dizer: o Patrimônio de Afetação somente será extinto quando for registrada a transferência de propriedade de todas as unidades do empreendimento na matrícula do imóvel e quitado o financiamento.[513] Nesse momento, a extinção ocorre automaticamente.

Mattos explica que essa hipótese ocorre quando (i) a construção foi concluída; (ii) o "habite-se" – Certificado de Vistoria e Conclusão de Obra (CVCO) – foi emitido pelo respectivo Município; (iii) houve a averbação da construção no Registro de Imóveis para formação de matrículas individualizadas das unidades; e (iv) houve o registro das unidades autônomas perante o Cartório de Registro de Imóveis, nos termos do artigo 1.227 do Código Civil. Todavia, o autor critica o fato de que a legislação não veda a extinção do Patrimônio de Afetação, mesmo com a subsistência de dívidas do incorporador perante fornecedores: "A quem, indagamos, deverá então o fornecedor recorrer para buscar a satisfação de seu crédito? A única resposta cabível é cobrar diretamente do patrimônio do incorporador, o que desvirtua o espírito de segregação".[514]

No que concerne à hipótese de denúncia da incorporação, ela consiste na desistência do incorporador em construir o empreendimento. Trata-se de prerrogativa do incorporador que exige previsão de prazo de carência no contrato de incorporação. A denúncia será anunciada por escrito a cada um dos adquirentes ou candidatos à aquisição e a restituição dos valores pagos deverá ocorrer dentro do prazo de

---

[512] SOUZA, Martelene Carvalhaes Pereira e. *Patrimônio de afetação, SPE, SCP e consórcio*: estruturação de negócios imobiliários e de construção civil. São Paulo: Pini, 2014. p. 113.

[513] Do mesmo modo, o RET perdurará até a alienação de todos os imóveis do patrimônio afetado, nos termos do artigo 11-A da Lei nº 10.931, de 2 de agosto de 2004, inserido por força da Lei nº 13.970, de 26 de dezembro de 2019.

[514] MATTOS, Aldo Dórea. *Patrimônio de afetação na incorporação imobiliária*: mais proteção para o adquirente. 2. ed. São Paulo: Pini, 2013. p. 66.

trinta dias dessa comunicação, sob pena de execução por parte dos adquirentes.[515]

Nesse sentido, o artigo 33 da Lei nº 4.591/1964 previa um prazo de validade do registro da incorporação de 120 (cento e vinte) dias, período após o qual o incorporador necessitava revalidar o registro. O artigo 12 da Lei nº 4.864/1965 alterou esse prazo para 180 (cento e oitenta) dias.

A hipótese de revogação por outras disposições legais aplica-se aos casos de distrato (decisão de ambas as partes em desfazer o negócio) e de rescisão contratual por inadimplemento que caracterize "débito generalizado, de grande monta e com ameaça à continuidade da obra, após o incorporador ter tentado a cobrança judicial".[516]

Com relação à liquidação do patrimônio, esta pode se dar por voto de 2/3 dos adquirentes em assembleia geral e será realizada pela Comissão de Representantes, que representará os adquirentes junto ao incorporador.

Souza explica que o processo de liquidação se inicia com a venda do terreno, construções, bens e direitos, por meio de leilão ou conforme o estabelecido em Assembleia Geral. O resultado da venda será destinado, em ordem: (i) ao pagamento de dívidas do patrimônio; (ii) ao pagamento da parte do terreno entregue ao proprietário; e (iii) à devolução dos aportes feitos pelos adquirentes. Após esses pagamentos, o valor remanescente será distribuído aos adquirentes na proporção dos recursos investidos. Se o montante não for suficiente para o reembolso integral das quantias aportadas, os adquirentes serão credores privilegiados na falência do incorporador pelos valores não recebidos, com a responsabilidade subsidiária dos bens do incorporador.[517]

4.4.2 Os patrimônios de afetação no Código de Processo Civil de 2015

Na esteira de legislações brasileiras que adotaram expressamente modalidades de afetações patrimoniais, o Código de Processo Civil de 2015 (CPC/2015) apresenta duas hipóteses de constituição de patrimônio

---

[515] MATTOS, Aldo Dórea. *Patrimônio de afetação na incorporação imobiliária*: mais proteção para o adquirente. 2. ed. São Paulo: Pini, 2013. p. 67.

[516] MATTOS, Aldo Dórea. *Patrimônio de afetação na incorporação imobiliária*: mais proteção para o adquirente. 2. ed. São Paulo: Pini, 2013. p. 70.

[517] SOUZA, Martelene Carvalhaes Pereira e. *Patrimônio de afetação, SPE, SCP e consórcio*: estruturação de negócios imobiliários e de construção civil. São Paulo: Pini, 2014. p. 119.

de afetação. A primeira é a constituição de capital afetado para o fim de garantir condenação ao pagamento de prestação alimentícia decorrente de ato ilícito (artigo 533 do CPC/2015) e a segunda corresponde à afetação dos créditos advindos da venda de unidades autônomas sujeitas à execução de obra de incorporação imobiliária (artigo 833, inciso XII do CPC/2015). Em ambos os casos, verifica-se o objetivo claro de proteger com maior afinco partes consideradas frágeis em determinadas relações jurídicas.

Antes de adentrar a análise específica de cada uma das hipóteses mencionadas, é necessário esclarecer que ambas foram inseridas no Livro II do Código de Processo Civil, denominado "Do Processo de Execução", de modo que se submetem – guardadas as especificidades do título – a alguns princípios comuns: (i) o princípio do título executivo, segundo o qual toda execução deve estar lastreada em um instrumento que a lei qualifica como título executivo; (ii) o princípio da (a)tipicidade das formas executivas, pelo qual o procedimento emprega técnica determinada ou não para os atos executivos; (iii) o princípio do resultado, segundo o qual há um predomínio da posição processual do credor; (iv) o princípio da responsabilidade patrimonial/pessoal, que prevê a responsabilidade patrimonial e pessoal do devedor; (v) o princípio da menor onerosidade da execução, pelo qual, sempre que a execução puder se desenvolver por mais de um meio, será feita do modo menos gravoso para o executado; (vi) o princípio da transparência patrimonial, que facilita a busca de bens do devedor; e (vii) o princípio do contraditório, que pode ser mitigado em hipóteses limitadas.[518]

Feitas essas considerações, a seguir serão exploradas as duas espécies de patrimônios de afetação contempladas no CPC/2015.

4.4.2.1 A constituição de capital para garantia de prestação alimentícia decorrente de ato ilícito (artigo 533 do CPC/2015)

Antes de se enfrentar o tema da constituição de capital para garantia de prestação de alimentos advinda de ato ilícito, é preciso contextualizar as mudanças pelas quais a execução de alimentos passou no novo diploma processual civil.

---

[518] MARINONI, Luiz Guilherme; ARENHART, Sérgio Cruz; MITIDIERO, Daniel. *Novo curso de processo civil*: tutela dos direitos mediante procedimento comum. São Paulo: Revista dos Tribunais, 2015. v. 2. p. 709-717.

A partir da entrada em vigor do CPC/2015, a execução de prestação alimentícia pode ocorrer de quatro formas distintas. A opção por uma dessas modalidades depende de dois fatores: (i) se o título é judicial ou extrajudicial; e (ii) se o período cobrado é inferior ou superior a três meses. Se o título for judicial, deve ser proposto o cumprimento da sentença, senão, será o caso de execução de título extrajudicial. Se a dívida compreender período inferior a três meses, pode ser adotado o rito da prisão. Do contrário, deve-se observar o rito da expropriação, ou seja, do cumprimento de sentença que reconhece a exigibilidade de obrigação de pagar quantia certa.[519]

Segundo Luiz Dellore, o CPC/2015 trouxe importantes mudanças no procedimento da execução de alimentos: a) o artigo 528, §1º, do CPC/2015 traz a possibilidade de protesto do pronunciamento judicial em caso de inadimplemento injustificado; b) o artigo 528, §4º, do CPC/2015 expressamente dispõe que a prisão será cumprida em regime fechado; c) o artigo 529, §3º, do CPC/2015 prevê o desconto em folha de pagamento de alimentos vencidos, desde que, somados aos vincendos, não ultrapassem o limite de 50% dos ganhos líquidos; d) a possibilidade de prisão no cumprimento de sentença; e) a previsão expressa de cumprimento de sentença, sob pena de penhora; f) a execução de alimentos fundada em título extrajudicial, com possibilidade de prisão; e g) a desnecessidade de citação do executado para a prisão pelo descumprimento de sentença que traz obrigação de prestar alimentos.[520]

---

[519] De acordo com Luiz Dellore, é possível distinguir quatro situações, a saber: a) execução de título extrajudicial, pelo rito da prisão: em se tratando de título extrajudicial vencido há menos de três meses, a parte pode proceder à execução do título, observando o procedimento dos artigos 911 e 912 do Código de Processo Civil; b) execução de título extrajudicial, pelo rito da expropriação: quando o título executivo extrajudicial estiver vencido há mais de três meses – o que impossibilita a prisão do devedor – de acordo com o artigo 913 do CPC, a parte deve buscar a expropriação, utilizando-se do procedimento para execução por quantia certa, descrito nos artigos 824 e seguintes do Código de Processo Civil; c) cumprimento de sentença ou de decisão interlocutória, pelo rito da prisão: quando a obrigação alimentar decorre de decisão judicial proferida há menos de três meses, o exequente deverá fazer uso do procedimento de cumprimento de sentença descrito nos artigos 528 a 533 do Código de Processo Civil e d) cumprimento de sentença ou de decisão interlocutória, pelo rito da expropriação: quando o título judicial houver sido proferido há mais de três meses – o que inviabiliza a prisão do devedor – deve-se observar o procedimento dos artigos 523 a 527 do Código de Processo Civil, em razão do teor do artigo 528, §8º, do mesmo Código. (DELLORE, Luiz. *O que acontece com o devedor de alimentos no Novo CPC?* Disponível em: http://goo.gl/s78VBQ. Acesso em: 13 abr. 2016).

[520] DELLORE, Luiz. *O que acontece com o devedor de alimentos no Novo CPC?* Disponível em: http://goo.gl/s78VBQ. Acesso em: 13 abr. 2016. De modo semelhante, Manuelle Senra Colla ressalta as alterações realizadas na execução de alimentos pelo Código de Processo Civil: a) impõe o regime fechado em caso de prisão; b) possibilita o protesto da decisão

Bernardo Ribeiro Câmara e Thássyla Martins Athayde Lobato sustentam que o artigo 528 do CPC/2015 colocou fim às discussões acerca de que o cumprimento de sentença não poderia ser aplicado à execução de alimentos e acerca da inaplicabilidade da multa de 10% sobre o valor do débito, incidente em razão do inadimplemento no prazo fixado para cumprimento voluntário da obrigação.[521]

Além dessas relevantes mudanças, dentro do capítulo concernente ao cumprimento de sentença que reconhece obrigação de pagar alimentos, o artigo 533 do CPC/2015 dispõe sobre a possibilidade de o exequente formular requerimento para que o executado constitua capital cuja renda assegure o pagamento do valor mensal da pensão alimentícia fixada em razão de condenação por ato ilícito.[522]

Assim, em ações de indenização por ato ilícito, quando também houver condenação ao pagamento de prestação de alimentos, o exequente poderá formular requerimento ao juiz para que determine ao executado que constitua capital específico para garantir o pagamento da pensão alimentícia. A importância desse dispositivo para fins de compreensão do instituto do *trust* consiste no fato de que se trata de previsão inovadora de patrimônio de afetação em sede de obrigação alimentar no CPC/2015.

Inspirado no artigo 475-Q do Código de Processo Civil de 1973 (CPC/1973)[523], o atual artigo 533 do CPC/2015 foi sensivelmente alterado

---

inadimplida, o que é válido para todas as modalidades executórias e não apenas para a execução de alimentos; c) nas execuções de alimentos, admite-se o protesto de ofício do título e antes do trânsito em julgado de eventual decisão judicial; e d) a previsão das quatro formas diferentes de execução dos alimentos. (COLLA, Manuelle Senra. *Novo CPC endurece normas para devedores de alimentos*. Disponível em: http://goo.gl/sD97t5. Acesso em: 13 abr. 2016).

[521] CÂMARA, Bernardo Ribeiro; LOBATO, Thássyla Martins Athayde. *A execução de alimentos no novo Código de Processo Civil*. Disponível em: http://goo.gl/Iam3YC. Acesso em: 13 abr. 2016.

[522] Luiz Dellore e Rafael Calmon Rangel citam como exemplos de créditos alimentares devidos em razão de ato ilícito "o valor devido a um filho pelo motorista que atropelou e matou seu pai ou o *quantum* devido por uma companhia aérea à esposa, pela queda de um avião que resultou no óbito do marido". (DELLORE, Luiz; RANGEL, Rafael Calmon. *Novo CPC*: cabe prisão do devedor de alimentos por ato ilícito? Disponível em: http://goo.gl/r2dFcY. Acesso em: 13 abr. 2016.

[523] Artigo 475-Q do Código de Processo Civil de 1973: "Quando a indenização por ato ilícito incluir prestação de alimentos, o juiz, quanto a esta parte, poderá ordenar ao devedor constituição de capital, cuja renda assegure o pagamento do valor mensal da pensão. (Incluído pela Lei nº 11.232, de 2005) §1º Este capital, representado por imóveis, títulos da dívida pública ou aplicações financeiras em banco oficial, será inalienável e impenhorável enquanto durar a obrigação do devedor. §2º O juiz poderá substituir a constituição do capital pela inclusão do beneficiário da prestação em folha de pagamento de entidade de direito público ou de empresa de direito privado de notória capacidade econômica, ou, a requerimento do devedor, por fiança bancária ou garantia real, em valor a ser arbitrado de

ao longo do trâmite do Projeto de Lei nº 8.046/2010, que deu origem ao CPC/2015. Inserido no tópico do cumprimento de sentença e no título "do cumprimento da obrigação de indenizar decorrente de ato ilícito", o artigo 498 do Anteprojeto de Código de Processo Civil previa o seguinte:

> Art. 498. Quando a indenização por ato ilícito prevista na sentença incluir prestação de alimentos, caberá ao devedor constituir capital cuja renda assegure o pagamento do valor mensal da pensão.
> §1º Esse capital, representado por imóveis, títulos da dívida pública ou aplicações financeiras em banco oficial, será inalienável e impenhorável enquanto durar a obrigação do devedor.
> §2º O juiz poderá substituir a constituição do capital pela inclusão do credor em folha de pagamento de pessoa jurídica de notória capacidade econômica ou, a requerimento do devedor, por fiança bancária ou garantia real, em valor a ser arbitrado de imediato pelo juiz.
> §3º Se sobrevier modificação nas condições econômicas, poderá a parte requerer, conforme as circunstâncias, redução ou aumento da prestação.
> §4º A prestação alimentícia poderá ser fixada tomando por base o salário mínimo.
> §5º Finda a obrigação de prestar alimentos, o juiz mandará liberar o capital, cessar o desconto em folha ou cancelar as garantias prestadas.

Logo, inicialmente não havia previsão de afetação patrimonial. Posteriormente, com as supressões, inclusões e modificações realizadas sucessivamente durante os trâmites do projeto, o dispositivo foi enumerado como o artigo 518 do CPC/2015 e seu §1º passou por cinco emendas na Comissão Especial do Código de Processo Civil junto à Câmara dos Deputados:

---

imediato pelo juiz. §3º Se sobrevier modificação nas condições econômicas, poderá a parte requerer, conforme as circunstâncias, redução ou aumento da prestação. §4º Os alimentos podem ser fixados tomando por base o salário-mínimo. §5º Cessada a obrigação de prestar alimentos, o juiz mandará liberar o capital, cessar o desconto em folha ou cancelar as garantias prestadas". (Dispositivo incluído pela Lei nº 11.232, de 2005).

Quadro 1 – Relação de emendas apresentadas à Câmara de Deputados propondo a alteração do §1º do art. 518 do então projeto de Código de Processo Civil

EMENDA	DATA	DEPUTADO	TEOR
92/2011	27/09/2011	Nelson Marchezan Junior	§1º Esse capital, representado por imóveis ou direitos reais sobre imóveis suscetíveis de alienação, títulos da dívida pública ou aplicações financeiras em banco oficial, será inalienável e impenhorável enquanto durar a obrigação do devedor.
162/2011	06/10/2011	Paes Landim	§1º Esse capital, representado por imóveis ou direitos reais sobre imóveis suscetíveis de alienação, títulos da dívida pública ou aplicações financeiras em banco oficial, será inalienável e impenhorável enquanto durar a obrigação do devedor.
201/2011	20/10/2011	Benjamin Maranhão	§1º Esse capital, representado por imóveis ou direitos reais sobre imóveis suscetíveis de alienação, títulos da dívida pública ou aplicações financeiras em banco oficial, será inalienável e impenhorável enquanto durar a obrigação do devedor.
362/2011	18/11/2011	Júnior Coimbra	§1º Esse capital, representado por imóveis, títulos da dívida pública ou aplicações em instituições financeiras, será inalienável e impenhorável enquanto durar a obrigação do devedor.
460/2011	24/11/2011	Paulo Abi-Ackel	§1º Esse capital, representado por imóveis ou direitos reais sobre imóveis suscetíveis de alienação, títulos da dívida pública ou aplicações financeiras em banco oficial, será inalienável e impenhorável enquanto durar a obrigação do devedor.

Fonte: A autora.

Foi apenas com as emendas realizadas perante o Senado Federal que o artigo 533, §1º, do CPC/2015 passou a prever que o capital constituir-se-á em patrimônio de afetação, ganhando os contornos atuais do dispositivo.

O referido dispositivo não consiste em novidade absoluta, pois apenas amplia o que já estava previsto no artigo 475-Q do CPC/1973. Veja-se a comparação entre os dois dispositivos:

Quadro 2 – Quadro comparativo entre o art. 475-Q do CPC/73 e o art. 533 do CPC/2015

(continua)

ART. 475-Q DO CPC/1973	ART. 533 DO CPC/2015
Art. 475-Q. Quando a indenização por ato ilícito incluir prestação de alimentos, **o juiz, quanto a esta parte, poderá ordenar ao devedor** constituição de capital, cuja renda assegure o pagamento do valor mensal da pensão.	Art. 533. Quando a indenização por ato ilícito incluir prestação de alimentos, **caberá ao executado, a requerimento do exequente,** constituir capital cuja renda assegure o pagamento do valor mensal da pensão.
§1º **Este** capital, representado por imóveis, títulos da dívida pública ou aplicações financeiras em banco oficial, será inalienável e impenhorável enquanto durar a obrigação do **devedor**.	§1º **O** capital **a que se refere o *caput*,** representado por imóveis **ou por direitos reais sobre imóveis suscetíveis de alienação,** títulos da dívida pública ou aplicações financeiras em banco oficial, será inalienável e impenhorável enquanto durar a obrigação do **executado, além de constituir-se em patrimônio de afetação.**
§2º O juiz poderá substituir a constituição do capital pela inclusão do **beneficiário da prestação** em folha de pagamento de **entidade de direito público ou de empresa de direito privado** de notória capacidade econômica, ou, a requerimento do **devedor**, por fiança bancária ou garantia real, em valor a ser arbitrado de imediato pelo juiz.	§2º O juiz poderá substituir a constituição do capital pela inclusão do **exequente** em folha de pagamento **de pessoa jurídica** de notória capacidade econômica ou, a requerimento do **executado**, por fiança bancária ou garantia real, em valor a ser arbitrado de imediato pelo juiz.
§3º Se sobrevier modificação nas condições econômicas, poderá a parte requerer, conforme as circunstâncias, redução ou aumento da prestação.	§3º Se sobrevier modificação nas condições econômicas, poderá a parte requerer, conforme as circunstâncias, redução ou aumento da prestação.

(conclusão)

ART. 475-Q DO CPC/1973	ART. 533 DO CPC/2015
§4º **Os alimentos** podem ser fixad**os** tomando por base o salário-mínimo.	§4º **A prestação alimentícia** poderá ser fixada tomando por base o salário-mínimo.
§5º **Cessada** a obrigação de prestar alimentos, o juiz mandará liberar o capital, cessar o desconto em folha ou cancelar as garantias prestadas.	§5º **Finda** a obrigação de prestar alimentos, o juiz mandará liberar o capital, cessar o desconto em folha ou cancelar as garantias prestadas.

Fonte: A autora.

Como se depreende do diagrama acima, o CPC/2015 não trouxe expressivas mudanças na previsão da constituição de capital para garantia da prestação alimentícia. Ao se cotejarem os parágrafos terceiro, quarto e quinto dos artigos 475-Q do CPC/1973 e 533 do CPC/2015, verifica-se que permanecem quase inalterados, tendo sido substituídas palavras ou pequenas expressões sinônimas. Em síntese, três pontos sofreram mudanças relativamente importantes: (i) a providência depende de requerimento do exequente; (ii) o Código prevê expressamente que o capital se constitui em patrimônio de afetação; e (iii) ampliou-se o objeto do capital de "imóveis, títulos da dívida pública ou aplicações financeiras em banco oficial" (artigo 475-Q, §1º, CPC/1973) para "imóveis ou por direitos reais sobre imóveis suscetíveis de alienação, títulos da dívida pública ou aplicações financeiras em banco oficial" (artigo 533, §1º, CPC/2015).[524]

Segundo Cristiano Imhof e Bertha Steckert Rezende, houve relevante modificação na redação do *caput* do dispositivo, de modo que,

---

[524] Bernardo Ribeiro Câmara e Thássyla Martins Athayde Lobato explicam que o artigo 533 do Código de Processo Civil se refere à obrigação descrita nos artigos 948, II, e 950 do Código Civil e possibilita que direitos reais sobre imóveis figurem como garantia de crédito alimentar: "A obrigação de prestar alimentos não é devida apenas quando existe relação de parentesco, mas também quando da ocorrência de ato ilícito que incapacite o ofendido de exercer seu ofício ou profissão de forma total ou parcial, nos termos do artigo 950 do Código Civil e também no caso de homicídio, caso em que o ofensor se obriga a prestar alimentos à família do ofendido, conforme o artigo 948, inciso II, também do Código Civil. Tal mudança consiste na possibilidade de os direitos reais sobre imóveis, previstos no artigo 1225 do Código Civil, figurarem como garantia do crédito alimentar. Essa medida diminui os riscos de inadimplemento por parte do devedor e consequentemente aumenta as chances de adimplemento do crédito alimentar, pois caso o devedor não tenha um imóvel poderá, por exemplo, dar uma hipoteca como garantia". (CÂMARA, Bernardo Ribeiro; LOBATO, Thássyla Martins Athayde. *A execução de alimentos no novo Código de Processo Civil*. Disponível em: http://goo.gl/Iam3YC. Acesso em: 13 abr. 2016).

se na vigência do CPC/1973, "era facultado ao juiz ordenar ao devedor a constituição de capital, cuja renda assegurasse o pagamento do valor mensal da pensão", "agora, caberá ao executado, a requerimento do exequente, constituir esse capital".[525] Os autores esclarecem que, além de manter a previsão de que o capital constituído será inalienável e impenhorável, o CPC/2015 prevê que o capital "representado por imóveis ou por direitos reais sobre imóveis suscetíveis de alienação, títulos da dívida pública ou aplicações financeiras em banco oficial" constituir-se-á em patrimônio de afetação.[526]

Nesse sentido, uma análise mais acurada do artigo 533 do CPC/2015 demonstra alteração substancial em relação aos efeitos produzidos pelo capital constituído para a garantia dos alimentos oriundos de indenização por ato ilícito: sua qualificação como patrimônio de afetação. A inclusão dessa expressão ao final do parágrafo primeiro do artigo 533 produz uma considerável modificação nos efeitos produzidos por essa massa patrimonial. Isso ocorre porque, ao ser predicado como patrimônio de afetação, esse capital se torna apartado do patrimônio do executado e, por conseguinte, fica imune à cobrança de eventuais dívidas que o executado possua, sejam elas de qualquer natureza (trabalhista, tributária, civil). Logo, além de inalienável e impenhorável, a massa patrimonial fica inatingível em relação a outras dívidas ou obrigações que possam recair sobre o executado.

Infelizmente, a doutrina processualista parece não ter compreendido a magnitude e o alcance dessa alteração. Ao se consultar as principais obras dedicadas ao CPC/2015, mesmo nas vocacionadas a comentar de modo pormenorizado os artigos do novo diploma[527], percebe-se que nenhum deles explica as repercussões do capital constituído

---

[525] IMHOF, Cristiano; REZENDE, Bertha Steckert. *Novo código de processo civil comentado*: anotado artigo por artigo. Rio de Janeiro: Lumen Juris, 2015. p. 524.

[526] IMHOF, Cristiano; REZENDE, Bertha Steckert. *Novo código de processo civil comentado*: anotado artigo por artigo. Rio de Janeiro: Lumen Juris, 2015. p. 524-525.

[527] Foram consultadas as seguintes obras: IMHOF, Cristiano; REZENDE, Bertha Steckert. *Novo código de processo civil comentado*: anotado artigo por artigo. Rio de Janeiro: Lumen Juris, 2015; MARINONI, Luiz Guilherme; ARENHART, Sérgio Cruz; MITIDIERO, Daniel. *Novo Código de Processo Civil comentado*. São Paulo: Revista dos Tribunais, 2015; NERY JUNIOR, Nelson; NERY, Rosa Maria de Andrade. *Comentários ao Código de Processo Civil*. São Paulo: Revista dos Tribunais, 2015; DIDIER JR., Fredie; PEIXOTO, Ravi. *Novo código de processo civil*: comparativo com o Código de 1973. Salvador: JusPODIVM, 2015; NUNES, Dierle; SILVA, Natanael Lud Santos e. *CPC referenciado*: Lei nº 13.105/2015. Florianópolis: Empório do Direito, 2015; ORDEM DOS ADVOGADOS DO BRASIL. *Novo código de processo civil anotado*. Porto Alegre: OAB RS, 2015; MACHADO, Costa. *Novo CPC*: sintetizado e resumido. São Paulo: Atlas, 2015.

para pagamentos decorrentes de ato ilícito ser predicado como patrimônio de afetação.

Crê-se que o silêncio eloquente da doutrina pode ser proveniente da ausência de uma teoria geral do patrimônio de afetação no ordenamento jurídico brasileiro. O tratamento dos patrimônios de afetação está sendo episódico e, portanto, não está havendo ampla divulgação das espécies existentes e de seus efeitos.

Um aspecto sobre o qual poderá haver dúvidas na aplicação do artigo 533 do CPC/2015 é a extensão de sua aplicação aos alimentos decorrentes de relações de parentesco.[528] Em tese, não se vislumbra óbice a essa possibilidade, por três motivos: a) em razão da importância do cumprimento da obrigação de prestar alimentos, que – seja qual for a sua espécie: se decorrentes de vínculos familiares ou indenizatórios – se prestam a garantir a sobrevivência, a vida do indivíduo; b) em face da inexistência de previsão legal em sentido contrário; e c) tendo em

---

[528] Outro importante debate que emergiu da inserção da previsão de alimentos por ato ilícito no capítulo destinado ao cumprimento de sentença que reconhece obrigação de prestar alimentos pelo CPC de 2015 é a possibilidade ou não de estender a prisão civil ao devedor de alimentos indenizatórios. De um lado, Rafael Calmon Rangel critica a inserção do artigo 533 dentro do tópico concernente ao cumprimento da sentença que reconhece obrigação alimentar, afirmando que as causas são tão distintas que justificariam a criação de tópico específico: "Todavia, penso que as causas jurídicas que originam uma e outra verba são tão distintas, que a aplicabilidade restritiva da prisão civil se mostre não só adequada, como absolutamente necessária. Mesmo ciente de que os estreitos limites deste ensaio impediriam a diferenciação pormenorizada dos institutos, não custa relembrar que a causa jurídica dos alimentos legítimos reside na solidariedade humana que permeia as relações familiares (CC, art. 1.694 e ss.), sendo, por isso objeto de especial proteção do Estado (CR, art. 226), ao passo que a dos indenizatórios reside na prática de ato ilícito (CC, arts. 948, II, 950 e 951) e não possui guarida específica a nível constitucional. Também parece ser conveniente ressaltar que apenas os primeiros interessam à ordem pública, justamente por se relacionarem diretamente com os direitos da personalidade, enquanto estes se revestem de índole nitidamente privada, interessando mais de perto aos direitos obrigacionais. Não por outro motivo, apenas o inadimplemento dos primeiros configura, em tese, fato previsto como crime (CP, art. 244)". (DELLORE, Luiz; RANGEL, Rafael Calmon. *Novo CPC*: cabe prisão do devedor de alimentos por ato ilícito? Disponível em: http://goo.gl/r2dFcY. Acesso em: 13 abr. 2016). O entendimento do autor é de que a prisão civil não pode se estender à obrigação alimentar decorrente de ato ilícito, porque "a norma que se constrói a partir da leitura do enunciado do art. 5º, LXVII da CR/88 é no sentido de que apenas e tão somente o débito alimentar proveniente das relações plúrimas de família autoriza a excepcionalíssima medida da prisão civil". Afirma, ainda, de que chega a configurar um retrocesso às conquistas alcançadas quanto aos direitos fundamentais. Por sua vez, Luiz Dellore defende que a prisão civil do devedor de alimentos indenizatórios é uma faculdade do legislador, uma vez que o legislador constituinte e o Pacto de San José da Costa Rica não diferenciam as modalidades de alimentos para esses fins. Para o autor, o artigo 533 do CPC possibilita a prisão civil do devedor de alimentos indenizatórios, pois sua inserção no tópico do cumprimento de sentença que fixa obrigação alimentar constitui uma equiparação dos alimentos indenizatórios aos alimentos legítimos.

vista que o artigo 533 do CPC/2015 foi inserido pelo legislador dentro do tópico concernente ao cumprimento da sentença que reconhece a exigibilidade da obrigação de prestar alimentos (que engloba as duas espécies alimentares).

Quanto às medidas coercitivas, Luiz Guilherme Marinoni, Sérgio Cruz Arenhart e Daniel Mitidiero afirmam que o juiz pode determinar o emprego de medidas de coerção ou indução a fim de constranger o executado a cumprir a obrigação de constituir o capital, e citam precedente nesse sentido:

> EMBARGOS DE DECLARAÇÃO NO RECURSO ESPECIAL – AÇÃO DE INDENIZAÇÃO – ACIDENTE AUTOMOBILÍSTICO OCASIONADO POR DEFEITO NO PNEU DO VEÍCULO – VÍTIMA ACOMETIDA DE TETRAPLEGIA – ACÓRDÃO DESTE ÓRGÃO FRACIONÁRIO QUE NEGOU PROVIMENTO AO RECURSO ESPECIAL DA FABRICANTE DE PNEU E DEU PARCIAL PROVIMENTO AO APELO DO AUTOR PARA FIXAR PENSIONAMENTO VITALÍCIO E DETERMINAR A CONSTITUIÇÃO DE CAPITAL GARANTIDOR OU CAUÇÃO FIDEJUSSÓRIA. IRRESIGNAÇÃO DO AUTOR. 1. O termo inicial para o pensionamento vitalício, em caso de responsabilidade civil decorrente de ato ilícito, é a data do fato ensejador da reparação, qual seja, o evento danoso. 2. No cálculo da pensão vitalícia deve-se tomar por base os valores dos salários-mínimos correspondentes a cada período transcorrido desde o acidente. 3. É cabível a cominação de multa diária (astreintes) como meio coercitivo para o cumprimento de obrigação de fazer consistente na constituição de capital garantidor ou caução fidejussória. 4. Embargos de declaração acolhidos.[529]

Os autores defendem que a lista de bens do artigo 533, §1º, do CPC/2015 é exaustiva, sendo vedada a constituição de capital representado por outros bens ou valores não arrolados expressamente pelo legislador.[530] Sustentam, ainda, que o artigo 533 do CPC/2015 não dá ao juiz a faculdade de indeferir o pedido, aplicando-se a Súmula nº 313 do STJ: "Em ação de indenização, procedente o pedido, é necessária a constituição de capital ou caução fidejussória para a garantia de

---

[529] BRASIL. Superior Tribunal de Justiça. 4ª Turma. *Embargos de declaração no recurso especial nº 1281742/SP*. Relator: Ministro Marco Buzzi. Brasília, 2 de setembro de 2014. Disponível em: https://goo.gl/fDjOz1. Acesso em: 18 abr. 2016.

[530] MARINONI, Luiz Guilherme; ARENHART, Sérgio Cruz; MITIDIERO, Daniel. *Novo Código de Processo Civil comentado*. São Paulo: Revista dos Tribunais, 2015. p. 565.

pagamento da pensão, independentemente da situação financeira do demandado".[531]

Por outro lado, o juiz pode controlar a constituição de capital, substituindo-a ou modificando-a, em conformidade com os parágrafos segundo e terceiro do artigo mencionado, respectivamente.[532] Fredie Didier Jr., Leonardo José Carneiro da Cunha, Paula Sarno Braga e Rafael Oliveira explicam que se admite o desconto em folha de pagamento dos alimentos pretéritos e futuros em execução contra sociedades "solváveis e pontuais".[533]

Nelson Nery Junior e Rosa Maria Andrade Nery criticam a previsão do artigo 533, §2º, do CPC/2015:

> Essa previsão, que já constava do CPC/1973 475-Q, cria notória insegurança à parte credora, já que a norma não obriga o juiz a se lastrear em questões técnicas ou fáticas para a fixação do valor. Note-se que a sentença não pode conter dispositivo ilíquido e, caso o tenha, ele deverá ser devidamente definido por meio da liquidação da sentença – o que também torna a regra deste parágrafo desconforme com o sistema processual.[534]

Por sua vez, Didier Jr., Cunha, Braga e Oliveira afirmam que a constituição de capital não é medida imperativa ao juiz e "deve ser ordenada expressamente pelo magistrado em preceito da sentença, dada na fase de conhecimento", "em liquidação ou em interlocutória na própria execução".[535]

Por fim, o artigo 533, §5º, do CPC/2015 prevê que, cessando a obrigação, o juiz deve determinar, de ofício ou a requerimento da

---

[531] BRASIL. Superior Tribunal de Justiça. 2ª Seção. *Súmula nº 313*. Brasília, 25 de maio de 2005. Disponível em: http://goo.gl/qtKAcu. Acess em: 18 abr. 2016.

[532] MARINONI, Luiz Guilherme; ARENHART, Sérgio Cruz; MITIDIERO, Daniel. *Novo Código de Processo Civil comentado*. São Paulo: Revista dos Tribunais, 2015. p. 566.

[533] DIDIER JR., Fredie; CUNHA, Leonardo José Carneiro da; BRAGA, Paula Sarno; OLIVEIRA, Rafael. *Curso de direito processual civil*: execução. 4. ed. Salvador: JusPODIVM, 2012. v. 5. p. 721.

[534] NERY JUNIOR, Nelson; NERY, Rosa Maria de Andrade. *Comentários ao Código de Processo Civil*. São Paulo: Revista dos Tribunais, 2015. p. 1.323.

[535] DIDIER JR., Fredie; CUNHA, Leonardo José Carneiro da; BRAGA, Paula Sarno; OLIVEIRA, Rafael. *Curso de direito processual civil*: execução. 4. ed. Salvador: JusPODIVM, 2012. v. 5. p. 720.

parte, a liberação do capital, a cessação do desconto em folha ou o cancelamento das garantias prestadas.[536]

Sendo assim, entende-se que a inclusão da expressão patrimônio de afetação no artigo 533 do CPC/2015 o torna substancialmente diverso do artigo 475-Q do CPC/1973, ampliando a efetividade do capital constituído para pagamento de indenização por ato ilícito. Espera-se que a doutrina e a jurisprudência compreendam o sentido e o alcance de tal mudança e apliquem adequadamente essa espécie de patrimônio de afetação.

4.4.2.2 A impenhorabilidade de créditos oriundos de alienação de unidades imobiliárias, sob regime de incorporação imobiliária (artigo 833, inciso XII do CPC/2015)

Na última década, o mercado imobiliário vivenciou um pujante crescimento, caracterizado pelo aumento dos empreendimentos lançados e pela rapidez na venda de unidades autônomas. Tudo isso foi possibilitado pela facilidade de financiamento e por programas habitacionais de grande porte.[537] Lamentavelmente, esse cenário tem se alterado nos últimos anos em virtude de diversos fatores, tais como a crise econômica e os impactos da situação política instável de nosso país.

Nesse contexto, a aquisição da casa própria pelo consumidor deve ser realizada com extrema cautela. Tornou-se ainda mais importante uma leitura atenta do compromisso de compra e venda, de preferência realizada por um(a) advogado(a), e da matrícula do imóvel adquirido para verificar se a incorporação imobiliária constitui um patrimônio de afetação.

O patrimônio de afetação – compreendido como uma massa patrimonial separada do patrimônio do incorporador, que só responde por dívidas e obrigações que sejam relacionadas à incorporação – foi introduzido no Direito brasileiro por meio da alteração da Lei de Incorporação Imobiliária (Lei nº 4.591/1964) pela MP nº 2.221/2001, convertida na Lei nº 10.931/2004. O escopo dessa segregação patrimonial seria a finalização da incorporação, com a entrega das unidades imobiliárias aos

---

[536] MARINONI, Luiz Guilherme; ARENHART, Sérgio Cruz; MITIDIERO, Daniel. *Novo Código de Processo Civil comentado*. São Paulo: Revista dos Tribunais, 2015. p. 566.

[537] Para uma visão mais detalhada, ver LEONARDO, Rodrigo Xavier. *Redes contratuais no mercado habitacional*. São Paulo: RT, 2003.

adquirentes, havendo uma sensível redução de riscos de uma administração inadequada dos recursos destinados ao empreendimento.[538]

Limita-se, assim, a atuação do incorporador, o qual é responsabilizado pelos prejuízos que acarretar ao patrimônio afetado. Desse modo, os bens componentes do patrimônio de afetação apenas poderão figurar como objeto de garantia real em operação de crédito cujo produto seja totalmente destinado à finalização da obra incorporada.[539]

Embora o patrimônio de afetação na incorporação imobiliária exista no país desde 2001, lamentavelmente ainda é bastante desconhecido dos cidadãos brasileiros. De modo singelo, por meio do patrimônio de afetação, a incorporação imobiliária se torna incomunicável com os demais bens, direitos e obrigações do patrimônio geral do incorporador ou de outros patrimônios de afetação por ele constituídos.

A importante consequência é que os bens componentes dessa massa patrimonial apartada somente respondem por dívidas e obrigações vinculadas à respectiva incorporação. Além disso, em caso de falência da construtora, os efeitos de tal decretação ou da insolvência civil do incorporador não atingem os patrimônios de afetação constituídos, de modo que não integram a massa concursal o terreno, as acessões e demais bens, direitos creditórios, obrigações e encargos objeto da incorporação. Isso facilita muito as chances de o imóvel ser finalizado de modo adequado, tal como ou muito próximo ao previsto no memorial descritivo da obra.

Em síntese, é possível evitar que o consumidor venha a perder os valores dispendidos – não raro amealhados à duras penas durante toda a vida – tendo que ajuizar ação contra a construtora falida para tentar – com poucas chances de êxito – receber o que pagou.

Apesar dessas vantagens evidentes aos consumidores, infelizmente o patrimônio de afetação não era muito utilizado, pois se via dificuldade na realização de contabilidade apartada, bem como pelo fato de o regime tributário à época não ser benéfico.

Felizmente, em 2013 foi sancionada a Lei nº 12.844, de 19 de julho de 2013, que, entre outras disposições, alterou o regime especial de tributação aplicável às incorporações imobiliárias que optassem pela

---

[538] CHALHUB, Melhim Namem. *Da incorporação imobiliária*. 3. ed. Rio de Janeiro: Renovar, 2010. p. 70.

[539] OLIVA, Milena Donato. *Patrimônio separado*: herança, massa falida, securitização de créditos imobiliários, incorporação imobiliária, fundos de investimento imobiliário, trust. Rio de Janeiro: Renovar, 2009. p. 311.

afetação do terreno e das acessões objeto da incorporação, com redução da tributação sobre a receita mensal de 6% para 4%, correspondente a Imposto de Renda, PIS/PASEP, CSLL e COFINS. Ademais, para obras de interesse social enquadradas no Programa "Minha casa, Minha vida", a alíquota passou a ser de 1% sobre a base de cálculo. Com tais vantagens fiscais, possibilitou-se em muito o crescimento do número de empreendimentos que passaram a optar pelo uso do patrimônio de afetação.

Posteriormente, ainda, a Lei nº 13.970/2019 inseriu o artigo 11-A na Lei nº 12.844/2013, trazendo maior segurança jurídica às incorporadoras ao prever que "o regime especial de tributação previsto nesta Lei será aplicado até o recebimento integral do valor das vendas de todas as unidades que compõem o memorial de incorporação registrado no cartório de imóveis competente, independentemente da data de sua comercialização, e, no caso de contratos de construção, até o recebimento integral do valor do respectivo contrato".

Cabe ressaltar que o prazo de vigência do Regime Especial de Tributação das Incorporações Imobiliárias era tema de grande debate na doutrina e na jurisprudência, especialmente na seara administrativa. O ente fazendário, por exemplo, possuía entendimento firmado em sede da Solução de Consulta COSIT nº 304/2018 de que a obra considerava concluída com a emissão do "habite-se", momento no qual cessaria a incidência do Regime Especial de Tributação:

> ASSUNTO: NORMAS DE ADMINISTRAÇÃO TRIBUTÁRIA
> EMENTA: INCORPORAÇÃO IMOBILIÁRIA. REGIME ESPECIAL DE TRIBUTAÇÃO (RET). CONCLUSÃO DA OBRA. CARACTERIZAÇÃO.
> Para fins de admissão ao RET, instituído pela Lei nº 10.931, de 2004, considera-se concluída a obra relativa à incorporação imobiliária, quando da expedição do "habite-se", nos termos da legislação municipal.
> Em caso de distrato de venda de unidade imobiliária, o valor da respectiva operação deve ser tratado como dedução da receita mensal da incorporação imobiliária, segundo as regras do Regime.
> Não são admitidas no RET as receitas relativas a vendas realizadas após a conclusão da obra. Admitem-se apenas as receitas recebidas após a adesão ao regime, e relativas a vendas que tenham sido realizadas antes da conclusão da obra.

O entendimento também foi repisado na Solução de Consulta COSIT nº 99.001/2018, não obstante, naquela oportunidade, o fisco tenha consignado que "são submetidas ao RET as receitas recebidas referentes às unidades vendidas antes da conclusão da obra, as quais componham a incorporação afetada, mesmo que essas receitas sejam recebidas após a conclusão da obra ou a entrega do bem".

O Tribunal Regional Federal da 4ª Região, a seu turno, divergia da posição do fisco, sob o fundamento de que a afetação do patrimônio só se extingue com a efetiva venda das unidades imobiliárias – momento em que, inclusive, há a extinção do patrimônio de afetação:

> TRIBUTÁRIO. Aplicação do RET – Regime Especial Tributário do Patrimônio de Afetação – sobre as receitas decorrentes de vendas imobiliárias realizadas após a conclusão da respectiva edificação imobiliária. POSSIBILIDADE. Lei nº 10.931/2004. MANUTENÇÃO DA SENTENÇA DE PROCEDÊNCIA. 1. Não se extingue a afetação com a extinção da incorporação, isto é, com a criação das unidades autônomas do empreendimento imobiliário, mas com a efetiva venda das unidades autônomas aos adquirentes. 2. No caso dos autos, tendo em vista que somente com a venda da unidade autônoma se encerra o regime de afetação e, nesta lógica, os benefícios da referida legislação, a impetrante faz jus aos benefícios da Lei nº 10.931/2004 até a efetiva venda das unidades autônomas. 3. Mantida sentença de procedência. (TRF4 5004327-09.2019.4.04.7203, PRIMEIRA TURMA, Relator ALEXANDRE GONÇALVES LIPPEL, juntado aos autos em 11/06/2020)

Logo, elogiável a conduta do legislador neste ponto, sedimentando a divergência e mantendo a racionalidade da norma ao adotar uma posição favorável ao contribuinte: o incentivo à criação de patrimônios de afetação pelas incorporadoras.

Em conformidade com a importância do instituto no mercado imobiliário brasileiro e com sua evolução no ordenamento jurídico pátrio, o CPC/2015 inovou ao estabelecer expressamente a impenhorabilidade dos créditos vinculados à execução de obra e oriundos de alienação de unidades imobiliárias sob o regime de incorporação imobiliária:

> Art. 833. São impenhoráveis:
> [...]
> XII – os créditos oriundos de alienação de unidades imobiliárias, sob regime de incorporação imobiliária, vinculados à execução da obra.
> [...]
> §1º A impenhorabilidade não é oponível à execução de dívida relativa ao próprio bem, inclusive àquela contraída para sua aquisição.

O dispositivo apresenta verdadeiro aprimoramento no instituto, uma vez que, ainda que a incorporadora não opte pela afetação do patrimônio, a legislação prevê a impenhorabilidade dos créditos oriundos das vendas de unidades do empreendimento.[540] Logo, a proteção aos adquirentes passa a incidir por conta de previsão legal e independentemente dos atos do alienante. Nesse sentido, Melhim Namem Chalhub reconhece o avanço e a importância do dispositivo:

> Em relação ao negócio da incorporação imobiliária, o novo CPC torna impenhoráveis os 'créditos oriundos de alienação de unidades imobiliárias, sob o regime de incorporação imobiliária, vinculados à execução da obra' (art. 833, XII), preservando, assim, os recursos destinados à execução da obra e à entrega dos imóveis aos adquirentes, de modo a assegurar a realização do programa contratual.
> A impenhorabilidade confere especial eficácia ao regime jurídico da afetação patrimonial instituído pela Lei nº 4.591/1964, que permite à empresa incorporadora separar do seu patrimônio cada empreendimento que vier a realizar e criar para ele um patrimônio de afetação, correspondente ao conjunto de direitos e obrigações vinculados especificamente à incorporação imobiliária afetada. Os recursos financeiros desse patrimônio de afetação 'serão utilizados para pagamento ou reembolso das despesas inerentes à incorporação' (art. 31-A, §6º).

Como esclarece o autor, o Código de Processo Civil realiza uma segregação compulsória do patrimônio referente à obra, de modo que o adquirente independe do ato de afetação do referido patrimônio por parte da incorporadora. Logo, o avanço do CPC/2015 neste ponto consiste no fato de que a separação patrimonial decorre da previsão legal:

> O CPC/2015 não só se alinha a essa concepção, mas consagra importante avanço, pois, enquanto a Lei nº 4.591/1964 se limita a facultar à empresa criar um patrimônio separado e, nele, segregar os recursos para execução

---

[540] O artigo que dispunha sobre as hipóteses de impenhorabilidades no Anteprojeto do Código de Processo Civil era o artigo 758, que continha apenas onze incisos. Com os trâmites do Projeto perante o Senado Federal e a Câmara dos Deputados, o artigo foi renumerado como artigo 790 do CPC. O inciso XII, que inclui os créditos oriundos da venda de unidades autônomas, somente foi inserido como hipótese de crédito impenhorável por força da Emenda nº 100/2011, realizada pelo deputado federal Nelson Marchezan Junior, em 27 de setembro de 2011, com o seguinte teor: "Os créditos oriundos de alienação de unidades imobiliárias, sob regime de incorporação imobiliária, vinculados à execução da obra". Por fim, após as sucessivas renumerações dos dispositivos do Código, o artigo 833 passou a prever as hipóteses de impenhorabilidade, inclusive o inciso XII, que foi mantido durante o trâmite do Projeto.

da obra, o novo CPC segrega compulsoriamente esses recursos pela via da impenhorabilidade. Enquanto a regra da Lei nº 4.591 se aplica restritivamente às incorporações sob regime de afetação, a impenhorabilidade do CPC/2015 se aplica a toda e qualquer incorporação, acolhendo, aliás, interpretação já sinalizada pela jurisprudência.[541]

Trata-se de importante dispositivo para garantir a finalização do empreendimento, já que outros credores não poderão penhorar valores destinados à construção da obra, em evidente prejuízo aos adquirentes das unidades. Assim, resguardam-se os contratos de compra e venda das unidades imobiliárias, gerando segurança e previsibilidade nas relações jurídicas.

Chalhub afirma que o artigo 791 do CPC/2015 traz outra hipótese de segregação patrimonial, mas não o enquadra como patrimônio de afetação. Quando a execução tiver por objeto obrigação cujo sujeito passivo seja proprietário de terreno submetido a direito de superfície ou que seja o próprio superficiário, o mencionado artigo prevê que a penhora recairá exclusivamente sobre o terreno ou sobre a construção/plantação, respectivamente:

> Art. 791. Se a execução tiver por objeto obrigação de que seja sujeito passivo o proprietário de terreno submetido ao regime do direito de superfície, ou o superficiário, responderá pela dívida, exclusivamente, o direito real do qual é titular o executado, recaindo a penhora ou outros atos de constrição exclusivamente sobre o terreno, no primeiro caso, ou sobre a construção ou a plantação, no segundo caso.
> §1º Os atos de constrição a que se refere o caput serão averbados separadamente na matrícula do imóvel, com a identificação do executado, do valor do crédito e do objeto sobre o qual recai o gravame, devendo o oficial destacar o bem que responde pela dívida, se o terreno, a construção ou a plantação, de modo a assegurar a publicidade da responsabilidade patrimonial de cada um deles pelas dívidas e pelas obrigações que a eles estão vinculadas.
> §2º Aplica-se, no que couber, o disposto neste artigo à enfiteuse, à concessão de uso especial para fins de moradia e à concessão de direito real de uso.

---

[541] CHALHUB, Melhim Namem. *Novo CPC poderia reforçar segurança jurídica da afetação patrimonial*. Disponível em: http://goo.gl/TcyGxX. Acesso em: 15 abr. 2016.

O teor desse dispositivo inicialmente integrava o §3º do artigo 792 do Projeto de Lei nº 8.046/2010, por força da Emenda nº 423/2011, apresentada pelo deputado federal Nelson Marchezan Junior, em 23 de novembro de 2011. Posteriormente, com o trâmite do projeto, o parágrafo terceiro do artigo 792 transformou-se no artigo 791 do CPC/2015.

Chalhub sustenta que, assim como ocorre com a hipótese do artigo 833, inciso XII, do Código de Processo Civil, por meio do artigo 791, o legislador também realiza uma separação patrimonial para proteger as partes de dívidas de outrem, ou seja, "demarca os limites da responsabilidade dos titulares de cada um desses patrimônios separados":

> A concessão do direito de superfície dá origem a duas propriedades, uma sobre o solo e outra sobre a construção, ou plantação, que compõem dois patrimônios distintos, dotados de autonomia, um formado pelos direitos e obrigações vinculados à propriedade do solo e o outro à propriedade da construção. Para conferir efetividade a essa segregação patrimonial no campo processual, o art. 791 do novo CPC demarca os limites da responsabilidade dos titulares de cada um desses patrimônios separados, ao dispor que "[...] responderá pela dívida, exclusivamente, o direito real do qual é titular o executado, recaindo a penhora ou outros atos de constrição exclusivamente sobre o terreno, no primeiro caso, ou sobre a construção ou a plantação, no segundo caso."
> Para maior clareza, o §1º do art. 791 dispõe que no ato de averbação da penhora, no Registro de Imóveis, sejam indicados o nome do executado, o valor do crédito e o objeto sobre o qual recai o gravame, além de outros elementos, "de modo a assegurar a publicidade da responsabilidade patrimonial de cada um deles pelas dívidas e pelas obrigações que a eles estão vinculadas" (§1º do art. 791).[542]

Trata-se de dispositivo que visa resguardar os direitos do proprietário e do superficiário, de maneira que a dívida de um não prejudique ou recaia sobre o patrimônio do outro.

De modo semelhante, o artigo 862, §3º, do CPC/2015 prevê que, nos casos em que a incorporadora devedora é responsável por edifício em construção, a penhora recai exclusivamente sobre as unidades imobiliárias não comercializadas, de modo a não prejudicar os proprietários das unidades que já foram alienadas:

---

[542] CHALHUB, Melhim Namem. *Novo CPC poderia reforçar segurança jurídica da afetação patrimonial*. Disponível em: http://goo.gl/TcyGxX. Acesso em: 15 abr. 2016.

§3º Em relação aos edifícios em construção sob regime de incorporação imobiliária, a penhora somente poderá recair sobre as unidades imobiliárias ainda não comercializadas pelo incorporador.

Esse parágrafo foi inserido no artigo 862 do CPC/2015 por força da Emenda nº 93/2011 do Projeto de Lei nº 8.046/2010, apresentada pelo deputado federal Nelson Marchezan Junior, em 27 de setembro de 2011, na Comissão Especial da Câmara dos Deputados, destinada a emitir pareceres sobre o novo Código de Processo Civil.

Tal dispositivo considera que as unidades do empreendimento já alienadas pertencem a pessoa diversa das unidades que ainda se mantêm sob propriedade da incorporadora, de modo que o referido dispositivo consolidou a ideia de que os adquirentes não podem ser prejudicados pelas dívidas da incorporadora. Apesar de apresentarem separação patrimonial, as hipóteses dos artigos 791 e 862, §3º, do CPC/2015 não configuram e não se confundem com a constituição de patrimônio de afetação.

4.4.2.3 Críticas às disposições do CPC/2015

Como visto, o Código de Processo Civil de 2015 trouxe duas hipóteses de patrimônio de afetação: (i) a constituição de capital para garantir condenação ao pagamento de pensão alimentícia por ato ilícito (artigo 533); e (ii) a impenhorabilidade dos créditos advindos da venda de unidades autônomas de incorporação imobiliária sujeita à execução (artigo 833, XII).

Tais dispositivos apresentam inegável importância no cenário do direito civil e do direito do consumidor, uma vez que o primeiro garante o cumprimento de obrigação de prestar alimentos decorrentes de ato ilícito e o segundo protege o direito à moradia dos adquirentes de unidades imobiliárias em prédio em construção.

Justamente por tutelarem direitos tão caros ao ser humano – alimentação e moradia, e, por consequência, vida e dignidade da pessoa humana – seria desejável que os artigos dispusessem com maior minúcia sobre as questões relacionadas ao patrimônio de afetação. Ocorre que os dispositivos são bastante vagos quanto ao modo de constituição deste patrimônio, seu funcionamento e suas particularidades.

Primeiramente, quanto à previsão do artigo 533 do CPC/2015, o legislador limitou-se a traçar um panorama do instituto, afirmando a possibilidade de uso, as hipóteses e o encerramento do capital. No entanto, existem diversas questões atinentes ao funcionamento prático que não foram estabelecidas ou explicitadas pela legislação. Por sua vez, a doutrina processual limita-se a comentar os artigos 475-Q do CPC/1973 e 533 do CPC/2015 e refere-se apenas ao procedimento judicial do instituto.

Nesse sentido, Chalhub ressalta que, apesar de importantes, as inovações legislativas apresentam lacunas quanto a alguns pontos que pautariam a aplicação prática do patrimônio de afetação:

> As inovações do CPC/2015 em relação às situações específicas de que trata são louváveis e constituem importante evolução do direito positivo, mas a omissão em relação à blindagem dos recursos dos patrimônios de afetação, em geral, merece ser considerada quando se apresentar oportunidade de revisão legislativa.
> A regra da LREF poderia orientar o preenchimento dessa lacuna.
> Nesse sentido, o art. 832 do CPC/2015, que exclui da execução os bens impenhoráveis e inalienáveis, poderia estender a exclusão aos bens submetidos ao regime legal de afetação, exceto, naturalmente, em relação às obrigações relacionadas ao objeto do patrimônio de afetação, pelas quais esses bens respondem e, obviamente, podem ser objeto de constrição e expropriação.
> É verdade que a falta de norma processual sobre a matéria não chega a prejudicar a eficácia da limitação de responsabilidade patrimonial prevista nas normas de direito material, mas o tratamento da matéria no âmbito do processo de execução contribuiria para reforçar a segurança jurídica em relação ao regime legal da afetação patrimonial, operando como elemento catalisador do desenvolvimento econômico e de integração dos negócios no cenário mais abrangente da economia global.[543]

De fato, reconhece-se que os dispositivos do Código de Processo Civil consistem em modificações positivas e que fornecem considerável segurança jurídica na fase de cumprimento de sentença e nos processos de execução. Não bastasse isso, o artigo 833, XII, do CPC/2015 resguarda a integridade da obra, evitando que o inadimplemento da incorporadora em relação a outras obrigações jurídicas afete os adquirentes e prejudique a concretização e finalização do empreendimento, diminuindo os efeitos nefastos de eventual inadimplemento "em cascata". Isso se dá porque o descumprimento da obrigação que importaria em penhora de

---

[543] CHALHUB, Melhim Namem. *Novo CPC poderia reforçar segurança jurídica da afetação patrimonial*. Disponível em: http://goo.gl/TcyGxX. Acesso em: 15 abr. 2016.

créditos relacionados à obra, em tese, impediria que tais valores fossem investidos na conclusão do empreendimento, gerando inadimplência da incorporadora também em relação aos adquirentes.

Verifica-se, todavia, que o legislador perdeu a oportunidade de reger de forma mais completa e aprofundada as minúcias do instituto, dispondo sobre questões práticas e procedimentais que, inevitavelmente, precisarão ser abordadas e esclarecidas pela doutrina e pela jurisprudência em um futuro próximo.

4.4.3 As diferenças entre a sociedade de propósito específico e o patrimônio de afetação

As incorporações imobiliárias são regidas pela Lei nº 4.591, de 1964, a qual prevê a possibilidade de que apresentem diferentes estruturas para fornecer maior segurança aos compradores e financiadores das unidades imobiliárias.

Todavia, os desdobramentos do caso "Encol"[544] ampliaram a preocupação do legislador em proteger os adquirentes e financiadores dos riscos advindos da compra de imóveis na planta. Nesse sentido, destacam-se duas figuras: a Sociedade de Propósito Específico e o Patrimônio de Afetação.

Como visto, a segregação ou separação patrimonial pode ser entendida – ressalvando-se posicionamentos contrários – como exceção à teoria francesa da unicidade patrimonial, segundo a qual cada indivíduo corresponde a apenas um patrimônio. No Brasil, existem algumas hipóteses de separação patrimonial, ou seja, casos específicos em que a legislação autoriza que o indivíduo possua mais de um patrimônio. Essas hipóteses submetem-se ao princípio da taxatividade dos patrimônios segregados, segundo o qual a separação patrimonial depende de previsão legal.

Ao tratar desse princípio, Milena Donato Oliva explica que "o patrimônio especial, assim como o geral, traduz objeto de direito autônomo em relação aos seus componentes" e, "por constituir universalidade de direito, isto é, centro autônomo de imputação objetiva

---

[544] Sobre o tema, ver CÂMARA, Hamilton Quirino. *Falência do incorporador imobiliário*: o caso Encol. Rio de Janeiro: Lumen Juris, 2004; SOUZA, Pedro Paulo de. *Encol*: o sequestro. Goiânia: Bremen, 2010.

decorrente da unificação ideal de situações jurídicas subjetivas ativas, necessita de lei para sua criação".[545]

É justamente o que ocorre com a Sociedade de Propósito Específico e com o Patrimônio de Afetação: ambos consistem em hipóteses de separação patrimonial[546], previstos em legislação especial, mas apresentam origens, características e finalidades distintas.

Referindo-se especificamente ao Patrimônio de Afetação, Chalhub destaca que as hipóteses de patrimônio separado dependem de previsão legal e são limitadas pelas prescrições legislativas, pois a separação do patrimônio pode ocasionar a redução da garantia dos credores e será ineficaz, se caracterizar fraude à execução, ou anulável, se houver fraude contra credores.[547]

Todavia, o autor explica que o patrimônio segregado não se desvincula completamente do patrimônio geral do incorporador, tendo em vista que a autonomia do patrimônio especial é apenas funcional e deve ser interpretada de acordo com as funções da afetação. Assim, o patrimônio com destinação especial permanece dentro do patrimônio geral do incorporador e se submete à disciplina especial para cumprir o objetivo de conclusão da obra e entrega das unidades.[548]

Sobre as vantagens da separação patrimonial, Aldo Dórea Mattos explica que o instituto é visto com bons olhos pelas instituições financeiras, sendo que "a maioria das entidades de financiamento só

---

[545] OLIVA, Milena Donato. *Patrimônio separado*: herança, massa falida, securitização de créditos imobiliários, incorporação imobiliária, fundos de investimento imobiliário, *trust*. Rio de Janeiro: Renovar, 2009. p. 275.

[546] Importante ressaltar que a separação patrimonial não se confunde com limitação da responsabilidade. Trata-se de institutos diversos. Nesse sentido, explica Milena Donato Oliva: "As hipóteses de limitação de responsabilidade são previstas em lei para afastar certos bens integrantes do patrimônio do devedor da ação executiva dos credores, como no caso do bem da família ou dos bens impenhoráveis previstos no Código de Processo Civil. O patrimônio afetado, por outro lado, surge com vistas à realização de determinado escopo, para cujo alcance serve de garantia somente aos credores pertinentes com a finalidade de sua unificação, de modo que se verifica diferenciação do objeto de garantia dos credores, não há limitação de responsabilidade atinente ao conteúdo deste objeto. Dito diversamente, as hipóteses de limitação de responsabilidade visam excluir, dentro da universalidade que serve de garantia aos credores, o poder de excussão destes sobre determinados bens, ao passo que os casos de segregação patrimonial se referem à criação de distintas universalidades, cada qual servindo de garantia a débitos próprios". (OLIVA, Milena Donato. *Patrimônio separado*: herança, massa falida, securitização de créditos imobiliários, incorporação imobiliária, fundos de investimento imobiliário, trust. Rio de Janeiro: Renovar, 2009. p. 231-232).

[547] CHALHUB, Melhim Namem. *Alienação fiduciária, incorporação imobiliária e mercado de capitais*: estudos e pareceres. Rio de Janeiro: Renovar, 2012. p. 255.

[548] CHALHUB, Melhim Namem. *Da incorporação imobiliária*. 3. ed. Rio de Janeiro: Renovar, 2010. p. 96.

libera recursos para projetos com algum tipo de segregação patrimonial, por haver maior transparência, solidez e credibilidade".[549]

É necessário destacar que "a separação patrimonial pode ser perfeita ou absoluta e imperfeita ou relativa", sendo que, nesta última hipótese, se o patrimônio especial não for suficiente para cobrir suas próprias dívidas, o credor poderá atingir o patrimônio geral:

> Dito diversamente, em se tratando de separação patrimonial perfeita, o patrimônio geral se mostra insensível às vicissitudes atinentes ao especial. Neste caso, o liame existente entre os patrimônios geral e especial constitui somente o vínculo extrínseco se pertencerem ao mesmo titular. O patrimônio geral, entretanto, a depender do tipo de afetação patrimonial criada pela lei, pode ter responsabilidade subsidiária em relação aos débitos pertinentes ao patrimônio separado, a denotar autonomia patrimonial imperfeita.
> Portanto, nos casos de separação imperfeita os débitos referentes à massa patrimonial autônoma gravam o patrimônio geral. Em tais hipóteses, o patrimônio geral figura como objeto subsidiário de garantia dos credores relacionados à persecução do fim que justifica a afetação patrimonial. Neste sentido, se os elementos da universalidade patrimonial separada não forem suficientes à satisfação de seus credores, podem ser excutidos os bens integrantes do patrimônio geral.[550]

Disto se extrai que, em se tratando de separação relativa ou imperfeita, os credores do patrimônio especial poderão buscar o adimplemento em face do patrimônio geral, caso aquele não seja suficiente para encerrar a dívida. Essa questão é de grande importância tanto para a Sociedade de Propósito Específico quanto para o Patrimônio de Afetação.

Após uma análise das origens e principais características da Sociedade de Propósito Específico e do Patrimônio de Afetação, têm-se elementos suficientes para distingui-los. Em síntese, a única semelhança entre os institutos é que ambos consistem em modalidades de separação patrimonial para uma determinada finalidade. Logo, são mecanismos de minoração de riscos e quando os propósitos específicos que possuem são cumpridos, essas figuras são extintas.

---

[549] MATTOS, Aldo Dórea. *Patrimônio de afetação na incorporação imobiliária*: mais proteção para o adquirente. 2. ed. São Paulo: Pini, 2013. p. 110.

[550] OLIVA, Milena Donato. *Patrimônio separado*: herança, massa falida, securitização de créditos imobiliários, incorporação imobiliária, fundos de investimento imobiliário, trust. Rio de Janeiro: Renovar, 2009. p. 241.

A primeira diferença entre o Patrimônio de Afetação e a Sociedade de Propósito Específico reside em suas naturezas jurídicas. Enquanto o primeiro é um ente jurídico despersonalizado, uma massa patrimonial, a segunda é uma pessoa jurídica, portanto titular de personalidade jurídica.

Mattos lista algumas vantagens na constituição de uma Sociedade de Propósito Específico. Nesse sentido, destaca a praticidade da escrituração contábil e auditoria dessas empresas, em razão da personalidade jurídica independente e da contabilidade separada dos sócios.[551]

O autor esclarece, ainda, que as SPEs (i) não possuem Comissão de Representantes; (ii) não necessitam elaborar demonstrativos trimestrais; (iii) não impedem a comunicação de recursos entre empreendimentos; (iv) não estão blindadas contra a falência e entram na massa falida; e (v) podem ser constituídas após o início da obra, mas os ativos necessitam ser vendidos a ela e sobre essa alienação incidem altos impostos.[552]

O autor destaca as finalidades diversas dos institutos:

> A SPE dá flexibilidade para a composição societária das partes envolvidas e limita os riscos dos investidores àquela SPE, sem comunicação com outros negócios dos sócios.[553]
> [...]
> O Patrimônio de Afetação, por sua vez, possui como finalidade central proteger os adquirentes, tanto ao blindar os recursos do empreendimento quanto ao conferir aos compradores o direito de assumir a conclusão da obra no caso de falência do incorporador. Como forma de segregação, o PA é um instrumento muito mais completo do que a SPE.[554]

Disto se extrai que, enquanto o Patrimônio de Afetação dirige-se à proteção dos adquirentes, a Sociedade de Propósito Específico visa à proteção dos sócios-investidores. Como os institutos não são antagônicos, pelo contrário, Mattos sugere que sejam empregados cumulativamente em uma incorporação, a fim de aliar a segurança jurídica dos adquirentes decorrente do Patrimônio de Afetação com a flexibilidade societária

---

[551] MATTOS, Aldo Dórea. *Patrimônio de afetação na incorporação imobiliária*: mais proteção para o adquirente. 2. ed. São Paulo: Pini, 2013. p. 109.
[552] MATTOS, Aldo Dórea. *Patrimônio de afetação na incorporação imobiliária*: mais proteção para o adquirente. 2. ed. São Paulo: Pini, 2013. p. 110.
[553] MATTOS, Aldo Dórea. *Patrimônio de afetação na incorporação imobiliária*: mais proteção para o adquirente. 2. ed. São Paulo: Pini, 2013. p. 109.
[554] MATTOS, Aldo Dórea. *Patrimônio de afetação na incorporação imobiliária*: mais proteção para o adquirente. 2. ed. São Paulo: Pini, 2013. p. 110.

das Sociedades de Propósito Específico, por meio do emprego daquele instituto dentro desta pessoa jurídica.[555]

Note-se que a contabilidade representa situação peculiar caso a Sociedade de Propósito Específico constitua um Patrimônio de Afetação:

> Mesmo se tratando de Sociedade de Propósito Específico-SPE ou incorporadora com um único empreendimento, para a administração do caixa do PA o incorporador deve manter conta corrente bancária distinta para o PA e para SPE com a identificação precisa dos recursos que podem ser sacados e até distribuídos aos sócios, inclusive para atender à legislação tributária, uma vez que a SPE terá tributação diferenciada podendo ser optante pelo lucro real ou presumido na tributação de suas próprias receitas.[556]

Resumidamente, pode-se dizer que os institutos consistem em hipóteses de separação patrimonial que apresentam inúmeras diferenças, a saber: (i) a natureza jurídica; (ii) a finalidade; (iii) a contabilidade; (iv) a tributação; (v) o momento de constituição; (vi) as regras de prestação de contas; (vii) a Comissão de Representantes; e (viii) as regras em caso de falência. Entretanto, verifica-se que não se contrapõem e podem ser grandes aliados para garantir a proteção devida aos adquirentes e, ao mesmo tempo, maior flexibilidade societária e melhor regime tributário aos empresários.

4.5 Sociedade em conta de participação

A sociedade em conta de participação (SCP) está prevista nos artigos 983, parágrafo único, 991 a 996 e 1.162 do Código Civil. Na condição de sociedade não personificada, foi inserida no Capítulo II, Subtítulo I (da sociedade não personificada), Capítulo único (disposições gerais), Título II (da sociedade), do Livro II (do direito de empresa) da parte especial do Código Civil. Anteriormente, era regulamentada pelos artigos 325 a 328 do Código Comercial de 1850.

A SCP, em verdade, não constitui uma sociedade. Marcelo M. Bertoldi e Marcia Carla Pereira Ribeiro esclarecem que a conta em

---

[555] MATTOS, Aldo Dórea. *Patrimônio de afetação na incorporação imobiliária*: mais proteção para o adquirente. 2. ed. São Paulo: Pini, 2013. p. 112.

[556] SOUZA, Martelene Carvalhaes Pereira e. *Patrimônio de afetação, SPE, SCP e consórcio*: estruturação de negócios imobiliários e de construção civil. São Paulo: Pini, 2014. p. 102.

participação não configura sociedade ou pessoa jurídica porque possui patrimônio próprio e não precisa ser constituída por documento escrito ou registrada perante o Registro Público de Empresas Mercantis. Para os autores, em verdade, trata-se de contrato de participação.[557]

Assim, poderia ser definida como um acordo entre os sócios para atingir uma finalidade, caracterizando-se por um contrato, não necessariamente escrito, por meio do qual duas ou mais pessoas acordam em explorar um empreendimento empresarial em proveito comum, pelo nome e responsabilidade de um ou mais sócios.[558]

De mesmo modo, Marlon Tomazette afirma que a conta em participação não é sociedade, pois não se constitui como sujeito autônomo de direitos e obrigações.[559] Fábio Ulhoa Coelho destaca as características que afastam a sociedade em conta de participação da noção de sociedade:

> Suas marcas características, que a afastam da sociedade empresária típica, são a despersonalização (ela não é pessoa jurídica) e a natureza secreta (seu ato constitutivo não precisa ser levado a registro na Junta Comercial). Outros de seus aspectos também justificam não considerá-la uma sociedade: a conta de participação não tem necessariamente capital social, liquida-se pela medida judicial de prestação de contas e não por ação de dissolução de sociedade, e não possui nome empresarial.[560]

De outro lado, Souza sustenta que a sociedade em conta de participação apresenta os três elementos configuradores de uma sociedade, quais sejam (i) a obrigação de os sócios contribuírem para o exercício da atividade; (ii) a participação nos lucros e perdas do negócio; e (iii) a vontade de associarem-se para a consecução do objeto social, ou seja, a *affectio societatis*.[561]

Todavia, em razão da inexistência de personalidade jurídica, surgem três consequências: (i) a ausência de titularidade obrigacional,

---

[557] BERTOLDI, Marcelo M.; RIBEIRO, Marcia Carla Pereira. *Curso avançado de direito comercial*. 6. ed. São Paulo: Revista dos Tribunais, 2011. p. 181.

[558] BERTOLDI, Marcelo M.; RIBEIRO, Marcia Carla Pereira. *Curso avançado de direito comercial*. 6. ed. São Paulo: Revista dos Tribunais, 2011. p. 181.

[559] TOMAZETTE, Marlon. *Curso de direito empresarial*: teoria geral e direito societário. 2. ed. São Paulo: Atlas, 2009. p. 289.

[560] COELHO, Fábio Ulhoa. *Curso de direito comercial*: direito de empresa. 17. ed. São Paulo: Saraiva, 2013. p. 893.

[561] SOUZA, Martelene Carvalhaes Pereira e. *Patrimônio de afetação, SPE, SCP e consórcio*: estruturação de negócios imobiliários e de construção civil. São Paulo: Pini, 2014. p. 138.

pois o sócio ostensivo é o único que pratica atos perante terceiros; (ii) a ausência de titularidade processual, pois não possui capacidade para estar em juízo; e (iii) a ausência de responsabilidade patrimonial, na medida em que os bens são de titularidade do sócio ostensivo.[562]

A sociedade em conta de participação não possui personalidade jurídica – nem mesmo com o registro dos atos constitutivos,[563] o que é desnecessário – e se constitui independentemente de qualquer formalidade, podendo ser comprovada por todos os meios de direito.[564] Nesse sentido, eventual contrato social produz efeitos apenas entre os sócios, que buscam o lucro comum ao instituir a sociedade.[565]

Sendo assim, a sociedade em conta de participação não é uma pessoa jurídica, mas "um acordo de vontades sem forma definida em lei". Em razão das previsões do Código Civil, não poderá ter firma ou denominação social (nome empresarial), mas poderá adotar nome fantasia para identificar o negócio havido entre os sócios. De mesmo modo, não possui sede ou domicílio especial.

Essa sociedade apresenta uma configuração bastante peculiar: possui sócio(s) ostensivo(s) e sócio(s) participante(s). Apenas o sócio ostensivo exerce a atividade constitutiva do objeto social e se obriga perante terceiros, em seu nome individual e sob sua própria e exclusiva responsabilidade, como prevê o artigo 991 do Código Civil.

Por sua vez, o sócio participante participa dos resultados, fiscaliza a gestão dos negócios sociais e se obriga somente em relação ao sócio ostensivo, conforme o contrato social. Entretanto, se tomar parte nas relações perante terceiros, responderá solidariamente com o sócio ostensivo pelas obrigações em que intervier.

Gladston Mamede afirma que os sócios podem investir capital, produzir bens e realizar serviços, desde que as relações tidas com

---

[562] SOUZA, Martelene Carvalhaes Pereira e. *Patrimônio de afetação, SPE, SCP e consórcio*: estruturação de negócios imobiliários e de construção civil. São Paulo: Pini, 2014. p. 140.

[563] Souza afirma que o registro da sociedade poderá ser realizado no Registro de Títulos e Documentos, mas não no Registro Civil de Pessoas Jurídicas ou na Junta Comercial. De qualquer modo, ainda que o registro não seja realizado, o contrato da sociedade configura título executivo entre os sócios. (SOUZA, Martelene Carvalhaes Pereira e. *Patrimônio de afetação, SPE, SCP e consórcio*: estruturação de negócios imobiliários e de construção civil. São Paulo: Pini, 2014. p. 143).

[564] Dentre eles, a confissão, prova documental, oral, pericial e por presunção. (SOUZA, Martelene Carvalhaes Pereira e. *Patrimônio de afetação, SPE, SCP e consórcio*: estruturação de negócios imobiliários e de construção civil. São Paulo: Pini, 2014. p. 135).

[565] SOUZA, Martelene Carvalhaes Pereira e. *Patrimônio de afetação, SPE, SCP e consórcio*: estruturação de negócios imobiliários e de construção civil. São Paulo: Pini, 2014. p. 138.

terceiros sejam concretizadas em nome do sócio ostensivo e sob a responsabilidade exclusiva deste.[566] Tomazette explica a relação entre os sócios:

> O sócio ostensivo, que pode ser um empresário individual ou uma sociedade, é aquele que exercerá a atividade em seu próprio nome, vinculando-se e assumindo toda a responsabilidade perante terceiros. A sociedade em conta de participação não firmará contratos. Quem firmará os contratos necessários para o exercício da atividade é o sócio ostensivo, usando tão somente seu próprio crédito, seu próprio nome. Quando ele age, não como um administrador de uma sociedade, mas como um empresário, seja ele individual, seja uma sociedade. De outro lado, há o sócio participante que não aparece perante terceiros, não assumindo qualquer responsabilidade perante o público. Daí a denominação sócio oculto. A responsabilidade dele é apenas perante o sócio ostensivo, nos termos em que acertado entre os dois.[567]

Souza afirma que ao menos um dos sócios deve ser uma pessoa jurídica.[568] De outro lado, Mamede sustenta que o artigo 325 do Código Comercial de 1850 apresentava essa exigência, mas que o Código Civil não traz nenhum qualificação subjetiva, de modo que não exige que um dos sócios seja empresário ou sociedade empresária ou que o objeto da contratação seja desenvolvido sob a forma de empresa.[569]

Para que um novo sócio seja admitido na sociedade em conta de participação, o artigo 995 do Código Civil exige o consentimento expresso dos demais sócios. A sociedade é caracterizada por sua natureza secreta, o que justifica a responsabilidade ilimitada e solidária de todos os sócios com a exteriorização e desvirtuamento da sociedade.

No que concerne aos pagamentos dos tributos, serão realizados pelo sócio ostensivo em documento de arrecadação identificado por seu cadastro perante a Receita Federal. Todavia, como o Decreto-Lei nº 2.303, de 1986, prevê a equiparação da sociedade em conta de participação

---

[566] MAMEDE, Gladston. *Direito empresarial brasileiro*: direito societário. 4. ed. São Paulo: Atlas, 2010. v. 2. p. 20.

[567] TOMAZETTE, Marlon. *Curso de direito empresarial*: teoria geral e direito societário. 2. ed. São Paulo: Atlas, 2009. p. 287-288.

[568] SOUZA, Martelene Carvalhaes Pereira e. *Patrimônio de afetação, SPE, SCP e consórcio*: estruturação de negócios imobiliários e de construção civil. São Paulo: Pini, 2014. p. 134 e 185.

[569] MAMEDE, Gladston. *Direito empresarial brasileiro*: direito societário. 4. ed. São Paulo: Atlas, 2010. v. 2. p. 19.

a uma pessoa jurídica para fins de imposto de renda e o artigo 3º do Decreto-Lei nº 2.308, de 1986, exige o cadastro de CNPJ de todas as pessoas jurídicas perante a Receita Federal, Souza defende que a Receita Federal pode exigir a inscrição da SCP no Cadastro Nacional de Pessoas Jurídicas.[570] Nesse sentido, esclarece Rubens Requião:

> A sociedade em conta de participação foi praticamente extinta pelo Decreto-lei nº 2.303, de 21 de novembro de 1986, que alterou a legislação tributária, ferindo a fundo essa sociedade. O art. 7º desse diploma tributário determinou que se equiparam à pessoa jurídica para os efeitos da legislação do Imposto de Renda, as sociedades em conta de participação. O parágrafo único ainda determinava que, na apuração dos resultados dessas sociedades, assim como na tributação dos lucros apurados e dos distribuídos, seriam observadas as normas aplicáveis às demais pessoas jurídicas.[571]

No âmbito imobiliário, Souza sustenta que o uso da sociedade em conta de participação em substituição ao instrumento particular de promessa de compra e venda de imóveis na planta anula e descaracteriza a sociedade, levando à aplicabilidade do Código de Defesa do Consumidor à relação jurídica mantida entre as partes. A autora afirma que existem decisões judiciais no sentido de descaracterizar a sociedade e manter o sócio ostensivo "como único responsável pelo negócio, devendo restituir as quantias pagas pelo adquirente denominado de 'sócio participante', independentemente do resultado positivo ou negativo, arcando o sócio ostensivo com todos os riscos do negócio".[572]

Quanto aos efeitos, como a sociedade é não personificada e não pode assumir direitos e obrigações – estes pertencem ao sócio ostensivo, em relação ao qual os sócios participantes estão obrigados –, não está sujeita à falência ou à recuperação judicial.[573]

O que ocorre é uma espécie de dissolução, por meio da "prestação de contas pelo sócio ostensivo em favor dos sócios participantes, tendo

---

[570] SOUZA, Martelene Carvalhaes Pereira e. *Patrimônio de afetação, SPE, SCP e consórcio*: estruturação de negócios imobiliários e de construção civil. São Paulo: Pini, 2014. p. 145.
[571] REQUIÃO, Rubens. *Curso de direito comercial*. 26. ed. São Paulo: Saraiva, 2006. v. 1. p. 440.
[572] SOUZA, Martelene Carvalhaes Pereira e. *Patrimônio de afetação, SPE, SCP e consórcio*: estruturação de negócios imobiliários e de construção civil. São Paulo: Pini, 2014. p. 136.
[573] SOUZA, Martelene Carvalhaes Pereira e. *Patrimônio de afetação, SPE, SCP e consórcio*: estruturação de negócios imobiliários e de construção civil. São Paulo: Pini, 2014. p. 138.

em vista o negócio acordado, a devolução do capital investido, se for o caso, e a distribuição dos lucros ou prejuízos que tocar a cada um".[574]

Tomazette defende que a sociedade em conta de participação será constituída por prazo indeterminado ou para a realização de operações determinadas. No primeiro caso, a dissolução pode ocorrer a qualquer momento, na medida em que os sócios não são obrigados a manter o contrato indefinidamente; na segunda hipótese, a dissolução dependerá de justo motivo.[575]

De modo semelhante, Mamede afirma que, a depender da estipulação contratual, a sociedade pode findar em razão do transcurso do prazo previsto, do alcance do termo definido, da realização de condição estipulada, do esgotamento do objeto social, entre outras hipóteses. Ultrapassado o prazo determinado contido acordado entre os sócios, a sociedade em conta de participação permanece por prazo indeterminado. Caso não houver previsão em contrário, a dissolução ocorre (i) por deliberação unânime ou por maioria absoluta dos sócios; (ii) por falta de pluralidade de sócios; ou (iii) pela ilicitude ou impossibilidade do objeto.[576]

O artigo 994, §2º, do Código Civil dispõe que a falência do sócio ostensivo – e não da sociedade – ocasiona a dissolução da sociedade e a liquidação da respectiva conta, cujo saldo constituirá crédito quirografário. De outro lado, o parágrafo terceiro do mesmo artigo prevê que, na hipótese de falência do sócio participante, "o contrato social fica sujeito às normas que regulam os efeitos da falência nos contratos bilaterais do falido".

O artigo 996 do Código Civil traz a aplicabilidade subsidiária dos dispositivos da sociedade simples em relação à sociedade em conta de participação, no que forem compatíveis. Além disso, como o sócio ostensivo age em nome da sociedade e os sócios participantes respondem perante aquele, a liquidação rege-se pelas normas relativas à prestação de contas, contidas na legislação processual – atualmente, os artigos 550 a 553 do CPC/2015. E se houver mais de um sócio ostensivo, suas contas serão prestadas e julgadas no mesmo processo.

---

[574] SOUZA, Martelene Carvalhaes Pereira e. *Patrimônio de afetação, SPE, SCP e consórcio*: estruturação de negócios imobiliários e de construção civil. São Paulo: Pini, 2014. p. 149.

[575] TOMAZETTE, Marlon. *Curso de direito empresarial*: teoria geral e direito societário. 2. ed. São Paulo: Atlas, 2009. p. 289-290.

[576] MAMEDE, Gladston. *Direito empresarial brasileiro*: direito societário. 4. ed. São Paulo: Atlas, 2010. v. 2. p. 26.

As contribuições dos sócios participantes e ostensivos constitui patrimônio especial, objeto da conta de participação relativa aos negócios sociais, conforme o artigo 994 do Código Civil. O fundo social pode ser entendido como a união dos recursos financeiros dos sócios participantes (repassados ao sócio ostensivo) e os recursos que o sócio ostensivo investe na sociedade. Esse fundo "é o conjunto das entradas que os sócios declaram vinculados ao negócio que constitui o objeto social da conta de participação".[577]

Ocorre que, como a sociedade não possui personalidade jurídica, esse fundo social é acrescido ao patrimônio do sócio ostensivo, passando a integrá-lo para fazer frente às obrigações da sociedade. Logo, os recursos financeiros são repassados ao sócio ostensivo e movimentados em conta bancária deste, o que esclarece a importância da prestação de contas aos sócios participantes:

> No caso da conta de participação, como não é a sociedade, mas sim o sócio ostensivo que assume as obrigações, os aportes feitos pelos sócios participantes vêm para integrar o patrimônio do sócio ostensivo. Portanto, os fundos sociais da conta de participação respondem pelas obrigações pessoais do sócio ostensivo, e os demais sócios não podem impedir que terceiros, buscando sanar eventuais dívidas do sócio ostensivo, alcance os fundos sociais. O capital social constituído pela sociedade em conta de participação não compõe o patrimônio da SCP, pois esta não possui patrimônio, os bens e direitos da SCP passam a incorporar o patrimônio do sócio ostensivo. Este fundo é específico quanto à sua destinação e é em relação a esta destinação que o sócio ostensivo deve prestar contas ao sócio participante.[578]

Assim, apesar de especial, esse patrimônio só produz efeitos perante os sócios, não atingindo terceiros, e não configura hipótese de segregação patrimonial no direito vigente. Todavia, a importância da sociedade em conta de participação para o presente estudo reside no fato de que o Projeto de Lei nº 1.572/2011 e o Projeto de Lei do Senado nº 487/2013[579] alteram essa configuração, ao dispor expressamente que

---

[577] SOUZA, Martelene Carvalhaes Pereira e. *Patrimônio de afetação, SPE, SCP e consórcio*: estruturação de negócios imobiliários e de construção civil. São Paulo: Pini, 2014. p. 141.

[578] SOUZA, Martelene Carvalhaes Pereira e. *Patrimônio de afetação, SPE, SCP e consórcio*: estruturação de negócios imobiliários e de construção civil. São Paulo: Pini, 2014. p. 142.

[579] Na data de elaboração do presente livro (06/12/2021), o PL nº 487/2013 permanecia sob análise da Comissão Temporária para a Reforma do Código Comercial, aguardando o parecer da Relatora Senadora Soraya Thronicke, para emitir relatório. Contudo, o PL nº

os recursos da sociedade em conta de participação constituem hipótese de patrimônio separado, o que será estudado adiante.

4.6 Empresa individual de responsabilidade limitada e sociedade limitada unipessoal

No Brasil, até há pouco tempo era impossível ao empresário exercer atividade profissional na condição de sócio único e sem ver o seu patrimônio pessoal ser confundido com o patrimônio da própria empresa. Essa premissa estava estampada no artigo 1.033, IV, do Código Civil,[580] que vedava a constituição da sociedade unipessoal.

A legislação brasileira partia da premissa de que a criação da sociedade pressupunha a união de esforços, não concebendo que uma pessoa isoladamente a exercesse com o benefício da separação patrimonial. Nas palavras de José Lamartine Correia de Oliveira:

> [...] a tradição de nossa doutrina sempre se orientou no sentido da inadmissibilidade da sociedade unipessoal, quer originária, quer superveniente, no campo das sociedades de pessoas, atendendo-se a uma dúplice fundamentação: o caráter contratual do ato jurídico de constituição e a fundamental rejeição, por nosso sistema jurídico, da possibilidade de existência de empresários individuais atuando com limitação de responsabilidade. Este último argumento é fundamental, para a doutrina dominante, no caso das sociedades por quotas de responsabilidade limitada considerada sociedade de pessoas.[581]

Como consequência, havia um número expressivo de sociedades limitadas que eram formadas por dois sócios pessoas físicas, sendo um deles apenas "de fachada". Na prática, ao sócio de fachada era destinado percentual ínfimo do capital social. Sua função era a de participar da sociedade para que o real empresário pudesse atuar com o benefício da separação patrimonial e demais vantagens decorrentes da organização em pessoa jurídica, como por exemplo tributação mais vantajosa. Esse modo de proceder acarretava riscos para ambas as partes. Isso porque, nos termos do artigo 1.052 do Código Civil, a

---

1.572/2011 foi arquivado em 2019, por força do art. 105 do Regimento Interno da Câmara dos Deputados.

[580] O art. 1.033, IV do Código Civil teve seu inciso IV revogado pela Lei nº 14.195/2021.

[581] OLIVEIRA, José Lamartine Corrêa de. *A dupla crise da pessoa jurídica*. São Paulo: Saraiva, 1979. p. 564-565.

participação de fachada – mesmo com percentual reduzido – pode gerar responsabilização solidária pelo capital social não integralizado. E, também, porque essa mesma responsabilidade solidária pode advir da inexata estimação dos bens indicados para compor o capital social, por força do art. 1.055 daquele Diploma.[582]

A Lei nº 12.441/2011, contudo, trouxe a possibilidade de criação de empresa individual com responsabilidade limitada (EIRELI) no Brasil, sedimentando a possibilidade de criação de pessoa jurídica formada por uma única pessoa.[583] Baseada nos projetos de lei nº 4.605/2008 e 4.953/2009, essa lei alterou o artigo 44, VI, estabeleceu o parágrafo único do artigo 1.033 e inseriu o artigo 980-A no Título I-A ("da empresa individual de responsabilidade limitada"), do Livro II, do Código Civil.

O artigo 44 do Código Civil passou a prever a empresa individual de responsabilidade limitada como modalidade de pessoa jurídica de direito privado.[584] Márcio Tadeu Guimarães Nunes critica o mencionado dispositivo ao afirmar que o legislador não teria observado a técnica devida quanto à nomenclatura da EIRELI, uma vez que confundiu os conceitos de "empresa" e "empresário" ao inseri-la no rol do referido artigo.[585] Já o artigo 1.033, IV, do Código Civil, que previa a "falta de pluralidade de sócios, não reconstituída no prazo de cento e oitenta dias", como hipótese de dissolução da sociedade, passou a contar com um parágrafo único, inserido pela Lei nº 12.441/2011. Esse parágrafo excepcionava a empresa individual com responsabilidade limitada da regra geral, ao dispor que o referido inciso não se aplica

---

[582] Art. 1.052 do Código Civil: "Na sociedade limitada, a responsabilidade de cada sócio é restrita ao valor de suas quotas, mas todos respondem solidariamente pela integralização do capital social". Art. 1.055, §1º do Código Civil: "Pela exata estimação de bens conferidos ao capital social respondem solidariamente todos os sócios, até o prazo de cinco anos da data do registro da sociedade".

[583] Cabe destacar que, a unipessoalidade societária já encontrava previsão na Lei das Sociedades Anônimas (Lei nº 6.404/76), na hipótese de criação da subsidiária integral por outra sociedade anônima. Nesses termos: Art. 251. A companhia pode ser constituída, mediante escritura pública, tendo como único acionista sociedade brasileira. §1º A sociedade que subscrever em bens o capital de subsidiária integral deverá aprovar o laudo de avaliação de que trata o artigo 8º, respondendo nos termos do §6º do artigo 8º e do artigo 10 e seu parágrafo único. §2º A companhia pode ser convertida em subsidiária integral mediante aquisição, por sociedade brasileira, de todas as suas ações, ou nos termos do artigo 252.

[584] Enunciado nº 472 da V Jornada de Direito Civil do Conselho da Justiça Federal: "É inadequada a utilização da expressão "social" para as empresas individuais de responsabilidade limitada". (Disponível em: https://www.cjf.jus.br/enunciados/enunciado/463. Acesso em: 13 abr. 2016).

[585] NUNES, Marcio Tadeu Guimarães. *EIRELI – A tutela do patrimônio de afetação*: o reforço à proteção do patrimônio pessoal do empreendedor à luz da Lei nº 12.441/2011. São Paulo: Quartier Latin, 2014. p. 60.

a essa modalidade empresária, inclusive quando houver pleito de transformação da sociedade para empresário individual ou para empresa individual de responsabilidade limitada junto ao Registro Público de Empresas Mercantis.

A Lei nº 14.125/2021, contudo, extinguiu a controvérsia ao revogar o art. 1.033, IV e Parágrafo Único do Código Civil, de modo que a unipessoalidade societária não mais é causa de dissolução *ex lege* da sociedade, por força da positivação da sociedade limitada unipessoal nos parágrafos únicos do art. 1.052 do Código Civil, consoante mais bem abordado a seguir.

O artigo 980-A do Código Civil define a empresa individual de responsabilidade limitada como aquela constituída por uma única pessoa[586] titular da totalidade do capital social,[587] devidamente integralizado e que não deverá ser inferior a 100 (cem) vezes o maior salário mínimo vigente no país – conformando, atualmente, o montante de R$ 88.000,00 (oitenta e oito mil reais).[588]

O parágrafo primeiro do mesmo artigo prevê que o nome empresarial deverá ser obrigatoriamente constituído pela inclusão da expressão "EIRELI" após a firma ou a denominação social da empresa. Já o parágrafo segundo dispõe que a pessoa natural somente pode figurar em uma única empresa individual de responsabilidade limitada, vedando que a mesma pessoa possua mais de uma EIRELI.

Além da constituição por manifestação expressa de vontade nesse sentido, a empresa individual de responsabilidade limitada também poderá ser constituída mediante a concentração de todas as cotas de uma determinada empresa em nome de um único sócio, seja qual for

---

[586] De acordo com o Enunciado nº 468 da V Jornada de Direito Civil do Conselho da Justiça Federal: "A empresa individual de responsabilidade limitada só poderá ser constituída por pessoa natural". (Disponível em: https://goo.gl/nT4q9g. Acesso em: 13 abr. 2016).

[587] Outra imprecisão legislativa é a determinação no art. 980-A de que a EIRELI teria um capital "social", uma vez que é formado por apenas uma pessoa física. Nesse sentido, o Enunciado nº 472 da V Jornada de Direito Civil do Conselho da Justiça Federal: "É inadequada a utilização da expressão "social" para as empresas individuais de responsabilidade limitada". (Disponível em: https://goo.gl/nT4q9g. Acesso em: 13 abr. 2016).

[588] Cabe noticiar que tramitou no Supremo Tribunal Federal a Ação Direta de Inconstitucionalidade (ADI) nº 4.637, ajuizada pelo PPS (Partido Popular Socialista) contra a parte final do *caput* do artigo 980-A do Código Civil. O argumento do referido partido é o de que a exigência de capital social expresso em número de salários mínimos violaria o art. 7º, IV da Constituição Federal, bem como a Súmula Vinculante nº 4 do STF. Ainda, entendem que o valor é muito elevado e que a exigência de integralização no momento de constituição acarretaria a impossibilidade de muitos empresários criarem EIRELIs. A ADI nº 4637 foi julgada improcedente em dezembro de 2020. Para maiores informações, ver: https://redir.stf.jus.br/paginadorpub/paginador.jsp?docTP=TP&docID=754952950. Acesso em: 9 dez. 2021.

o motivo dessa centralização – por falecimento dos demais sócios, por dissolução da sociedade, entre outros.

O artigo 980-A, §5º, do Código Civil permite que se atribua à EIRELI – desde que constituída para a prestação de serviços – a remuneração decorrente de cessão de direitos patrimoniais de autor, imagem, nome, marca e voz vinculados à atividade profissional e que pertençam ao seu titular. Contudo, de acordo com o Enunciado nº 473 da V Jornada de Direito Civil do Conselho da Justiça Federal, "a imagem, o nome ou a voz não podem ser utilizados para a integralização do capital da EIRELI".[589] O parágrafo sexto do artigo 980-A prevê a aplicabilidade subsidiária das normativas referentes às sociedades limitadas à sociedade individual de responsabilidade limitada, no que for cabível.

A importância da empresa individual de responsabilidade limitada para o presente estudo reside no fato de que ela apresenta semelhanças com o patrimônio de afetação e com o *trust*. Em relação ao patrimônio de afetação, Nunes defende que o regime jurídico da EIRELI equiparou o aporte mínimo de capital social a verdadeiro patrimônio de afetação.[590] Nesse sentido, o autor destaca o teor do Enunciado nº 3 da I Jornada de Direito Comercial do Conselho da Justiça Federal, que retrata a EIRELI não como sociedade unipessoal, mas como ente distinto da pessoa do empresário e da sociedade empresária.[591] Por outro lado, há quem defenda que não se trata de hipótese de separação patrimonial, como Valladão, França e Marcelo Vieira Von Adamek.[592] Concorda-se com essa última corrente, tendo em vista que o patrimônio de afetação é um ente jurídico despersonalizado, ao passo que a EIRELI é expressamente enquadrada como pessoa jurídica. Entende-se que a explicação pela qual o capital "social" da EIRELI se torna apartado do patrimônio pessoal do seu titular não decorre de afetação patrimonial, mas sim do efeito da personalização. O titular da EIRELI e a EIRELI possuem personalidades distintas, razão pela qual seus bens não se

---

[589] Disponível em: https://goo.gl/nT4q9g. Acesso em: 13 abr. 2016.
[590] NUNES, Marcio Tadeu Guimarães. *EIRELI – A tutela do patrimônio de afetação*: o reforço à proteção do patrimônio pessoal do empreendedor à luz da Lei n.o 12.441/2011. São Paulo: Quartier Latin, 2014. p. 62-63.
[591] O Enunciado nº 3 da I Jornada de Direito Comercial do Conselho da Justiça Federal reproduz em larga medida o teor do Enunciado nº 469 da V Jornada de Direito Civil do Conselho da Justiça Federal: "A empresa individual de responsabilidade limitada (EIRELI) não é sociedade, mas novo ente jurídico personificado". Disponível em: https://goo.gl/nT4q9g. Acesso em: 13 abr. 2016.
[592] NUNES, Marcio Tadeu Guimarães. *EIRELI – A tutela do patrimônio de afetação*: o reforço à proteção do patrimônio pessoal do empreendedor à luz da Lei nº 12.441/2011. São Paulo: Quartier Latin, 2014. p. 66.

comunicam. Essa diferenciação de personalidades é tão evidente que o Enunciado nº 470 da V Jornada de Direito Civil do Conselho da Justiça Federal determina que

> o patrimônio da empresa individual de responsabilidade limitada responderá pelas dívidas da pessoa jurídica, não se confundindo com o patrimônio da pessoa natural que a constitui, sem prejuízo da aplicação do instituto da desconsideração da personalidade jurídica.[593]

A fim de que não restassem dúvidas, a Lei nº 13.784/2019 (Lei da Liberdade Econômica), incluiu o §7º ao artigo 980-A do Código Civil, o qual prevê que: "Somente o patrimônio social da empresa responderá pelas dívidas da empresa individual de responsabilidade limitada, hipótese em que não se confundirá, em qualquer situação, com o patrimônio do titular que a constitui, ressalvados os casos de fraude".

Posteriormente, também nesse sentido, a Terceira Turma do Superior Tribunal de Justiça decidiu, em sede do Recurso Especial nº 1.874.256/SP, pela impresindibilidade da instauração de incidente de desconsideração da personalidade jurídica para penhorar bens da EIRELI para pagamento de dívidas do empresário que a constituiu.[594]

---

[593] Disponível em: https://goo.gl/nT4q9g. Acesso em: 13 abr. 2016.
[594] DIREITO CIVIL E PROCESSUAL CIVIL. RECURSO ESPECIAL. NEGATIVA DE PRESTAÇÃO JURISDICIONAL. INOCORRÊNCIA. AÇÃO DE EXECUÇÃO DE TÍTULOS EXTRAJUDICIAIS. CÉDULAS DE CRÉDITO BANCÁRIO. PENHORA DE BENS DE EMPRESA INDIVIDUAL DE RESPONSABILIDADE LIMITADA – EIRELI QUE NÃO É PARTE NA EXECUÇÃO. IMPOSSIBILIDADE. ALEGAÇÃO DE FRAUDE E CONFUSÃO PATRIMONIAL. DESCONSIDERAÇÃO INVERSA DA PERSONALIDADE JURÍDICA. INSTAURAÇÃO DO INCIDENTE. NECESSIDADE. 1. Ação de execução de títulos extrajudiciais proposta em 31/03/2016. Recurso especial interposto em 16/07/2019 e concluso ao Gabinete em 06/05/2020. Julgamento: Aplicação do CPC/2015. 2. O propósito recursal consiste em dizer, para além da negativa de prestação jurisdicional, acerca da possibilidade de penhora de bens pertencentes a empresa individual de responsabilidade limitada (EIRELI), por dívidas do empresário que a constituiu, independentemente da instauração de incidente de desconsideração inversa da personalidade jurídica. 3. Não ocorre violação do art. 1.022 do CPC/15 quando o Tribunal de origem, aplicando o direito que entende cabível à hipótese, soluciona integralmente a controvérsia submetida à sua apreciação, ainda que de forma diversa daquela pretendida pela parte. 4. A Empresa Individual de Responsabilidade Limitada – EIRELI foi introduzida no ordenamento jurídico pátrio pela Lei 12.441/2011, com vistas a sanar antiga lacuna legal quanto à limitação do risco patrimonial no exercício individual da empresa. 5. O fundamento e efeito último da constituição da EIRELI é a separação do patrimônio – e naturalmente, da responsabilidade – entre a pessoa jurídica e a pessoa natural que lhe titulariza. Uma vez constituída a EIRELI, por meio do registro de seu ato constitutivo na Junta Comercial, não mais entrelaçadas estarão as esferas patrimoniais da empresa e do empresário, como explicitamente prescreve o art. 980-A, §7º, do CC/02. 6. Na hipótese de indícios de abuso da autonomia patrimonial, a personalidade jurídica da EIRELI pode ser desconsiderada, de modo a atingir os bens particulares do empresário

No que concerne ao *trust*, a mais evidente diferença com a EIRELI é o fato de a última ser pessoa jurídica. Além disso, a EIRELI se restringe a persecução de atividades empresariais, enquanto o *trust* pode ser utilizado para muitas outras finalidades. Em relação à similitude dessas duas figuras, em ambas é possível que uma pessoa isoladamente desenvolva atividade empresarial munida da separação entre os bens destinados à empresa e seu patrimônio pessoal. No caso do *trust*, esse desiderato poderia ser alcançado por meio da constituição de um *trust* e consequente nomeação do instituidor como ao mesmo tempo *trustee* e beneficiário.

Cabe pontuar, contudo, que a Empresa Individual de Responsabilidade Limitada sofreu impactos a partir da Lei nº 14.195 de 2021, conhecida como Lei do Ambiente de Negócios. Por meio do artigo 41[595] da referida lei, todas as EIRELIs foram transformadas em sociedades unipessoais limitadas, tipo societário incluído também pela Lei da Liberdade Econômica em 2019[596]-[597] (pela inclusão dos parágrafos 1º e 2º ao artigo 1.052 do Código Civil).[598]

---

individual para a satisfação de dívidas contraídas pela pessoa jurídica. Também se admite a desconsideração da personalidade jurídica de maneira inversa, quando se constatar a utilização abusiva, pelo empresário individual, da blindagem patrimonial conferida à EIRELI, como forma de ocultar seus bens pessoais. 7. Em uma ou em outra situação, todavia, é imprescindível a instauração do incidente de desconsideração da personalidade jurídica de que tratam os arts. 133 e seguintes do CPC/2015, de modo a permitir a inclusão do novo sujeito no processo – o empresário individual ou a EIRELI –, atingido em seu patrimônio em decorrência da medida. 8. Recurso especial conhecido e provido. (REsp 1874256/SP, Rel. Ministra NANCY ANDRIGHI, TERCEIRA TURMA, julgado em 17/08/2021, DJe 19/08/2021)

[595] Art. 41. As empresas individuais de responsabilidade limitada existentes na data da entrada em vigor desta Lei serão transformadas em sociedades limitadas unipessoais independentemente de qualquer alteração em seu ato constitutivo. Parágrafo único. Ato do DREI disciplinará a transformação referida neste artigo.

[596] Sobre aspectos críticos concernentes à Lei da Liberdade Econômica, permita-se remeter a: XAVIER, Luciana Pedroso; SANTOS-PINTO, Rafael. Art. 7º: Fundos de Investimento. Art. 1.368, C, D, E. *In:* MARQUES NETO, Floriano Peixoto (coord.); RODRIGUES JR., Otávio Luiz; LEONARDO, Rodrigo Xavier. *Comentários à Lei da Liberdade Econômica*: Lei 13. 874/2019. São Paulo: Thomson Reuters Brasil, 2019, p. 425-464.

[597] O art. 41, parágrafo único, da Lei nº 14.125/2021 estabeleceu que caberia ao DREI regulamentar a forma de transformação das EIRELIs existentes em Sociedades Unipessoais Limitadas. Contudo, até o término da elaboração do presente livro, o órgão não havia regulamentado a matéria, limitando-se a dispor, no Ofício Circular SEI 3510/2021/ME que as Juntas Comerciais deverão apurar as EIRELIs existentes e, posteriormente, incluir na ficha cadastral da empresa individual de responsabilidade limitada já constituída a informação de que foi "transformada automaticamente para sociedade limitada, nos termos do art. 41 da Lei nº 14.195, de 26 de agosto de 2021".

[598] Art. 1.052 do Código Civil: "Na sociedade limitada, a responsabilidade de cada sócio é restrita ao valor de suas quotas, mas todos respondem solidariamente pela integralização do capital social. §1º A sociedade limitada pode ser constituída por 1 (uma) ou mais pessoas.

Contudo, embora tenha extinto as EIRELIs até então existentes, vê-se que o legislador não revogou o artigo 980-A do Código Civil, de modo que, *a priori*, não existiria óbice para a criação de novas empresas individuais de responsabilidade limitada após a edição da lei.

Pelo contrário, houve veto presidencial à revogação do dispositivo, originalmente previsto no artigo 57, XXIX, "e" do diploma legal. Na mensagem de veto constou:

> A proposição legislativa dispõe sobre a revogação dos seguintes dispositivos da Lei nº 10.406, de 10 de janeiro de 2002 – Código Civil: inciso VI do caput do art. 44, parágrafo único do art. 999, art. 980-A, art. 982, art. 998 e art. 1.000. Entretanto, em que pese a boa intenção do legislador, a proposição legislativa é contrária ao interesse público, pois promoveria mudanças profundas no regime societário e uma parcela significativa da população economicamente ativa seria exposta a indesejados reflexos tributários nas diversas legislações municipais, a custos de adaptação, sobretudo em momento de retomada das atividades após o recrudescimento da pandemia da covid-19, e a custos substanciais relativos a obrigações fiscais acessórias, que compõem, como já referido, uma das dimensões mais relevantes, critério em que o País tem sido mal avaliado em termos da qualidade do ambiente de negócios.[599]

A doutrina e jurisprudência ainda não se posicionaram se teria ocorrido uma revogação tácita do artigo 980-A do Código Civil, contudo, considerando a tramitação legislativa, é possível que esse dispositivo seja considerado ainda vigente.

Cabe destacar que, concomitantemente à extinção das EIRELIs, houve a ascensão das sociedades limitadas unipessoais, inseridas no ordenamento jurídico pela Lei da Liberdade Econômica, em atenção a antigas reivindicações dos agentes econômicos.[600]

Contudo, assim como a EIRELI, a sociedade limitada unipessoal diferencia-se do *trust* por ser ente personificado, cuja finalidade será a

---

(Incluído pela Lei nº 13.874, de 2019) §2º Se for unipessoal, aplicar-se-ão ao documento de constituição do sócio único, no que couber, as disposições sobre o contrato social. (Incluído pela Lei nº 13.874, de 2019)".

[599] BRASIL. Presidência da República. Mensagem de Veto nº 415, de 26 de agosto de 2021. Disponível em: http://www.planalto.gov.br/ccivil_03/_Ato2019-2022/2021/Msg/VEP/VEP-415.htm. Acesso em: 10 dez. 2021.

[600] MUSSI, Luiz Daniel Haj. Art. 7º: Sociedade Unipessoal. Art. 1.052 do Código Civil. *In*: MARQUES NETO, Floriano Peixoto; RODRIGUES Jr., Otávio Luiz; LEONARDO, Rodrigo Xavier (coord.). *Comentários à Lei da Liberdade Econômica*: Lei 13.874/2019. São Paulo: Thomson Reuters Brasil, 2019, p. 400.

realização de atividades econômicas ligadas à prestação de serviços ou fornecimento de bens. Assim, o *trust*, enquanto ente despersonalizado e que pode assumir diversas funções, diferencia-se das sociedades limitadas tanto em aspectos estruturais quanto funcionais.

4.7 O Projeto de Lei do Senado nº 487/2013 (Novo Código Comercial) e o contrato fiduciário

4.7.1 Uma situação inusitada: a duplicidade de projetos que almejavam um Novo Código Comercial

Vislumbra-se uma situação peculiar envolvendo o Direito Empresarial no Brasil: nos presentes dias, vige um Código Comercial elaborado em 1850, cujos dispositivos referentes às relações comerciais não marítimas estão todos revogados. Há legislação especial que rege as sociedades anônimas, a letra de câmbio, as sociedades limitadas, entre outros institutos, e o próprio Livro II do Código Civil de 2002 traz disposições atinentes ao direito de empresa, sem contar os inúmeros artigos de seus outros livros que se aplicam ao direito comercial.[601] Não

---

[601] Sebastião José Roque explica de forma sintética a atual situação do direito comercial no Brasil: "Para esclarecer melhor esta situação, vamos dizer que existem duas versões do Código Comercial. A primeira, a antiga, é a de 1850, instituída pela Lei 556, que instituiu o Código Comercial no Brasil. A segunda versão, a atual, foi instituída pelo Código Civil de 2002. São bem diferentes essas versões: a de 1850 foi baseada no Código Comercial Francês de 1808 e a segunda no Código Civil Italiano de 1941. Temos que ter em mente e com muito vigor essa dualidade do Código Comercial, para se evitarem as confusões que estão surgindo. O Código Comercial de 1850 tinha três Livros, a saber: I – Do Comércio em Geral; II – Do Comércio Marítimo; III – Das Quebras. Em 1890 surgiu a primeira Lei Falimentar, derrogando a parte terceira do Código Comercial, que ficou reduzido às outras duas. O Código Civil de 2002 derrogou a parte primeira do Código Comercial de 1850, sobrando apenas a parte segunda, referente ao Direito Marítimo. Não se pode, portanto, dizer que ainda subsiste o Código Comercial de 1850 nem que o conjunto de normas referentes ao Direito Marítimo seja um Código Comercial. Esse conjunto de normas passou a ser um a lei à parte, e restrita ao Direito Marítimo, um dos ramos do Direito Empresarial, mas pouco cultivado em nosso país e sem a relevância dos demais ramos do Direito Empresarial, como seriam o Direito Cambiário, o Direito Societário. Falar-se, pois, que o Código Comercial é de 1850 será subverter a realidade jurídica e tumultuar toda discussão que se está travando. Temos que convir que a realidade existente em nosso direito atual é esta: Não mais existe o Código Comercial de 1850; A parte não revogada do antigo Código Comercial, a de 1850, tornou-se uma lei complementar, restrita ao Direito Marítimo e se integra no novo Código Comercial, o instituído pelo Código Civil de 2002; Existe o Código Comercial no Brasil: este é formado pela parte do Código Civil de 2002 denominado DO DIREITO DE EMPRESA, e complementado por leis extravagantes, como a Lei das Sociedade por Ações. A Lei de Recuperação de Empresas e várias outras". (ROQUE, Sebastião José. *Discussões sobre o novo Código Comercial ultrapassou sua relevância*. Disponível em: http://goo.gl/jFBCW0. Acesso em: 10 ago. 2016).

obstante toda essa gama de leis, tramitam atualmente dois projetos de lei distintos que objetivam realizar substanciais mudanças no direito empresarial.

Em 14/06/2011, o deputado federal Vicente Cândido apresentou o Projeto de Lei nº 1.572/2011,[602] que busca instituir um Código Comercial. O referido projeto passou por várias emendas e, em 13/07/2016, a Comissão Especial proferiu parecer pela (i) constitucionalidade, juridicidade e técnica legislativa; (ii) adequação financeira e orçamentária do projeto e (iii) aprovação deste e de algumas das emendas propostas.[603]

O Projeto de Lei, contudo, veio a ser arquivado em 2019, por força do artigo 105 do Regimento Interno da Câmara dos Deputados.[604]

Ocorre que, em 22/11/2013, o senador Renan Calheiros protocolou o Projeto de Lei do Senado nº 487/2013, que visa à reforma do Código Comercial atualmente em vigor (Lei nº 556, de 1850). Frise-se que toda a primeira parte desse Código Comercial (artigos 1º a 456 – do comércio em geral) foi revogada pelo Código Civil de 2002, de modo que está em vigor somente a parte do Código Comercial que rege o comércio marítimo. Atualmente, o Projeto de Lei do Senado nº 487/2013 se encontra em tramitação na Comissão Temporária de Reforma do Código Comercial.[605] Portanto, dois projetos de lei tramitaram simultaneamente com o mesmo objetivo: modificar a regulamentação do direito empresarial, pregando uma nova codificação e um retorno à teoria dos atos de comércio. Atualmente, permanece em tramitação

---

[602] Destaca-se que, muito embora o projeto tenha sido elaborado pela Câmara dos Deputados, a autora utilizou a terminologia adotada pela própria Câmara ao denominar o projeto no site oficial.

[603] O parecer sugere a aprovação das Emendas de nº 3, 7, 8, 12, 14, 15, 16, 21, 24, 32, 35, 36, 41, 44, 45, 49, 55/2012, das Emendas de nº 72, 75, 91, 95, 97, 102, 103, 106, 110, 111, 112, 113, 117, 119, 136, 137, 141, 144, 148, 150, 153, 157, 161, 165, 166, 167, 168, 169, 172, 179, 180, 189, 193/2013 e das Emendas de nº 214, 215, 217/2015, bem como a aprovação parcial das Emendas de nº 1, 2, 11, 13, 18, 25, 26, 33, 34, 40/2012, das Emendas de nº 57, 59, 60, 65, 66, 67, 77, 88, 92, 109, 128, 146, 147, 174, 181, 188, 194/2013 e das Emendas de nº 216, 219/2015.

[604] Art. 105 do Regimento Interno da Câmara dos Deputados: Finda a legislatura, arquivar-se-ão todas as proposições que no seu decurso tenham sido submetidas à deliberação da Câmara e ainda se encontrem em tramitação, bem como as que abram crédito suplementar, com pareceres ou sem eles, salvo as: I – com pareceres favoráveis de todas as Comissões; II – já aprovadas em turno único, em primeiro ou segundo turno; III – que tenham tramitado pelo Senado, ou dele originárias; IV – de iniciativa popular; V – de iniciativa de outro Poder ou do Procurador-Geral da República. Parágrafo único. A proposição poderá ser desarquivada mediante requerimento do Autor, ou Autores, dentro dos primeiros cento e oitenta dias da primeira sessão legislativa ordinária da legislatura subsequente, retomando a tramitação desde o estágio em que se encontrava.

[605] Tramitação disponível em https://www25.senado.leg.br/web/atividade/materias/-/materia/115437. Acesso em: 13 dez. 2021.

apenas o PLS nº 487/2013, o qual merece destaque por contemplar uma proposta de inserção no ordenamento jurídico de um tipo contratual intitulado "contrato fiduciário".

4.7.2 Críticas doutrinárias à instituição de um novo Código Comercial

A doutrina brasileira vem criticando duramente a elaboração de um novo Código Comercial.[606] Muitos reputam tal diploma como desnecessário, outros rechaçam o conteúdo dos projetos de lei. Sebastião José Roque questiona a rapidez da elaboração, surgimento e trâmite do referido projeto:

> Outro aspecto que nos parece estranho é o açodamento verificado na luta pela promulgação do novo Código Comercial. Silenciosamente o projeto foi introduzido na Câmara dos Deputados e, de imediato, se formou a comissão encarregada de seu estudo. Logo em seguida surge a previsão de que o novo Código vigoraria um ano depois, em 2012. Nosso Código Civil foi discutido nas duas casas legislativas durante 27 anos. Como poderia outro Código ter tramitação de apenas um ano?[607]

Foi elaborado manifesto pela rejeição do Projeto de Lei nº 1.572/2011, que contou com a subscrição de sessenta e um juristas renomados no Brasil, como, por exemplo, Erasmo Valladão Azevedo e Novaes França, Modesto Carvalhosa, Véra Maria Jacob de Fradera, Haroldo Malheiros Duclerc Verçosa, Judith Martins-Costa, Rodrigo Xavier Leonardo, Sérgio Bermudes.[608]

---

[606] Veja-se a interessante síntese de Giovani Ribeiro Rodrigues Alves: "Como se observa a partir da história da disciplina, codificação e direito comercial nunca foram sinônimos. Primeiramente, porque direito comercial é muito mais antigo que a codificação, o que, desde logo, transmite que as noções não se confundem, a partir de uma simples observação de ordem cronológica. Em segundo lugar porque, conforme analisado anteriormente, nem mesmo no apogeu dos ideais codificadores com a concepção de racionalidade ilimitada do sujeito, em plena vigência dos códigos oitocentistas na Europa Ocidental, o direito comercial se restringiu à codificação". (ALVES, Giovani Ribeiro Rodrigues. *Codificação e não codificação: do paradigma moderno ao direito de empresa*. 139f. Dissertação (Mestrado) – Universidade Federal do Paraná, Setor de Ciências Jurídicas, Programa de Pós-Graduação em Direito. Curitiba, 2014. p. 119).

[607] ROQUE, Sebastião José. *Discussões sobre o novo Código Comercial ultrapassou sua relevância*. Disponível em: http://goo.gl/jFBCW0. Acesso em: 10 ago. 2016.

[608] "[...] Além disto, o texto do Projeto transita entre o irrelevante, o tecnicamente equivocado e o imprevisível. Diversos dispositivos objetivam reproduzir normas tradicionais, bem conhecidas pelos agentes econômicos e aplicadas de maneira inconteste pelos Tribunais. Outros – muitos outros – são manejados com total imperícia técnica. A propósito, salta aos

Erasmo Valladão Azevedo e Novaes França denominou o Projeto de Lei nº 1.572/2011 de "Antiprojeto" de Código Comercial e afirmou que se trata de projétil disparado contra todos os brasileiros:

> Sem um anteprojeto que tivesse sido discutido pelas classes interessadas, o documento jogado às carreiras contra o Parlamento, de uma espantosa mediocridade, de um desleixo e descaso a toda prova, está sendo enfiado pela nossa goela para satisfazer interesses outros que não os da Nação. Trata-se, na verdade, de um "projétil"! Desfechado contra todos nós.[609]

O autor critica (i) o caráter antidemocrático do projeto, que fora formulado por um único jurista (Fábio Ulhoa Coelho) e sem a participação das classes interessadas; (ii) as justificativas – as quais reputa falsas – para a redação de um Código; e (iii) afirma tratar-se de documento de qualidade jurídica duvidosa. Dentre outros dispositivos, França critica os artigos 3º, 9º, 13, 114, 133, 144, §único, 180, 195, 198, p. único, 199, 201, 211, 226, 233, 236, 276, 277, 281, 289, 291, 298, 303, II, 317 e 657, do Projeto de Lei nº 1.572/2011.[610] França sintetiza as seguintes críticas:

> Em primeiro lugar, a edição de um Código Comercial depois de apenas dez anos de vigência do Código Civil é uma ideia totalmente anacrônica, pelo menos no Brasil. Vai trazer uma insegurança muito grande, afora o fato de que o projeto é de péssima qualidade. Em segundo lugar, o projeto prevê que o Ministério Público possa requerer a anulação de contratos e negócios jurídicos provando o descumprimento da função social. Mas a função social é um conceito indeterminado e de conteúdo totalmente controverso, e isso trará extrema insegurança ao mundo dos negócios. Em terceiro lugar, há a possibilidade de que o sócio grave as próprias cotas com cláusulas de impenhorabilidade. Isso só existe quando se trata de um bem de família, por exemplo. Como é que ficam os credores? O seu patrimônio é a garantia dos credores. Em quarto lugar, prevê-se a possibilidade de incluir no contrato de sociedade uma cláusula que exclua qualquer sócio da participação nas perdas societárias. Mas existe uma tradição no direito societário de que os sócios participam

---

olhos a falta de precisão do texto, que baralha conceitos e acaba por obscurecer o que há muito é certo. [...]" (ESPECIALISTAS manifestam-se contra Código Comercial. *Migalhas*, 15 maio 2013. Disponível em: http://goo.gl/JJ9PSL. Acesso em: 10 ago. 2016).

[609] FRANÇA, Erasmo Valladão Azevedo e Novaes. O "antiprojeto" de novo Código Comercial. *Revista Jurídica Consulex*, v. 17, n. 400, p. 32, 15 set. 2013.

[610] FRANÇA, Erasmo Valladão Azevedo e Novaes. O "antiprojeto" de novo Código Comercial. *Revista Jurídica Consulex*, v. 17, n. 400, p. 33-36, 15 set. 2013.

dos lucros e das perdas. Na liquidação da sociedade, as perdas sociais são imputadas às cotas dos sócios minoritários. Então, isso não pode prevalecer perante credores, mas internamente sim, o que quer dizer que você está prejudicando o minoritário com a autorização da lei. Em quinto lugar, o juiz estará autorizado a nomear um "facilitador" para auxiliá-lo nos processos complexos. Ou seja, o juiz poderá julgar o processo sem ter lido o processo, o que é um disparate. E se o facilitador errou? Em sexto lugar, há um tratamento fragmentado e totalmente deficiente dos títulos de crédito. Em sétimo lugar, pelo projeto, você pode estabelecer juros no porcentual que quiser, ou seja, consagra a usura. Os bancos podem estabelecer juros, que são fiscalizados pelo Banco Central, mas imagine um empresário fixando os juros que quiser.[611]

Haroldo Malheiros Duclerc Verçosa sustentou, também nesse sentido, que (i) o artigo 113 do Projeto de Lei nº 1.572/2011 é contraditório; (ii) os artigos 114 e 115 do mesmo projeto são inúteis; (iii) o artigo 116 do projeto não corresponde à realidade; (iv) há várias dúvidas quanto às atribuições do fiscal judicial temporário do artigo 123, mas se trata de instância desnecessária e onerosa, alheia à competência do Judiciário; (v) o artigo 124, §1º, do projeto violaria a igualdade ao fornecer tratamento privilegiado aos micro empresários e empresários de pequeno porte.[612]

Por sua vez, Francisco Antunes Maciel Müssnich critica ambos os projetos de lei, afirmando que não há justificativa para a elaboração de um Código Comercial, notadamente porque "mais coerente seria trabalharmos com leis especiais que regrassem, de modo detalhado e sistemático, as mais diversas matérias e questões cuja revisão se faz necessária".[613]

Müssnich destaca, ainda, que a separação do direito obrigacional – unificado no Brasil pelo Código Civil de 2002 – consiste em verdadeiro retrocesso, ante a tendência histórica dos mais importantes ordenamentos do mundo em unificar o direito das obrigações. O autor ressalta que essa separação causará insegurança jurídica, em face da dificuldade em

---

[611] FRANÇA, Erasmo Valladão Azevedo e Novaes. *Um novo Código Comercial "vai trazer uma insegurança jurídica enorme"*. Disponível em: http://goo.gl/4XX4vV. Acesso em: 10 ago. 2016.

[612] VERÇOSA, Haroldo Malheiros Duclerc. *Crítica à concepção do projeto do novo Código Comercial sobre o Direito societário (i)*. Disponível em: http://goo.gl/uxO55N. Acesso em: 10 ago. 2016.

[613] MÜSSNICH, Francisco Antunes Maciel. A quem interessa um novo Código Comercial? *Revista RI*, p. 43, fev. 2014.

identificar qual a legislação aplicável e da probabilidade de aplicação simultânea de leis diversas.[614]

De outro lado, há quem defenda a aprovação de um novo Código Comercial. Citem-se Jorge Lobo, Arnaldo Luiz Rovai, Helga A. F. De Alvarenga, Luciano Timm, Carlos Henrique Abrão, Arnoldo Wald e Fábio Ulhoa Coelho.[615] Nesse sentido, Gustavo Teixeira Villatore afirma que chegou o momento de um novo Código:

> Recentemente, no dia 7 de maio, o presidente do Senado, Renan Calheiros (PMDB-AL), instalou uma comissão de juristas com a responsabilidade de também elaborar, em um prazo de 180 dias, um anteprojeto de novo Código Comercial. Tal comissão é composta por 19 renomados juristas, sob a coordenação do ministro do Superior Tribunal de Justiça João Otávio de Noronha e com relatoria do professor Fábio Ulhoa Coelho, cuja escolha foi natural, na medida em que se busca uma conciliação e não uma competição entre os trabalhos de referida comissão com o texto já em trâmite perante a Câmara dos Deputados. A expectativa, portanto, é de que os trabalhos resultantes dessa comissão permitam que se acelere a discussão no Senado sobre tão importantes temas, "se" e "quando" o Projeto de Lei nº 1572/2011 for aprovado na Câmara dos Deputados.[616]

O autor do projeto, Fábio Ulhoa Coelho, sustenta que o Código Comercial é necessário para unificar os regramentos do direito comercial e desburocratizá-lo. Por sua vez, Arnoldo Wald afirma que a legislação atual não acompanhou as mudanças da sociedade e que necessita ser atualizada e separada do direito civil e do direito consumerista para gerar maior coerência e segurança jurídica ao sistema jurídico:

> Admitia-se, no passado, que o atraso do direito em relação aos fatos era uma decorrência da própria natureza das normas jurídicas, que sempre deviam refletir regimes já consolidados pelo tempo. O século XXI, que é o da rapidez e da aceleração da história, já não aceita a obsolescência na área jurídica. A evolução da economia e as novas dimensões do país exigem um novo direito compatível com o nosso desenvolvimento econômico. O novo conjunto normativo deve, pois, ser o catalisador do

---

[614] MÜSSNICH, Francisco Antunes Maciel. A quem interessa um novo Código Comercial? *Revista RI*, p. 44, fev. 2014.
[615] CAVALLI, Cássio. *O debate em torno do projeto de Código Comercial.* Disponível em: http://goo.gl/aWrp2O. Acesso em: 10 ago. 2016.
[616] VILLATORE, Gustavo Teixeira. *Chegou a hora de um novo Código Comercial brasileiro.* Disponível em: http://goo.gl/QLmfUl. Acesso em: 10 ago. 2016.

progresso. Cabe-lhe garantir a segurança e a estabilidade das relações jurídicas e incentivar os investimentos dos quais tanto necessitamos, especialmente na área de infraestrutura.

Se o Estado quer ser eficiente, conforme determina o artigo 37 da Constituição brasileira, devendo a Justiça solucionar os litígios de modo coerente e em tempo razoável, necessitamos de um direito que não só dê soluções aos problemas atuais, mas também dê ao cidadão a necessária certeza e lhe permita a maior previsibilidade possível das consequências dos seus atos, considerando o atual contexto no qual vivemos.[617]

Discorda-se dos argumentos em favor da recodificação. Basta lembrarmos que o mesmo argumento foi utilizado durante o século XIX na Europa ocidental continental para justificar a unificação da legislação e, com isso, gerar maior segurança frente ao pluralismo jurídico até então vigente. Apesar disso, a segurança almejada nunca foi alcançada por meio da codificação. A história demonstrou que a codificação, por si só, nunca atingiu o objetivo visado. É o que explicam Rachel Sztajn e Haroldo Verçosa:

> No texto denominado *L'etá della decodificazione*, Irti trata da defasagem entre os códigos europeus, do século XIX, e as constituições nacionais, posteriores à 2ª Guerra Mundial. Por isso trabalha com os microssistemas, afirmando que os códigos deixaram de ser o núcleo do direito privado, papel que passou a ser assumido pelas Constituições. Basta ver que a nossa Magna Carta cuida da ordem econômica e financeira em seus artigos 170 e seguintes e 192, sem qualquer referência sobre esses temas no Código Civil de 2002, a não ser pela famigerada introdução da questão da função social do contrato.
>
> Quanto ao processo autopoético de criação do direito e a teoria dos sistemas de Luhman, considere-se que se o sistema jurídico é do tipo aberto (portanto, que se auto modela com o passar do tempo, que recepciona as inovações sociais, ideia que os institucionalistas, ao menos os economistas, acatam no que tange ao aparecimento e transformação das instituições sociais). Ora, quando se fala em um novo código, ele representaria indubitavelmente um sistema fechado e esta é a ideia que se tem dessa legislação. Está presente uma evidente contradição e, pergunta-se, onde, portanto, estaria a tal solução racional?[618]

---

[617] WALD, Arnoldo. *Um novo Código Comercial para o Brasil*. Disponível em: http://goo.gl/j7h9bt. Acesso em: 10 ago. 2016.

[618] SZTAJN, Rachel; VERÇOSA, Haroldo Malheiros Duclerc. *O Brasil precisa de um novo Código Comercial?* Disponível em: http://goo.gl/qR1Ze3. Acesso em: 10 ago. 2016.

Nelson Eizirik demonstra que o argumento da segurança advinda da codificação é diametralmente oposto ao argumento do dinamismo das relações comerciais. O autor teme que a codificação dos valores "condene-os à esterilização e imobilidade, o oposto do que se deseja para o Direito Comercial, necessariamente dinâmico e adaptável às inovações tecnológicas e econômicas" e questiona se "a noção totalizante de Código não estará superada pela emergência de leis especiais e sua regulamentação administrativa, 'micromodelos' jurídicos maleáveis e adequados às atividades que disciplinam?".[619]

Em mesmo sentido, Perlman e Sancovski esclarecem que o argumento que supostamente favoreceria a criação de um novo Código Comercial é questionável, na medida em que a jurisprudência e a regulamentação servem para interpretar a lei, afastar dúvidas e fornecer contornos mais concretos, pelo que a aplicação da lei por meio dos processos judiciais, arbitrais ou administrativos céleres e com resultados razoavelmente previsíveis favorece mais a segurança jurídica do que a redação de leis e códigos.[620]

Além disso, eventual necessidade de atualização da legislação vigente não implica diretamente na criação de um novo Código Comercial. É preciso questionar se uma reforma pontual em algum ou alguns dos dispositivos vigentes não traria a solução ao suposto problema.

Por razões diversas, entre elas situações políticas, tais projetos não frutificaram, sequer chegando à apreciação das Casas Legislativas, mesmo após todos esses anos.

4.7.3 O contrato fiduciário previsto no PLS nº 487/2013 de Novo Código Comercial

No PLS nº 487/2013 encontra-se previsto no Capítulo VI, dos artigos de 540 a 553[621], a modalidade do contrato fiduciário. No artigo 540 tal contrato é definido como "o instrumento pelo qual um instituidor transfere, em caráter de propriedade fiduciária, bens e direitos a um

---

[619] EIZIRIK, Nelson. *O novo Código Comercial e a lei das S/A*. Disponível em: http://goo.gl/AgBPgu. Acesso em: 10 ago. 2016.

[620] PERLMAN, Marcelo; SANCOVSKI, Michel. *Os riscos de um novo Código Comercial*. Disponível em: http://goo.gl/rJrj70. Acesso em: 10 ago. 2016.

[621] Os referidos dispositivos não contêm previsão sequer semelhante no Projeto de Lei nº 1.572/2011.

administrador, para que os administre na extensão dos poderes e deveres estabelecidos em contrato, para a realização de propósito específico, em proveito de um ou mais beneficiários".

A partir dessa definição, percebe-se uma similitude enorme entre a estrutura do *trust* e a do contrato fiduciário. Ao se analisar a nomenclatura apresentada nesse dispositivo, entende-se que o instituidor desempenharia a função de *settlor*, o *trustee* a de administrador e o *cestui que trust*, a de beneficiário.

O parágrafo primeiro desse mesmo artigo prevê que "o contrato fiduciário pode ter o propósito de constituição de garantia", aplicando-se os artigos 1.361 e seguintes do Código Civil de 2002. O parágrafo segundo dispõe que, somente neste caso, o beneficiário da garantia poderá ser o próprio administrador do patrimônio fiduciário.

Por sua vez, os incisos e o parágrafo único do artigo 541 do projeto trazem os inúmeros requisitos do contrato fiduciário:

Art. 541. O contrato fiduciário deve conter:
I – a identificação do instituidor, do administrador e dos beneficiários;
II – o prazo de vigência, que não pode ser indeterminado;
III – os elementos que permitam a identificação dos beneficiários, caso não se encontrem identificados na celebração do contrato;
IV – o propósito a que se destina o patrimônio fiduciário;
V – as condições ou termos a que estiver sujeito;
VI – a identificação dos bens e direitos componentes do patrimônio fiduciário, bem como a indicação do modo pelo qual outros bens e direitos poderão ser incorporados;
VII – a destinação do patrimônio fiduciário, quando do seu término;
VIII – a extensão dos poderes e deveres do administrador na gestão do patrimônio fiduciário, em especial os de realizar e gravar os bens e direitos, com a enunciação dos requisitos a serem observados quando do seu término;
IX – a forma pela qual se verificará, periodicamente, o cumprimento do objeto do contrato pelo administrador;
X – os critérios de remuneração do administrador;
XI – a destinação dos frutos e rendimentos do patrimônio fiduciário;
XII – o regime de solução de situações de conflito de interesses;
XIII – as hipóteses e as formas de substituição do administrador;
XIV – as hipóteses de sua extinção, antes de cumprida a sua finalidade ou do advento do termo ou do implemento da condição a que estiver sujeito;
XV – previsão sobre a possibilidade de o administrador contratar, por sua conta e risco, terceiros para exercer a gestão do patrimônio fiduciário, e de adotar estruturas financeiras ou societárias com o mesmo objetivo,

mantidas, em qualquer caso, inalteradas as suas responsabilidades legais e contratuais; e

XVI – previsão sobre a possibilidade de o instituidor, no caso de contrato fiduciário para constituição de garantia, oferecer em benefício do administrador ou de terceiro, em pagamento da correspondente obrigação, a totalidade ou parte do patrimônio fiduciário, e, se for o caso, o regime de sua implementação.

Parágrafo único. Quando o contrato fiduciário tiver por objeto bem imóvel, é da essência do ato a sua celebração por escritura pública.

Nesse ponto, percebem-se diferenças entre o contrato fiduciário e o *trust*, cuja essência é a flexibilidade, enquanto as proposições do PLS nº 487/2013 engessam o uso e estrutura da nova figura contratual.

A opção do PLS nº 487/2013 foi, por outro lado, regular minuciosamente os elementos mínimos do contrato fiduciário, tornando-o mais rígido. Especialmente a partir do inciso VI do artigo 541, são apresentados requisitos importantes, mas que no *trust* ficariam ao alvedrio do *settlor* incluir ou não. Percebe-se, portanto, uma restrição da autonomia privada do instituidor do contrato fiduciário em relação à conferida ao *settlor* no *trust*.

No que concerne ao parágrafo único, entende-se ser uma interessante disposição, na medida em que se harmoniza com o contido no artigo 108 do Código Civil de 2002, o qual estipula que "não dispondo a lei em contrário, a escritura pública é essencial à validade dos negócios jurídicos que visem à constituição, transferência, modificação ou renúncia de direitos reais sobre imóveis de valor superior a trinta vezes o maior salário mínimo vigente no País". Igualmente, está em conformidade com o artigo 12 da Convenção da Haia sobre Trusts e seu Reconhecimento.

Quanto às hipóteses e consequências de invalidades, o contrato fiduciário deverá observar todos esses requisitos, os princípios e as regras contidos na Parte Geral do PLS nº 487/2013 (artigos 1º a 177) e também as eventuais disposições contidas na legislação especial. Nesse ponto, cabe dizer que a Parte Geral do referido projeto foi alvo de inúmeras críticas, tal como apontado no item anterior, não se mostrando apta – ao menos no atual estágio da redação do projeto – a regular os problemas que podem ocorrer no plano da validade.

O contrato poderá ser celebrado por instrumento público ou particular, mas deverá ser tornado público dentro do prazo de noventa dias, para assegurar eventual impugnação por terceiros prejudicados. Embora o contrato só produza efeitos a partir de sua publicação, o administrador poderá realizar os procedimentos registrais referentes aos bens objeto do contrato mesmo antes dessa publicação.

Os bens e direitos objeto desse contrato formam o patrimônio fiduciário: um patrimônio autônomo e separado do patrimônio geral do administrador, "com contabilidade própria e registro específico no Cadastro Nacional de Pessoas Jurídicas do Ministério da Fazenda", como prevê o artigo 544 do projeto. Salvo disposição expressa em contrário no próprio contrato fiduciário, frutos e rendimentos desses bens e direitos também integrarão o patrimônio fiduciário.

O patrimônio fiduciário é um patrimônio especial e segregado, que, conforme os artigos 546 e 547 do projeto, não pode (i) "ser objeto de penhora, arresto, sequestro, busca e apreensão ou qualquer outro ato de constrição por dívida do administrador ou do instituidor" e (ii) ser alcançado por "regimes de intervenção, liquidação extrajudicial, administração especial temporária ou qualquer outro regime de quebra e concurso de credores a que venha estar sujeito o administrador ou o instituidor". Entende-se que – ainda que não adote essa nomenclatura – é um patrimônio de afetação.

O artigo 548 do projeto prevê as hipóteses de encerramento ou destinação do patrimônio fiduciário, isso porque o patrimônio fiduciário poderá receber a destinação que constar no contrato fiduciário e não simplesmente a extinção, como prevê a legislação acerca do patrimônio de afetação em incorporações imobiliárias. Assim, o legislador possibilita que o patrimônio fiduciário receba a destinação escolhida em contrato nos casos de (i) término do prazo, (ii) ocorrência do propósito do negócio fiduciário ou (iii) implementação das condições ajustadas. Se o contrato for omisso a respeito da destinação do patrimônio, o parágrafo único do mesmo artigo estabelece a transferência ao instituidor ou aos seus sucessores.

A administração do patrimônio fiduciário cabe à figura do administrador, que, por expressa previsão no artigo 549 do projeto, possui os mesmos deveres e responsabilidades dos administradores de sociedade anônima descritos nos artigos 153-156 da Lei nº 6.404, de 1976. Tais dispositivos tratam dos deveres de diligência (artigos 153 e 154) e lealdade (artigo 155) do administrador e das hipóteses de conflito de interesse (artigo 156) com a empresa.

Os artigos 153 e 154 da Lei nº 6.404, de 1976, trazem o dever de diligência do administrador, prevendo que exercerá suas funções com "o cuidado e diligência que todo homem ativo e probo costuma empregar na administração dos seus próprios negócios" e que exercerá as funções previstas pela lei e o estatuto para atingir "os fins e no interesse da companhia, satisfeitas as exigências do bem público e da função social da empresa". Nesse sentido, é vedado ao administrador (i) praticar ato de liberalidade à custa da companhia; (ii) emprestar recursos/bens da companhia sem autorização prévia da assembleia-geral ou do conselho de administração; e (iii) receber vantagem pessoal de terceiros, direta ou indireta, sem autorização estatutária ou da assembleia-geral. As importâncias recebidas em infração desta última hipótese reverterão em favor da companhia.

O artigo 155 da Lei nº 6.404, de 1976, dispõe sobre o dever de lealdade do administrador e proíbe (i) que faça uso de oportunidades comerciais conhecidas em razão do cargo; (ii) a omissão no exercício ou proteção de direitos da companhia; (iii) que deixe de aproveitar oportunidades de negócio no interesse da companhia; (iv) a aquisição, visando à revenda com lucro, de bem ou direito necessário à companhia ou que esta tencione adquirir; e (v) o uso de informação relevante não divulgada, com finalidade de obter vantagem para si ou para outrem no mercado de valores mobiliários.

Por fim, o artigo 156 da Lei nº 6.404, de 1976, ressalta a proibição de intervenção e deliberação do administrador em operação social em que tenha interesses conflitantes com os da companhia, devendo tornar cientes os demais administradores de seu impedimento e fazer constar, "em ata de reunião do conselho de administração ou da diretoria, a natureza e extensão do seu interesse". O administrador só poderá contratar com a companhia em condições razoáveis ou equitativas, idênticas às de mercado, ou com aquelas que a companhia contrataria com terceiros, sob pena de anulabilidade do negócio e transferência das vantagens auferidas para a companhia.

O administrador deverá zelar pelo patrimônio fiduciário e agir em sua defesa, ativa ou passivamente, em juízo ou fora dele. O artigo 551 do Projeto de Lei do Senado nº 487/2013 dispõe que o administrador será civilmente responsável – respondendo com o patrimônio pessoal – "pelos efeitos dos atos e omissões decorrentes de má gestão, gestão temerária, conflito de interesses e descumprimento, culposo ou doloso, de suas obrigações legais e contratuais". Trata-se de dispositivo tão rígido e com sanção desproporcional a ponto de inviabilizar a assunção da função.

O artigo 552 do projeto estabelece a nulidade de eventual transferência do patrimônio fiduciário a terceiros, se realizada com violação do contrato fiduciário registrado. Ainda prevê que a contraprestação recebida pelo administrador em razão dessa transferência integrará o patrimônio fiduciário, mas essas regras serão inaplicáveis caso o administrador seja também o beneficiário e a transferência tenha ocorrido para quitação de obrigação garantida nos termos da lei ou do contrato.

Finalmente, o artigo 553 do projeto prevê que apenas instituições financeiras autorizadas pelo Banco Central do Brasil poderão administrar o patrimônio fiduciário. O parágrafo único do mesmo artigo prevê que (i) a disciplina contábil das operações em contratos fiduciários; (ii) a publicação do contrato fiduciário; e (iii) as hipóteses e formas de substituição do administrador sujeitam-se à Lei nº 6.385, de 1976, que trata do mercado de valores mobiliários e da Comissão de Valores Mobiliários.

Feitas essas explicações acerca do modo de funcionamento do contrato fiduciário, cabe ressaltar que sua estrutura é muito semelhante à do *trust*. Contudo, as funções por ele desempenhadas são mais restritas, pois: i) é preciso que estejam presentes todos os requisitos previstos no artigo 541, restringindo-se a liberdade do instituidor; e ii) por se tratar de um contrato mercantil, a princípio não poderia ser utilizado para uma série de situações existenciais socialmente relevantes.

Entende-se que a previsão dessa espécie contratual representa um importante passo para a recepção dos *trusts* no ordenamento jurídico brasileiro. Interessante notar que, apesar da acentuada semelhança com os *trusts*, por se valer de outra nomenclatura, o contrato fiduciário não foi alvo de críticas ou de questionamentos que colocassem dúvida, por exemplo, sua compatibilidade com o sistema pátrio. Esse fato demonstra que o *trust* está mais próximo da realidade do que muitos juristas se apercebem. Além disso, comprova que muitas das censuras direcionadas a essa figura partem de uma estigmatização injusta que ocorreu com o *trust*, tema que será abordado no próximo capítulo.

4.7.4 O contrato fiduciário no Projeto de Lei nº 4.758/2020

Conforme mencionado acima, a discussão da reforma do Código Comercial de 1850 encontra numerosa – e adequada – oposição, tanto no aspecto político, quanto jurídico e econômico. Nesses termos, como a aprovação do contrato fiduciário está sujeito à aprovação dos demais dispositivos do PLS 487/2013, não se vislumbrava sua instituição no curto e médio prazo.

Diante desses fatos, em 2020, foi proposto para deliberação o Projeto de Lei nº 4.758, capitaneado pelo Professor Melhim Namen Chalhub e de autoria do deputado federal Enrico Misasi, que propõe a regulação, de forma específica, do "contrato de fidúcia".

Em grande parte, o PL nº 4.758/2020 reproduz os artigos do PLS nº 487/2013, havendo poucos – mas importantes – aprofundamentos acerca das disposições de constituição e extinção do contrato fiduciário, as quais estão em consonância com a Convenção de Haia.

Nesse sentido, o Projeto de Lei nº 4.758/2020 avança ao reconhecer que o contrato de fidúcia pode ser instituído por lei, contrato ou ato unilateral, inclusive testamento, assim como ao pormenorizar as normas referentes à eficácia da constituição do patrimônio autônomo perante terceiros.

Percebe-se, ainda, que o Projeto de Lei confere grande centralidade, ainda, ao princípio da autonomia privada, deixando facultado às disposições do "ato constitutivo da fidúcia" diversos pontos como formas de extinção e disposições de poderes e deveres das partes envolvidas na relação jurídica.

Por fim, cabe ressaltar a disposição do artigo 14 do PL nº 4.758/2020, o qual estabelece que os patrimônios autônomos não se submetem aos efeitos da insolvência, liquidação, falência ou recuperação judicial ou extrajudicial do fiduciário até a extinção do contrato fiduciário. Ainda, no parágrafo único do mesmo dispositivo, há a previsão expressa de que os créditos originários dos patrimônios autônomos serão satisfeitos com os bens dos mesmos, observada a classificação estabelecida na legislação especial sobre falência e recuperação judicial.

Não obstante esses avanços, diversas questões nevrálgicas continuam sem o devido tratamento legislativo, especialmente no que diz respeito à regulamentação fiscal-tributária dos contratos fiduciários. A única disposição aplicável ao tema está prevista no parágrafo quinto do artigo 4º do PL sob comento, o qual estabelece que "a atribuição fiduciária, assim como as transmissões porventura dela decorrentes, submetem-se às normas aplicáveis à transmissão de bens e direitos em geral, ressalvadas as peculiaridades e limitações previstas nesta Lei".

A disposição, contudo, não é suficiente para definir, por exemplo, se haveria incidência de ITCMD pela transmissão gratuita da propriedade ao patrimônio de afetação; se os rendimentos do contrato fiduciário são tributáveis pelo imposto de renda da pessoa física ou da pessoa jurídica; se o patrimônio autônomo oriundo do contrato fiduciário será considerado para cálculo do ITCMD em razão da sucessão; entre outros pontos.

Do mesmo modo, não há expressa definição das formas de liquidação do patrimônio autônomo no caso de insolvência, especialmente caso o ativo se mostre insuficiente para adimplir os créditos, tendo o PL se limitado a dispor que, nesses casos, "os valores remanescentes desses créditos serão habilitados de acordo com a ordem legal de preferência".

Tais questionamentos carecem de melhor definição e atentam contra a segurança jurídica da adoção dos contratos fiduciários. Espera-se que, no decorrer do trâmite legislativo, tais apontamentos venham a ser analisados e otimizados.

Nesse sentido, destaca-se que atualmente o PL nº 4.758/2020 está pronto para ser pautado na Comissão de Constituição e Justiça e de Cidadania, já tendo sido aprovado pela Comissão de Finanças e Tributação. O parecer do Relator, Dep. Eduardo Cury, foi pela constitucionalidade do Projeto de Lei, tendo sido consignado, naquela oportunidade que

> Diante da ausência de regulamentação do trust no Brasil, verifica-se, na prática, que famílias e empresas brasileiras com patrimônio no exterior utilizam-se desse instituto em outros países onde está devidamente previsto. Falta, nesse sentido, a regulamentação do trust em nosso ordenamento jurídico, de modo a tornar possível a sua utilização de forma mais difundida no Brasil, viabilizando o planejamento sucessório e patrimonial de bens e valores sediados aqui. A regulamentação da fidúcia no Brasil, a exemplo e semelhança do trust, garantirá segurança jurídica à administração de bens de terceiros e possibilitará um incremento do planejamento patrimonial e sucessório no país e uma maior atividade econômica – e consequentemente maior arrecadação tributária, na medida em que a celebração de tais contratos de fidúcia tem o potencial para alavancar a alocação de bens e recursos e a realização de investimentos em nosso país.[622]

---

[622] CURY, Eduardo. *Relatório do Projeto de Lei nº 4.758/2020 para a Comissão de Constituição e Justiça e de Cidadania da Câmara Legislativa*. Brasília: 2020, p. 4-5. Disponível em: https://www.camara.leg.br/proposicoesWeb/prop_mostrarintegra?codteor=2082169. Acesso em: 10 dez. 2021.

Vê-se, portanto, que cada vez mais o Direito brasileiro se aproxima da positivação do contrato de fidúcia, que se assemelha ao *trust*, uma vez identificada a necessidade de sua instituição no ordenamento jurídico brasileiro, ante suas variadas funções e maleabilidade.

CAPÍTULO V

O RECONHECIMENTO DOS *TRUSTS* PELA LEGISLAÇÃO BRASILEIRA E AS PERSPECTIVAS PARA A RECEPÇÃO DESSA FIGURA NO BRASIL

5.1 O tratamento dos *trusts* na legislação fiscal brasileira e os desafios criados pela sua estigmatização

5.1.1 *Trusts*, uma realidade jurídica brasileira

Nos capítulos anteriores, já se discorreu sobre a existência de institutos jurídicos semelhantes aos *trusts* no Direito brasileiro. Apesar disso, parece haver uma crescente procura dos *trusts* no exterior pelos cidadãos brasileiros como forma de organização de seu patrimônio. A partir da presente seção, busca-se demonstrar que o Brasil já convive com os *trusts*, ainda que não se tenha conseguido definir o que seriam exatamente esses arranjos.

Enquanto, por um lado, o Direito brasileiro parece ter despertado para a necessidade de lidar com o instituto; por outro, criou-se verdadeiro mito em torno do *trust*. Entre os anos de 2015 e 2016 – com a crescente profusão de notícias e textos a respeito da meteórica trajetória do ex-deputado federal Eduardo Cunha, já aqui citado, e seu ocaso político deflagrado pela descoberta de figurar como beneficiário de *trusts* na Suíça – surgiu a necessidade de desmitificar o instituto.

Apurou-se, a partir desses levantamentos, que os *trusts* já pertencem à realidade jurídica brasileira. A legislação pátria já reconhece a existência de *trusts* – inclusive de *trusts* criados por cidadãos brasileiros, com bens originados no Brasil. O que a lei brasileira ainda não permite é que os *trusts* sejam criados com base no Direito brasileiro. Com isso, havendo demanda pelo instituto, favorece-se a saída de capitais do Brasil, interesse contrário ao ora perseguido pela Lei de Repatriação de Divisas.

Percebe-se que a maior parte das obras jurídicas a respeito dos *trusts* os trata como uma figura distante da realidade jurídica brasileira, como algo etéreo. O tratamento literário dispensado, por remeter a fundamentos históricos distantes, parece, por vezes, estudo de diletantismo, olvidando a questão eminentemente prática e de urgência que ora se coloca para o jurista brasileiro.

Busca-se, nesta seção, romper com esse comportamento, de modo a encontrar pontos já existentes de aproximação entre os *trusts* e o Direito brasileiro.

É importante notar, desde logo, não haver nenhuma incompatibilidade entre a criação ou reconhecimento de *trusts* e as normas do Direito brasileiro. Como dito, há até mesmo normas brasileiras que reconhecem a existência de *trusts*, instituídos por cidadãos brasileiros ou por bens originados no Brasil. Neste sentido, ocorre no país a primeira etapa de recepção do instituto, na qual leis e atos normativos reconhecem formalmente a existência dos *trusts* enquanto instituto jurídico e regulam alguns aspectos do seu funcionamento, inclusive com a produção de efeitos jurídicos no país.

A despeito da impossibilidade de criação, com base no Direito pátrio, de *trusts*, a realidade revela a demanda por cidadãos brasileiros de serviços de instituição de *trusts* no exterior, a partir de bens, direitos e valores originados no Brasil. Tal situação se faz aparente no já mencionado caso envolvendo o ex-presidente da Câmara dos Deputados Eduardo Cunha, que, em sua versão dos fatos, alegou ter instituído *trusts* na Suíça em seu benefício com recursos obtidos a partir da comercialização de produtos alimentícios a países africanos na década de 1980.[623] Em que pese a existência de outros casos passíveis de menção, a situação de Cunha é talvez a mais eloquente na demonstração de total desconhecimento da definição do que é um *trust*, não apenas pela imprensa como pelas próprias autoridades brasileiras.

Como afirmado anteriormente, em diversas manifestações públicas a respeito do caso de Cunha, houve confusão entre *trusts* e

---

[623] AMORIM, Felipe. Entenda o que Eduardo Cunha já disse sobre a origem de dinheiro na Suíça. *UOL Notícias (on-line)*, 10 nov. 2015. Disponível em: http://goo.gl/um2kTU. Acesso em: 3 maio 2016.

sociedades empresárias *offshore*, que não guardam identidade entre si. Percebe-se a dificuldade de compreensão de que *trusts* não são pessoas jurídicas, tampouco possuem proprietário. Em uma reportagem, o sítio UOL Notícias veiculou na manchete trecho de discurso do Relator do processo de cassação de Eduardo Cunha na Câmara dos Deputados, deputado Marcos Rogério (DEM-RO), retirado de contexto, dando a entender que *trusts* seriam "empresas de papel", criadas como fachada para negócios escusos.[624]

A partir da votação de perda de mandato de Cunha pela Câmara dos Deputados, criou-se a falsa impressão de que *trusts* seriam meios rotineiramente utilizados para a lavagem de dinheiro.[625] Em decorrências destes fatos, a organização Transparência Internacional, que tem por objetivo difundir o combate à corrupção, apelidou Eduardo Cunha de "*Mr. Trust*",[626] consolidando a associação de *trusts* à corrupção e outros ilícitos. São erros crassos, veiculados ininterruptamente, que levam à propagação de informações equivocadas sobre o *trust*[627] e conduzem

---

[624] AMORIM, Felipe; PRAZERES, Leandro. Trusts são "empresas de papel", diz relator; advogado de Cunha vê "guilhotina". *UOL Notícias (on-line)*, 12 set. 2016. Disponível em: https://goo.gl/NnsL9t. Acesso em: 16 set. 2016.

[625] CHADE, Jamil. Cunha se transforma em garoto propaganda em campanha internacional contra a corrupção. *Estadão (on-line)*, 13 set. 2016. Disponível em: https://goo.gl/CbI5Uh. Acesso em: 16 set. 2016.

[626] TRANSPARÊNCIA Internacional apelida Eduardo Cunha de 'Mr. Trust'. *O Globo (on-line)*, 13 set. 2016. Disponível em: https://goo.gl/VShChz. Acesso em: 16 set. 2016. Apesar da maneira como a imprensa retrata o *trust* como sendo um mecanismo para a ocultação de patrimônio ilícito, não é esse o escopo da campanha promovida pela Transparência Internacional. Acessando a íntegra do vídeo da campanha disponível na página do programa "Bom Dia Brasil", da Rede Globo, percebe-se que o intuito da Transparência Internacional é exigir que haja a divulgação dos beneficiários de *trusts*. (CUNHA é chamado de "Mr. Trust" em campanha mundial anticorrupção. *Bom Dia Brasil (on-line)*, 14 set. 2016. Disponível em: https://goo.gl/sUg9ai. Acesso em: 16 set. 2016).

[627] "TRUST – Forma de organização de uma empresa em que seus bens (dinheiro, imóveis, ações) são confiados a um terceiro, que os administra junto a uma instituição financeira. Isso pode dificultar a identificação do seu beneficiário final". (FALCÃO, Márcio; BERGAMO, Mônica. Explicação de Cunha para contas é frágil, dizem investigadores. *Folha de S.Paulo (on-line)*, 06 nov. 2015. Disponível em: http://goo.gl/71k3Mg. Acesso em: 30 nov. 2015). No mesmo sentido, na declaração a seguir, o *trust* é confundido com *offshores*: "O professor de Direito da FGV Thiago Bottino disse que os trusts, contratados por Cunha, podem esconder negócios fictícios. 'Se esses trusts, se essas empresas offshores, na verdade, ficarem caracterizados apenas como fachadas para a posse desses recursos sem ter uma relação direta com o nome da pessoa, ou seja, tentando afastar a titularidade desses valores, se essa fraude for caracterizada ainda assim, você vai ter a possibilidade de usar o argumento: 'ah não era no meu nome, logo não preciso declarar'. Justamente porque seria uma tentativa de burlar essa obrigação', explica". (TRIBUTARISTAS contestam explicações de Cunha sobre contas na Suíça. *Jornal Nacional (on-line)*, 07 nov. 2015. Disponível em: http://goo.gl/QsYDFk. Acesso em: 30 nov. 2015).

à desconfiança em relação àqueles que optam pelo uso desse arranjo patrimonial.[628]

A própria decisão de cassação de Eduardo Cunha pela Câmara de Deputados revela desconhecimento acerca do funcionamento dos *trusts*. Cunha foi cassado por 450 votos favoráveis a 10 votos contrários – registradas 9 abstenções – por quebra de decoro parlamentar.[629] A violação ética praticada pelo ex-deputado, punível com a perda do mandato, foi exatamente o seu depoimento à CPI (Comissão Parlamentar de Inquérito) da Petrobrás, em que afirmou não ter contas bancárias na Suíça.[630] Segundo se apurou, Cunha e seus familiares seriam beneficiários de *trusts* no exterior, cujos bens estavam depositados em contas suíças. Com isso, houve longas discussões envolvendo depoimentos de especialistas na Câmara dos Deputados para se apurar quem exatamente seria o titular dos bens de *trusts*.[631] As sucessivas votações realizadas no Conselho de Ética e no Plenário decidindo pela perda do mandato de Eduardo Cunha revelam que os deputados concluíram que o parlamentar cassado mentiu à CPI quando disse não possuir conta bancária no exterior.

Não se perde de vista o caráter político da decisão. Não se trata a votação de perda de mandato por quebra de decoro parlamentar de decisão jurídica, ainda que o procedimento invoque *ratio decidendi* jurídica – muitas vezes como argumento de autoridade buscando o

---

[628] Ao noticiar que o pré-candidato à Prefeitura de São Paulo, João Doria Jr. (PSDB-SP), teria utilizado uma empresa *offshore* para comprar apartamento em Miami, e posteriormente transferido a titularidade da empresa a um *trust*, O Estado de S. Paulo adverte que "O trust é um jeito de colocar patrimônio sob confidencialidade – os beneficiários não são legalmente donos dos bens que o Trust administra – e um mecanismo para transferir legado financeiro para sucessores (filhos e cônjuge, por exemplo) sem necessidade de pagar imposto sobre herança. Em caso de morte de um dos beneficiários, os demais continuam usufruindo dos bens". (TOLEDO, José Roberto de; VENCESLAU, Pedro; BRAMATTI, Daniel; BURGARELLI, Rodrigo; DUARTE, Guilherme. Doria usou offshore para comprar apartamento em Miami, mostram Panama Papers. *O Estado de S.Paulo*, 30 abr. 2016. Disponível em: http://goo.gl/xT4bXG. Acesso em: 3 maio 2016).

[629] GALGARO, Fernanda; RAMALHO, Renan; GARCIA, Gustavo. Câmara cassa mandato de Eduardo Cunha por 450 votos a 10. *G1 Política (on-line)*, 12 set. 2016. Disponível em: https://goo.gl/6nmkmn. Acesso em: 16 set. 2016.

[630] EDUARDO Cunha: "Estou absolutamente convicto de que não menti". *Carta Capital (on-line)*, 21 jun. 2016. Disponível em: https://goo.gl/zA8vzl. Acesso em: 16 set. 2016.

[631] Veja-se, por todos, o depoimento do Prof. Dr. José Tadeu de Chiara ao Conselho de Ética da Câmara dos Deputados, prestado em 17 de maio de 2016. (Disponível em: https://goo.gl/f2LXoI. Acesso em: 16 set. 2016). Foi apresentado também ao longo do processo ético-disciplinar parecer jurídico de lavra do jurista Francisco Rezek, concluindo que: "O patrimônio dado em *trust* não constitui *propriedade* quer do instituidor, quer do beneficiário. Nenhum deles tem o direito de considerar esse patrimônio como um bem seu, ou de assim declará-lo". (Disponível em: https://goo.gl/HBD6h9. Acesso em: 16 set. 2016).

convencimento dos pares e da sociedade. Não se deseja, assim, entrar no mérito da decisão; não é o objeto deste livro emitir qualquer juízo de valor a respeito da decisão tomada pelo Plenário da Câmara dos Deputados.[632] Por outro lado, a situação colocada permite concluir que o Direito brasileiro ainda está em busca de um conceito de *trust*. Ao longo dos debates, formaram-se verdadeiras convicções – complicadas, para se dizer o mínimo – a respeito do que seriam *trusts*. Cada vez mais situações envolvenfo o *trust* devem chegar ao Judiciário, de modo que é preciso melhor aclarar esse conceito.

Mesmo passados cinco anos do caso do ex-deputado Eduardo Cunha, a compreensão e a recepção do *trust* pela sociedade brasileira e pela mídia jornalística não demonstra significativo avanço. Em outubro de 2021, diversos sites noticiaram acerca dos *Pandora Papers*,[633] vazamento de dados pelo qual se tomou conhecimento que diversas autoridades, personalidades e líderes governamentais possuem bens no exterior. Ao se tratar do tema, não houve, novamente, nenhuma diferenciação entre os *trusts* e as companhais/sociedades *offshores*.

Persiste, portanto, o tratamento preconceituoso acerca do instituto do *trust*, sendo necessário, tecer esclarecimentos de seu conceito e funções.

5.1.2 A normatização do regime de Capitais Brasileiros no Exterior

Diante da realidade do uso de *trusts* por brasileiros, inclusive por autoridades públicas, buscou-se apurar qual seria o tratamento dado pelas autoridades brasileiras aos *trusts* instituídos por brasileiros ou em benefício de brasileiros no exterior. A partir de notícias novamente envolvendo a situação de Cunha,[634] tomou-se conhecimento de Parecer

---

[632] Para compreender a argumentação de Cunha, recomenda-se a leitura de sua defesa jurídica, apresentada ao Conselho de Ética da Câmara dos Deputados por advogado constituído (Disponível em: https://goo.gl/s1g1AG. Acesso em: 16 set. 2016).

[633] PANDORA Papers: o que megavazamento revela sobre riqueza e negócios secretos de líderes mundiais. *BBC News* Brasil (*on-line*), 04 out. 2021. Disponível em: *https://www.bbc. com/portuguese/internacional-58786545*. Acesso em: 08 out. 2021.

[634] "Os procuradores recusaram a explicação de Cunha, de que não era o dono direto das contas porque elas estavam constituídas em nome de 'trusts', entidades criadas para administrar o dinheiro em seu benefício. Segundo o parecer, está 'inapelavelmente caracterizado' o vínculo de Cunha com os recursos no exterior por ser o beneficiário dos 'trusts' e por ter seu nome na constituição deles. Por isso, o parecer aponta descumprimento da resolução do Banco Central que obriga a declaração de valores no exterior acima de US$ 100 mil.

exarado pela Procuradoria-Geral do Banco Central do Brasil, a respeito da necessidade de declaração de valores no exterior que excedam US$ 100.000,00 (cem mil dólares), com base em normativas daquela autarquia. Não foi possível acesso ao teor de tal Parecer,[635] pois se referia a caso concreto envolvendo dados financeiros de cidadãos, coberto, portanto, pelo sigilo bancário e fiscal. Contudo, a partir de tais informações, chegou-se a normas específicas referentes à declaração de *trusts* pelo regime de Capitais Brasileiros no Exterior, criado pelo Decreto-Lei nº 1.060, de 21 de outubro de 1969.

O Decreto-Lei nº 1.060, de 1969, estabeleceu que, sem prejuízo das obrigações já existentes na legislação tributária, especificamente as normas referentes à declaração de imposto de renda, as pessoas físicas e jurídicas têm o dever de declarar ao Banco Central do Brasil bens e valores que possuírem no exterior. O Decreto-Lei prevê, ainda, que os limites e condições de tal declaração serão estabelecidas pelo Conselho Monetário Nacional, além da possibilidade de exigência de justificação dos recursos empregados na aquisição de tais bens ou valores. Para além das normativas gerais estabelecidas em 1969, a Medida Provisória nº 2.224, de 4 de setembro de 2001,[636] prevê o pagamento de multa pelo não fornecimento de informações regulamentares exigidas pelo Banco Central do Brasil, relativas a capitais brasileiros no exterior. A Medida Provisória considera capitais brasileiros no exterior "os valores de qualquer natureza, os ativos em moeda e os bens e direitos detidos fora do território nacional por pessoas físicas ou jurídicas residentes,

---

A punição prevista é de multa de até R$ 250 mil. Com o fim do trâmite na Procuradoria-Geral do BC, o processo contra Cunha foi enviado ao departamento responsável por processos punitivos, que o concluirá". (BC desmonta argumentos de Cunha sobre contas no exterior. *Correio do Brasil*, 9 abr. 2016. Disponível em: http://goo.gl/MiwbS2. Acesso em: 03 maio 2016).

[635] O Parecer da Procuradoria Jurídica do Banco Central do Brasil foi formalmente solicitado pela autora, no entanto foi negado acesso ao teor do documento em razão do sigilo das informações nele contidas.

[636] A despeito do disposto no §3º do artigo 62 da Constituição da República ("As medidas provisórias, ressalvado o disposto nos §§11 e 12 perderão eficácia, desde a edição, se não forem convertidas em lei no prazo de sessenta dias, prorrogável, nos termos do §7º, uma vez por igual período, devendo o Congresso Nacional disciplinar, por decreto legislativo, as relações jurídicas delas decorrentes"), a MP 2.224 permanece em vigor, mesmo sem ter jamais sido convertida em lei. Isto é possível, diante da permissão insculpida no artigo 2º da Emenda Constitucional nº 32, de 11 de setembro de 2001 ("As medidas provisórias editadas em data anterior à publicação desta emenda continuam em vigor até que medida provisória ulterior as revogue explicitamente ou até deliberação definitiva do Congresso Nacional"). Com isso, por ser a MP 2.224 anterior à promulgação da Emenda, não tendo sido explicitamente revogada por outra Medida Provisória ou por ato do Poder Legislativo da União, continua produzindo efeitos.

domiciliadas ou com sede no País, assim conceituadas na legislação tributária", novamente delegando ao Conselho Monetário Nacional e edição de normas necessárias ao cumprimento das determinações legais.

A normativa do Conselho Monetário Nacional referente a capitais brasileiros no exterior atualmente em vigor é a Resolução nº 3.854, de 27 de maio de 2010[637], segundo a qual as pessoas físicas ou jurídicas residentes, domiciliadas ou com sede no Brasil, segundo a legislação tributária, devem prestar declaração anual de bens e valores que possuírem fora do território nacional ao Banco Central do Brasil quando os capitais do declarante no exterior totalizarem quantia igual ou superior a US$ 100,000.00 (cem mil dólares) na data-base de 31 de dezembro de cada ano.[638] De acordo com a Resolução, devem ser declaradas informações a respeito de depósitos, empréstimos em moeda, financiamentos, arrendamentos mercantis financeiros, investimentos diretos, investimentos em portfólio, aplicações em instrumentos financeiros derivativos e outros investimentos, incluindo imóveis e outros bens, sendo que o descumprimento do dever de declaração sujeita os responsáveis a multas. Ao final, a Resolução do Conselho Monetário Nacional prevê a edição de normas e adoção de medidas pelo Banco Central do Brasil para a execução da normativa, o que é feito por cartas circulares.

A atual normativa do Banco Central do Brasil a respeito da declaração de capitais brasileiros no exterior é a Carta Circular nº 3.574, de 25 de janeiro de 2012. O objeto principal da normativa é o estabelecimento de prazos para a entrega de declarações, referentes às datas-base firmadas pela Resolução do CMN. Além disso, em seu artigo 2º, a Carta Circular autoriza o Departamento Econômico do Banco Central do Brasil a divulgar o Manual do Declarante e a adotar as demais medidas necessárias ao cumprimento da normativa.[639]

---

[637] Houve normativas anteriores emitidas pelo CMN. Por não ser o objeto deste trabalho traçar uma historiografia de todas as normativas emitidas sobre a matéria, optou-se pela referência apenas à mais recente.

[638] A Resolução prevê situações específicas, como a de pessoas físicas ou jurídicas que mantenham mais de US$ 100,000,000.00 (cem milhões de dólares) no exterior, situação em que devem ser feitas declarações trimestrais, tendo como datas-base 31 de março, 30 de junho e 30 de setembro de cada ano, além de 31 de dezembro. Ademais, a lei prevê que, em caso de depósito conjunto ou de condomínio, não se considera a fração ou quota parte de cada titular ou condômino, mas o valor integral, sendo cada um deles responsável pela declaração.

[639] À época da escrita da tese que originou o presente livro, o BACEN contava com duas normativas vigentes sobre o tema, com teor praticamente idêntico. A primeira era a Carta

O Manual do Declarante, em sua versão mais recente, existente desde 2017, é um arquivo *online* contendo instruções para o preenchimento dos diversos campos da declaração.[640] O manual é composto de cinco capítulos, sendo o primeiro referente às disposições gerais sobre a Declaração de Capitais Brasileiros no Exterior, contendo dados sobre os declarantes, os respectivos valores mínimos, o conceito de residência, os prazos de entrega para as declarações, as definições de data-base, as penalidades a quem presta informações falsas, incompletas, incorretas, fora do prazo ou para quem deixa de prestá-las e referências às normas que dão amparo legal à declaração. O segundo capítulo apresenta informações básicas sobre o acesso ao sistema de declaração, ensinando como realizar um novo cadastro, como ter acesso ao cadastro já realizado, como recuperar e-mail e senhas. O terceiro capítulo versa sobre a identificação das listas de declarações, apontando a classificação utilizada pelo sistema: declaração em elaboração, declaração vigente, declaração em retificação e declaração substituída. O quarto capítulo aborda as orientações de preenchimento do sistema de declaração *on-line*. Verifica-se, assim, que o Manual não contém informações a respeito do objeto da declaração, ou mesmo a sua abrangência. Refere-se, em termos gerais, aos campos da declaração e à forma do preenchimento *on-line*, no entanto não esclarece eventuais situações que podem surgir, com respeito à titularidade de bens e valores no exterior. O quinto e último capítulo apresenta ao declarante explicações sobre duas abas especiais do sistema: a aba de pendências e a aba de entrega de declaração.

Dessa forma, havendo previsão expressa autorizando o Departamento Econômico do Banco Central do Brasil a adotar outras medidas necessárias ao cumprimento da normativa, são divulgadas em seu sítio oficial[641] perguntas frequentes a respeito da declaração de capitais brasileiros no exterior. Tais perguntas e respostas abrangem possíveis

---

Circular nº 3.574, de 25 de janeiro de 2012. A segunda, a Carta Circular nº 3.624, de 6 de fevereiro de 2013. A diferença entre uma e outra era o fato de que a Carta Circular nº 3.574 indicava hora, dia, mês e ano para identificação da data-base da declaração. Já a Carta Circular nº 3.624 deixou de indicar o ano, sendo, portanto, mais genérica que a primeira. A Carta Circular nº 3.574 foi revogada pela Resolução nº 157, de 26 de outubro de 2021, do BACEN.

[640] BANCO CENTRAL DO BRASIL. *CBE – Manual da declaração on-line*. Disponível em: https://www.bcb.gov.br/content/estabilidadefinanceira/cambiocapitais/Manuais_CBE/Manual%20CBE%20(a%20partir%20de%202017).pdf. Acesso em: 10 dez. 2021.

[641] BANCO CENTRAL DO BRASIL. *CBE – Capitais brasileiros no exterior*. Disponível em: https://www.bcb.gov.br/content/estabilidadefinanceira/cambiocapitais/Manuais_CBE/Manual%20CBE%20(a%20partir%20de%202017).pdf. Acesso em: 10 dez. 2021.

dúvidas dos declarantes referentes à obrigatoriedade da declaração,[642] a declarações anteriores e multas, ao acesso ao sistema de declaração,[643] à declaração, em si[644] – em que há um tópico referente aos *trusts* –, e a dúvidas adicionais.[645] Verifica-se que na seção referente à declaração de *trusts*, o Banco Central do Brasil refere-se ao arranjo patrimonial do *trust* como "acordos [...] que envolvam a guarda e administração de ativos", informando que, quando tais "acordos" envolverem ativos no exterior, tendo como beneficiários pessoas físicas ou jurídicas residentes no Brasil, tais "acordos" devem ser declarados na Declaração de Capitais Brasileiros no Exterior no campo "Outros ativos". O questionário informa, ainda, que a declaração deve ser feita sempre em nome do beneficiário do *trust* residente no país, na condição de declarante. Em que pese a indicação de que o preenchimento da declaração possa ser feito pelo *trustee*, a declaração deve ser em nome do beneficiário residente no Brasil. Na sequência, o Banco Central do Brasil indica os parâmetros para preenchimento da declaração: no campo "Valor da aquisição", deve ser informado o valor relativo à "participação do beneficiário nos ativos do *trust*" na data-base a que se refere a declaração;

---

[642] "Quem está obrigado a fazer a declaração anual?", "Como saber se a pessoa física é residente no Brasil?", "Qual a diferença entre a declaração trimestral e a declaração anual?", "Fiz a declaração do período anterior, porém não tenho mais os ativos anteriormente declarados, devo fazer alguma declaração?" e "Qual circular definiu os prazos das declarações CBE?".

[643] "Como acessar a declaração?", "Como posso acessar a declaração atual se perdi a minha senha da declaração imediatamente anterior?", "Como fazer um novo cadastro?", "Como funciona a senha provisória enviada pelo e-mail?" e "Não consigo recuperar a minha senha para o e-mail".

[644] "Há necessidade de haver correspondência entre valores eventualmente declarados a Receita Federal (IR) com os declarados ao Banco Central (CBE)?", "Devo declarar as remessas feitas ao exterior através de contrato de câmbio?", "Como iniciar a declaração?", "Devo informar o receptor do capital (exemplo: o banco depositário, fundo de investimento aplicado, etc.) para qualquer tipo de ativo declarado?", "O que deve ser declarado em cada ficha?", "Como imprimir o relatório da declaração?", "Como faço para entregar a declaração preenchida no formulário on-line?", "Como o sistema calcula os valores na seção 'Resumo'?", "Na ficha Crédito Comercial como deve ser preenchido o campo 'Prazo original em meses'? Quando a mercadoria é considerada entregue? Como contar os 30 dias que caracterizam o crédito comercial?", "Minha empresa não publica balanço contábil (exemplos: Empresas para aplicações financeiras e aquisição de imóvel), como preencher os campos *Patrimônio líquido* e *Valor de mercado*?", "Como enviar (entregar) a declaração e obter um recibo de entrega?", "Não imprimi o protocolo. Como fazer para obter novamente o número do protocolo?", "Como declarar bens conjuntos?", "Como declarar um imóvel na ficha outros ativos?", "Como declarar Trust?", "Devo informar valores negativos no campo Lucro líquido no período da ficha Investimento direto?", "Declarei ano passado e não adquiri novos ativos, devo prestar a declaração do CBE 2014?" e "Como obter cópias de declarações entregues do período atual e anteriores?".

[645] "Consulte o manual do declarante e, se necessário, os canais de contato com a equipe do CBE".

no campo "Data da aquisição", o beneficiário deve informar a data em que houve a "aquisição do direito derivado do *trust*"; no campo "Valor do rendimento", a declaração deve indicar os rendimentos do *trust* recebidos durante o período-base da declaração; no campo "Descrição do ativo", o beneficiário deve informar o "nome do *trust*"; e no campo "Prazo", deve ser indicado "Curto" ou "Longo" se a duração do *trust* for inferior ou superior a doze meses, respectivamente.

Verifica-se, assim, que a legislação brasileira não apenas reconhece a instituição de *trusts* no exterior por brasileiros, a partir de capitais brasileiros e/ou com beneficiários brasileiros. A partir de um interesse do Estado na evolução patrimonial de seus residentes, ao imporem a declaração às autoridades fazendárias brasileiras da situação de beneficiário em *trusts* no exterior, as normativas do Banco Central do Brasil exigem das autoridades brasileiras o reconhecimento e a compreensão destes arranjos patrimoniais, demandando amplo estudo a respeito da constituição e do funcionamento dos *trusts* nos mais diversos países que reconhecem juridicamente esse instituto. É preciso familiarizar-se com termos como *settlor*, *trustee* e beneficiário, além do fundo de *trust*, e compreender as relações entre esses sujeitos e o patrimônio que integra o arranjo, e a quem compete a sua titularidade.

As diretrizes traçadas pelo Banco Central do Brasil a respeito da declaração de *trusts* como "capitais brasileiros no exterior", exigindo a declaração em nome dos beneficiários residentes no país, parecem reproduzir a imprecisão veiculada no caso de Eduardo Cunha de que o beneficiário seria o titular dos bens objetos do *trust*. Como anteriormente esclarecido, tal propriedade, com finalidade de gestão em favor do beneficiário, cabe ao *trustee*, em seu nome, e não em nome de terceiros.[646] Percebe-se que as normas do Banco Central do Brasil partem de uma má-compreensão da estrutura básica de um *trust*, reproduzida pela imprensa.[647] A exigência de declaração pelo beneficiário aponta o

---

[646] Mais uma vez, os fatos noticiados pela imprensa revelam a mencionada incompreensão a respeito da titularidade: "Alguns países, dizem, passaram a exigir a declaração dos 'trusts' e dos chamados 'settlors' como são conhecidas as pessoas que constituem os 'trusts' e os administram em nome dos beneficiários". (FALCÃO, Márcio; BERGAMO, Mônica. Explicação de Cunha para contas é frágil, dizem investigadores. *Folha de S.Paulo* (*on-line*), 06 nov. 2015. Disponível em: http://goo.gl/71k3Mg. Acesso em: 30 nov. 2015).

[647] Por se tratar de político investigado pela prática de crimes, afastado do exercício do mandato parlamentar e da presidência da Câmara dos Deputados por decisão do STF, há natural desconfiança com relação a Eduardo Cunha. No entanto, é importante observar que suas explicações possuem amparo na produção intelectual sobre os *trusts*, revelando compreensão da figura jurídica: "**JN: Mas de qualquer forma, presidente, o senhor é o**

desconhecimento dos elementos subjetivos e objetivos dos *trusts*, bem como o modo e a forma como sua gestão são realizadas.

Considerando haver *trusts* constituídos em outros países envolvendo cidadãos brasileiros, ou mesmo bens, direitos ou valores originados no país, não é possível ignorá-lo pelo fato de não estar prevista a sua criação na legislação brasileira. Como se vê, há importantes normas que reconhecem a existência desses *trusts* e buscam estabelecer deveres de declaração, para controlar a movimentação de recursos brasileiros no exterior e permitir a incidência de tributação sobre eventual renda auferida. No entanto, o desconhecimento de seus elementos fundamentais[648] leva à incompreensão do instituto, e a visão de que seria um instrumento de blindagem ou ocultação patrimonial impede que venha a ser incorporado ao ordenamento jurídico brasileiro – como então ocorrido na Itália com a assinatura da Convenção da Haia sobre *Trusts* e seu Reconhecimento – para a utilização com finalidades legítimas.

---

dono do dinheiro? Cunha: *Não, eu não sou o dono do dinheiro, não. Eu sou usufrutuário em vida, nas condições determinadas.* **Mas o senhor não acha que para a população brasileira de uma maneira geral é difícil não associar esse dinheiro ao senhor, ainda que o senhor seja a pessoa que vai usufruir, beneficiário? Para a população, de uma maneira geral, o senhor é o dono do dinheiro?** Cunha: *Não, veja bem: primeiro lugar, a origem é lícita. Em segundo lugar, eu abri mão de ser o dono do dinheiro no momento em que eu contratei o trust. Se eu quisesse continuar como dono do dinheiro, eu teria não só mantido a conta, tido a conta em meu nome com gestão livre, como eu teria, talvez, repatriado ou declarado aqui. [...]* **JN: Deixa eu contrapor duas posições diferentes em relação ao argumento do senhor, presidente. O Banco Central afirma que em todos os casos é preciso fazer uma declaração do beneficiário residente. O senhor é o beneficiário desses dois fundos. Agora apenas do Netherton, que é o que permanece. E também existe uma visão por parte do Ministério Público de que é preciso fazer a declaração do trust justamente para que esse trust não seja usado para esconder ativos no exterior.** Cunha: *Veja bem, eu discordo dessa interpretação; não sou só eu, os advogados também discordam disso. No caso, nós pegamos o advogado na própria Suíça, que fez seu parecer com relação à situação contratual existente. Esse parecer está em inglês, com suas documentações todas, tem sua tradução em português, que está muito claro que eu não sou proprietário nominal dos ativos, que eu não detenho conta, obviamente eu não detenho conta e não detenho ativo, eu não tenho que declarar. Então, essa é uma discussão, o trust é muito antigo no mundo".* (TRIBUTARISTAS contestam explicações de Cunha sobre contas na Suíça. *Jornal Nacional (on-line)*, 07 nov. 2015. Disponível em: http://goo.gl/QsYDFk. Acesso em: 30 nov. 2015.).

[648] A explicação do advogado de Cunha, Reginaldo Oscar de Castro, ouvido pelo Conselho de Ética da Câmara dos Deputados, é bastante elucidativa nesse sentido: "'Trust não é conta bancária. O beneficiário não consegue movimentar os recursos de um trust, apenas o administrador', disse o advogado. O depoente ressaltou que os recursos do trust supriam as despesas da família de Cunha, mas o deputado não controlava o dinheiro. 'O investigado, ao dizer que não possui contas na Suíça, disse a verdade', disse o advogado ao ser perguntado sobre Cunha ter afirmado que não possui conta corrente não declarada". (ADVOGADO de Cunha diz que ele não mentiu a CPI sobre contas bancárias. *G1*, 11 maio 2016. Disponível em: http://goo.gl/tJfWqk. Acesso em: 13 maio 2016).

5.1.3 A Lei de Repatriação de Divisas

Mais recentemente, referindo-se à omissão de declarações de capitais brasileiros no exterior, a chamada Lei de Repatriação de Divisas reconheceu expressamente a existência de *trusts* criados com recursos originados no Brasil. De acordo com o regime instituído pela Lei, possibilita-se a reintrodução no Brasil de patrimônio mantido no exterior, ainda que remetido mediante prática de crime, desde que pagos tributo e multa.

A Lei de Repatrição de Divisas exige em seu artigo 4º, ao tratar da declaração única de regularização visando à repatriação, dentre outras informações necessárias à instrução da declaração, a descrição dos respectivos recursos, bens ou direitos de qualquer natureza não declarados, remetidos ou mantidos no exterior ou repatriados, ainda que posteriormente repassados à titularidade ou responsabilidade, direta ou indireta, de *trust* de quaisquer espécies.

A apresentação da Declaração de Regularização Cambial e Tributária foi regulamentada pela Receita Federal do Brasil por meio da Instrução Normativa nº 1.627, de 11 de março de 2016. Nessa normativa, volta-se a referir aos *trusts* quando dispõe das obrigações dos contribuintes aderentes ao Regime Especial de Regularização Cambial e Tributária. Para além do dever geral imposto a todos os aderentes, pessoas físicas e jurídicas, de manter em boa guarda e ordem, à disposição da Receita, pelo prazo de cinco anos, os documentos utilizados para a atribuição de valor em Real dos recursos objeto de regularização,[649] no caso de *trusts*, a Instrução Normativa exige a manutenção em iguais condições dos documentos que ampararam a declaração de adesão ao Regime. É necessário comprovar, portanto, (i) a identificação do *settlor* – chamado de "instituidor" –, do *trustee* – chamado

---

[649] IN/RFB nº 1.627, artigo 7º [...] §3º Para fins de atribuição do valor em Real dos recursos objeto de regularização deverá ser observado: I – para os ativos referidos nos incisos I e III do caput do artigo 3º, o saldo existente em 31 de dezembro de 2014, conforme documento disponibilizado pela instituição financeira custodiante; II – para os ativos referidos no inciso II do caput do artigo 3º, o saldo credor remanescente em 31 de dezembro de 2014, conforme contrato entre as partes; III – para os ativos referidos no inciso IV do caput do artigo 3º, o valor do patrimônio líquido, proporcionalmente à participação societária ou direito de participação do declarante no capital da pessoa jurídica, apurado em 31 de dezembro de 2014, conforme balanço patrimonial levantado nessa data; IV – para os ativos referidos nos incisos V a VII do caput do artigo 3º, o valor de mercado apurado conforme avaliação feita por entidade especializada; e V – para os ativos não mais existentes ou que não sejam de propriedade do declarante em 31 de dezembro de 2014, o valor presumido nessa data, apontado por documento idôneo que retrate o bem ou a operação a ele referente.

de "administrador" –, do beneficiário, e, quando houver, do *protector* – chamado de "fiscalizador", (ii) o estabelecimento de constituição ou relação entre os sujeitos do *trust*, mediante *trust deed, letter of wishes* ou documento equivalente, (iii) a relação de bens e ativos do *trust*, em documento emitido pelo *trustee* e averbado pelo *protector*, caso houver, e (iv) a documentação contábil-financeira do *trust*, em documento emitido pelo *trustee* e averbado pelo *protector*, caso houver.[650]

De acordo com a Instrução Normativa, de modo semelhante ao entendimento do Banco Central do Brasil na declaração de capitais brasileiros no exterior, a declaração para adesão ao Regime Especial de Regularização deve ser feita pelo beneficiário do *trust*,[651] sendo de sua responsabilidade a retificação de suas declarações fiscais após a adesão. Ainda que a Instrução Normativa da Receita Federal preveja a possibilidade de declaração pelo *settlor*, quando não for ele próprio o beneficiário do *trust*,[652] esta declaração servirá apenas para afastar sua responsabilidade criminal pelos atos praticados na constituição do *trust* que configurem prática dos crimes referidos na Lei de Repatriação de Divisas. A declaração pelo *settlor* não beneficiário não implica a regularização cambial e tributária dos bens do *trust*, tampouco isentam o beneficiário de apresentar declaração para valer-se do Regime Especial. É importante observar que, muito embora a titularidade dos bens do *trust* recaia sobre a pessoa do *trustee*, que pode, inclusive, ser pessoa física ou jurídica residente no Brasil, em momento algum a legislação prevê a declaração por ele para a regularização cambial e tributária, tão somente a emissão de documentos comprovando a composição patrimonial do *trust* e sua documentação contábil-financeira. A impressão extraída da legislação brasileira é de que o *trustee* é mero administrador, e não titular dos bens do *trust*.

5.1.4 O mau uso de *trusts* em paraísos fiscais para a lavagem de dinheiro

Embora pudesse ser de alguma forma comemorado o reconhecimento pelo legislador da existência de *trusts*, percebe-se haver evidente má compreensão de como eles operam. Observa-se certa presunção de

---

[650] IN/RFB nº 1.627, artigo 14, inciso I.
[651] IN/RFB nº 1.627, artigo 9º.
[652] IN/RFB nº 1.627, artigo 9º, parágrafo único.

má-fé por trás da instituição de *trusts*, como se o seu propósito fosse dissimular ou dificultar a identificação do "verdadeiro" proprietário dos bens do *trust*, em conduta que poderia constituir crime de lavagem de dinheiro.[653]

Ainda que o legislador brasileiro reconheça a existência de *trusts* e até mesmo a possibilidade de que eles sejam constituídos por brasileiros ou compreendam bens, direitos ou valores originados no Brasil, o ordenamento jurídico pátrio mantém certa desconfiança com relação a esse arranjo patrimonial, como observado anteriormente.

Como visto, há confusão entre os *trusts* e as chamadas empresas *offshore*, tidas como as pessoas jurídicas que operam fora dos limites territoriais onde estão localizadas ou constituídas fora dos limites territoriais de sua matriz ou do domicílio de seus controladores.[654] Ainda que as empresas *offshore* não possuam forma jurídica determinada, podendo apresentar a forma e o tipo adequados à sua finalidade essencial,[655] não podendo sequer ser confundidas com um tipo societário, são as *offshores* necessariamente pessoas jurídicas, possuindo personalidade diversa da de seus administradores ou controladores. Por esse motivo, primeiramente, não há como se tratar *trusts* e *offshores* como institutos idênticos ou mesmo semelhantes.

Embora, como já mencionado, não seja tecnicamente correto, há popularmente a noção de que empresas *offshore* são aquelas constituídas

---

[653] Artigo 1º, Lei nº 9.613, de 3 de março de 1998: "Ocultar ou dissimular a natureza, origem, localização, disposição, movimentação ou propriedade de bens, direitos ou valores provenientes, direta ou indiretamente, de infração penal." Na prática desta ocultação ou dissimulação da propriedade dos bens, costumam-se identificar três etapas distintas, conforme explicado por Sérgio Fernando Moro: "É usual no estudo da lavagem de dinheiro a referência às fases ou às etapas do crime. Seriam elas a colocação (*placement*), a dissimulação ou circulação (*layering*) e a integração (*integration*). Na primeira etapa, o produto do crime é desvinculado de sua origem material; na segunda, o numerário é movimentado por meio de diversas transações de modo a impedir ou dificultar o rastreamento, e pela terceira é reintegrado em negócios ou propriedades, com a simulação de investimentos lícitos". (MORO, Sérgio Fernando. *Crime de lavagem de dinheiro*. São Paulo: Saraiva, 2010. p. 32).

[654] PENTEADO, Claudio Camargo. *Empresas offshore*. 3. ed. rev. atual. São Paulo: Pillares, 2007. p. 32. No mesmo sentido, PINTO, Edson. *Lavagem de capitais e paraísos fiscais*. São Paulo: Atlas, 2007. p. 165. ("São pessoas jurídicas que atuam, exclusivamente, fora dos limites territoriais onde está localizada a matriz, realizam seus negócios não necessariamente em paraísos fiscais, com capital de não residentes, distintas finalidades e diversas classificações, como, por exemplo, uma sociedade anônima."); KRONBERG, Helcio. *Gestão de patrimônio pessoal*. São Paulo: Hemus, 2002. p. 121 ("Já é senso comum que uma empresa *off-shore* é aquela pessoa jurídica que opera fora dos limites territoriais onde está localizada, ou do domicílio de seus controladores.")

[655] PENTEADO, Claudio Camargo. *Empresas offshore*. 3. ed. rev. atual. São Paulo: Pillares, 2007. p. 32.

em paraísos fiscais.[656] Por tal motivo, considerando-se ainda a pluralidade de fatos noticiados de *trusts* constituídos em dependências consideradas paraísos fiscais,[657] é importante definir o que se entende por "paraíso fiscal", assim como a consequência jurídica de possuir capitais nessas dependências.

É importante destacar, primeiramente, que não há uma definição precisa do que sejam paraísos fiscais[658]. Mormente por se tratar de uma definição política, para alcançar "países que concedem benefícios fiscais 'anormais' para favorecer certo tipo de atividade".[659] No caso do Brasil, os critérios para identificar os paraísos fiscais estão presentes na Lei nº 9.430, de 27 de dezembro de 1996, incrementada pela Lei nº 11.727, de 23 de junho de 2008. Destaque-se, desde logo, que a legislação brasileira em passagem alguma refere-se a "paraísos fiscais" – expressão originada do termo inglês "*tax haven*". A Lei nº 9.430, de 1996, refere em vez disso a países com tributação favorecida e a regimes fiscais privilegiados.

Desde sua redação original, em 1996, a Lei nº 9.430, que dispõe sobre a legislação tributária federal, trata por países com tributação favorecida aqueles que não tributem a renda ou a façam em alíquota máxima inferior a vinte por cento (artigo 24, *caput*). Com a alteração pela Lei nº 11.727, de 2008, foi inserido parágrafo acrescentando à definição de país ou dependência com tributação favorecida àqueles cuja legislação não permita o acesso a informações relativas à composição societária de pessoas jurídicas, à sua titularidade ou à identificação do beneficiário efetivo de rendimentos atribuídos a não residentes

---

[656] Veja-se, a curioso título ilustrativo, a descrição inicial do verbete "*Offshore*" da enciclopédia baseada na web de licença livre Wikipedia: "Chamam-se popularmente de offshores as contas bancárias e empresas abertas em paraísos fiscais, geralmente com o intuito de pagar-se menos impostos do que no país de origem dos seus proprietários". (Disponível em: https://goo.gl/OEe9FK. Acesso em: 14 maio 2016).

[657] CHRISTOFOLETTI, Lilian. Polícia da ilha de Jersey diz não poder informar quais os tipos de contas da família Maluf. *Folha de S.Paulo* (*on-line*), 14 jun. 2001. Disponível em: http://goo.gl/JK9WQ2. Acesso em: 15 maio 2016; BARROCAL, André. Cunha, inimigo simbólico do cerco global a paraísos fiscais. *Carta Capital* (*on-line*), 16 nov. 2015. Disponível em: http://goo.gl/lRkxiz. Acesso em: 15 maio 2016; GRADILONE, Cláudio. Sigilo à americana. *IstoÉ Dinheiro* (*on-line*), 04 fev. 2016. Disponível em: http://goo.gl/Iepq5m. Acesso em: 15 maio 2016; MANSO, Joaquín; MARTÍNEZ, Víctor; LEAL, Jose F. El ministro Soria tenía otra sociedad en el paraíso fiscal de Jersey. *El Mundo* (*on-line*), 14 abr. 2016. Disponível em: http://goo.gl/7pM5nM. Acesso em: 15 maio 2016.

[658] "São inúmeras as tentativas de conceituar os paraísos fiscais e isso se deve ao fato de não resistirem às avaliações empíricas de refutação, quer por imprecisão ou alcance exagerado, tanto que poderiam compreender qualquer país". (PINTO, Edson. *Lavagem de capitais e paraísos fiscais*. São Paulo: Atlas, 2007. p. 143).

[659] PINTO, Edson. *Lavagem de capitais e paraísos fiscais*. São Paulo: Atlas, 2007. p. 143.

(artigo 24, §4º). Note-se que tais definições se amoldam a algumas das conceituações já buscadas para "paraísos fiscais".[660] A Lei de 2008, no entanto, acrescentou marcado grau de complexidade nestas definições, pois criou, para além da categoria de "país com tributação favorecida", também os chamados "regimes fiscais privilegiados", entendidos como os países ou dependências que apresentem uma ou mais das seguintes características: (i) não tribute a renda ou o faça em alíquota máxima inferior a vinte por cento, (ii) conceda vantagem de natureza fiscal a não residente sem exigência ou condicionada ao não exercício de atividades econômicas substantivas no território, (iii) não tribute os rendimentos auferidos fora de seu território, ou o faça em alíquota máxima inferior a vinte por cento, e/ou (iv) não permita o acesso a informações relativas à composição societária, titularidade de bens ou direitos ou às operações econômicas realizadas. Em ambos os casos (tributação favorecida e regime privilegiado), a Lei permite que o Poder Executivo reduza, excepcionalmente e de forma restrita, o percentual de vinte por cento estabelecido na definição dos regimes, para excluir da classificação países que componham blocos econômicos do qual o Brasil participe (artigo 24-B).

Vê-se, assim, que há pouca diferença entre as definições de "país com tributação favorecida" e "regime fiscal privilegiado", podendo haver, em tese, a conclusão de que seriam categorias sinônimas. No entanto, ao regulamentar as disposições legais em comento, a Receita Federal do Brasil, por meio da Instrução Normativa nº 1.037, de 4 de junho de 2010, relacionou os países ou dependências com tributação favorecida e regimes fiscais privilegiados, tendo-o feito em dois dispositivos distintos. No primeiro, relativo aos países ou dependências com tributação favorecida, arrolou os territórios que não tributam a renda ou que a tributam à alíquota inferior a vinte por cento ou, ainda, cuja legislação interna não permita acesso a informações relativas à

---

[660] "[...] de forma geral, seriam aqueles territórios que, sobre os rendimentos de não-residentes ou equiparados a residentes, impõem uma reduzida ou nula tributação e que dispõem de segredo bancário, falta de controle de câmbio de diversas facilidades para a constituição e administração de sociedades"; PENTEADO, Claudio Camargo. *Empresas offshore*. 3. ed. rev. atual. São Paulo: Pillares, 2007. p. 25; "O Paraíso Fiscal, ou *Tax Haven*, como é conhecido, pode ser definido como sendo um país onde os encargos e as obrigações tributárias incidentes são muito reduzidas ou até mesmo inexistentes". (PINTO, Edson. *Lavagem de capitais e paraísos fiscais*. São Paulo: Atlas, 2007. p. 143).

composição societária de pessoas jurídicas ou à sua titularidade.⁶⁶¹ Já no segundo dispositivo, a Instrução arrola os regimes fiscais que considera privilegiados, não trazendo nenhuma definição alusiva à Lei nº 9.430, de 1996.⁶⁶² Em cada um dos regimes arrolados no artigo 2º da Instrução Normativa, a norma traz uma situação peculiar, destoante do restante do

---

⁶⁶¹ Artigo 1º, IN/RFB nº 1.037/2010: "Artigo 1º Para efeitos do disposto nesta Instrução Normativa, consideram-se países ou dependências que não tributam a renda ou que a tributam à alíquota inferior a 20% (vinte por cento) ou, ainda, cuja legislação interna não permita acesso a informações relativas à composição societária de pessoas jurídicas ou à sua titularidade, as seguintes jurisdições : I – Andorra; II – Anguilla; III – Antígua e Barbuda; IV – Antilhas Holandesas; V – Aruba; VI – Ilhas Ascensão; VII – Comunidade das Bahamas; VIII – Bahrein; IX – Barbados; X – Belize; XI – Ilhas Bermudas; XII – Brunei; XIII – Campione D' Italia; XIV – Ilhas do Canal (Alderney, Guernsey, Jersey e Sark); XV – Ilhas Cayman; XVI – Chipre; XVII – Cingapura; XVIII – Ilhas Cook; XIX – República da Costa Rica; XX – Djibouti; XXI – Dominica; XXII – Emirados Árabes Unidos; XXIII – Gibraltar; XXIV – Granada; XXV – Hong Kong; XXVI – Kiribati; XXVII – Lebuan; XVIII – Líbano; XXIX – Libéria; XXX – Liechtenstein; XXXI – Macau; XXXII – Ilha da Madeira; XXXIII – Maldivas; XXXIV – Ilha de Man; XXXV – Ilhas Marshall; XXXVI – Ilhas Maurício; XXXVII – Mônaco; XXXVIII – Ilhas Montserrat; XXXIX – Nauru; XL – Ilha Niue; XLI – Ilha Norfolk; XLII – Panamá; XLIII – Ilha Pitcairn; XLIV – Polinésia Francesa; XLV – Ilha Queshm; XLVI – Samoa Americana; XLVII – Samoa Ocidental; XLVIII – San Marino; XLIX – Ilhas de Santa Helena; L – Santa Lúcia; LI – Federação de São Cristóvão e Nevis; LII – Ilha de São Pedro e Miguelão; LIII – São Vicente e Granadinas; LIV – Seychelles; LV – Ilhas Solomon; LVI – St. Kitts e Nevis; LVII – Suazilândia; LVIII – *revogado*; LIX – Sultanato de Omã; LX – Tonga; LXI – Tristão da Cunha; LXII – Ilhas Turks e Caicos; LXIII – Vanuatu; LXIV – Ilhas Virgens Americanas; e LXV – Ilhas Virgens Britânicas". A Suíça foi excluída do rol pela Instrução Normativa RFB nº 1.474, de 18 de junho de 2014, que revogou o inciso LVIII.

⁶⁶² Artigo 2º, IN/RFB nº 1.037/2010: "Artigo 2º São regimes fiscais privilegiados: I – *revogado*; II – com referência à legislação do Uruguai, o regime aplicável às pessoas jurídicas constituídas sob a forma de 'Sociedades Financeiras de Inversão (Safis)' até 31 de dezembro de 2010; III – com referência à legislação da Dinamarca, o regime aplicável às pessoas jurídicas constituídas sob a forma de holding company que não exerçam atividade econômica substantiva; IV – com referência à legislação do Reino dos Países Baixos, o regime aplicável às pessoas jurídicas constituídas sob a forma de holding company que não exerçam atividade econômica substantiva; V – com referência à legislação da Islândia, o regime aplicável às pessoas jurídicas constituídas sob a forma de International Trading Company (ITC); VI – *revogado*; VII – com referência à legislação dos Estados Unidos da América, o regime aplicável às pessoas jurídicas constituídas sob a forma de Limited Liability Company (LLC) estaduais, cuja participação seja composta de não residentes, não sujeitas ao imposto de renda federal; VIII – com referência à legislação da Espanha, o regime aplicável às pessoas jurídicas constituídas sob a forma de Entidad de Tenencia de Valores Extranjeros (E.T.V.Es.); IX – com referência à legislação de Malta, o regime aplicável às pessoas jurídicas constituídas sob a forma de International Trading Company (ITC) e de International Holding Company (IHC); ou X – com referência à Suíça, os regimes aplicáveis às pessoas jurídicas constituídas sob a forma de holding company, domiciliary company, auxiliary company, mixed company e administrative company cujo tratamento tributário resulte em incidência de Imposto sobre a Renda da Pessoa Jurídica (IRPJ), de forma combinada, inferior a 20% (vinte por cento), segundo a legislação federal, cantonal e municipal, assim como o regime aplicável a outras formas legais de constituição de pessoas jurídicas, mediante rulings emitidos por autoridades tributárias, que resulte em incidência de IRPJ, de forma combinada, inferior a 20% (vinte por cento), segundo a legislação federal, cantonal e municipal".

regime tributário ou fiscal daquele país, não se podendo extrair qualquer diretriz, para além daquela já prevista no artigo 24-A da Lei nº 9.430, de 1996. A conclusão permitida pela Instrução Normativa, no entanto, é que os chamados países ou dependências com tributação favorecida são aqueles cujo regime fiscal geral prevê um ou mais dos benefícios fiscais previstos no *caput* ou no §4º do artigo 24 da Lei nº 9.430, de 1996. Já os regimes fiscais privilegiados são aqueles cuja legislação tributária em geral não seja favorecida, mas contenha algum regime peculiar que crie algum favorecimento a não residentes, como nos exemplos trazidos no artigo 2º da Instrução Normativa.

Há, no entanto, liberdade dos Estados para definir o que entendem por "paraísos fiscais" ou regimes equivalentes. Exemplo disso é o fato de o Brasil, hoje, indicar 64 territórios como "países ou dependências com tributação favorecida" e 08 regimes fiscais privilegiados, ao passo que, segundo pesquisa feita em 2007, a Argentina relaciona 88 paraísos fiscais; o México, 72; a Espanha, 48; e Portugal, 53.[663]

Embora seja pacífico que a manutenção de patrimônio em paraísos fiscais não seja em si um crime[664], há nítido interesse do Estado brasileiro no estabelecimento de uma "lista negra",[665] como a prevista na Instrução Normativa nº 1.037 da Receita Federal, pois se visa ao estabelecimento de mecanismos de controle para a realização de negócios no Brasil. Isto é pensado porque, segundo Edson Pinto, as principais motivações para a utilização de paraísos fiscais por brasileiros são a lavagem de dinheiro, o receio de confisco de bens pelo governo, a elisão e a evasão fiscal, a simplificação de processos hereditários, a proteção contra a desvalorização cambial, a instabilidade política e econômica do país e a utilização de benefícios de repatriação para o país.[666] Tendo em vista a

---

[663] PINTO, Edson. *Lavagem de capitais e paraísos fiscais*. São Paulo: Atlas, 2007. p. 146-147. A pesquisa não foi refeita, por não ser o cerne do presente trabalho. Embora desatualizado, o dado bem ilustra a liberdade na classificação, tornando impossível uma conceituação acadêmica universal.

[664] PENTEADO, Claudio Camargo. *Empresas offshore*. 3. ed. rev. atual. São Paulo: Pillares, 2007. p. 35 ("Inicialmente, convém lembrar novamente, que 'Paraíso Fiscal' não é algo imoral ou onde se permite tudo em que outros lugares é proibido. Não é o lugar que serve para 'lavar dinheiro' e se praticar outras atividades criminosas, o que aliás existe em todos os lugares do mundo, independentemente de ser ou não um paraíso fiscal").

[665] A expressão é de Edson Pinto (*Lavagem de capitais e paraísos fiscais*. São Paulo: Atlas, 2007. p. 206).

[666] PINTO, Edson. *Lavagem de capitais e paraísos fiscais*. São Paulo: Atlas, 2007. p. 201-202.

adoção do princípio da universalidade[667] adotado pelo Brasil por meio da Lei nº 9.430, de 1996,[668] há um legítimo interesse estatal na tributação de operações originadas no exterior, principalmente aquelas envolvendo capitais originados no país. Assim, visando combater as repercussões negativas da internacionalização do capital nacional nas dívidas interna e externa brasileira,[669] foram adotadas medidas de alcance fiscal e tributário, financeiro e econômico e administrativo e judiciário para inibir o emprego de ambientes regulatórios permissivos e, direta ou indiretamente, prevenir e reprimir operações de lavagem de dinheiro. Dentre essas medidas[670], destacam-se a incidência de alíquota de 25% para os rendimentos auferidos por beneficiário residente no Brasil em países ou dependências com tributação favorecida, de acordo com o artigo 8º da Lei nº 9.779, de 19 de janeiro de 1999, em oposição aos 15% normalmente aplicados, e a exclusão das pessoas jurídicas sediadas em paraísos fiscais dos benefícios fiscais do imposto de renda concedidos

---

[667] "Chamada também de bitributação ou pluritributação, [a dupla tributação internacional] ocorre quando incide sobre o indivíduo uma tributação internacional definida como o resultado de uma legítima imposição ao mesmo sujeito passivo, por duas nações soberanas, de créditos que correspondam a interesses tributários materialmente semelhantes. É considerada negativa do ponto de vista econômico-financeiro, contudo, perfeitamente legítima, não constituindo qualquer tipo de ilícito, nem fiscal, nem de direito internacional". (PINTO, Edson. *Lavagem de capitais e paraísos fiscais*. São Paulo: Atlas, 2007. p. 142, n.r. 7); "O regime adotado, atualmente, como regra geral pelos países exportadores de capital diante de fatores como a internacionalização da economia e a inserção de uma nova ordem econômica, dentre outros, depois de uma longa evolução legislativa é o princípio da universidade das rendas. A tendência contemporânea é de adotar o princípio da universalidade (*world wide income taxation*) como regra de conexão para os Estados que buscam, com a sua aplicação, desconsiderar o local de produção ou da fonte da renda, interna ou externa, taxando o contribuinte de acordo com o seu país de residência, domicílio ou nacionalidade, o que explica a ultraterritorialidade das normas de Direito tributário internacional, que permitem tributar os contribuintes, mesmo sobre os ganhos obtidos no exterior". (PINTO, Edson. *Lavagem de capitais e paraísos fiscais*. São Paulo: Atlas, 2007. p. 142, n.r. 8).

[668] PINTO, Edson. *Lavagem de capitais e paraísos fiscais*. São Paulo: Atlas, 2007. p. 204.

[669] "A internacionalização do capital nacional, com repercussão extremamente negativa nas dívidas interna e externa brasileira, transformou algumas pequenas ilhotas do Caribe em grandes credoras e maiores exportadoras para o Brasil mesmo sem nada produzir, até porque na maioria delas não há espaço físico para plantações, não há fábricas nem tecnologia, mas os 'lançamentos' informam que capitais e mercadorias transitaram por lá". (PINTO, Edson. *Lavagem de capitais e paraísos fiscais*. São Paulo: Atlas, 2007. p. 202).

[670] Pinto descreve detalhadamente todas as medidas de alcance fiscal e tributário (PINTO, Edson. *Lavagem de capitais e paraísos fiscais*. São Paulo: Atlas, 2007. p. 204-206), financeiro e econômico (p. 206-211) e administrativo e judiciário (p. 211-213) adotadas pelo Brasil até o ano de 2007. Por não ser o objetivo do trabalho descrever exaustivamente o regime tributário de paraísos fiscais, optou-se por enumerar apenas aquelas medidas de maior pertinência com a temática dos *trusts*.

aos demais não residentes pela Medida Provisória nº 2.158-35, de 24 de agosto de 2001.[671]

Como dito, há preocupação com a utilização de paraísos fiscais, e especialmente de *trusts* constituídos em países e dependências classificados pela legislação brasileira como paraísos fiscais, para a ocultação de titularidade de bens e ativos originados de crime, o que constitui lavagem de dinheiro. Cite-se, nesse sentido, a Carta Circular nº 3.542, de 12 de março de 2012, do Banco Central do Brasil, que, entre as operações passíveis de comunicação ao Conselho de Controle de Atividades Financeiras (COAF) por configurar indícios de ocorrência de crime de lavagem de dinheiro, considerando as partes envolvidas, os valores, a frequência, as formas de realização, os instrumentos utilizados ou a falta de fundamento econômico ou legal, aponta em seu artigo 1º, inciso IV, alínea "u", as "transações significativas e incomuns por meio de contas de depósitos de investidores não residentes constituídos sob a forma de *trust*".

A Lei nº 9.613, de 3 de março de 1998, após as modificações promovidas pela Lei nº 12.683, de 9 de julho de 2012, define como crime de lavagem de dinheiro a ocultação ou a dissimulação da natureza, origem, localização, disposição, movimentação ou propriedade de bens, direitos ou valores provenientes, direta ou indiretamente, de infração penal, sendo punida com pena de reclusão de três a dez anos, e multa (artigo 1º, *caput*). Além disso, a lei define como condutas equiparadas à lavagem de dinheiro (i) a conversão de bens, direitos ou valores provenientes de infração penal em ativos lícitos, (ii) a aquisição, o recebimento, a troca, a negociação, a entrega ou o recebimento em garantia, a guarda, a manutenção em depósito, a movimentação ou a transferência desses bens, direitos ou valores, e (iii) a importação ou exportação de bens provenientes de infração penal com valores não correspondentes aos verdadeiros, se tais condutas são praticadas com a finalidade de ocultar ou dissimular a utilização desses bens, direitos ou valores (artigo 1º, §1º). Há também conduta equiparada à lavagem de dinheiro, punida nas mesmas penas, na utilização, na atividade econômica ou financeira, bens, direitos ou valores provenientes de infração penal, ou na participação de grupo, associação ou escritório tendo conhecimento de que sua atividade principal ou secundária é dirigida à prática de crimes previstos na Lei (artigo 1º, §2º).

---

[671] PINTO, Edson. *Lavagem de capitais e paraísos fiscais*. São Paulo: Atlas, 2007. p. 207-208.

Verifica-se haver, entre os organismos internacionais de combate à lavagem de dinheiro, preocupação do uso de *trusts* no cometimento desses crimes. Exemplo disso é o Relatório do Grupo de Ação Financeira contra a Lavagem de Dinheiro e o Financiamento do Terrorismo (GAFI/FATF[672]) sobre a Lavagem de Dinheiro pelo Uso de Prestadores de Serviços de *Trusts* e Companhias.[673] No Relatório, o GAFI aponta para a existência de diversos estudos que indicam a utilização de pessoas jurídicas e arranjos patrimoniais para a facilitação da lavagem de dinheiro,[674] de modo que os Prestadores de Serviços de *Trusts* e Companhias[675] desempenham um papel fundamental na composição desses arranjos, sendo usados com ou sem o seu conhecimento, para a prática de ilícitos.[676] No Relatório há, inclusive, alusão a Prestadores de Serviços de *Trusts*, como advogados, que atuam na constituição de *trusts* e empresas *offshore* para seus clientes, mesmo que sediados em países

---

[672] Segundo o Conselho de Controle de Atividades Financeiras do Ministério da Fazenda (COAF), "O Grupo de Ação Financeira contra a Lavagem de Dinheiro e o Financiamento do Terrorismo (GAFI/FATF) é uma organização intergovernamental cujo propósito é desenvolver e promover políticas nacionais e internacionais de combate à lavagem de dinheiro e ao financiamento do terrorismo. Criado em 1989, o GAFI é um organismo elaborador de políticas que atua visando a gerar a vontade política necessária para realizar reformas legislativas e regulatórias nessas áreas. Para cumprir este objetivo, o GAFI publicou as suas Recomendações. Periodicamente, o GAFI realiza avaliação dos países membros acerca da implementação de medidas de prevenção e combate à lavagem de dinheiro e ao financiamento do terrorismo". (Disponível em: http://goo.gl/dJClsk. Acesso em: 20 maio 2016).

[673] FINANCIAL ACTION TASK FORCE. *Money Laundering Using Trust and Company Service Providers*. FATF Report. Paris: FATF/GAFI, out. 2010. Disponível em: http://goo.gl/iHP7pN. Acesso em: 20 maio 2016.

[674] "Houve uma série de estudos ao longo dos anos que destacam a utilização de pessoas jurídicas e arranjos jurídicos para facilitar a lavagem de dinheiro". Tradução da autora. (FINANCIAL ACTION TASK FORCE. *Money Laundering Using Trust and Company Service Providers*. FATF Report. Paris: FATF/GAFI, out. 2010. p. 6. Disponível em: http://goo.gl/iHP7pN. Acesso em: 20 maio 2016).

[675] "[...] a expressão 'Prestadores de Serviços de *Trusts* e Companhias' tem o sentido utilizado pelo GAFI e, portanto, inclui todas as pessoas e entidades que, em sua atuação profissional, participam da criação e administração de *trusts* e veículos societários". Tradução da autora. (FINANCIAL ACTION TASK FORCE. *Money Laundering Using Trust and Company Service Providers*. FATF Report. Paris: FATF/GAFI, out. 2010. p. 7. Disponível em: http://goo.gl/iHP7pN. Acesso em: 20 maio 2016).

[676] "PSTCs são frequentemente envolvidos de alguma forma na constituição e na administração da maior parte das pessoas e arranjos jurídicos; igualmente, em muitas dependências, eles desempenham um papel importante como guardiões do setor financeiro. Este relatório fornece uma série de estudos de caso que demonstram que os PSTCs foram usados com frequência, com ou sem conhecimento, na condução de atividades de lavagem de dinheiro". Tradução da autora. (FINANCIAL ACTION TASK FORCE. *Money Laundering Using Trust and Company Service Providers*. FATF Report. Paris: FATF/GAFI, out. 2010. p. 7. Disponível em: http://goo.gl/iHP7pN. Acesso em: 20 maio 2016).

que não possuem *trusts*,⁶⁷⁷ sendo esse o caso de Brasil, como apontado acima. O relatório é extenso, e estabelece parâmetros para a fiscalização desses prestadores de serviços, devido à possível utilização de *trusts* e outros arranjos patrimoniais, como é o caso das companhias *offshores*, para o cometimento de crimes de lavagem de dinheiro.⁶⁷⁸

O uso de *trusts* constituídos por meio de prestadores de serviços especializados para a prática de crimes, inclusive de lavagem de dinheiro, foi bem demonstrada na investigação pelo Consórcio Internacional de Jornalistas Investigativos⁶⁷⁹ acerca de documentos confidenciais produzidos pelo escritório de advocacia Mossack Fonseca, no Panamá, contendo informações detalhadas sobre contas, sociedades e *trusts* em paraísos fiscais, inclusive a identidade dos titulares, sócios, acionistas e beneficiários. A série de investigações ficou conhecida por *Panama Papers*, referente aos 11,5 milhões de documentos recebidos pelos jornalistas a partir de uma fonte anônima. Os resultados das investigações são publicados em um portal oficial do ICIJ,⁶⁸⁰ a partir de reportagens, identificando os principais envolvidos no caso, inclusive chefes de Estado e altos agentes governamentais.⁶⁸¹ Mais recentemente, foi noticiado também o envolvimento de celebridades internacionais, artistas e atletas que utilizaram os serviços do escritório de advocacia para a colocação de seus bens em paraísos fiscais.⁶⁸² É possível a consulta

---

⁶⁷⁷ "No entanto, identificou-se previamente que a maioria das dependências ainda não regulam ou de qualquer forma supervisionam a operação de PSTCs, embora advogados e outros profissionais prestam serviços de *trusts* e companhias. Por exemplo, em quase todos os países advogados estarão envolvidos na formação de companhias estrangeiras para seus clientes. O mesmo é verdadeiro para os *trust*, pois advogados e outros profissionais do país podem bem estar engajados na administração de *trusts*, mesmo que não sejam reconhecidos pelo país onde atuam. No entanto, é possível não haver qualquer barreira em tais países para um profissional residente agir como *trustee* para um *trust* estabelecido sob a lei de outro país que reconheça *trusts*". Tradução da autora. (FINANCIAL ACTION TASK FORCE. *Money Laundering Using Trust and Company Service Providers*. FATF Report. Paris: FATF/GAFI, out. 2010. p. 10-11. Disponível em: http://goo.gl/iHP7pN. Acesso em: 20 maio 2016).

⁶⁷⁸ A íntegra do Relatório pode ser acessada em http://goo.gl/iHP7pN. Acesso em: 20 maio 2016.

⁶⁷⁹ *The International Consortium of Investigative Journalists* – ICIJ (Disponível em: http://www.icij.org. Acesso em: 10 dez. 2021).

⁶⁸⁰ THE INTERNATIONAL CONSORTIUM OF INVESTIGATIVE JOURNALISTS. The Panama Papers. *Politicians Criminals and the Rogue Industry that Hides their Cash*. Disponível em: https://goo.gl/YBhbTp. Acesso em: 20 maio 2016.

⁶⁸¹ THE INTERNATIONAL CONSORTIUM OF INVESTIGATIVE JOURNALISTS. Panama Papers. *The Power Players*. Disponível em: https://goo.gl/8UmCGz. Acesso em: 20 maio 2016.

⁶⁸² THE INTERNATIONAL CONSORTIUM OF INVESTIGATIVE JOURNALISTS. The Panama Papers. *Giant Leak of Offshore Financial Records Exposes Global Array of Crime and Corruption*. Disponível em: https://goo.gl/5rnf53. Acesso em: 20 maio 2016.

de todas as entidades constituídas em paraísos fiscais pela Mossack Fonseca em um banco de dados, a fim de verificar sua composição.[683] Apesar do sensacionalismo com que essas informações confidenciais, protegidas pelo sigilo entre advogado e cliente, são tratadas, ao acessar o banco de dados o usuário logo depara-se com um alerta avisando haver usos legítimos de paraísos fiscais.[684] Uma simples busca por entidades vinculadas ao Brasil revela a existência de 1.399 entidades *offshore*, administradas por 2.056 agentes, utilizando 406 intermediários e 1.438 endereços.[685]

Os levantamentos feitos a respeito do envolvimento de brasileiros pelos *Panama Papers* são tratados pela imprensa nacional como atos suspeitos, em manchetes de destaque, dando a impressão de que o uso de *trusts* e outras companhias em paraísos fiscais é, em si, um ilícito.[686]

O que esses dados indicam é que há a necessidade de conscientizar as autoridades públicas brasileiras para a existência de *trusts* constituídos no exterior, inclusive em paraísos fiscais, com recursos e cidadãos brasileiros. O fato de não haver norma específica regulamentando o reconhecimento de *trusts*, tampouco sua constituição, cria a impressão de que seu objeto é predominantemente ilícito, embora não seja esse o caso. Para que possa haver a adequada declaração dos *trusts* às autoridades fazendárias brasileiras, é necessário haver melhor compreensão sobre esses arranjos, além de adequado marco legislativo que imponha deveres claros e coerentes aos *settlors*, *trustees* e beneficiários sujeitos à legislação brasileira. Enquanto medidas oficiais não forem adotadas, persistirá a dependência em interpretações duvidosas, impondo deveres excessivamente onerosos sobre os sujeitos do *trust*, desconexos com seu papel dentro da estrutura dos arranjos patrimoniais.

---

[683] THE INTERNATIONAL CONSORTIUM OF INVESTIGATIVE JOURNALISTS. *Offshore Leaks Database*. Disponível em: https://goo.gl/IgnHk3. Acesso em: 20 maio 2016.

[684] "*There are legitimate uses for offshore companies and trusts. We do not intend to suggest or imply that any persons, companies or other entities included in the ICIJ Offshore Leaks Database have broken the law or otherwise acted improperly*". (Disponível em: https://goo.gl/IgnHk3. Acesso em: 20 maio 2016). Tradução da autora: "Há usos legítimos para companhias *offshore* e *trusts*. Não temos a intenção de sugerir ou insinuar que quaisquer pessoas, companhias ou entidades incluídas do Banco de Dados de Vazamentos sobre *Offshores* do ICIJ infringiram alguma lei ou agiram de maneira imprópria".

[685] THE INTERNATIONAL CONSORTIUM OF INVESTIGATIVE JOURNALISTS. *Browse by country Brazil*. Disponível em: https://goo.gl/9998DG. Acesso em: 20 maio 2016.

[686] Ver a subpágina do Portal Eletrônico do jornal *O Estado de S.Paulo*. (Disponível em: http://goo.gl/1Iarhk. Acesso em: 20 maio 2016).

Como se vê, a despeito da pluralidade de disposições relativas aos *trusts*, ainda permanece grande confusão a respeito da definição do instituto. Isso é de grande relevância para a legislação penal, em que impera a garantia de reserva legal, sendo imprescindível para a tipificação de delitos a estrita definição de conceitos jurídicos nos tipos penais.[687] Sendo possível a condenação de indivíduos por lavagem de dinheiro caso se entenda que a figuração como beneficiário em *trust* mantido no exterior sem a devida comunicação às autoridades fiscais brasileiras pode configurar ocultação ou dissimulação de propriedade de bens, torna-se indispensável conceituar adequadamente os *trusts* e bem compreender como se dá o seu funcionamento.

Volta-se a afirmar: os *trusts* já são uma realidade no Direito brasileiro. Esta realidade precisa ser devidamente regulamentada. Em vez de repudiar ou, pior, esconder a existência de *trusts* criados com recursos brasileiros, deve-se encarar de frente essa realidade e regular o funcionamento dos *trusts* no Brasil.

É comum, nesse sentido, identificar que a decisão – jurídica ou política – de não regular os *trusts* parece se esconder atrás do mito de

---

[687] "O princípio da legalidade, também conhecido por 'princípio da reserva legal' e divulgado pela formula 'nullum crimen nulla poena sine lege', surge historicamente com a revolução burguesa e exprime, em nosso campo, o mais importante estágio do movimento então ocorrido na direção da positividade jurídica e da publicização da reação penal. Por um lado resposta pendular aos abusos do absolutismo e, por outro, afirmação da nova ordem, o princípio da legalidade a um só tempo garantia o indivíduo perante o poder estatal e demarcava este mesmo poder como o espaço exclusivo da coerção penal. Sua significação e alcance políticos transcendem o condicionamento histórico que o produziu, e o princípio da legalidade constitui a chave mestra de qualquer sistema penal que se pretenda racional e justo". (BATISTA, Nilo. *Introdução crítica ao direito penal brasileiro*. 11. ed. Rio de Janeiro: Revan, 2007. p. 65). No mesmo sentido, demarcando detalhadamente a taxatividade exigida da lei penal, não apenas em sua capitulação jurídica como também seu alcance interpretativo, ZAFFARONI, Eugenio Raúl; BATISTA, Nilo; ALAGIA, Alejandro; SLOKAR, Alejandro. *Direito penal brasileiro*: teoria geral do direito penal. 4. ed. Rio de Janeiro: Revan, 2011. v. 1. p. 206-207: "Apesar de expressar-se a lei penal em palavras e estas não serem nunca totalmente precisas, nem por isso o princípio da legalidade deve ser desprezado, mas sim cabe exigir do legislador que ele esgote os recursos técnicos para dar a maior exatidão possível à sua obra. Daí, não basta que a criminalização primária se formalize em uma lei, mas sim que ela seja feita de uma maneira taxativa e com a maior precisão técnica possível, conforme ao princípio da máxima taxatividade legal. Este princípio corre riscos a cada dia mais graves, como resultado da *descodificação* da legislação penal. Embora se trate de um princípio elementar para a segurança jurídica, não importa numa legitimação do poder punitivo que com o tipo se habilita, pois a arbitrariedade pode produzir-se na própria determinação legal. Quando os limites legais não se estabelecem dessa forma, quando o legislador prescinde do verbo típico ou quando ele comina uma escala penal de amplitude inusitada, tal como quando remete a conceitos vagos ou valorativos de duvidosa precisão, o direito penal tem duas opções: a) declarar a inconstitucionalidade da lei; b) aplicar o princípio da máxima taxatividade interpretativa".

que o instituto seria incompatível com a tradição *civil law*. Invoca-se frequentemente a cisão do domínio entre *legal title* e *equitable title* – característica do *trust* inglês medieval – como característica que inviabilizaria a recepção dos *trusts* no Brasil. Tal afirmação virou verdadeiro dogma, o que paralisa maiores desenvolvimentos nessa área.

Deve-se destacar, aqui, que a Convenção da Haia sobre *Trusts* confere ampla liberalidade aos Estados-membros para que haja adaptações do instituto e regulamentações para amoldar os *trusts* às peculiaridades de cada país. É oportuno relembrar que a Convenção foi redigida voltada especificamente à possibilidade de reconhecimento de *trusts* em países da *civil law*. A oposição fundada em pretensa incompatibilidade não passa de resistência à incorporação de um instituto de notáveis virtudes.

Trata-se o *trust* de figura secular, cuja sobrevivência desde sua primordial origem no direito medieval inglês demonstra ser um instituto vantajoso, sendo instituído por pessoas no mundo todo para a persecução das mais diversas finalidades, em sua maioria lícitas. Havendo constante interesse na constituição de *trusts*, não há motivo para crer que seria extinto ou barrado em decorrência apenas de campanha difamatória.

5.2 As lacunas colmatadas pelos *trusts* na tutela dos incapazes e das pessoas com deficiência

5.2.1 Uma breve radiografia da família contemporânea e os desafios da proteção dos incapazes e das pessoas com deficiência em relação a *trusts*

Como visto anteriormente, o Direito brasileiro já dialoga com os *trusts*, havendo uma primeira aproximação do instituto com a legislação vigente. A partir desse contato preliminar, contudo, verifica-se a ocorrência de graves equívocos, confusões e até mesmo distorções acerca do conceito dos *trusts*, razão pela qual o tema precisa ser densificado para bem esclarecer seus potenciais usos e, especialmente, para aclarar a relação entre *trusts*, paraísos fiscais e companhias *offshore*.

Para além de desempenhar importantes funções no mundo dos negócios, é possível se valer dos *trusts* para a concretização de nobres intenções, tais como a proteção de incapazes e de pessoas com deficiência, sendo essa uma das razões pelas quais o instituto é frequentemente usado em países estrangeiros.

Como será visto, diversos fatores apontam para o fato de que as famílias estão cada vez menores. Mas não é só isso. Além de uma diminuição quantitativa do número efetivo de integrantes que a compõem, nota-se também um enfraquecimento da intensidade dos vínculos em si considerados. Com isso, emerge o seguinte questionamento: quem ficará responsável pelos cuidados médicos, financeiros e emocionais dos familiares incapazes e das pessoas com deficiência?

De fato, a indagação acima tem o condão de sintetizar a angústia sofrida por grande parte da população brasileira. Acredita-se que o Direito, como instrumento de pacificação social, precisa oferecer respostas para ao menos mitigar tais inseguranças futuras. Para bem compreender as principais bases desse desafio, cabe primeiramente uma digressão que explique o transcurso operado no seio da família para, então, oferecer alguns caminhos.

A codificação civil de 1916 consagrou a chamada família patriarcal, a qual espelhava o modelo típico da elite agrária da época.[688] Essa família retratada no Código Beviláqua era composta por um elevado contingente de pessoas. Além do casal, havia também "a prole numerosa, os agregados, os aparentados de toda a sorte e os serviçais, todos se misturando pelo espaço amplo durante todo o tempo".[689]

No contexto de um país predominantemente agropastoril, uma família numerosa "fazia sentido na medida em que eram necessários mais braços para a manutenção da atividade produtiva rural".[690] Porém, com o passar do tempo, fatores como a urbanização, a industrialização e até mesmo o advento de métodos contraceptivos, redundaram na diminuição do número de integrantes da família.

Como afirma Silvana Carbonera, no Brasil, "de uma família extensa e numerosa, chegou-se às portas do século XXI com uma família nuclear e reduzida".[691] Os dados do Instituto Brasileiro de Geografia

---

[688] GOMES, Orlando. *Raízes históricas e sociológicas do Código Civil brasileiro*. 2. ed. São Paulo: Martins Fontes, 2006. p. 24.

[689] HIRONAKA, Giselda. A incessante travessia dos tempos e a renovação dos paradigmas: a família, seu status e seu enquadramento na pós modernidade. In: MATOS, Ana Carla Harmatiuk; MENEZES, Joyceane Bezerra de (org.). *Direito das Famílias por juristas brasileiras*. São Paulo: Saraiva, 2013. p. 27.

[690] CARBONERA, Silvana Maria. Aspectos históricos e socioantropológicos da família brasileira: passagem da família tradicional para a família instrumental e solidarista. In: MATOS, Ana Carla Harmatiuk; MENEZES, Joyceane Bezerra de (org.). *Direito das Famílias por juristas brasileiras*. São Paulo: Saraiva, 2013. p. 35.

[691] CARBONERA, Silvana Maria. Aspectos históricos e socioantropológicos da família brasileira: passagem da família tradicional para a família instrumental e solidarista. In: MATOS, Ana

e Estatística – IBGE confirmam a lição, pois a taxa de fecundidade total do país decresceu de 6,16 filhos em média em 1940 para 1,9 por mulher em 2010:

Figura 1 – Taxa de fecundidade total, segundo as grandes regiões – 1940/2010

GRANDES REGIÕES	Taxa de fecundidade total							
	1940	1950	1960	1970	1980	1991	2000	2010
BRASIL	6,16	6,21	6,28	5,76	4,35	2,89	2,38	1,90
Norte	7,17	7,97	8,56	8,15	6,45	4,20	3,16	2,47
Nordeste	7,15	7,50	7,39	7,53	6,13	3,75	2,69	2,06
Sudeste	5,69	5,45	6,34	4,56	3,45	2,36	2,10	1,70
Sul	5,65	5,70	5,89	5,42	3,63	2,51	2,24	1,78
Centro-Oeste	6,36	6,86	6,74	6,42	4,51	2,69	2,25	1,92

Fonte: IBGE. *Censo Demográfico*. Disponível em: goo.gl/ugeS93. Acesso em: 10 jun. 2016.

Como corolário disso, o último dado divulgado pelo IBGE demonstra que em 2015 a taxa total de fecundidade foi de 1,72, seguindo a tendência de significativa diminuição.[692]

Na síntese precisa de José Lamartine Corrêa de Oliveira e Francisco Muniz, trata-se da passagem da família patriarcal para a família nuclear. Segundo os autores, este processo "é o resultado de profundas modificações das estruturas sociais, econômicas, políticas e culturais (revolução industrial, grandes concentrações urbanas, inserção da mulher no processo de produção e emancipação feminina)".[693]

O resultado prático imediato dessa mudança é que a família, de modo geral, passa a ser circunscrita ao seu cerne, seu núcleo fundamental: pai, mãe e filhos. O grupamento familiar deixa então de ser uma unidade de produção. Há, portanto, uma separação entre lar e local de trabalho.

Atualmente, o modelo nuclear passou a ser ainda mais reduzido. É que o conceito de família não se confunde hodiernamente com a chamada

---

Carla Harmatiuk; MENEZES, Joyceane Bezerra de (org.). *Direito das Famílias por juristas brasileiras*. São Paulo: Saraiva, 2013. p. 46.

[692] IBGE. *Taxa de Fecundidade Total – Brasil – 2000 a 2015*. Disponível em: https://brasilemsintese.ibge.gov.br/populacao/taxas-de-fecundidade-total.html. Acesso em: 8 dez. 2021.

[693] OLIVEIRA, José Lamartine Correa de; MUNIZ, Francisco José Ferreira. *Curso de direito de família*. 2. ed. Curitiba: Juruá, 1998. p. 9-10.

triangulação (pai, mãe e filho).⁶⁹⁴ Prova disso é o reconhecimento jurídico da família monoparental na Constituição Federal de 1988, no artigo 226, ao lado do casamento e da união estável.⁶⁹⁵ Antes relegada à invisibilidade, a família monoparental sempre foi bastante presente na realidade fática.

Em 2008, a Súmula nº 364 do Superior Tribunal de Justiça representou importante reconhecimento da família nuclear ao estabelecer que "o conceito de impenhorabilidade de bem de família abrange também o imóvel pertencente a pessoas solteiras, separadas e viúvas".

A família monoparental pode ser formada pelo pai ou mãe solteiro(a), pelo viúvo(a), separado(a) ou divorciado(a) com filhos. Outras hipóteses de constituição mais típicas da atualidade são a adoção unilateral⁶⁹⁶ e a utilização de técnicas de reprodução humana assistida.

Nesse sentido, inclusive, nos anos de 2017 e 2019, o Conselho Nacional de Justiça editou os Provimentos nº 63 e 83, os quais discorrem sobre o reconhecimento da paternidade socioafetiva consensual (ainda que unilateral) no âmbito extrajudicial, assim como possibilitam o registro civil daqueles que nasceram através de técnicas de reprodução assistida heterólogas.

Como já enunciado, para além de uma diminuição no número de integrantes da família, verifica-se nos dias de hoje uma perda de solidez dos laços familiares.

Com base na obra de Zygmunt Bauman, conclui-se pelo império cada vez maior do chamado amor líquido, resultado das diversas vicissitudes que permeiam a sociedade capitalista.⁶⁹⁷ Os laços humanos passam a ser marcados por uma fluidez exacerbada, uma incerteza constante, que produz vínculos afetivos frágeis. Com isso, o relacionamento passa a ser encarado de maneira mais utilitarista, de acordo com a lógica do consumo e do consequente descarte.⁶⁹⁸ Afinal, como bem explica o

---

⁶⁹⁴ BRAUNER, Maria Claudia. Novas tecnologias reprodutivas e projeto parental: contribuição para o debate no direito brasileiro. *Jornal Brasileiro de Reprodução Assistida*, v. 8, n. 3, p. 12, maio/jun./jul. 2004.

⁶⁹⁵ Artigo 226, §4º da Constituição Federal de 1988: "Entende-se, também, como entidade familiar a comunidade formada por qualquer dos pais e seus descendentes".

⁶⁹⁶ Artigo 42 do Estatuto da Criança e do Adolescente: "Podem adotar os maiores de 18 (dezoito) anos, independentemente do estado civil".

⁶⁹⁷ Nesse sentido, consultar: BAUMAN, Zygmunt. *Amor líquido*: sobre a fragilidade dos laços humanos. Tradução de Carlos Alberto Medeiros. Rio de Janeiro: Zahar, 2004.

⁶⁹⁸ Para maior aprofundamento, consultar: XAVIER, Marília Pedroso. *Contrato de namoro*: amor líquido e direito de família mínimo. 2 ed. Belo Horizonte: Fórum, 2020.

sociólogo polonês, aludindo às lições de Gilles Lipovetsky, "a cultura do sacrifício está morta. Deixamos de nos reconhecer na obrigação de viver em nome de qualquer coisa que não nós mesmos".[699]

É certo que os novos contornos que passam a permear o tecido familiar não a fazem nem melhor nem pior que a família do passado, mas, certamente, muito diferente. E, nessa medida, emergem novos desafios para os quais precisam ser cunhadas respostas originais.

Dentre as várias potencialidades oferecidas pelo *trust*, uma se destaca por conta de seus nobres desígnios: a salvaguarda dos interesses dos sujeitos tidos como vulneráveis e que, por isso, devem receber especial proteção. A utilização do *trust* tem o condão de colmatar uma série de lacunas deixadas por outros institutos do Direito brasileiro. Eis, portanto, a pertinência de sua utilização.

O contexto civilista pátrio é pródigo em apresentar sujeitos vulneráveis. A vulnerabilidade é o critério central para definir e identificar os grupos sociais que são verdadeiras minorias. Independentemente da quantidade numérica de pessoas que representam, as minorias são assim concebidas porque são colocadas pelas "maiorias" em situação qualitativa de inferioridade. As razões para tanto são de ordem social, econômica, técnica, cultural, entre outras.[700] Alguns exemplos concretos seriam, as mulheres, os idosos, as crianças, os adolescentes e as pessoas com deficiência.

Pelos limites inerentes à presente obra, o recorte empreendido será a contribuição do *trust* para os sujeitos que são vulneráveis em virtude de questões etárias ou por apresentarem alguma deficiência.

O Estatuto da Pessoa com Deficiência (EPD), Lei nº 13.146/2015 – que passou a vigorar nos primeiros dias de 2016 – fornece novos institutos e parâmetros para a proteção das pessoas com deficiência. Cabe ressaltar que quase um quarto da população brasileira apresenta alguma deficiência (visual, auditiva, motora e mental ou intelectual).[701]

---

[699] BAUMAN, Zygmunt. *A arte da vida*. Tradução de Carlos Alberto Medeiros. Rio de Janeiro: Zahar, 2009. p. 70.

[700] TEPEDINO, Gustavo; SCHREIBER, Anderson. Minorias no direito civil brasileiro. *Revista Trimestral de Direito Civil*, São Paulo, v. 10, p. 136, 2002.

[701] BRASIL. *Cartilha do Censo 2010*: pessoas com deficiência. Brasília: Secretaria de Direitos Humanos da Presidência da República (SDH/PR); Secretaria Nacional de Promoção dos Direitos da Pessoa com Deficiência (SNPD); Coordenação-Geral do Sistema de Informações sobre a Pessoa com Deficiência, 2012, p. 6. Disponível em: http://goo.gl/LklVdx. Acesso em: 25 set. 2015.

Diante das incertezas acerca da tutela das pessoas com deficiência, o estudo do *trust* se apresenta como um caminho em busca da proteção mais adequada aos seus direitos. É importante ressaltar que não se defende aqui ser essa uma "solução mágica" para suplantar as limitações jurídicas que as pessoas com deficiência – mesmo após o EPD – enfrentam, mas sim examinar as potencialidades dessa figura.

Para bem compreender tais contribuições possíveis pela utilização do *trust*, cabe, primeiramente, apresentar os regimes de incapacidades presentes nos Códigos Civis de 1916 e de 2002 e a contextualização do ingresso do EPD no ordenamento jurídico brasileiro.[702] Em seguida, serão demonstradas as principais mudanças realizadas pelo EPD no Código Civil e no Código de Processo Civil (CPC/2015), bem como suas virtudes e suas limitações.

5.2.2 O regime das incapacidades captado nas legislações pátrias

É certo que a delimitação legal de quais pessoas serão tidas como incapazes guarda íntima relação com o "caldo cultural" de cada época e sociedade. Além disso, o rol dos incapazes também está condicionado ao estado da arte das ciências da saúde. Desse modo, é até esperado que de tempos em tempos haja reformulação do elenco dos absolutamente e dos relativamente incapazes.

A codificação civil subdivide a capacidade civil em capacidade de direito e capacidade de fato. Parte-se da premissa de que todos os que adquiriram a personalidade jurídica (nasceram com vida) possuem também a capacidade de direito, que é a "investidura de aptidão para adquirir e transmitir direitos e para sujeição a deveres jurídicos".[703] Contudo, nem todos apresentam o discernimento necessário para a prática dos atos civis e, no ensejo de proteger tais pessoas, o Código Civil as classifica em modalidades de incapacidade. Primeiramente,

---

[702] Importante destacar que, apesar de se utilizar a expressão "ordenamento jurídico brasileiro", concorda-se com a advertência feita por Véra Maria Jacob de Fradera: "Além disso, nosso direito apresenta tamanha pletora de leis e regulamentos coexistentes a par do Código e da Constituição, que, segundo entendemos, já não mais se pode falar em sistema jurídico nacional, e sim em conjunto de leis nacionais, tamanha a falta de coerência interna no conjunto legislativo brasileiro". (FRADERA, Véra Maria Jacob de. Propriedade de lagoas situadas em terrenos particulares. *In:* BRANDELLI, Leonardo (Coord.). *Direito civil e registro de imóveis.* São Paulo: Método, 2007. p. 360).

[703] LÔBO, Paulo. *Direito civil:* parte geral. 3. ed. São Paulo: Saraiva, 2012. p. 110.

há os absolutamente incapazes, as quais não possuem discernimento juridicamente relevante e por tal razão devem ser representadas. Em segundo lugar, há as relativamente incapazes, que apresentam redução de entendimento, devendo ser apenas assistidas nos atos praticados. Em virtude das limitações que representam para o incapaz, deve-se adotar uma interpretação restritiva de suas espécies.

Diante das modalidades de incapacidade previstas no Código Civil de 2002, antes do advento do EPD, o instituto da curatela servia como instrumento voltado para a defesa dos interesses do curatelado, sendo que o deferimento da tutela se dava pelo processo de interdição, agora extinto do ordenamento jurídico brasileiro.

Assim, a lei civil conferia ao curador a prática dos atos civis propensos à concretização e o gozo dos direitos por parte do curatelado. No entanto, este modelo de curatela, não mais vigente, implicava quase absoluta mitigação da personalidade do interditado. Ou seja, o curatelado praticamente perdia a capacidade de agir.

Ao se examinar as sucessivas leis brasileiras que trataram do regime das incapacidades no âmbito do direito civil, é possível constatar progressivos aperfeiçoamentos na regulamentação do tema. Partindo-se do Código Civil de 1916, verifica-se a inclusão, dentre os absolutamente incapazes, dos "loucos de todo gênero" e "dos surdo-mudos, que não puderem exprimir a sua vontade".[704] Apreciada sob o olhar contemporâneo, a primeira expressão se revela muito vaga, adotando um caráter genérico e preconceituoso em relação às pessoas com deficiência. A segunda modalidade pecava por partir do pressuposto de que surdo-mudos não conseguiriam manifestar vontade própria, revelando um distanciamento com a realidade cotidiana dessas pessoas.

---

[704] Como observou Pontes de Miranda: "Também aqui o legislador se encontrou em face de estados escalares, em número quase infinito, entre o *a priori* do são mental e o *a priori* do insano mental. A sua atitude ter-se-ia de informar de teorias psicológicas e psicopatológicas, e não só de fatos individuais. A matéria não se prestaria à quantificação, nem, sequer, a precisões conceptuais. Deu-se, por isso, a *busca à expressão mais conveniente*; e o Código Civil adotou uma delas, pouco feliz, para designar que todos sabemos que êle [sic] tinha em exame: 'São absolutamente incapazes de exercer pessoalmente os atos da vida civil: II. Os loucos de todo o gênero'". (PONTES DE MIRANDA, Francisco Cavalcanti. *Tratado de direito privado*: parte geral. Validade. Nulidade. Anulabilidade. Atualizado por Marcos Bernardes de Mello e Marcos Ehrhardt Jr. São Paulo: RT, 2012. t. 4. p. 172). O teor completo do artigo 5º do Código Civil de 1916 era o seguinte: "São absolutamente incapazes de exercer pessoalmente os atos da vida civil: I. Os menores de dezesseis anos. II. Os loucos de todo o gênero. III. Os surdos-mudos, que não puderem exprimir a sua vontade. IV. Os ausentes, declarados tais por ato do juiz".

No que concerne aos relativamente incapazes, o Código de 1916 incluía, originalmente, nessa categoria "as mulheres casadas, enquanto subsistir a sociedade conjugal". Apenas em 1962 essa previsão foi retirada do Código, por meio do Estatuto da Mulher Casada (Lei nº 4.121/1962).[705] O caráter patriarcal[706] e discriminatório desse dispositivo é tão evidente que dispensa comentários. Também eram tidos como relativamente incapazes os maiores de dezesseis e menores de vinte e um anos, os pródigos e os silvícolas.

Ao se cotejar o Código Beviláqua com o Código Civil de 2002, entende-se que o regime das incapacidades foi sensivelmente aperfeiçoado, ainda que as mudanças tenham sido moderadas.[707] Nesse sentido, dentre os relativamente incapazes foram inseridos "os ébrios habituais, os viciados em tóxicos, e os que, por deficiência mental, tenham o discernimento reduzido", bem como "os excepcionais, sem desenvolvimento mental completo".[708] A um só tempo, a maioridade civil foi alterada de vinte e um para dezoito anos.[709]

---

[705] Conteúdo do artigo 6º do Código Civil de 1916 com a redação alterada pela Lei nº 4.121/1962: "Artigo 6º São incapazes relativamente a certos atos (art. 147, nº I), ou à maneira de os exercer: I – Os maiores de 16 e os menores de 21 anos (arts. 154 e 156). II – Os pródigos. III – Os silvícolas. Parágrafo único. Os silvícolas ficarão sujeitos ao regime tutelar, estabelecido em leis e regulamentos especiais, o qual cessará à medida que se forem adaptando à civilização do País. (Redação dada pela Lei nº 4.121/1962)".

[706] GOMES, Orlando. *Raízes históricas e sociológicas do Código Civil brasileiro*. 2. ed. São Paulo: Martins Fontes, 2006. p. 18.

[707] Um dos motivos pelos quais o Código Civil de 2002 manteve em grande parte a estrutura e o conteúdo do regime das incapacidades pode talvez ser a diretriz teórica fundamental trazida em sua exposição de motivos, segundo a qual a redação do Código Civil de 1916 dever,ia ser mantida sempre que possível, sendo a tônica do projeto a manutenção e não a modificação: "e) Preservar, sempre que possível, a redação da atual Lei Civil, por se não justificar a mudança de seu texto, a não ser como decorrência de alterações de fundo, ou em virtude das variações semânticas ocorridas no decorrer de mais de meio século de vigência" (BRASIL. Senado Federal; Subsecretaria de Edições Técnicas. *Novo Código Civil*: Exposição de Motivos e Texto Sancionado. 2. ed. Brasília, DF, 2005. Disponível em: http://goo.gl/lZ6pce. Acesso em: 18 jun. 2016).

[708] Artigo 4º do Código Civil de 2002 até a entrada em vigência do EPD: "São incapazes, relativamente a certos atos ou à maneira de os exercer: I – os maiores de dezesseis e menores de dezoito anos; II – os ébrios habituais, os viciados em tóxicos, e os que, por deficiência mental, tenham o discernimento reduzido; III – os excepcionais, sem desenvolvimento mental completo; IV – os pródigos".

[709] O Ministro aposentado do Supremo Tribunal Federal José Carlos Moreira Alves era contrário à redução da maioridade civil de vinte e um para dezoito anos: "Não parece razoável que, num mundo mais complexo e infelizmente mais agressivo, se pretenda diminuir esse limite que, em favor dos menores, se estabeleceu em época de condições melhores a esse propósito de do que as presentes. Trata-se de norma cujo fundamento nada tem que ver com o das de direito público relativas ao serviço militar obrigatório e ao direito de voto (este concedido pela Constituição de 1988 aos maiores de 16 anos que o quiserem exercitar)". (ALVES, José

Acerca dos absolutamente incapazes, também se observam avanços com a inclusão dos que, "por enfermidade ou deficiência mental, não tiverem o necessário discernimento para a prática desses atos", assim como "os que, mesmo por causa transitória, não puderem exprimir sua vontade".[710]

Interessante notar que, do ponto de vista do legislador, tais mudanças seriam salutares, pois estariam em conformidade com o estágio atual de desenvolvimento da psicologia e da psiquiatria.[711] Nesse ponto, entende-se que talvez esses parâmetros estivessem em consonância com a mentalidade da década de 1970, quando o projeto de Novo Código Civil foi protocolado, mas em desconformidade com o tratamento mais contemporâneo que é conferido às pessoas com deficiência. Além disso, ainda que a codificação atual tenha empregado termos menos pejorativos para se referir às pessoas com deficiência, ainda contempla expressões imprecisas. É o caso, por exemplo, da confusão entre deficientes, enfermos e excepcionais.

Sendo assim, crê-se que o Código Civil de 2002 perdeu a oportunidade de reestruturar o regime das incapacidades, tendo mantido o tratamento dicotômico dos incapazes[712] (absolutamente e relativamente

---

Carlos Moreira. *A parte geral do projeto de Código Civil brasileiro*: subsídios históricos para o novo Código Civil brasileiro. 2. ed. aum. São Paulo: Saraiva, 2003. p. 173).

[710] Artigo 3º do Código Civil de 2002 até a entrada em vigência do EPD: "São absolutamente incapazes de exercer pessoalmente os atos da vida civil: I – os menores de dezesseis anos; II – os que, por enfermidade ou deficiência mental, não tiverem o necessário discernimento para a prática desses atos; III – os que, mesmo por causa transitória, não puderem exprimir sua vontade".

[711] Nas palavras de Miguel Reale, Supervisor da Comissão Elaboradora e Revisora do Código Civil na Exposição de Motivos do Código de 2002: "a) Substancial foi a alteração operada no concernente ao tormentoso *problema da capacidade* da pessoa física ou natural, tão conhecidos são os contrastes da doutrina e da jurisprudência na busca de critérios distintivos válidos entre incapacidade absoluta e relativa. Após sucessivas revisões, chegou-se, afinal, a uma posição fundada nos subsídios mais recentes da Psiquiatria e da Psicologia, distinguindo-se entre 'enfermidade ou retardamento mental' e 'fraqueza da mente', determinando aquela incapacidade absoluta, e esta a relativa. b) Ainda no concernente ao mesmo tema, reconhece-se a incapacidade absoluta dos que, ainda por causa transitória, não possam exprimir sua vontade ao mesmo tempo em que se declaram relativamente capazes, não apenas os surdos mudos, mas todos 'os excepcionais sem desenvolvimento mental completo'". (BRASIL. Senado Federal; Subsecretaria de Edições Técnicas. *Novo Código Civil*: Exposição de Motivos e Texto Sancionado. 2. ed. Brasília, DF, 2005. Disponível em: http://goo.gl/lZ6pce. Acesso em: 18 jun. 2016.).

[712] Ao pensar sobre o transtorno bipolar de humor, Jussara Maria Leal de Meirelles tece considerações sobre o regime das incapacidades que são igualmente pertinentes para se pensar a situação das pessoas com deficiência: "Essa dicotomia imposta pelo regime das incapacidades pode conduzir a uma verdadeira inversão da finalidade da norma: por um lado, é possível que alguém, tendo agido por impulso, sem pensar, venha a responder

incapazes), que se revela simplista e insuficiente. Ademais, continuou regrando o tema a partir da perspectiva da pessoa como elemento abstrato da relação jurídica,[713] desconsiderando a importância do princípio jurídico fundamental da dignidade da pessoa humana.[714]

Em síntese, se por um lado o Código Civil de 2002 aprimorou a linguagem utilizada para descrever as hipóteses de incapacidade, em contrapartida se equivocou nos termos eleitos e não operou uma mudança realmente substancial no modo de tratar as pessoas com deficiência. Apenas com a edição do EPD é verificada uma transição de modelo, conforme a seguir será explanado.

Nos primeiros dias de janeiro de 2016, entrou em vigência a Lei nº 13.146/2015, que institui o Estatuto da Pessoa com Deficiência. O Estatuto é decorrente do Decreto Legislativo nº 186, de 2008, que aprovou a assinatura da Convenção Internacional sobre os Direitos das Pessoas com Deficiência, pelo Brasil, no ano de 2007, e sua posterior promulgação pelo Decreto Executivo nº 6.949, de 25 de agosto de 2009. Desde então, o texto da Convenção já produzia efeitos no país,[715] com força de Emenda Constitucional.

Apesar do status hierárquico da Convenção, suas importantes repercussões e inovações custaram a ter efetivo reconhecimento no

---

pelos atos praticados, porquanto agiu no gozo da capacidade plena; e, sob ótica oposta, também é possível ver-se declarado incapaz aquele que, na falta de outra alternativa ante o seu comportamento inadequado, embora criativo e produtivo (ou pior, isolado e distante), precisou de algum amparo jurídico, que lhe diminuísse a carga de responsabilidade, muito embora o seu discernimento e atenção tivessem abalados apenas por um ou alguns dias, e até nem totalmente. Em ambos os casos, a finalidade de proteger os incapazes parece ceder a uma tendência da sociedade a se proteger dos que não se enquadram no modelo estabelecido". (MEIRELLES, Jussara Maria Leal de. O transtorno bipolar de humor e o ambiente socioeconômico que o propicia: uma leitura do regime de incapacidades. *In:* TEPEDINO, Gustavo; FACHIN, Luiz Edson (org.). *Diálogos sobre direito civil*. Rio de Janeiro: Renovar, 2008. v. 2. p. 604). Tais considerações são igualmente pertinentes para se pensar a situação das pessoas com deficiência.

[713] No dizer de Jussara Maria Leal de Meirelles: "Ao descrever a incapacidade, de modo abstrato e distante, afastou-se o legislador do sujeito real, 'que corresponde à pessoa verdadeiramente humana, vista sob o prisma de sua própria natureza e dignidade, a pessoa gente'". (MEIRELLES, Jussara Maria Leal de. O transtorno bipolar de humor e o ambiente socioeconômico que o propicia: uma leitura do regime de incapacidades. *In:* TEPEDINO, Gustavo; FACHIN, Luiz Edson (org.). *Diálogos sobre direito civil*. Rio de Janeiro: Renovar, 2008. v. 2. p. 600-601).

[714] MORAES, Maria Celina Bodin de. Direitos fundamentais, dignidade da pessoa humana e o novo código civil: uma análise crítica. *In:* SARLET, Ingo Wolfgang (org.). *Constituição, direitos fundamentais e direito privado*. 3. ed. rev. e ampl. Porto Alegre: Livraria do Advogado, 2010. p. 120.

[715] LÔBO, Paulo. *Com avanços legais, pessoas com deficiência mental não são mais incapazes*. Disponível em: http://goo.gl/m1ahGu. Acesso em: 17 ago. 2015.

ordenamento jurídico nacional, tendo sido necessária a elaboração do Estatuto para dar verdadeira operabilidade aos direitos consagrados no documento internacional.

O Estatuto tem por objetivo a inclusão da pessoa com deficiência, de modo a assegurar a igualdade e a não discriminação, bem como promover, em condições de igualdade, o exercício dos direitos e das liberdades fundamentais por pessoa com deficiência, visando sua inclusão social.[716] Dentre as garantias reconhecidas pelo Estatuto estão a dignidade da pessoa com deficiência ao longo de toda a vida, o direito à habitação e a reabilitação, saúde, educação e trabalho, entre outros.[717]

Em que pese a Convenção houvesse tacitamente revogado alguns dispositivos do Código Civil, apenas com a vigência do Estatuto é que o regime das incapacidades foi de fato alterado para refletir os compromissos internacionais assumidos pelo Brasil. Por um lado, o Estatuto contribuiu para uma maior clareza desse instituto. Por outro, revela que a cultura jurídica brasileira tem maior apego pela legislação ordinária que por tratados e convenções internacionais, ainda que devidamente incorporados ao ordenamento jurídico.[718]

---

[716] Em junho de 2016, um importante passo foi dado em direção ao tratamento não discriminatório das pessoas com deficiência. Trata-se da decisão proferida pelo Supremo Tribunal Federal na Ação Direta de Inconstitucionalidade nº 5.357, ajuizada pela Confederação Nacional dos Estabelecimentos de Ensino – Confenen, que pedia a declaração da inconstitucionalidade do §1º do artigo 28 e o *caput* do artigo 30, ambos do EPD, os quais estabelecem a obrigatoriedade de as escolas privadas promoverem a inserção de pessoas com deficiência no ensino regular e prover as medidas de adaptação necessárias sem que ônus financeiro fosse repassado às mensalidades, anuidades e matrículas. Por maioria de votos, o STF entendeu pela constitucionalidade dos dispositivos, pois, segundo o relator Min. Edson Fachin, "O ensino privado não deve privar os estudantes – com e sem deficiência – da construção diária de uma sociedade inclusiva e acolhedora, transmudando-se em verdadeiro local de exclusão, ao arrepio da ordem constitucional vigente" (BRASIL. Supremo Tribunal Federal. ADI 5.357. Relator(a): Edson Fachin, Tribunal Pleno, julgado em 09/06/2016, DJe-240 Div. 10/11/2016 Pub. 11/11/2016).

[717] Destaca-se o artigo 8º do EPD (Lei nº 13.146/2015): "É dever do Estado, da sociedade e da família assegurar à pessoa com deficiência, com prioridade, a efetivação dos direitos referentes à vida, à saúde, à sexualidade, à paternidade e à maternidade, à alimentação, à habitação, à educação, à profissionalização, ao trabalho, à previdência social, à habilitação e à reabilitação, ao transporte, à acessibilidade, à cultura, ao desporto, ao turismo, ao lazer, à informação, à comunicação, aos avanços científicos e tecnológicos, à dignidade, ao respeito, à liberdade, à convivência familiar e comunitária, entre outros decorrentes da Constituição Federal, da Convenção sobre os Direitos das Pessoas com Deficiência e seu Protocolo Facultativo e das leis e de outras normas que garantam seu bem-estar pessoal, social e econômico".

[718] Grande parte da doutrina civilista brasileira passou a se interessar pelo tema apenas após a publicação do EPD em julho de 2015. Até então, poucos estudavam a Convenção Internacional sobre os Direitos das Pessoas com Deficiência e lhe conferiam a devida importância, assim como seu caráter transformador nas categorias de direito civil.

Mais do que alterações esparsas no Código Civil, o EPD propugna um novo olhar sobre a tutela jurídica das pessoas com deficiência. Um dos pontos centrais dessa nova mentalidade é a adoção do modelo social para definir a deficiência e os modos de coexistir com ela, suplantando o modelo médico que pautou as duas codificações civis brasileiras.[719] No dizer de Joyceane Bezerra de Menezes: "a pessoa e não mais aquele sujeito de direito neutro, anônimo e titular de patrimônio, constitui o valor central do ordenamento jurídico. Essa é a base axiológica que sustenta a Convenção sobre direitos da pessoa com deficiência".[720] Nesse sentido, a própria noção de *status* é ressignificada.[721]

Em seu artigo 2º, o EPD define a pessoa com deficiência como sendo "aquela que tem impedimento de longo prazo de natureza física, mental, intelectual ou sensorial, o qual, em interação com uma ou mais barreiras, pode obstruir sua participação plena e efetiva na sociedade em igualdade de condições com as demais pessoas". Além de uma conceituação mais ampla da pessoa com deficiência, o acolhimento do modelo social se evidencia pela avaliação biopsicossocial, a qual, quando necessária, deverá ser realizada por equipe multiprofissional e interdisciplinar.

O ponto nevrálgico do EPD em relação ao regime das incapacidades é a previsão no artigo 84 de que a "pessoa com deficiência tem

---

[719] Conforme explica Joyceane Bezerra de Menezes, a Convenção Internacional sobre os Direitos das Pessoas com Deficiência indica uma mudança de perspectiva que deveria ser adotada também pela codificação civil vigente: "É necessário evoluir-se do chamado *modelo médico*, segundo o qual a deficiência psíquica e intelectual é qualificada como uma patologia essencialmente física que implica na incapacitação e exclusão definitiva do sujeito, para o *modelo social*, no qual a deficiência é compreendida como resultante da influência de um conjunto de fatores físicos, psicológicos, ambientais e sociais". (MENEZES, Joyceane Bezerra de. A capacidade dos incapazes: o diálogo entre a Convenção da ONU sobre os direitos das pessoas com deficiência e o Código Civil Brasileiro. *In*: RUZYK, Carlos Eduardo Pianovski; SOUZA, Eduardo Nunes de; MENEZES, Joyceane Bezerra de; EHRHARDT JUNIOR, Marcos. *Direito civil constitucional*: a ressignificação da função dos institutos fundamentais do direito civil contemporâneo e suas consequências. Florianópolis: Conceito, 2014. p. 53).

[720] MENEZES, Joyceane Bezerra de. A capacidade dos incapazes: o diálogo entre a Convenção da ONU sobre os direitos das pessoas com deficiência e o Código Civil Brasileiro. *In*: RUZYK, Carlos Eduardo Pianovski; SOUZA, Eduardo Nunes de; MENEZES, Joyceane Bezerra de; EHRHARDT JUNIOR, Marcos. *Direito civil constitucional*: a ressignificação da função dos institutos fundamentais do direito civil contemporâneo e suas consequências. Florianópolis: Conceito, 2014. p. 58.

[721] MENEZES, Joyceane Bezerra de. A capacidade dos incapazes: o diálogo entre a Convenção da ONU sobre os direitos das pessoas com deficiência e o Código Civil Brasileiro. *In*: RUZYK, Carlos Eduardo Pianovski; SOUZA, Eduardo Nunes de; MENEZES, Joyceane Bezerra de; EHRHARDT JUNIOR, Marcos. *Direito civil constitucional*: a ressignificação da função dos institutos fundamentais do direito civil contemporâneo e suas consequências. Florianópolis: Conceito, 2014. p. 54.

assegurado o direito ao exercício de sua capacidade legal em igualdade de condições com as demais pessoas". Nesse contexto, o artigo 6º apresenta em rol não exaustivo[722] situações existenciais para as quais a pessoa com deficiência possui plena capacidade civil. Destacam-se a plena capacidade para o casamento e a união estável, o exercício de direitos sexuais e reprodutivos, o planejamento familiar, o exercício do direito à guarda, à tutela, à curatela e à adoção, como adotante ou adotando, em igualdade de oportunidades com as demais pessoas.

Ademais, o artigo 114 do EPD alterou a redação dos artigos 3º e 4º do Código Civil de 2002. No que concerne aos absolutamente incapazes, o EPD alterou o artigo 3º do Código Civil para o fim de que apenas os menores de dezesseis anos continuem pertencendo a essa categoria. Desse modo, para o fim de se harmonizar com os artigos 6º e 84 acima mencionados, foi excluído do rol das incapacidades absolutas a situação dos enfermos ou deficientes mentais sem discernimento para os atos da vida civil. Para o EPD, portanto, a pessoa com deficiência possui plena capacidade de fato. Flávio Tartuce aponta que extraordinariamente a pessoa com deficiência pode ser considerada relativamente incapaz, quando, por exemplo, for viciado em tóxico.[723]

Acerca do artigo 4º do Código Civil, ante a opção do EPD pela ampla capacidade de exercício das pessoas com deficiência, foi suprimida a situação daqueles que, em virtude de deficiência mental, tenham o discernimento reduzido. Nesse mesmo dispositivo, ainda, residem quiçá as críticas mais severas à Lei de Inclusão da Pessoa com Deficiência. Isso se dá porque o caso dos que, "por causa transitória ou permanente, não puderem exprimir sua vontade" foi enquadrado nas hipóteses de incapacidade relativa e não mais nas de absoluta. Essa modificação causa certa estranheza, pois o EPD determina para tais pessoas a utilização da assistência, quando em realidade deveria ser representação. Sobre essa alteração, José Fernando Simão assevera: "O equívoco do Estatuto, neste tema, é evidente. A mudança legislativa é extremamente prejudicial àquele que necessita de representação, não

---

[722] LÔBO, Paulo. *Com avanços legais, pessoas com deficiência mental não são mais incapazes*. Disponível em: http://goo.gl/m1ahGu. Acesso em: 17 ago. 2015.

[723] TARTUCE, Flávio. Alterações do Código Civil pela lei 13.146/2015 (Estatuto da Pessoa com Deficiência). Repercussões para o direito de família e confrontações com o Novo CPC. Parte I. *Revista Migalhas*, 29 jul. 2015. Disponível em: http://goo.gl/UjdFIo. Acesso em: 7 dez. 2015.

de assistência e acarreta danos graves àquele que o Estatuto deveria proteger".[724]

Concorda-se que nesse ponto o legislador se equivocou, pois quem não pode exprimir sua vontade, seja por causa transitória ou permanente, precisa ser considerado absolutamente incapaz para a sua própria proteção.[725] É uma questão de técnica jurídica adequada e de bom senso.

Embora certamente bem-intencionadas, essas mudanças causaram certa perplexidade pela sua amplitude. Em outras palavras, foi-se da exclusão para a inclusão incondicional, semelhante à lógica do nada para o tudo. De fato, o novo regime das incapacidades exige um repensar do Código Civil Brasileiro para extrair as potencialidades do EPD sempre com vistas à proteção das pessoas com deficiência.

A contar da entrada em vigência do EPD, as alterações realizadas nos artigos 3º e 4º do Código Civil passaram a produzir importantes consequências. Em primeiro lugar, os interditados devem perder tal condição, pois passaram a ser plenamente capazes. Segundo José Fernando Simão, não haveria necessidade de nenhum procedimento judicial para levantar a interdição, uma vez que, por configurar uma lei de estado, o EPD possui eficácia imediata.[726]

Outra decorrência é que *a priori* correrão a prescrição e a decadência contra as pessoas com deficiência, que não mais se enquadram nas exceções previstas nos artigos 198, I e 208 do Código Civil. Em relação aos negócios jurídicos, as pessoas com deficiência a princípio não ficariam mais submetidas à nulidade[727] e à anulabilidade,[728] visto que

---

[724] SIMÃO, José Fernando. Estatuto da Pessoa com Deficiência causa perplexidade (Parte II). *Consultor Jurídico*, 7 ago. 2015. Disponível em: http://goo.gl/zzylSP. Acesso em: 7 dez. 2015.

[725] Sobre o assunto, destacam-se as contundentes críticas tecidas por Vitor Frederico Kümpel e Bruno de Ávila Borgarelli: "Agora, por incrível que pareça, ou foram alçados por força do novo artigo 4º, inciso III, à condição de relativamente capazes, o que significa que uma pessoa em coma tem maior poder de autodeterminação e maior livre arbítrio do que um jovem de 15 anos (Estatuto do Jovem, artigo 1º), ou, no caso dos deficientes mentais, à condição de capazes. Parece incrível o dispositivo legal. Aterrorizante, na verdade. O seu pretenso alvo de proteção é, ao mesmo tempo, sua maior vítima!". (KUMPEL, Vitor Frederico; BORGARELLI, Bruno de Ávila. As aberrações da lei 13.146/2015. *Revista Migalhas*, 11. Ago. 2015. Disponível em: http://goo.gl/OFmUYu. Acesso em: 9 nov. 2015). Não obstante, crê-se que o EPD pode ser interpretado de modo a suprir certas falhas do legislador.

[726] SIMÃO, José Fernando. Estatuto da Pessoa com Deficiência causa perplexidade (Parte II). *Consultor Jurídico*, 7 ago. 2015. Disponível em: http://goo.gl/zzylSP. Acesso em: 7 dez. 2015.

[727] Artigo 166 do Código Civil. "É nulo o negócio jurídico quando: I – celebrado por pessoa absolutamente incapaz".

[728] Artigo 171.do Código Civil: "Além dos casos expressamente declarados na lei, é anulável o negócio jurídico: I – por incapacidade relativa do agente".

são consideradas plenamente capazes, exceto em caso de comprovação de vício de consentimento.[729] Paralelamente, a quitação fornecida pela pessoa com deficiência teria plena validade e eficácia.[730] Essa seria a interpretação mais literal que derivaria dos dispositivos alterados pelo EPD.

Não obstante, tendo em vista os objetivos do EPD, a doutrina propõe outros modos de se manejar tais mudanças legislativas. Para José Fernando Simão, em se tratando de pessoas que, por causa transitória ou permanente, não puderem exprimir sua vontade, embora a nova redação do artigo 4º do Código Civil os classifique como relativamente capazes, o magistrado deve decidir pela declaração de incapacidade absoluta para que a pessoa com deficiência possa ser representada, posto que a assistência não se adequa às circunstâncias do caso, por exigir a participação do relativamente incapaz.[731] Diverso expediente é apontado por Atalá Correia. Diante da aporia entre a pessoa com deficiência não conseguir exprimir sua vontade por causa transitória ou permanente e a impossibilidade de sua representação, o autor defende uma "hibridização de institutos" para o fim de a incapacidade relativa permitir a representação.[732]

Com base nessas interpretações propositivas, verificam-se soluções no que tange ao regime das invalidades. A primeira delas sugere que deve prevalecer a declaração de nulidade pelo fato de ser mais vantajosa para a pessoa com deficiência.[733] Em segundo lugar, é proposta a aplicação analógica dos artigos 166, I, 171, I e 310 do Código Civil às pessoas com deficiência capazes submetidas à curatela para que a ausência da participação do curador (quer seja como representante, quer seja como assistente) implique nulidade ou anulabilidade:

> Aplicação analógica de regras que cuidam da invalidade é solução atécnica e contrária ao Direito. Se a regra é a validade dos negócios

---

[729] SIMÃO, José Fernando. Estatuto da Pessoa com Deficiência causa perplexidade (Parte II). *Consultor Jurídico*, 7 ago. 2015. Disponível em: http://goo.gl/zzylSP. Acesso em: 7 dez. 2015.
[730] Artigo 310 do Código Civil de 2002: "Não vale o pagamento cientemente feito ao credor incapaz de quitar, se o devedor não provar que em benefício dele efetivamente reverteu".
[731] SIMÃO, José Fernando. Estatuto da Pessoa com Deficiência causa perplexidade (Parte II). *Consultor Jurídico*, 7 ago. 2015. Disponível em: http://goo.gl/zzylSP. Acesso em: 7 dez. 2015.
[732] CORREIA, Atalá. Estatuto da Pessoa com Deficiência traz inovações e dúvidas. *Consultor Jurídico*, 3 ago. 2015. Disponível em: http://goo.gl/nr5Cty. Acesso em: 29 fev. 2016.
[733] CORREIA, Atalá. Estatuto da Pessoa com Deficiência traz inovações e dúvidas. *Consultor Jurídico*, 3 ago. 2015. Disponível em: http://goo.gl/nr5Cty. Acesso em: 29 fev. 2016.

jurídicos, as invalidades são excepcionais não se admitindo analogia. Entretanto, não vejo outra solução em razão do problema jurídico criado pelo próprio Estatuto. Se não fosse esta a solução, a consequência seria a seguinte: o deficiente capaz sob curatela pode praticar validamente todo e qualquer ato da vida civil e a curatela, portanto, seria completamente inútil.[734]

Entende-se ser fundamental a adoção de interpretações para as recentes mudanças legislativas que não sejam tão apegadas ao rigor técnico, mas sim comprometidas com a proteção das pessoas com deficiência, como são as acima mencionadas. Caso contrário, a curatela remodelada pelo EPD ficaria desprovida de razão de ser.

As mudanças feitas pelo EPD em relação a curatela buscaram maior integração da pessoa com deficiência na sociedade, em especial no tocante às relações subjetivas existenciais.[735] Sendo assim, curatela da pessoa capaz só se aplica a atos de natureza patrimonial e negocial. É medida excepcional, delineada caso a caso conforme as circunstâncias e deve se prolongar pelo menor tempo possível. A curatela pode ser compartilhada e a sentença que a instituir deve ser fundamentada. Com o EPD, a curatela passa a ter natureza de medida protetiva.

Em linhas gerais, o atual modelo de curatela traz avanços significativos com relação à proteção da pessoa com deficiência, especialmente ao prever a possibilidade de curatela compartilhada. No entanto, os limites da curatela impostos pelo artigo 85 do EPD ensejam um problema prático, pois muitos assuntos de caráter existencial possuem reflexos patrimoniais, seja durante a vida, como regime de bens no casamento, ou após a morte, por exemplo, questões de ordem existenciais, no caso, obrigação alimentar.

Com o novo modelo de curatela, Paulo Lôbo entende que ocorreu o fim da interdição no Direito brasileiro:

---

[734] SIMÃO, José Fernando. Estatuto da Pessoa com Deficiência causa perplexidade (Parte II). *Consultor Jurídico*, 7 ago. 2015. Disponível em: http://goo.gl/zzylSP. Acesso em: 7 dez. 2015.

[735] "Diante de tudo que foi exposto, percebe-se que o instituto da curatela sofreu diversas alterações ao longo dos anos, mas preserva forte a razão pela qual foi instituída – a tutela do aspecto patrimonial do curatelado. Muitas das disposições pertinentes são legadas das ordenações portuguesas e padecem de maior adequação ao conjunto de direitos humanos que se destinam especialmente à pessoa com deficiência. As normas pertinentes à curatela apostam no mecanismo de substituição da vontade do curatelado pela vontade do seu curador, o que não é adequado ao campo das relações subjetivas existenciais". (MENEZES, Joyceane Bezerra de; CORREIA NETO, Jáder de Figueiredo. *Interdição e curatela no novo CPC à luz da dignidade da pessoa humana e do direito civil constitucional*. Disponível em: http://goo.gl/dpOVtJ. Acesso em: 29 fev. 2016).

Assim, não há que se falar mais de "interdição", que, em nosso direito, sempre teve por finalidade vedar o exercício, pela pessoa com deficiência mental ou intelectual, de todos os atos da vida civil, impondo-se a mediação de seu curador. Cuidar-se-á, apenas, de curatela específica, para determinados atos.[736]

Além do instituto da curatela, que visa a proteção, especialmente patrimonial, do curatelado, o EPD inovou ao instituir a tomada de decisão apoiada, que se destaca por ser um modelo de proteção às pessoas com deficiência que se difere do modelo clássico da curatela (1.783-A, do Código Civil). Isto porque, na tomada de decisão apoiada, é o próprio apoiado que indica os limites do apoio (1.783-A, §1º, do Código Civil).

Para Nelson Rosenvald,[737] "a tomada de decisão apoiada não surge em substituição à curatela, mas lateralmente a ela, em caráter concorrente, jamais cumulativo".

Em relação a certos dispositivos do Código Civil alterados pelo EPD que versam sobre a curatela, pode-se dizer que sucedeu um "verdadeiro atropelo legislativo".[738] Isso ocorreu porque os projetos de lei que buscavam instituir o Estatuto da Pessoa com Deficiência e o novo Código de Processo Civil tramitaram concomitantemente e por lapso do legislador não houve harmonização entre o texto de ambos em alguns dispositivos. A situação foi agravada pelo fato de tais diplomas possuírem prazos de *vacatio legis* diferentes.[739] Por conseguinte, alguns dispositivos do Código Civil sobre o procedimento de interdição foram excluídos pelo CPC/2015, mas, mesmo formalmente revogados, receberam alterações pelo EPD, cuja entrada em vigência ocorreu poucos meses antes do CPC/2015.

Para dirimir essa questão atinente ao direito intertemporal, Fredie Didier Jr. propõe a utilização de dois critérios. O primeiro é o de que "as leis estão em sintonia de propósitos". O segundo é o de

---

[736] LÔBO, Paulo. *Direito civil*: parte geral. 3. ed. São Paulo: Saraiva, 2012. p. 110.
[737] ROSENVALD, Nelson. A tomada de decisão apoiada. *Carta Forense*. Disponível em: goo.gl/Zven9E. Acesso em: 3 ago. 2016.
[738] TARTUCE, Flávio. Alterações do Código Civil pela lei 13.146/2015 (Estatuto da Pessoa com Deficiência). Repercussões para o direito de família e confrontações com o Novo CPC. Parte I. *Revista Migalhas*, 29 jul. 2015. Disponível em: http://goo.gl/UjdFIo. Acesso em: 7 dez. 2015.
[739] É o caso dos artigos 1.768-1.769 e 1.771-1.772 do Código Civil, os quais foram revogados pelo CPC/2015, mas alterados pelo EPD.

que a interpretação de ambas deve almejar a coerência do sistema.[740] Desse modo, entende o autor que, nos artigos 1.768 e 1.769 do Código Civil, devem prevalecer as redações posteriores, conferidas pelo EPD, por serem mais completas e em harmonia com a proteção das pessoas com deficiência. No caso do primeiro artigo, deve-se compreender que o artigo 747 do CPC/2015 incorporou a possibilidade de autocuratela. No segundo, deve-se entender que o artigo 748 do CPC/2015 possibilita a curatela nos casos de deficiência mental ou intelectual.

Outro exemplo de atropelo legislativo e possível incompatibilidade legislativa pode ser expressada ao se comparar o EPD com alguns artigos do Código Penal. A lei penal ainda contém expressões estigmatizantes e pejorativas, como "desenvolvimento mental incompleto ou retardado" (artigo 26) e "inválido" (artigos 135 e 244). Porém, um ponto mais delicado diz respeito aos crimes contra a dignidade sexual. O crime de estupro de vulnerável é a prática de qualquer ato sexual com pessoa menor de 14 anos ou "alguém que, por enfermidade ou deficiência mental, não tem o necessário discernimento para a prática do ato", punido com 8 a 15 anos de reclusão (artigo 217-A). Com isso, as pessoas com deficiência mental foram consideradas vulneráveis, isto é, absolutamente incapazes de consentir com a prática de atos sexuais. Pelo Estatuto, no entanto, a deficiência, ainda que mental, não afeta a plena capacidade civil da pessoa, inclusive para exercer direitos sexuais e reprodutivos (artigo 6º). Tal capacidade está assegurada desde antes pela Convenção, que foi assinada pelo Brasil ainda em 2007, antes da criação do tipo penal em questão. É no mínimo curioso observar que, no mês de agosto de 2009, ao mesmo tempo em que se concedia *status* de Emenda Constitucional à Convenção, reconhecendo o exercício de direitos sexuais e reprodutivos das pessoas com deficiência, criava-se o crime hediondo de estupro de vulnerável, impondo relevante incapacidade sobre tais pessoas.[741] Pelos importantes direitos fundamentais envolvidos nessa questão, crê-se que em breve o Poder Judiciário terá de se pronunciar sobre como compatibilizar essas duas normas, a fim de proteger todos os sujeitos envolvidos.

---

[740] DIDIER JR., Fredie. *Estatuto da Pessoa com Deficiência, Código de Processo Civil de 2015 e Código Civil*: uma primeira reflexão. Disponível em: http://goo.gl/tEFaLD. Acesso em: 29 fev. 2016.
[741] LUCCHESI, Guilherme Brenner; XAVIER, Luciana Pedroso. O Estatuto de Pessoa com Deficiência e suas repercussões no Direito Penal. *Gazeta do Povo*, Curitiba, 17 mar. 2016. Disponível em: http://goo.gl/78leJN. Acesso em: 15 fev. 2016.

Em recentes julgados, o posicionamento tem se afirmado no sentido de que o crime de estupro de vulnerável só se caracteriza caso a deficiência prejudique o consentimento da vítima, o que deverá ser determinado na instrução processual.[742]

Por tudo o que foi exposto, resta evidente que o EPD é munido de objetivos alinhados com a proteção dos direitos fundamentais das pessoas com deficiência, sendo nesse ponto considerado vanguardista e salutar para a sociedade brasileira. Não se pode negar, contudo, que algumas de suas disposições careceram de melhor zelo, de modo que a sua aplicação apresenta alguns dissensos que geram certa insegurança jurídica. Para minorar tal instabilidade, reflete-se a seguir sobre os benefícios que a aplicação da figura do *trust* poderia oferecer na proteção das pessoas com deficiência.

5.2.3 As potencialidades do *trust* na proteção dos incapazes e das pessoas com deficiência

Conforme afirmado no item anterior, acredita-se que o EPD é um marco relevantíssimo na proteção das pessoas com deficiência. Contudo, quer seja por falhas do legislador, quer seja pelas limitações dos institutos do Direito brasileiro, ainda existem insuficiências que precisam ser sanadas. A contribuição que se pretende oferecer é o estudo da figura do *trust* como um meio de ampliar a proteção de tais pessoas.

Tomando como premissa que as famílias são "*locus* instrumental ao desenvolvimento da personalidade de cada um de seus membros",[743] é compreensível a preocupação dos pais que temem que, com seu falecimento, seu filho com deficiência seja submetido a percalços financeiros.[744]

---

[742] MINAS GERAIS. Tribunal de Justiça do Estado de Minas Gerais. Agravo em Execução Penal nº1.0637.14.001814-3/001. Relator(a): Des. Wanderley Paiva. Julgamento: 06/12/2016. Órgão Julgador: 1ª Câmara Criminal. Data de Publicação: 25/01/2017; RIO DE JANEIRO. Tribunal de Justiça do Estado do Rio de Janeiro. Apelação nº 0001160-02.2014.8.19.0005. Relator(a): Des. Antônio Carlos Nascimento Amado. Julgamento: 25/06/2019. Órgão Julgador: 3ª Câmara Criminal. Data de Publicação: 25/06/2019; BAHIA. Tribunal de Justiça do Estado da Bahia. Embargos Infringentes e de Nulidade nº 0000818-48.2016.8.05.0010. Relator(a): Des. João Bosco de Oliveira Seixas. Órgão Julgador: Seção Criminal. Data de Publicação: 08/11/2019.

[743] MEIRELES, Rose Melo Vencelau. Em busca da nova família: uma família sem modelo. *In:* TEPEDINO, Gustavo; FACHIN, Luiz Edson (org.). *Pensamento crítico do direito civil brasileiro.* Curitiba: Juruá, 2011. v. 1. p. 215.

[744] Nesse contexto, pode-se citar o tocante caso do escritor Diogo Mainardi, pai do adolescente Tito, acometido por paralisia cerebral em virtude de erro médico no parto. A partir de seu relato, intui-se seu alívio quando, após anos de batalha judicial contra o hospital Campo

Ainda que o EPD tenha adotado o modelo social, conforme acima explicado, e preveja inclusive a possibilidade de curatela compartilhada,[745] é difícil encontrar pessoas que reúnam todos os predicados necessários para ser um bom curador. Como bem explica Milena Donato Oliva, "pode ocorrer de haver na família um irmão atencioso e dedicado, mas que é incauto na gestão financeira. De outra parte, é possível que aquele mais centrado nos aspectos patrimoniais não tenha afinidade com crianças ou adolescentes. Difícil congregar num mesmo sujeito todas as legítimas preocupações e anseios dos pais".[746]

A curatela acaba impondo grande responsabilidade para que pessoas sem educação financeira realizem uma gestão patrimonial complexa, para a qual não tenham expertise. Ainda que a codificação civil exija que o curador apresente balanços anuais e preste contas de dois em dois anos, se o curador estiver administrando mal ou mesmo agindo de má-fé e dilapidando os bens do curatelado, muitos prejuízos podem ocorrer, provavelmente irreversíveis.

Outrossim, a circunstância de que a curatela é, em regra, temporária torna-se certamente justificável, mas, dependendo do contexto familiar da pessoa com deficiência, pode gerar inseguranças. Pense-se, a título de exemplo, o caso de uma dessas pessoas filho único sem parentes próximos ou com parentes com os quais não tem afinidade. Por fim, pode-se pensar no caso de uma família monoparental cujo(a) filho(a) seja pessoa com deficiência. A dificuldade em se encontrar um curador certamente poderia prejudicar a sua subsistência.

Outra situação que pode prejudicar as pessoas com deficiência é a das pessoas de má-índole que praticam frequentes golpes em pessoas com deficiência em razão de sua vulnerabilidade. A título de exemplo, as pessoas com deficiência são ludibriadas para assinarem documentos tais como confissões de dívida, contratos em que figuram como fiadores ou títulos em que sejam avalistas. Outro expediente é a assinatura de contrato de doação de valores significativos.

Santi de Veneza, a justiça italiana concede substancial indenização a Tito. Mainardi desabafa dizendo que agora já pode morrer, isto é, percebeu que seu filho não passará necessidade financeira mesmo após o seu passamento e o de sua esposa, pondo fim a um de seus grandes temores. (MAINARDI, Diogo. *A queda*: as memórias de um pai em 424 passos. São Paulo: Saraiva, 2012).

[745] Artigo 1.775-A do Código Civil: "Na nomeação de curador para a pessoa com deficiência, o juiz poderá estabelecer curatela compartilhada a mais de uma pessoa".

[746] OLIVA, Milena Donato. A proteção dos incapazes e a utilidade da incorporação do trust pelo direito brasileiro. *Revista dos Tribunais*, v. 102, n. 938, p. 59, dez. 2013.

É certo que as ocorrências acima relatadas não são novas, mas as mudanças implementadas pelo EPD acima examinadas – embora bem-intencionadas – fragilizam a posição das pessoas com deficiência que são presumidas amplamente capazes. Seus atos podem – a princípio – ser apenas anulados.

Outro cenário que pode se concretizar é o de pessoas com deficiência que podem realizar uma má-gestão de seus bens ou negligenciar o cumprimento de obrigações legais, tais como a falta de declaração e/ou pagamento de tributos, de registros contábeis e empresariais no caso do gerenciamento de pessoas jurídicas.

Feitas tais considerações, é possível traçar algumas aproximações entre a importância que o *trust* desempenha para pessoas com deficiência e as vantagens que pode proporcionar na tutela dos relativamente e dos absolutamente capazes em virtude da questão etária.

Em caso de falecimento ou decretação de ausência dos pais, os filhos menores são submetidos à tutela, nos termos do artigo 1.728 do Código Civil. Mesmo que os pais em conjunto tenham exercido o direito de nomear um tutor, como já mencionado, há a dificuldade em encontrar uma pessoa que reúna as qualidades necessárias para ser um bom educador e administrador simultaneamente. Outro inconveniente é o modo como o patrimônio deixado pelos pais é destinado aos tutelados quando atingem a maioridade. Ao se tornarem plenamente capazes, recebem todo patrimônio de uma só vez. Em virtude de sua inexperiência, é bem possível que um ex-tutelado não administre seus bens da maneira mais sensata. É frequente que se deslumbrem e gastem em objetos supérfluos e mais tarde faltem recursos para educação e subsistência.[747] Ainda que os pais instituíssem testamento em favor dos filhos, não teriam como transpor essa circunstância. Não seria possível, por exemplo, instituir uma fundação para zelar por esses bens, uma vez que o ordenamento jurídico brasileiro só permite a sua criação voltada ao atendimento das funções filantrópicas, educacionais e outras previstas no artigo 62, parágrafo único, do Código Civil.

Por meio de um *trust* é possível criar regras para quando, quanto e como o menor (beneficiário) receberá os bens deixados pelos pais. É comum instituir como cláusula do *trust* que, com o atingimento da maioridade, haja o recebimento de apenas parte dos bens. O restante é

---

[747] SHARP, Ronald Farrington. *Living trusts for everyone*: why a will is not the way to avoid probate, protect heirs, and settle estates. New York: Allworth Press, 2010. p. 11-12.

recebido de modo fracionado ao longo da vida, seja pelo advento etário, seja por ocorrerem marcos importantes, tais como formatura em curso universitário, casamento, nascimento do primeiro filho, dentre outros. Desde que não contrarie expressamente a lei, há ampla flexibilidade para se criar condições ou termos para o repasse dos bens. Destacam-se como condições bastante difundidas para o repasse de valores ao filho beneficiário que ele frequente determinada universidade, que obtenha resultado negativo para o consumo de drogas, que realize determinado trabalho filantrópico.[748]

Essa reflexão também é válida para pais que tenham filhos cumprindo pena em estabelecimentos prisionais. Outrossim, também se aplica para filhos dependentes químicos. Em 2019, foi aprovada a Lei nº 13.840, a qual positivou a possibilidade de ser realizada a internação involuntária do dependente químico, ratificando posicionamento já adotado pelo Superior Tribunal de Justiça.[749] Por se tratar de tema

---

[748] SHARP, Ronald Farrington. *Living trusts for everyone*: why a will is not the way to avoid probate, protect heirs, and settle estates. New York: Allworth Press, 2010. p. 13.

[749] A internação é involuntária quando realizada por familiares ou responsáveis legais do dependente químico. A compulsória decorre de decisão judicial que obriga a internação para tratamento do dependente. O posicionamento do STJ é pela possibilidade de internação compulsória desde que haja fundamentação robusta em laudo médico. Em regra, a internação deve ser precedida do atendimento ambulatorial. Contudo, em casos extremos, a internação compulsória pode ocorrer de imediato: "HABEAS CORPUS – AÇÃO CIVIL DE INTERDIÇÃO CUMULADA COM INTERNAÇÃO COMPULSÓRIA – POSSIBILIDADE – NECESSIDADE DE PARECER MÉDICO E FUNDAMENTAÇÃO NA LEI Nº 10.216/2001 – EXISTÊNCIA NA ESPÉCIE-EXIGÊNCIA DE SUBMETER O PACIENTE A RECURSOS EXTRA-HOSPITALARES ANTES DA MEDIDA DE INTERNAÇÃO – DISPENSA EM HIPÓTESES EXCEPCIONAIS. 1. A internação compulsória deve ser evitada, quando possível, e somente adotada como última opção, em defesa do internado e, secundariamente, da própria sociedade. É claro, portanto, o seu caráter excepcional, exigindo-se, para sua imposição, laudo médico circunstanciado que comprove a necessidade de tal medida. 2. A interdição civil com internação compulsória, tal como determinada pelas instâncias inferiores, encontra fundamento jurídico tanto na Lei nº 10.216/2001 quanto no artigo 1.777 do Código Civil. No caso, foi cumprido o requisito legal para a imposição da medida de internação compulsória, tendo em vista que a internação do paciente está lastreada em laudos médicos. 3. Diante do quadro até então apresentado pelos laudos já apreciados pelas instâncias inferiores, entender de modo diverso, no caso concreto, seria pretender que o Poder Público se portasse como mero espectador, fazendo prevalecer o direito de ir e vir do paciente, em prejuízo de seu próprio direito à vida. 4. O art. 4º da Lei nº 10.216/2001 dispõe: "A internação, em qualquer de suas modalidades, só será iniciada quando os recursos extra-hospitalares se mostrarem insuficientes". Tal dispositivo contém ressalva em sua parte final, dispensando a aplicação dos recursos extra-hospitalares se houver demonstração efetiva da insuficiência de tais medidas. Essa é exatamente a situação dos autos, haja vista ser notória a insuficiência de medidas extra-hospitalares, conforme se extrai dos laudos invocados no acórdão impugnado. 5. É cediço não caber na angusta via do habeas corpus, em razão de seu rito célere e desprovido de dilação probatória, exame aprofundado de prova no intuito de reanalisar as razões e motivos pelos quais as instâncias inferiores formaram sua convicção. 6. O documento novo consistente em relatório do

intimamente ligado aos direitos de personalidade, de fato necessita ser debatido de modo mais aprofundado em nosso país.

O *trust* também seria proveitoso no caso de um pai ou uma mãe divorciado(a) querer proteger seu patrimônio, o qual, ocorrendo seu falecimento, passará ao filho. O intento de preservação do patrimônio pode advir da desconfiança de que o ex-cônjuge agiria efetivamente no melhor interesse da criança. Sobrevindo o falecimento da mãe, por exemplo, a regra geral da legislação seria que o filho ficasse na guarda do pai, que seria também usufrutuário e administrador de seus bens, conforme artigo 1.689 do Código Civil.[750] Apenas o *trust* poderia evitar que o ex-cônjuge se tornasse usufrutuário e administrador de tais bens.

Igualmente, casos em que ocorrem acidentes fatais e por diferença de minutos o genitor divorciado falece antes dos filhos, o impedimento de que tal patrimônio seja destinado ao ex-cônjuge só é possível por meio de *trust*. Vejam-se os julgados abaixo, que, apesar de poderem ser considerados "injustos" por preterirem os ascendentes do *de cujus* e destinarem os bens ao ex-cônjuge, cumpriram exatamente as disposições do Código Civil em matéria sucessória:

> SUCESSÃO. COMORIÊNCIA. ACIDENTE DE VEÍCULOS. PROVA DOS AUTOS INDICATIVA DA MORTE DOS FILHOS POSTERIORMENTE À DA GENITORA. INAPLICABILIDADE DA PRESUNÇÃO DE

Subcomitê de Prevenção da Tortura e outros Tratamentos ou Penas Cruéis, Desumanos ou Degradantes- (SPT) da Organização das Nações Unidas (ONU) não pode ser apreciado por esta Corte sob pena de supressão de instância. 7. A internação compulsória em sede de ação de interdição, como é o caso dos autos, não tem caráter penal, não devendo ser comparada à medida de segurança ou à medida socioeducativa à que esteve submetido no passado o paciente em face do cometimento de atos infracionais análogos a homicídio e estupro. Não se ambiciona nos presentes autos aplicar sanção ao ora paciente, seja na espécie de pena, seja na forma de medida de segurança. Por meio da interdição civil com internação compulsória resguarda-se a vida do próprio interditando e, secundariamente, a segurança da sociedade. 8. Não foi apreciada pela Corte de origem suspeição ou impedimento em relação à perícia, questionamento a respeito da periodicidade das avaliações periciais, bem como o pedido de inserção do paciente no programa federal De Volta Para Casa. A jurisprudência do Superior Tribunal de Justiça consolidou o entendimento de que não se conhece de habeas corpus cuja matéria não foi objeto de decisão pela Corte de Justiça estadual, sob pena de indevida supressão de instância. (HC 165.236/SP, Rel. Ministro MOURA RIBEIRO, QUINTA TURMA, julgado em 05/11/2013, DJe 11/11/2013; HC 228.848/SP, Rel. Ministra MARIA THEREZA DE ASSIS MOURA, SEXTA TURMA, julgado em 24/10/2013, DJe 04/11/2013) 9. Ordem denegada". (BRASIL. Superior Tribunal de Justiça. *HC 169.172/SP*. Relator: Ministro Luis Felipe Salomão. Julgamento: 10/12/2013. Órgão Julgador: Quarta Turma. Publicação: DJe 5/2/2014).

[750] Artigo 1.689 do Código Civil: "O pai e a mãe, enquanto no exercício do poder familiar: I – são usufrutuários dos bens dos filhos; II – têm a administração dos bens dos filhos menores sob sua autoridade".

SIMULTANEIDADE DO ART. 11 DO CC/1916. Sucessão do patrimônio da genitora consumado quanto a seus filhos, previamente ao falecimento desses. Condição de herdeiro do genitor das crianças, ex-marido da falecida, reconhecida, em detrimento dos ascendentes dessa. Sentença de procedência da ação declaratória em tal sentido confirmada. Apelação dos réus desprovida.[751]
DIREITO CIVIL. AÇÃO DECLARATÓRIA DE INEXISTÊNCIA DE COMORIÊNCIA. APELAÇÃO CÍVEL. SENTENÇA QUE JULGOU PROCEDENTE O PEDIDO INICIAL. ACIDENTE AUTOMOBILÍSTICO QUE LEVOU A ÓBITO PAI E FILHOS. ARTIGO 8º, DO CÓDIGO CIVIL. PRESUNÇÃO LEGAL DE COMORIÊNCIA, QUE COMPORTA PROVA EM CONTRÁRIO. TESTEMUNHAS PRESENCIAIS AO EVENTO QUE COMPROVAM QUE A MORTE DO GENITOR PRECEDEU A DOS INFANTES. PRESUNÇÃO LEGAL QUE DEVE SER AFASTADA. SENTENÇA MANTIDA. RECURSO CONHECIDO E NÃO PROVIDO. 1. A comoriência é o instituto jurídico segundo o qual incide a presunção legal, estabelecida no artigo 8º do Código Civil, de morte simultânea, quando existem indivíduos que morrem num mesmo evento, sem que seja possível estabelecer qual das mortes antecedeu as demais, questão esta que tem especial relevo para fins sucessórios, notadamente porque a pré-morte do autor da herança (genitor) importa na imediata sucessão aos herdeiros (princípio da saisine). 2. Por ser uma presunção relativa, a comoriência pode ser devidamente afastada quando existirem provas suficientes a atestar que a morte de uma das vítimas antecedeu às demais, especialmente através da colheita dos testemunhos daqueles que presenciaram o sinistro. 3. No caso, é imperioso o afastamento da presunção legal de morte simultânea, ante a ampla e bem conduzida instrução processual que resultou em robusta prova da pré-morte do genitor em relação aos filhos. RECURSO CONHECIDO E DESPROVIDO.[752]

Como se depreende dos julgados, a comoriência foi afastada e, com isso, ex-consortes acabaram como herdeiros universais do *de cujus*, o que a princípio parece impensável e indesejável. Porém, como já dito, é mera decorrência da lei. O emprego dos *trusts* poderia evitar essa situação.

---

[751] SÃO PAULO. Tribunal de Justiça de São Paulo. *AC 9174743-94.2004.8.26.0000*. Relator: Fabio Tabosa. Julgamento: 29/11/2011. Órgão Julgador: 2ª Câmara de Direito Privado. Publicação: 30/11/2011.

[752] PARANÁ. Tribunal de Justiça do Paraná. *AC 1234978-3 – Curitiba*. Relator: Ivanise Maria Tratz Martins. Julgamento: 15/04/2015. Órgão Julgador: 12ª Câmara Cível. Publicação: DJ: 1552 27/04/2015. (grifo nosso).

Outra potencial utilização para os *trusts* seria no caso dos pródigos. O EPD não modificou o enquadramento dessa espécie de incapacidade relativa. Na atual sociedade, marcada pelo hiperconsumo e pela facilidade de crédito, as consequências que podem advir da prodigalidade são nefastas. No dizer de Bauman:

> Ser membro da sociedade de consumidores é uma tarefa assustadora, um esforço interminável e difícil. O medo de não conseguir conformar-se foi posto de lado pelo medo da inadequação, mas nem por isso se tornou menos apavorante. Os mercados de consumo são ávidos por tirar vantagem desse medo, e as empresas que produzem bens de consumo competem pelo status de guia e auxiliar mais confiável no esforço interminável de seus clientes para enfrentar esse desafio.[753]

Sendo assim, as características da contemporaneidade fazem com que a gravidade dos atos praticados pelos pródigos se acentue. Ao cabo, no máximo poderão ser anulados. Além disso, é importante ressaltar que, diferentemente de outros países, no Brasil não há procedimento de falência para pessoas físicas. As altas taxas de juros praticadas no país[754] fazem ainda com que um pródigo se coloque numa situação financeira ainda mais frágil, podendo se encaixar em situação de superendividamento ativo ou passivo.[755]

---

[753] BAUMAN, Zygmunt. *Vida para consumo*: a transformação das pessoas em mercadoria. Tradução de Carlos Alberto Medeiros. Rio de Janeiro: Jorge Zahar, 2008. p.79.

[754] Ao tratar da abusividade das taxas de juros bancários no Brasil, Andressa Jarletti Gonçalves de Oliveira afirma que uma das justificativas dadas pelos bancos para o valor elevado da taxa de juros se dá em razão do risco de inadimplência. Contudo, assevera: "A divergência entre as taxas reais de inadimplência brasileiras, divulgadas pelo Banco Mundial, e os percentuais apresentados pelos bancos (e pelo Bacen), para 'justificar' a composição do *spread*, permite questionar a credibilidade tanto do discurso sustentado pelas instituições financeiras, quanto da atuação da autarquia federal, que tem o dever de fiscalizar e controlar as atividades bancárias. Uma análise comparativa, entre os percentuais globais de inadimplência, o *spread* e as taxas de juros, no Brasil e em outros países emergentes, não deixa dúvidas, de que a inadimplência não justifica as altas taxas de juros brasileiras". (OLIVEIRA, Andressa Jarletti Gonçalves de. *Defesa judicial do consumidor bancário*. Curitiba: Rede do Consumidor, 2014. p. 338).

[755] Sobre o conceito de superendividamento ativo e passivo: "O primeiro deles é aquele consumidor que se endivida voluntariamente, ludibriado pelas estratégias de marketing das empresas fornecedoras de crédito; o segundo – passivo – aquele que se endivida em decorrência de fatores externos chamados de 'acidentes da vida', tais como desemprego; divórcio; nascimento, doença ou morte na família; necessidade de empréstimos suplementares; redução do salário; alta das taxas de juros; alta ou baixa do dólar; ou outro fator que afete a conjuntura econômica tornando-a desfavorável; etc.". (SCHMIDT NETO, André Perin. Superendividamento do consumidor: conceito, pressupostos e classificação. *Revista de Direito do Consumidor*, São Paulo, v. 71, p. 9, jul./set. 2009). Sobre

O *trust* pode também desempenhar papel relevante em questões relacionadas ao direito de família e/ou das sucessões. A primeira situação a ser examinada é a do tratamento conferido à sucessão do cônjuge supérstite casado pelo regime da comunhão parcial de bens. Mesmo o casamento tendo de respeitar inúmeras formalidades, nessa situação específica o Direito brasileiro ainda não pacificou qual seria a forma de partilha dos bens.

O artigo 1.829 do Código Civil[756] introduziu no ordenamento jurídico brasileiro a concorrência do cônjuge com os descendentes, a depender do regime de bens adotado entre o *de cujus* e o cônjuge supérstite. Em virtude dessa alteração, desenvolveram-se duas principais correntes doutrinárias acerca da destinação dos bens quando o *de cujus* estiver casado sob o regime da comunhão parcial de bens.

A primeira corrente – majoritária no país[757] – defende a ideia de que no regime da comunhão parcial de bens há concorrência sucessória somente quanto aos bens particulares, ou seja, aqueles que não entram na meação. O argumento dos que defendem esta tese é o de que a concorrência sucessória deve ocorrer justamente naqueles bens sobre os quais não há meação, ou seja, o cônjuge herda ou não meia.[758]

---

o tema do superendividamento, é de se ressaltar o interessante projeto piloto lançado inicialmente pelo Tribunal de Justiça do Rio Grande do Sul, em 2007, denominado "Prática do tratamento das situações de superendividamento dos consumidores", com o objetivo de que o consumidor superendividado possa renegociar suas dívidas. Em 2010, o Tribunal de Justiça do Paraná também implantou este projeto. Algumas recentes notícias demonstram a tendência da realização da prática nos demais tribunais do país. Sobre o tema, verificar: goo.gl/2syZ0w. Acesso em: 17 jun. 2016. Do mesmo modo, a Lei nº 14.181, de 1º de julho de 2021, expressamente estabeleceu que as relações consumeristas devem se pautar pela prevenção do superendividamento.

[756] Artigo 1.829 do Código Civil: "A sucessão legítima defere-se na ordem seguinte: I – aos descendentes, em concorrência com o cônjuge sobrevivente, salvo se casado este com o falecido no regime da comunhão universal, ou no da separação obrigatória de bens (art. 1.640, parágrafo único); ou se, no regime da comunhão parcial, o autor da herança não houver deixado bens particulares. II – aos ascendentes, em concorrência com o cônjuge; III – ao cônjuge sobrevivente; IV – aos colaterais".

[757] Entendimento consolidado pelo Superior Tribunal de Justiça no julgamento do REsp 974.241/DF, Rel. Ministra Maria Isabel Galotti, Quarta Turma, Julgado em 07/06/2011, DJE 05/10/2011. No mesmo sentido, reforçando entendimento doutrinário, Enunciado 270 da III Jornada de Direito Civil: "O art. 1.829, inc. I, só assegura ao cônjuge sobrevivente o direito de concorrência com os descendentes do autor da herança quando casados sob o regime da separação convencional de bens ou, se casados nos regimes da comunhão parcial ou participação final nos aquestos, o falecido possuísse bens particulares, hipóteses em que a concorrência se restringe a tais bens, devendo os bens comuns (meação) ser partilhados exclusivamente entre os descendentes".

[758] Conforme pesquisa realizada por Francisco José Cahali e Giselda Maria Fernandes Hironaka (CAHALI, Francisco José; HIRONAKA, Giselda Maria Fernandes. *Direito das sucessões*.

A segunda corrente argumenta que no regime da comunhão parcial de bens há concorrência sucessória tanto em relação aos bens particulares quanto aos comuns. Os adeptos desta corrente sustentam que o legislador não limitou os bens sobre os quais há concorrência.[759]

Outra questão objeto de debate entre os doutrinadores diz respeito à regra contida no artigo 1.832 do Código Civil.[760] De acordo com o dispositivo, o cônjuge supérstite terá direito ao mesmo quinhão que receberem os descendentes que sucederem por cabeça, ou seja, por direito próprio, e não por direito de representação. Nesse ponto não importa se o filho é havido de ambos (filhos comuns) ou só do autor da herança (filhos exclusivos). A regra consagra, ainda, a reserva de ¼ (um quarto) da herança ao cônjuge, se ele for ascendente dos descendentes com quem concorrer. Pela regra, se o cônjuge concorrer somente com descendentes do *de cujus* não haverá a reserva de ¼ (um quarto).

A polêmica que surge com o dispositivo legal é como fica a reserva em caso de sucessão híbrida, quando o cônjuge concorrer com filhos comuns e filhos exclusivos do falecido, uma vez que tal situação não foi prevista pelo legislador.

Sobre o tema, a doutrina divide-se em duas correntes. A primeira corrente defende a ideia de que, havendo sucessão híbrida, não se deve fazer a reserva de ¼ para o cônjuge supérstite, tratando-se todos os descendentes como exclusivos do autor da herança.[761] A segunda

---

5. ed. rev. São Paulo: RT, 2014. p. 225-226), os autores mais representativos dessa primeira corrente são: Christiano Cassettari, Eduardo de Oliveira Leite, Flávio Tartuce, Giselda Maria Fernandes Hironaka, Gustavo René Nicolau, Jorge Shiguemitsu Fujita, José Fernando Simão, Maria Helena Marques Braceiro Daneluzzi, Mário Delgado, Rodrigo da Cunha Pereira, Rolf Madaleno, Sebastião Amorim e Euclides de Oliveira e Zeno Veloso.

[759] Conforme pesquisa realizada por Francisco José Cahali e Giselda Maria Fernandes Hironaka (CAHALI, Francisco José; HIRONAKA, Giselda Maria Fernandes. *Direito das sucessões*. 5. ed. rev. São Paulo: RT, 2014. p. 225-226), filiam-se a essa segunda corrente, em especial, Guilherme Calmon Nogueira da Gama, Inacio de Carvalho Neto, Luiz Paulo Vieira de Carvalho, Maria Helena Diniz e Mario Roberto Carvalho de Faria.

[760] Artigo 1.832 do Código Civil: "Em concorrência com os descendentes (art. 1.829, inciso I) caberá ao cônjuge quinhão igual ao dos que sucederem por cabeça, não podendo a sua quota ser inferior à quarta parte da herança, se for ascendente dos herdeiros com que concorrer".

[761] Conforme pesquisa realizada por Francisco José Cahali e Giselda Maria Fernandes Hironaka (CAHALI, Francisco José; HIRONAKA, Giselda Maria Fernandes. *Direito das sucessões*. 5. ed. rev. São Paulo: RT, 2014. p. 225-226), são adeptos dessa corrente Caio Mario da Silva Pereira, Christiano Cassettari, Flávio Tartuce, Guilherme Calmon Nogueira da Gama, Gustavo René Nicolau, Inacio de Carvalho Neto, Jorge Shiguemitsu Fujita, Luiz Paulo Vieira de Carvalho, Maria Berenice Dias, Maria Helena Diniz, Maria Helena Marques Braceiro Daneluzzi, Mário Delgado, Mario Roberto Carvalho de Faria, Rodrigo da Cunha Pereira, Rolf Madaleno, Sebastião Amorim e Euclides de Oliveira e Zeno Veloso. No mesmo sentido, o Enunciado 527 da V Jornada de Direito Civil: "Na concorrência entre o cônjuge e os herdeiros do de

corrente defende a ideia de que, havendo sucessão híbrida, deve ser feita a reserva de ¼ para o cônjuge supérstite, tratando-se todos os descendentes como se fossem comuns.[762]

Em 2019, a 3ª Turma do Superior Tribunal de Justiça[763] entendeu que a companheira deve concorrer com igualdade em relação aos descendentes – frutos da união estável e aqueles concebidos em outra relação – na partilha de bens particulares da herança. Assim, a reserva de um quarto da herança se restringiria à hipótese em que o cônjuge ou companheiro concorrem com os descendentes comuns.

Logo, mesmo que se opte pela família fundada no casamento, que supostamente proporcionaria maior segurança jurídica devido às formalidades envolvidas e a técnica jurídica mais apurada, ainda restam polêmicas doutrinárias acerca da interpretação do Código Civil que podem conduzir a resultados bastante diversos na partilha de bens. A constituição de um *trust* poderia auxiliar a estipular o destino preciso dos bens, já prevendo a destinação de cada um. Ao contrário de um testamento, que só produz efeitos a partir do termo "morte do testador", o *trust* poderia operar efeitos a partir de sua instituição.

Situação ainda mais grave ocorre com o regime sucessório da união estável. No que se refere a sucessão do companheiro, a primeira polêmica a ser exposta diz respeito ao companheiro enquanto herdeiro necessário. O artigo 1.845[764] do Código Civil estabelece que são herdeiros necessários os descendentes, os ascendentes e cônjuge. Porém, não faz nenhuma menção ao companheiro. Neste sentido, a doutrina diverge sobre se o companheiro é ou não herdeiro necessário.[765]

---

cujus, não será reservada a quarta parte da herança para o sobrevivente no caso de filiação híbrida"

[762] Conforme pesquisa realizada por Francisco José Cahali e Giselda Maria Fernandes Hironaka (CAHALI, Francisco José; HIRONAKA, Giselda Maria Fernandes. *Direito das sucessões*. 5. ed. rev. São Paulo: RT, 2014. p. 225-226), são partidários dessa última corrente interpretativa Francisco José Cahali, José Fernando Simão e Sílvio de Salvo Venosa.

[763] BRASIL. Superior Tribunal de Justiça. Recurso Especial 1.617.501/RS. Relator: Min. Paulo de Tarso Sanseverino. Julgamento: 11/06/2019. Órgão Julgador: Terceira Turma. Publicação: 01/07/2019.

[764] Artigo 1.845 do Código Civil: "São herdeiros necessários os descendentes, os ascendentes e o cônjuge".

[765] Conforme pesquisa realizada por Francisco José Cahali e Giselda Maria Fernandes Hironaka (CAHALI, Francisco José; HIRONAKA, Giselda Maria Fernandes. *Direito das sucessões*. 5. ed. rev. São Paulo: RT, 2014. p. 227-228), Caio Mario da Silva Pereira, Giselda Maria Fernandes Hironaka, Luiz Paulo Vieira de Carvalho e Maria Berenice Dias entendem que o companheiro é herdeiro necessário. Em sentido contrário, Christiano Cassetari, Eduardo de Oliveira Leite, Flávio Augusto Monteiro de Barros, Flávio Tartuce, Francisco José Cahali, Guilherme Calmon Nogueira da Gama, Gustavo René Nicolau, Inacio de Carvalho Neto,

Em 2017, o Supremo Tribunal Federal se debruçou sobre o tema em sede do RE 878.694/MG.⁷⁶⁶ Naquela oportunidade, foi sedimentado que não há como se diferenciar, sob a égide da Constituição Federal de 1988, casamento e uniões estáveis, não havendo hierarquia entre os tipos de família. Assim, o artigo 1.790 do Código Civil foi declarado inconstitucional, e foi estabelecida a seguinte tese: "É inconstitucional a distinção de regime sucessórios entre cônjuges e companheiros prevista no artigo 1.790 do CC/2002, devendo ser aplicado, tanto nas hipóteses de casamento quanto nas de união estável, o regime do artigo 1.829 do CC/2002".

Contudo, a decisão, não obstante louvável, restou incompleta, uma vez que não analisou a totalidade das questões sucessórias envolvendo o cônjuge e companheiro. Resta saber se é aplicável à sucessão do companheiro toda e qualquer regra da sucessão no casamento (para além do artigo 1.829 do CC/2002). Assim, pendia uma dúvida fundamental: deveria incidir o artigo 1.845 do CC/2002 na sucessão do companheiro, tornando-o verdadeiro herdeiro necessário?

A fim de solucionar essas questões, o Instituto Brasileiro de Direito de Família (IBDFAM), na qualidade de *amicus curie*, opôs embargos de declaração fundados em omissão. O STF entendeu que não houve omissão tendo em vista que a questão do artigo 1.845 do CC/2002 não

---

Jorge Shiguemitsu Fugita, José Fernando Simão, Maria Helena Diniz, Maria Helena Marques Braceiro Daneluzzi, Marcelo Tuzzi Otero, Mário Delgado, Roberto Senise Lisboa, Rodrigo da Cunha Pereira, Rolf Madaleno, Sebastião Amorim e Euclides de Oliveira, Sílvio de Salvo Venosa e Zeno Veloso.

⁷⁶⁶ Direito constitucional e civil. Recurso extraordinário. Repercussão geral. Inconstitucionalidade da distinção de regime sucessório entre cônjuges e companheiros. 1. A Constituição brasileira contempla diferentes formas de família legítima, além da que resulta do casamento. Nesse rol incluem-se as famílias formadas mediante união estável. 2. Não é legítimo desequiparar, para fins sucessórios, os cônjuges e os companheiros, isto é, a família formada pelo casamento e a formada por união estável. Tal hierarquização entre entidades familiares é incompatível com a Constituição de 1988. 3. Assim sendo, o art. 1790 do Código Civil, ao revogar as Leis nºs 8.971/94 e 9.278/96 e discriminar a companheira (ou o companheiro), dando-lhe direitos sucessórios bem inferiores aos conferidos à esposa (ou ao marido), entra em contraste com os princípios da igualdade, da dignidade humana, da proporcionalidade como vedação à proteção deficiente, e da vedação do retrocesso. 4. Com a finalidade de preservar a segurança jurídica, o entendimento ora firmado é aplicável apenas aos inventários judiciais em que não tenha havido trânsito em julgado da sentença de partilha, e às partilhas extrajudiciais em que ainda não haja escritura pública. 5. Provimento do recurso extraordinário. Afirmação, em repercussão geral, da seguinte tese: "No sistema constitucional vigente, é inconstitucional a distinção de regimes sucessórios entre cônjuges e companheiros, devendo ser aplicado, em ambos os casos, o regime estabelecido no art. 1.829 do CC/2002". (BRASIL. Supremo Tribunal Federal. Recurso Extraordinário 878.694/MG. Relator(a): Min. Roberto Barroso. Julgamento: 10/05/2017. Órgão Julgador: Tribunal Pleno. Data de Julgamento: 06/02/2018)

teria sido enfrentada no julgamento. Assim, conclui-se que a posição do STF, no presente momento, é a de que o companheiro não é herdeiro necessário. Porém, não faltam vozes na doutrina advogando a ideia oposta. Isso torna o cenário sucessório ainda mais complexo e distante da segurança jurídica que os jurisdicionados necessitam.

Outra circunstância que torna a constituição de um *trust* oportuna é a tendência de aumento dos tributos que incidem sobre a sucessão hereditária. Uma pesquisa acerca do panorama atual de tais tributos revela que há forte tendência de aumento de suas alíquotas. Em setembro de 2015, o Consórcio Nacional de Secretarias de Fazenda, Finanças, Receita e Tributação (CONSEFAZ), vinculado ao Conselho Nacional de Política Fazendária (CONFAZ), órgão do Ministério da Economia que tem por competência, dentre outras, promover a gestão do Sistema Nacional Integrado de Informações Econômico-Fiscais (SINIEF),[767] para a coleta, elaboração e distribuição de dados essenciais à formulação de políticas econômico-fiscais e ao aperfeiçoamento permanente das administrações tributárias, encaminhou um Ofício (Ofício CONSEFAZ nº 11/15) ao Presidente do Senado propondo significativo aumento na alíquota do Imposto Sobre Transmissão Causa Mortis e Doação (ITCMD).[768]

Atualmente, como é cediço, a alíquota máxima do ITCMD está prevista na Resolução do Senado nº 9,[769] de 5 de maio de 1992 e, nos termos do artigo 1º da aludida Resolução, não pode ultrapassar o percentual de 8% (oito por cento).

No Ofício nº 11/15, como narrado acima, o CONSEFAZ propôs uma alteração na Resolução do Senado nº 9/1992 para fixar a alíquota máxima do ITCMD em 20% (vinte por cento). Segundo o contido no Ofício, o aumento se justificaria em razão do "quadro de dificuldades atual". A proposta se baseia, ainda, no fato de que, para o CONSEFAZ, uma tributação mais justa e que impacta menos nas relações econômicas é feita sobretaxando os contribuintes mais aquinhoados, por meio dos

---

[767] CONSELHO NACIONAL DE POLÍTICA FAZENDÁRIA (CONFAZ). *Competência*. Disponível em: goo.gl/ZWNNMf. Acesso em 13 jun. 2016.

[768] CONSELHO NACIONAL DE POLÍTICA FAZENDÁRIA (CONFAZ). Consórcio Nacional de Secretarias de Fazenda, Finanças, Receita e Tributação (CONSEFAZ). *Ofício Consefaz nº 11/15*. Disponível em: goo.gl/D8HEsX. Acesso em: 13 jun. 2016.

[769] BRASIL. Resolução nº 9, de 05 de maio de 1992. Estabelece alíquota máxima para o Imposto sobre Transmissão Causa Mortis e Doação, de que trata a alínea a, inciso l, e §1º, inciso IV do artigo 155 da Constituição Federal. Disponível em: goo.gl/WeaeJm. Acesso em: 13 jun. 2016.

impostos diretos, ao invés de se elevar os tributos indiretos, que afetam a população indistintamente, ou seja, pessoas mais e menos abastadas.

Independentemente do resultado da proposta de aumento do CONSEFAZ, é certo que, recentemente, muitos Estados aumentaram o ITCMD dentro do percentual já permitido atualmente.[770]

Diante deste cenário, que por si só já demonstra os mais variados aumentos nos Estados, impõe-se tecer breves comentários sobre algumas situações específicas.

De início, observa-se que as alterações estaduais não seguem um padrão, pois cada ente aumenta a alíquota de uma determinada maneira. Isso, apesar de estar em conformidade com a lei, surpreende o cidadão e dificulta as estratégias advocatícias. Assim, por ocasião da realização de um planejamento tributário, será necessário verificar em cada Estado a alíquota de cada tributo.

Ademais, ressaltam-se os aumentos expressivos das alíquotas do ITCMD ocorridos em alguns Estados, como por exemplo: Goiás, em que a alíquota do ITCMD de 2 a 4% passou para 2 a 8%; Mato Grosso do Sul, onde a alíquota do ITCMD de 4% aumentou para 6%; e, Rio Grande do Norte, em que a alíquota do ITCMD de 3% subiu para de 3 a 6%.

Por todas as razões e todos os exemplos acima expostos, verifica-se que o *trust* pode desempenhar funções que não podem ser exercidas nem pelo testamento. E, mesmo nas situações em que poderia haver disposição testamentária, entende-se que o *trust* seria mais vantajoso por poder ser constituído e produzir alguns efeitos de imediato. No testamento, por mais cautela que se tenha, o testador nunca saberá se suas disposições efetivamente estarão sendo respeitadas. Além disso, pode colocar os herdeiros ou legatários em situação frágil, uma vez que, os testamentos podem ser questionados judicialmente, o que pode atrasar em anos a produção dos efeitos almejados pelo testador.

Em certos casos, crê-se que o mais adequado seria a instituição de *trust* com nomeação de *trustee* profissional e indicação da pessoa com deficiência como beneficiária. Esse expediente pode, aliás, ser complementar ao instituto da tomada de decisão apoiada ou à própria curatela, pois o *trustee* poderia auxiliar na fiscalização da atuação dos apoiadores ou curadores.[771] Nesse caso, o curador ficaria responsável

---

[770] LAPORTA, Taís. 20 estados e DF sobem ICMS no país; veja quais impostos aumentaram. *G1*. Disponível em: goo.gl/QUC9Oz. Acesso em: 13 jun. 2016.

[771] OLIVA, Milena Donato. A proteção dos incapazes e a utilidade da incorporação do trust pelo direito brasileiro. *Revista dos Tribunais*, v. 102, n. 938, p. 59, dez. 2013.

apenas por prestar conta das despesas realizadas com a renda recebida pelo curatelado beneficiário, o que tornaria sua incumbência muito menos complexa, pois não teria a responsabilidade de gerir todo o patrimônio.

Cabe destacar que o regime das incapacidades não se aplica somente às pessoas com deficiência, mas também às crianças e aos adolescentes, bem como a uma parcela dos idosos, que, muitas vezes em razão de doenças degenerativas, ficam com o discernimento limitado.

Por fim, outra vantagem da utilização do *trust* é a de que, em caso de danos causados pela pessoa com deficiência, nos moldes do artigo 928 do Código Civil, os bens em *trust* ficam salvaguardados, pois o *trustee* é o seu titular, sendo a pessoa com deficiência apenas beneficiária.

Para que o *trust* possa paulatinamente ser recepcionado no ordenamento jurídico brasileiro são traçadas abaixo algumas premissas.

5.3 Premissas para a recepção de *trusts* no Brasil

Conforme discorrido anteriormente, a Convenção da Haia sobre a Lei Aplicável ao *Trust* e a seu Reconhecimento estabelece critérios mínimos a serem adotados por países cuja tradição jurídica não pertença, necessariamente, à *common law*, fornecendo parâmetros para a escolha da lei aplicável aos *trusts* constituídos internacionalmente. Com isso, a Convenção buscou sintetizar, logo em seu artigo 2º, as características comuns a todas as diferentes espécies de *trusts*, de modo a permitir que os juristas possam identificar um *trust* quando se depararem com a figura.

Estabelece, assim, a Convenção da Haia que *trusts* são operações por meio das quais o *settlor* – por ato *inter vivos* ou *causa mortis* – transfere bens para o controle de um *trustee* os administrar em favor do(s) beneficiário(s) (*cestui que trust*) ou de algum propósito determinado.

Na sequência, o artigo 2º define três características essenciais dos *trusts*.

Primeiro, estabelece-se que os bens do *trust* constituem um fundo separado, o qual, embora seja de titularidade do *trustee*, não integra seu patrimônio pessoal. Os bens que compõem o *trust* constituem, assim, um patrimônio de afetação e não integram o patrimônio pessoal ou empresarial do *trustee*.

Segundo, o *trustee* deverá ser o titular dos bens objeto do *trust*, podendo os bens estar em nome de outra pessoa, mas em favor do *trustee*, isto é, em benefício da administração que será realizada pelo *trustee*.

Terceiro, o *trustee* tem o poder e o dever de gerenciar, empregar ou dispor dos bens em conformidade com as regras do *trust* e os deveres especiais a ele impostos pela lei, sobre os quais tem responsabilidade.

O artigo 2º estabelece, ao final, que a reserva de alguns direitos e poderes pelo *settlor* não desconstitui a essência de um *trust*. De igual forma, também, não descaracteriza um *trust* o fato de o *trustee* figurar parcial ou integralmente como beneficiário.

Percebe-se que essas características são bastante abrangentes, e permitem que diversos arranjos patrimoniais possam ser reconhecidos enquanto *trusts* desde que devidamente constituídos e reconhecidos nos termos da Convenção. Como dito, entende-se que no Brasil esse instituto melhor se amolda ao patrimônio de afetação, figura que contempla as características apontadas pela Convenção da Haia.

Além de estabelecer essas características essenciais dos *trusts*, a Convenção da Haia prevê, em seu artigo 15, que a constituição de um *trust* em determinado foro não pode violar ou desconsiderar garantias protegidas pelo direito local. A Convenção traz, em rol exemplificativo, a proteção de menores e incapazes, os efeitos pessoais e patrimoniais do casamento, os testamentos e a sucessão legítima, em especial a parcela indisponível destinada a cônjuges e parentes, a transferência de título de propriedade e interesses securitários em propriedade, a proteção de credores em casos de insolvência e a proteção de terceiros de boa-fé em outros casos. Em casos de conflito entre o reconhecimento de um *trust* e a proteção dessas garantias indisponíveis, deverá haver esforço pelo Judiciário para possibilitar consecução dos efeitos pretendidos por esse *trust*, utilizando-se de outros modos jurídicos para alcançar tal eficácia.

Além disso, o Artigo 18 determina a observância da ordem pública enquanto requisito essencial ao reconhecimento de *trusts*, sob pena de desconsideração dos atos de constituição e reconhecimento dos *trusts* regulados pela Convenção da Haia. Nesse sentido, em parecer que trata da possibilidade de reconhecimento no Brasil de *trust* constituído no exterior envolvendo residente fiscal no Brasil, Gustavo Tepedino afirma que:

> Por tal razão, a constituição do *trust*, na espécie, deve ser respeitada no Brasil, e seus principais efeitos concernentes à separação de patrimônio

e à distribuição de proveitos aos beneficiários indicados devem ser assegurados nos termos da legislação do local em que foi instituído, precisamente por, repita-se à exaustão, não violar qualquer princípio de ordem pública nacional.[772]

Sob a perspectiva jurisprudencial, há duas grandes posições sobre a produção de efeitos de *trusts* no Direito brasileiro, ainda que não antagônicas, como poderia parecer em um primeiro momento. A primeira delas, expressa por decisões do século XX, a conclusão foi igualmente pela compatibilidade dessa figura com o direito brasileiro:

> DISTRITO FEDERAL. Corte de apelação do Distrito Federal. Edward Ashword & Co. – J.C. Im Thurn & Sons Limited e Massa Falida de Edward Ashword & Comp. The British Bank of South American Limited. Reivindicação em falência – Cartas de *"trust"*, sua definição, natureza jurídica e efeitos – Modalidades do *"trust"*, – *"Trust for sale"*. – O instituto do *"trust"* do direito inglês, configurado no caso vertente, nada contendo que contravenha às leis brasileiras e especialmente no que toca às reguladoras do crédito público, é admissível no direito brasileiro, podendo ser invocado como fundamento de reivindicação de bens móveis encontrados no Brasil, porque a situação jurídica em que pelo direito inglês fica o beneficiário, é das que pela lei brasileira autorizam a reivindicação. – Baseando-se o *"trust"* numa relação de mandato, se incide em falência o *"trustee"* e são arrecadados os bens constitutivos do *"trust"* que lhe foram confiados, pode o beneficiário (*"cestui que trust"*) reivindicá-los, nos termos do artigo 138, nº 1 do Decreto nº 5746 de 9 de Dezembro de 1929. Rio de Janeiro, 12 de agosto de 1930.[773]

> DISTRITO FEDERAL. Quarta Câmara civil do Tribunal de Justiça. Agravo de Instrumento nº 4.950. Thomas F. Kelleghan e Prefeitura do Distrito Federal. COISA JULGADA – Inexistência – Sentença relativa a cálculo de impôsto. IMPÔSTO DE TRANSMISSÃO DE PROPRIEDADE *CAUSA MORTIS* – Incidência – Sucessão testamentária – Cidadão norte-americano que deixou testamento pelo qual dispôs de seus bens sob a forma de *trust* – Semelhança do instituto ao nosso fideicomisso.

---

[772] TEPEDINO, Gustavo. O *trust* no direito brasileiro. *In:* TEPEDINO, Gustavo. *Soluções práticas de direito*: pareceres. São Paulo: RT, 2011. v. 2. p. 509.

[773] Essa decisão é citada na obra: FOERSTER, Gerd. *O trust do direito anglo-americano e os negócios fiduciários no Brasil*: perspectiva de direito comparado: considerações sobre o acolhimento do "trust" pelo direito brasileiro. Porto Alegre: Sergio Antonio Fabris, 2013. p. 565. A autora entrou em contato por telefone e e-mail com o Tribunal respectivo para conseguir seu inteiro teor. Todavia, obteve a resposta de que por se tratar de caso muito antigo, o acórdão não estava disponível nos arquivos de consulta pública.

TRUST – Instituto do direito inglês e norte-americano semelhante ao nosso fideicomisso – Sujeição ao imposto de transmissão *causa mortis*. Uma sentença relativa a cálculo de impôsto sòmente se pode considerar coisa julgada, quando haja dirimido controvérsia suscitada entre as partes. A figura do "trust" do direito inglês e norte-americano, assemelha-se ao nosso fideicomisso e deve pagar o impôsto correspondente.[774]

A segunda, mais recente, origina-se no Superior Tribunal de Justiça, em sede do julgamento do REsp 1.438.142/SP, quando definiu que o *trust*, no ordenamento brasileiro, não configura hipótese de afetação de patrimônio – afastando a aplicação do artigo 2º da Convenção de Haia –, uma vez que inexiste previsão legal expressa nesse sentido. Em assim sendo, em eventual falência do *trustee*, caso tenha ocorrido a transferência patrimonial (*e.g.* contrato de conta corrente bancária), tais valores serão utilizados para o pagamento das dívidas, integrando o patrimônio do falido:

> RECURSO ESPECIAL. FALÊNCIA. PEDIDO DE RESTITUIÇÃO. ART. 119, INCISO IX, DA LEI 11.101/2005. CONTRATO DE 'TRUST'. AUSÊNCIA DE PREVISÃO LEGAL. CONTA CORRENTE BANCÁRIA. ARRECADAÇÃO DE SALDO PELA MASSA FALIDA. CABIMENTO. INAPLICABILIDADE DA SÚMULA 417/STF. SUCUMBÊNCIA. 1. Controvérsia acerca da possibilidade de restituição de quantia em dinheiro que se encontrava depositada em conta corrente do banco falido, em razão de contrato de 'trust'. 2. Necessidade de previsão legal específica para se estabelecer patrimônios de afetação. Doutrina sobre o tema. 3. Ausência de amparo legal para atribuição de efeitos reais ao contrato de 'trust' no ordenamento jurídico brasileiro. 4. Inaplicabilidade do art. 119, inciso IX, da Lei 11.101/2005. 5. Validade da arrecadação do saldo em conta corrente em favor da massa falida do banco depositário, não obstante a condição de 'trustee'. 6. Inaplicabilidade ao caso da Súmula 417/STF, segundo a qual: "pode ser objeto de restituição, na falência, dinheiro em poder do falido, recebido em nome de outrem, ou do qual, por lei ou contrato, não tivesse êle a disponibilidade". Julgados desta Corte Superior. 7. Inocorrência de sucumbência recíproca, tendo em vista a total improcedência do pedido de restituição, não obstante a majoração, de ofício, do valor do crédito inscrito no quadro geral de credores. 8. RECURSO ESPECIAL DESPROVIDO.[775]

---

[774] Julgado retirado de *Revista dos Tribunais*, São Paulo, v. 228, p. 501-504, out. 1954.
[775] BRASIL. *Superior Tribunal de Justiça*. Recurso Especial nº 1.438.142/SP. Relator(a): Min. Paulo de Tarso Sanseverino. Julgamento: 15/05/2018. Órgão Julgador: 3ª Turma. Data de Publicação: 09/08/2018.

Note-se que o Superior Tribunal de Justiça não afastou a possibilidade da constituição do *trust*, tendo afastado apenas os seus efeitos patrimoniais no que tange à afetação do patrimônio, em razão da inexistência de previsão legal.

O artigo 19, por sua vez, prevê que o regramento fiscal de cada país prevalecerá, mesmo com a instituição e o reconhecimento de um *trust*. Com isso, não se permite que os *trusts* sejam usados para a não incidência de tributos domésticos, prejudicando a arrecadação dos Estados. Importante esclarecer que a Convenção busca evitar a sonegação de tributos, possibilitando a utilização de mecanismos de planejamento sucessório compatíveis com a legislação.[776]

Há, portanto, uma série de limites que podem ser impostos pelo Estado à constituição e reconhecimento de *trusts*. Feitas essas ressalvas, permite-se que os *trusts* sejam livremente instituídos e reconhecidos para as mais diversas finalidades lícitas pretendidas pelo *settlor*.

Propõe-se, dessa forma, as seguintes premissas para que os *trusts* possam ser recepcionados no Brasil. Primeiro, deve haver a regular constituição do *trust*, respeitadas as características essenciais de transferência de titularidade do domínio ao *trustee* e a observância por este das condições estabelecidas pelo *settlor* no ato de constituição. Segundo, é preciso que a constituição de um *trust* não venha a ofender matérias de ordem pública previstas na legislação pátria. Terceiro, é preciso que se observe na constituição do *trust* a garantia de proteção da sucessão legítima, de modo a não prejudicar herdeiros.[777] Por fim,

---

[776] Para leitura adicional sobre a impossibilidade do uso de *trusts* para a prática de sonegação fiscal, ver TORRES, Heleno Tavares. Trust não pode ser usado para sonegação fiscal. *Consultor Jurídico (on-line)*, 11 nov. 2015. Disponível em: http://goo.gl/SFuaJC. Acesso em: 23 dez. 2015.

[777] Artigo 549 do Código Civil: "Nula é também a doação quanto à parte que exceder à de que o doador, no momento da liberalidade, poderia dispor em testamento". Além disso, o direito brasileiro veda a doação de todo o patrimônio sem a preservação de um conjunto mínimo de bens que possa assegurar a vida digna desse sujeito. Conforme esclarece Luiz Edson Fachin: "Bem se vê que, nessa visão diversa, captada pela lente da pluralidade, o mínimo não é referido por quantidade, e pode muito além do número ou da cifra mensurável. Tal mínimo é valor e não metrificação, conceito aberto cuja presença não viola a idéia de sistema jurídico axiológico. O mínimo não é menos nem é ínfimo. É um conceito apto à construção do razoável e do justo ao caso concreto, aberto, plural e poroso ao mundo contemporâneo". (FACHIN, Luiz Edson. *Estatuto jurídico do patrimônio mínimo*. 2. ed. rev. e atual. Rio de Janeiro: Renovar, 2006. p. 280).

entende-se que devem permanecer rigorosamente vedadas as doações inoficiosas.[778]

Diante dessas considerações, entende-se que a melhor opção para a recepção dos *trusts* no Brasil seria a assinatura e ratificação da Convenção da Haia pelo país. Tratando-se de documento global, o ingresso na Convenção colocaria o Brasil em ambiente juridicamente seguro, juntamente com outros países da tradição *civil law*, facilitando o diálogo com outros sistemas jurídicos.

Como exposto, a Convenção da Haia sobre *Trusts* é um documento bem elaborado, cuidadosamente redigido após profundo estudo do funcionamento dos *trusts* fora do ambiente jurídico da *common law*, revelando a maturidade de seus autores na lida da temática. Assim, atenta às diferenças intrínsecas a cada sistema jurídico, cada qual com suas regras próprias atinentes a direitos indisponíveis a serem protegidos, a Convenção concede aos Estados certo grau de liberalidade, havendo margem para que cada país adapte a figura do *trust* à sua conveniência.

De toda a análise feita, restou evidente que o eloquente argumento frequentemente invocado como obstáculo para a recepção dos *trusts* no Brasil – a existência de um duplo domínio,[779] característica do *trust* inglês medieval – não configura justificativa plausível nos dias atuais. Em primeiro lugar, como visto, ainda hoje persiste a figura da subenfiteuse: mesmo que novas subenfiteuses não possam ser criadas

---

[778] No caso brasileiro, haveria a necessidade de preservação da legítima, conforme os seguintes artigos do Código Civil: Artigo 1.789 do Código Civil – "Havendo herdeiros necessários, o testador só poderá dispor da metade da herança"; Artigo 1.847 do Código Civil – "Calcula-se a legítima sobre o valor dos bens existentes na abertura da sucessão, abatidas as dívidas e as despesas do funeral, adicionando-se, em seguida, o valor dos bens sujeitos a colação"; Artigo 1.857 do Código Civil – "Toda pessoa capaz pode dispor, por testamento, da totalidade dos seus bens, ou de parte deles, para depois de sua morte. §1º A legítima dos herdeiros necessários não poderá ser incluída no testamento".

[779] "Outro fator que contribuiu para certa incompreensão mútua foi o hábito, compartilhado por juristas da *common law* e da *civil law*, de descrever o *trust* da *common law* como uma estrutura fundada sobre a divisão do domínio/da propriedade. Trata-se apenas de uma metáfora, que pode ser enganadora de várias maneiras, mas que tem se tornado, a um e ao mesmo tempo, uma maneira aceitável de simplificar a descrição do *trust* da *common law* e também o principal motivo pelo qual se pensa que tal *trust* não pode jamais ser integralmente aceito por um direito da propriedade da *civil law*". Tradução da autora. (SMITH, Lionel. The re-imagined trust. *In: Re-imagining the Trust*. New York: Cambridge, 2012. Edição Kindle. Posição 4.790).

desde a vigência do Código Civil de 2002, aquelas já constituídas antes da legislação civil atual permanecem válidas, conferindo o direito civil ampla proteção jurídica a esse instituto que também contempla o duplo domínio.[780] Cabe notar, ainda, que, apesar de a maior parte da doutrina brasileira se posicionar pela incompatibilidade do *trust* com nosso ordenamento jurídico, não houve objeção expressiva à proposta de criação do "contrato fiduciário" no Projeto de Lei nº 1.572/2011 e nem mesmo pelo PLS 487/2013 e pelo PL 4.758/2020, figura que apresenta contornos muitíssimos semelhantes aos do *trust*. Não se vê artigo algum denunciando a nova modalidade contratual proposta. Ainda que na estrutura e na função o contrato fiduciário seja muito parecido com o *trust*, não despertou a mesma reação negativa por receber um nome diverso.

Em segundo lugar, também foi demonstrado que o *trust* contemporâneo tem como principal característica configurar-se como patrimônio de afetação.[781] Como foi demonstrado, essa figura tem sido cada vez mais utilizada no Brasil, havendo amplo espaço para crescimento dessa modalidade de patrimônio. Com isso, ante o prestígio conferido pelo direito brasileiro aos patrimônios de afetação, há no Brasil um ambiente hospitaleiro para a recepção dos *trusts*, tendo se criado um campo fértil para o crescimento dessa figura.

Pelos exemplos trazidos, além de solo favorável à recepção dos *trusts*, demonstrou-se haver demanda para a criação de *trusts* brasileiros, não apenas no campo negocial, como também na proteção de pessoas vulneráveis. Não havendo possibilidade de se atender essa demanda pelo direito interno brasileiro, resta às pessoas que desejam instituir *trusts* recorrer aos ordenamentos jurídicos estrangeiros. Essa situação ocorreu na França, como explica François Barrière:

> A Ordem dos Advogados reivindicou fortemente um instrumento similar, destacando essa lacuna na competitividade do sistema francês. A competição com o *trust* era o principal enfoque da Ordem. Empresas francesas haviam se mudado para lugares fora da França, sob o raciocínio

---

[780] Discorda-se, portanto, de posições como a expressada por Orlando Gomes, que crê ser o *trust* incompatível com o ordenamento jurídico brasileiro em virtude da dupla propriedade (GOMES, Orlando. Clube de estrangeiros. "Trustee". Reforma de estatuto. *In:* GOMES, Orlando. *Questões de direito civil*: pareceres. 5. ed. São Paulo: Saraiva, 1988. p. 374).

[781] Nesse sentido, consultar: LEPAULLE, Pierre. *Les Eléments essentiels du trust*. Paris: Impr. moderne, 1930; LEPAULLE, Pierre. *Les Fonctions du "Trust" et les institutions équivalentes en droit français*. Agen: Impr. moderne, 1929.

de que o *trust* anglo-americano atendia melhor suas necessidades. A multiplicação de institutos equivalentes ao *trust* em países da *civil law* (uma parcela considerável dos países na América Latina e do Sul, bem como Luxemburgo, Rússia, Líbano e, é claro, Quebec) apresentaram competição adicional.[782]

Com a criação de *trusts* no exterior, verifica-se que a legislação fiscal brasileira vem buscando, de alguma forma, preparar-se para lidar com essa nova realidade. Pelo fato de a legislação brasileira prever regramento parcial aos *trusts*, entende-se que sua recepção estaria em progresso. As autoridades fiscais, no entanto, têm dificuldade de lidar adequadamente com os *trusts*, pois não conseguiram sequer compreender a sua definição jurídica.

Por tal motivo, não se concorda com a posição de renomados autores[783] que defendem que o *trust* seja recepcionado no Brasil por meio do instituto da fidúcia, tal como ocorreu na França e em outros países pertencentes à *civil law*.[784] Se, de um lado, poderia haver algumas funções dos *trusts* que poderiam ser desempenhas pela fidúcia – o que seria um aspecto positivo dessa tentativa de identificação –, de outro, simplesmente não se resolve o problema ora colocado, especialmente quanto a insegurança jurídica que permeia o instituto no âmbito nacional.

A identificação entre *trusts* e a fidúcia não é correta do ponto de vista histórico e do significado jurídico das duas figuras.[785] Ademais, seria uma solução incompleta: pessoas bem assessoradas continuarão a criar *trusts* no exterior, e os juristas brasileiros permanecerão perdidos em busca desse conceito, tão próximo e tão distante do Brasil.

---

[782] BARRIÈRE, François. The French fiducie, or the chaotic awakening of a sleeping beauty. *In*: SMITH, Lionel. *Re-imagining the Trust*. New York: Cambridge, 2012. Edição Kindle. Posição 4.188.

[783] MARTINS-COSTA, Judith H. Os negócios fiduciários: considerações sobre a possibilidade de acolhimento do "trust" no direito brasileiro. *Revista dos Tribunais*, São Paulo, n. 657, p. 44, jul. 1990; OLIVA, Milena Donato. *Do negócio fiduciário à fidúcia*. São Paulo: Atlas, 2014; CHALHUB, Melhim Namem. *Trust*: perspectivas do direito contemporâneo na transmissão da propriedade para administração de investimentos e garantia. Rio de Janeiro: Renovar, 2001; MARTINS, Raphael Manhães. Análise da "aclimatação" do trust ao direito brasileiro: o caso da propriedade fiduciária. *Revista Quaestio Iuris*, Rio de Janeiro, v. 6, n. 1, p. 57, 2013.

[784] A França recepcionou a fidúcia por meio da Lei nº 2007-211, de 17 de fevereiro de 2007.

[785] No dizer de Gustavo Tepedino: "Por sua singularidade, seria imperfeita qualquer analogia do *trust* com os institutos previstos no direito brasileiro". (TEPEDINO, Gustavo. O trust no direito brasileiro. *In*: TEPEDINO, Gustavo. *Soluções práticas de direito*: pareceres. São Paulo: RT, 2011. v. 2. p. 509).

Com isso, entende-se que a melhor alternativa à disposição do sistema jurídico brasileiro para lidar adequadamente com os *trusts* seria, posteriormente ao ingresso na Convenção da Haia sobre *Trusts*, promover alteração legislativa para incluir os *trusts* no ordenamento jurídico pátrio.

Tendo em vista se tratar de uma figura ainda pouco conhecida pelos juristas brasileiros, é natural que o *trust* suscite preocupações no sentido de que poderá ser utilizado como um mecanismo para o cometimento de crimes. Nesse sentido, inclusive, o Supremo Tribunal Federal, em sede do Inq 4146/DF, firmou tese de que os valores que integram *trust* no exterior devem ser declarados junto ao Banco Central do Brasil, e, caso este tenha natureza revogável, e haja confusão entre a pessoa do *settlor* e do *cestui que trust*, haveria, em tese, configuração de lavagem de dinheiro:

> Ementa: INQUÉRITO. IMPUTAÇÃO DOS CRIMES PREVISTOS NO ART. 317, §1º, C/C ART. 327, §2º, DO CÓDIGO PENAL, ART. 1º, V, e §4º, DA LEI 9.613/1998, ART. 22, PARÁGRAFO ÚNICO, DA LEI 7.492/1986 E ART. 350 DA LEI 4.737/1965, NA FORMA DO ART. 69 DA LEI PENAL. CERCEAMENTO DE DEFESA. INOCORRÊNCIA. COOPERAÇÃO DE TRANSFERÊNCIA DE PROCEDIMENTO CRIMINAL DA SUÍÇA PARA O BRASIL. VIABILIDADE. INÉPCIA DA PEÇA ACUSATÓRIA POR AUSÊNCIA DE JUSTA CAUSA. AFASTAMENTO. DESCRIÇÃO SUFICIENTE DAS CONDUTAS ATRIBUÍDAS AO DENUNCIADO, ASSEGURANDO-LHE O EXERCÍCIO DA AMPLA DEFESA. ATENDIMENTO AOS REQUISITOS DO ART. 41 DO CPP. DEMONSTRAÇÃO INEQUÍVOCA DE INDÍCIOS DE AUTORIA E MATERIALIDADE. MAJORANTE DO ART. 327, §2º, DO CP. EXCLUSÃO. DENÚNCIA PARCIALMENTE RECEBIDA. 1. Nos termos do art. 4º, §13, da Lei 12.850/2013, não há indispensabilidade legal de que os depoimentos referentes a colaborações premiadas sejam registrados em meio magnético ou similar, mas somente uma recomendação para assegurar maior fidelidade das informações. Inexiste, portanto, nulidade ou prejuízo à defesa pela juntada apenas de termos escritos, sobretudo quando não foi realizada a gravação dos depoimentos. 2. A tradução para o vernáculo de documentos em idioma estrangeiro só deverá ser realizada se tal providência tornar-se absolutamente "necessária", nos termos do que dispõe o art. 236 do Código de Processo Penal. 3. A transferência de procedimento criminal, embora sem legislação específica produzida internamente, tem abrigo em convenções internacionais sobre cooperação jurídica, cujas normas, quando ratificadas, assumem status de lei federal. Exsurgindo do contexto investigado, mediante o material compartilhado

pelo Estado estrangeiro, a suposta prática de várias condutas ilícitas, nada impede a utilização daquelas provas nas investigações produzidas no Brasil, principalmente quando a autoridade estrangeira não impôs qualquer limitação ao alcance das informações e os meios de prova compartilhados, como poderia tê-lo feito, se fosse o caso. É irrelevante, desse modo, qualquer questionamento sobre a dupla tipicidade ou o princípio da especialidade, próprios do instituto da extradição. 4. Tem-se como hábil a denúncia que descreve todas as condutas atribuídas ao acusado, correlacionando-as aos tipos penais declinados. Ademais, "não é lícito ao Juiz, no ato de recebimento da denúncia, quando faz apenas juízo de admissibilidade da acusação, conferir definição jurídica aos fatos narrados na peça acusatória. Poderá fazê-lo adequadamente no momento da prolação da sentença, ocasião em que poderá haver a emendatio libelli ou a mutatio libelli, se a instrução criminal assim o indicar" (HC 87324, Rel. Min. CÁRMEN LÚCIA, Primeira Turma, DJe de 18.5.2007). 5. É incabível a causa de aumento do art. 327, §2º, do Código Penal pelo mero exercício do mandato parlamentar, sem prejuízo da causa de aumento contemplada no art. 317, §1º (Inq 3.983, minha relatoria, Tribunal Pleno, DJe 12.05.2016). A jurisprudência desta Corte, conquanto revolvida nos últimos anos (Inq 2606, Relator(a): Min. LUIZ FUX, Tribunal Pleno, julgado em 11.11.2014, Dje-236, divulg. 1.12.2014, public. 2.12.2014), exige uma imposição hierárquica ou de direção (Inq 2191, Relator(a): Min. CARLOS BRITTO, Tribunal Pleno, julgado em 8.5.2008, processo eletrônico Dje-084, divulg. 7.5.2009, public. 8.5.2009) que não se acha nem demonstrada nem descrita nos presentes autos. 6. Afigura-se suficiente ao recebimento da denúncia a existência de fartos indícios documentais que demonstram que o acusado teria ocultado e dissimulado a origem de valores supostamente ilícitos, mediante a utilização de meios para dificultar a identificação do destinatário final, por meio de depósitos em contas vinculadas a "trusts". 7. A existência de elementos indiciários que indicam a plena disponibilidade econômica sobre os ativos mantidos no exterior, ainda que em nome de trusts ou empresas offshores, torna imperativa a admissão da peça acusatória pela prática do crime de evasão de divisas. 8. É certo que o tipo penal do art. 350 do Código Eleitoral exige expressamente, para sua configuração, que a omissão de declaração que deva constar do documento público seja realizada com fins eleitorais. No caso, há indícios que esse comportamento deu-se em razão de o denunciado não ter como justificar a existência de valores no exterior, em soma incompatível com seu patrimônio. Ao lado disso, conforme firme orientação deste Supremo Tribunal Federal, a aferição do elemento subjetivo, em regra, é matéria que se situa no âmbito da instrução processual: INQ 3588-ED, Rel. Min. MARCO AURÉLIO, Primeira Turma, DJe de 16.4.2015; INQ 3696, minha relatoria, Segunda Turma, DJe de 16.10.2014. 9. Denúncia parcialmente recebida, com exclusão somente da causa de aumento prevista no art. 327, §2º, do Código Penal.[786]

É preciso, contudo, transcender a lógica da vedação ao uso fundada no abuso.

Em nosso próprio ordenamento jurídico – guardadas as devidas proporções – algo similar ocorreu com o instituto da pessoa jurídica. A extensão do atributo da personalidade jurídica para entes além das pessoas físicas visa atender a propósitos socialmente relevantes, tais como facilitar a realização de atividades que demandam a reunião em grupos e propiciar a diminuição de riscos ao patrimônio daqueles que a compõem.

Ocorre que, no cotidiano jurídico, em certas ocasiões a autonomia patrimonial das pessoas jurídicas passou a se mostrar prejudicial à conquista das finalidades para as quais foram concebidas. Percebeu-se que a existência de patrimônios autônomos – o da sociedade e o particular dos sócios – consubstanciou-se em mecanismo utilizado para o cometimento de fraudes e outros atos contrários ao Direito, desvirtuando o propósito previsto pela legislação.

Nesse sentido, Rubens Requião defendeu que, em situações extremas, nas quais a "personalidade jurídica pode vir a ser usada como anteparo de fraude", seria adequado e compatível com o direito brasileiro, a sua desestimação, isto é, a "declaração de ineficácia especial da personalidade jurídica para determinados efeitos, prosseguindo a mesma incólume para seus outros fins legítimos", de modo a alcançar os bens dos sócios.[787]

Mais tarde, a análise do tema foi renovada pelos estudos de José Lamartine Corrêa Oliveira, o qual diagnosticou ao final da década de 1970 que o instituto da pessoa jurídica padecia de uma dupla crise: a primeira de sistema e a segunda de função. A crise de função seria expressada pela disparidade entre os fins previstos na lei e a utilização da pessoa jurídica, acarretando a opção axiológica pela sua desconsideração. Nas palavras do referido autor:

---

[786] BRASIL. Supremo Tribunal Federal. Inq. 4146. Relator(a): Min. Teori Zavascki. Data de Julgamento: 22/06/2016. Data de Publicação: 05/10/2016.
[787] REQUIÃO, Rubens. Abuso de direito e fraude através da pessoa jurídica (disregard doctrine). *Revista dos Tribunais*, São Paulo, v. 410, n. 12, p. 12-14, dez. 1969.

O legislador deve guardar, porém, uma segunda e fundamental fidelidade: a fidelidade axiológica. A ordem jurídica só tem sentido quando orientada basicamente por determinados valores sem os quais ela não tem justificativa possível. Tais valores radicam, em última análise, na dignidade da pessoa humana, na fundamental existência de direitos dos homens, e de igualdade entre todos os homens. A pessoa jurídica, realidade acidental e subordinada a esses valores reitores da ordem jurídica, existe em função de determinados fins, considerados humana e socialmente relevantes. Se um agrupamento se organiza para fins imorais (como no exemplo clássico de uma quadrilha de bandidos), o limite axiológico da ordem jurídica passa a ser ao mesmo tempo limite ontológico: não é possível admitir-se que a quadrilha seja pessoa jurídica. A pessoa jurídica é uma realidade que tem funções – função de tornar possível a soma de esforços e recursos econômicos para a realização de atividades produtivas impossíveis com os meios isolados de um ser humano; função de limitação de riscos empresariais; função de agrupamento entre os homens para fins religiosos, políticos, educacionais; função de vinculação de determinados bens ao serviço de determinadas finalidades socialmente relevantes. À medida, porém, que as estruturas sociais e econômicas evoluem, tipos legais previstos para determinadas funções vão sendo utilizados para outras – não previstas pelo legislador – funções. Se tais funções novas entram em contraste com os valores reitores da ordem jurídica, há uma crise da função do instituto.[788]

Impende ressaltar que, segundo Rubens Requião e José Lamartine Corrêa Oliveira, a desconsideração da personalidade jurídica (ou sua desestimação) seria medida excepcional, a qual só deveria ser aplicada em situações extraordinárias, quando o instituto estivesse tendo seu uso desvirtuado para o cometimento de fraudes e abuso de direito. Essa mesma lógica pode permear a apreciação sobre os *trusts*, permitindo a interferência judicial em casos de uso desvirtuado dessa figura.[789]

Nesse sentido, verifica-se, por exemplo, nos Estados Unidos da América, a existência de casos em que o Poder Judiciário necessitou

---

[788] OLIVEIRA, José Lamartine Corrêa de. *A dupla crise da pessoa jurídica*. São Paulo: Saraiva, 1979. p. 608.

[789] "Ademais, se o *trustee* transferiu indevidamente bens do *trust* para alguém que não um adquirente de boa-fé sem conhecimento do *trust*, então, por meio de um remédio chamado '*tracing*', o interesse do beneficiário sobre a propriedade permanece vinculado aos bens transferidos, e considera-se que o receptor detém os bens e todas as suas rendas em *trust* para o beneficiário, que era o proprietário equitativo dos bens". Tradução da autora. (HANSMANN, Henry; MATTEI, Ugo. The Functions of Trust Law: a comparative legal and economic analysis. *New York University Law Review*, v. 73, p. 440, May 1998).

realizar a devida adequação da constituição de *trusts* para preservar direitos indisponíveis[790] ou evitar o cometimento de fraudes.[791]

Por todo o exposto, resta claro que o *trust* não é uma figura desprovida de limites e, com as devidas cautelas, pode oferecer grandes potencialidades ao direito brasileiro.

---

[790] No caso *Riechers v. Riechers* (ESTADOS UNIDOS DA AMÉRICA. Supreme Court of Westchester County, Second Judicial Department of the State of New York. Riechers v. Riechers. *New York Supplement, Second Series*, St. Paul, v. 679, 1998, p. 233), em julgamento de caso de divórcio, o Tribunal do Condado de Westchester, Estado de Nova York, interveio na constituição de um *trust* pelo cônjuge varão, médico, instituído para proteger seu patrimônio familiar contra ações de pacientes por erro médico, indicando como beneficiários seus filhos e "a esposa do *Settlor*", sem nominar a cônjuge virago. O instrumento de criação do *trust* previa que a esposa perderia o direito aos benefícios em caso de divórcio. No entanto, tendo sido instituído com o patrimônio familiar, o Tribunal decidiu por conceder à cônjuge virago metade do valor do patrimônio conjugal utilizado na constituição do *trust*.

[791] No caso *Federal Trade Commission v. Affordable Media, LLC* (ESTADOS UNIDOS DA AMÉRICA. United States Court of Appeals, Ninth Circuit. Federal Trade Commission v. Affordable Media. *Federal Reporter, Third Series*, St. Paul, v. 179, 1999, p. 1.228), o Nono Circuito do Tribunal Federal de Recursos dos Estados Unidos, manteve a condenação dos réus por *contempt of court* – sanção processual cominatória existente nos Estados Unidos, semelhante à punição pelo crime de desobediência a ordem judicial – diante de sua resistência em repatriar recursos aos Estados Unidos colocados em um *trust* nas Ilhas Cook com o propósito de blindar seu patrimônio contra ações de consumidores defraudados em um golpe de "pirâmide" praticado por telemarketing. Embora os réus tenham argumentado que haviam renunciado aos poderes enquanto *trustees*, concedendo todo o domínio sobre os bens no exterior a uma pessoa jurídica, o Tribunal entendeu que os réus permaneciam tendo controle sobre o *trust*, tendo poderes para repatriar os recursos: "Dada a natureza do chamado *trust* 'para a proteção de bens' dos Anderson, que foi projeto para frustrar o poder dos tribunais dos Estados Unidos de executar suas decisões judiciais, restam poucas alternativas ao juízo de primeira instância senão exercer seus poderes cominatórios para coagir pessoas como os Anderson a removerem os obstáculos que eles mesmos colocaram no caminho do judiciário. Dado que o *trust* dos Anderson está operando exatamente da forma como eles pretenderam, não somos demasiadamente simpáticos às suas alegações e seríamos hesitantes a restringir em demasia a discricionariedade do juízo de primeira instância, assim legitimando o que fora feito pelos Anderson". Tradução da autora.

CONSIDERAÇÕES FINAIS

O desfecho da pesquisa que permitiu a edição de uma tese em livro se inicia pela retomada da lição do poeta grego Konstantínos Kaváfis, segundo o qual, ao se lançar rumo a uma jornada desafiadora como a de Ulisses, deve-se aspirar que ela seja longa e repleta de aventura e conhecimento[792]. A peregrinação em busca de um conceito de *trust* e seu diálogo com o Direito brasileiro foi permeada de encontros e desencontros.

Uma das razões para tanto decorre da necessidade de que, para avançar em direção à compreensão das características do *trust* contemporâneo, é preciso, antes de tudo, "dar um passo para trás"[793], a fim de compreender adequadamente as condições que proporcionaram o surgimento dessa figura. Além disso, foi preciso revisitar categorias clássicas do direito civil, justamente nesse ano em que a primeira codificação brasileira completa seu centenário.

Num mundo em constante mutação – talvez mais acelerada pelos avanços da tecnologia e pelas trocas culturais cada vez mais intensas, a despeito de situações que parecem tão congeladas no tempo –, o Direito tem o desafio de adaptar-se, com o risco de, caso não o faça, tornar-se

---

[792] KAVÁFIS, Konstantínos. *Os poemas*. Tradução de Joaquim Manoel Magalhães e Nikos Pratsinis. Lisboa: Relógio D'água, 2005. p. 63.

[793] De modo sagaz, Lionel Smith afirma que: *"The challenge is in comprehending the projects that lie in the future: to develop a global understanding of trusts may require us to step back before we can go forward. The law of trusts, as a fundamental category of legal thought, is intimately connected with a number of other fundamental legal concepts"*. (SMITH, Lionel. The re-imagined trust. *In: Re-imagining the Trust*. New York: Cambridge, 2012. Edição Kindle. Posição 4.790). Tradução da autora: "O desafio está em compreender os projetos que estão no futuro: desenvolver uma compreensão global dos *trusts* pode exigir que demos um passo para trás antes de seguir em frente. O direito dos *trusts*, enquanto categoria fundamental do pensamento jurídico, está intimamente ligada a diversos outros conceitos jurídicos fundamentais".

anacrônico. Crê-se que seja justamente esse o papel da doutrina. Refletir sobre as situações que se colocam na realidade fática para propor a delimitação de conceitos e de critérios interpretativos. É isso que a autora pretendeu realizar, dentro de seus limites materiais e intelectuais.

O caminho percorrido foi o de etapas e de diálogos. Optou-se por construir para os *trusts* um histórico que narrasse o caminho percorrido por eles no mundo ocidental, apontando-se para isso um momento de "início", que seria a Inglaterra pós-conquista normanda. Mostrou-se como esta figura foi se adaptando as novas realidades socioculturais e históricas em solo europeu – notadamente fora do continente, de começo – e depois se amalgamando às demais realidades, como ocorreu com a situação conhecida historicamente como "querela franciscana", cujos efeitos foram sentidos no território do dizer e do fazer jurídicos, e cujos ecos ouvimos, de um modo ou de outro, até os dias atuais, uma vez que somos tributários desse modo de pensar e praticar o Direito. Isso explica o aprofundamento histórico do capítulo I, para o qual se lançou mão de estudos transdisciplinares, em profundo diálogo com outras áreas do saber, utilizando-se de fontes variadas, por vezes incomuns em livros dessa espécie.

Em seguida a este painel histórico, foi feito um estudo comparativo entre os *trusts* e demais figuras jurídicas, como a enfiteuse e o fideicomisso. Apontaram-se similitudes mas principalmente as diferenças, fossem as de origem, as de concepção, mas fundamentalmente as das práticas na ordem do Direito.

Mostraram-se neste livro as vantagens do uso do *trust* em casos bem específicos, típicos da realidade que nos atravessa: fossem situações delicadas como o das pessoas deficientes ou incapazes, fosse ainda para a regulamentação de situações fiscais de quem deseja investir no exterior, sem contravenção ou sem onerar os cofres públicos brasileiros.

Sustentou-se que o *trust* cabe, então, perfeitamente na realidade brasileira e que poderia ser perfeitamente recepcionado no Brasil, sendo para isso necessário e conveniente que o país aderisse à Convenção da Haia sobre *trusts,* promovendo as alterações necessárias no Código Civil, o que só traria benefícios. Para tanto, adotou-se a posição de que os *trusts* predicam-se como patrimônio de afetação hodiernamente. É por essa razão que foram apresentas as diversas modalidades de patrimônios de afetação existentes atualmente na legislação brasileira, para sustentar a compatibilidade desse instituto com o ordenamento jurídico brasileiro.

Para finalizar, um livro com esse teor não teria muito sentido caso não trouxesse possibilidades de abertura para outros territórios do dizer e das práticas sociais. O Direito – por razões muito particulares – não poderia isolar-se da realidade sociocultural, com o risco de tornar-se autofágico ou ainda fonte de um discurso no deserto, para o qual não haveria ouvintes além do pó.

Desde o início desse projeto, manteve-se em mente trazer para o debate um novo dizer, uma nova forma de olhar, um novo patamar a partir do qual outros pudessem ser alcançados, mesmo reconhecendo os limites que uma obra acadêmica carrega no seu bojo. Paralelamente – e nisso a prática do trabalho diário com o Direito deixou notório –, trazer possibilidades de uso prático.

Desse modo, espera-se ter contribuído para a elucidação de fatos acerca da realidade do *trust*, essa figura por vezes mal compreendida tanto pela sociedade quanto no próprio seio do Direito. O *trust*, como se mostrou, pode ser de grande benefício para a realidade que se constrói no Brasil de hoje, época de sensíveis situações políticas e sociais.

O breve período de tempo que separa uma defesa de tese acadêmica e o lançamento desta mesma tese ("tese" = ideia central de um discurso; "tese" = o texto em si de uma defesa escrita) em livro é ambíguo. Em termos históricos, o período pode ser curto o suficiente para não haver mudanças dramáticas ou consistentes no que concerne ao jurídico; em paralelo, num curto espaço temporal, também em termos jurídicos, grandes mudanças podem ter ocorrido: a promulgação de uma lei, uma decisão importante para um caso "pequeno", mas que altere toda uma visão de um ponto, uma decisão importante para um caso "grande", que igualmente impactará em toda a sociedade. E ocorrem eleições, acidentes, tempestades e inundações, enfim toda sorte de acontecimentos possíveis.

A vida, assim como o direito, é dinâmica, embora muitas vezes o direito não consiga alcançar tal dinamismo, por motivos culturais, práticos, históricos, políticos, protocolares e burocráticos.

Diante desse quadro, a autora sabia muito bem os limites que uma decisão sobre publicação traria: rever todos os pontos, rever apenas alguns, não rever nenhum e deixar ao leitor a aventura de descobrir por si mesmo aquilo que é da ordem do tempo e do espaço e seus possíveis anacronismos.

De todo modo, a decisão de publicação de uma tese importa. Primeiramente, importa para que se divulgue o que, por vezes, é de discussão circunscrita ao meio acadêmico; em segundo lugar porque uma obra pertence ao mundo, e como já teria pensado Jorge Luis Borges, há de se publicar o que se escreve, com o risco de passar-se o resto da vida alterando o já escrito. Que a escrita invada o mundo!

Esta "conclusão" começou com a menção ao famoso poema de Kaváfis, "Ítaca". Nele, o poeta não apenas deseja que o caminha seja longo e pleno de descobertas. Ele sabe que quem volta, volta o mesmo e não mais o mesmo. Assim, a autora finaliza um processo, esperando que outros venham, com a mesma intensidade.

Em alguns anos, a figura do *trust* não mudou tanto na mídia ou em obras que a autora vem acompanhando de perto. Ainda se espera, todavia, que tanto os leigos quanto os profissionais da área possam ter um entendimento mais preciso desse importante instituto.

REFERÊNCIAS

ADVOGADO de Cunha diz que ele não mentiu a CPI sobre contas bancárias. *G1*, 11 maio 2016. Disponível em: http://goo.gl/tJfWqk. Acesso em: 13 maio 2016.

AGHIARIAN, Hércules. *Curso de direito imobiliário*. 11. ed. São Paulo: Atlas, 2012.

ALVES, Giovani Ribeiro Rodrigues. *Codificação e não codificação*: do paradigma moderno ao direito de empresa. 139 f. Dissertação (Mestrado) – Universidade Federal do Paraná, Setor de Ciências Jurídicas, Programa de Pós-Graduação em Direito, Curitiba, 2014.

ALVES, Gustavo de Aguair Ferreira. *Segregação patrimonial e securitização de crédito*. 165 f. Dissertação (Mestrado em Direito) – Pontifícia Universidade Católica de Minas Gerais, Belo Horizonte, 2010.

ALVES, José Carlos Moreira. *A parte geral do projeto de Código Civil brasileiro*: subsídios históricos para o novo Código Civil brasileiro. 2. ed. aum. São Paulo: Saraiva, 2003.

ALVES, José Carlos Moreira. *Direito romano*. 16. ed. Rio de Janeiro: Forense, 2014.

AMORIM, Edgar Carlos de. *Teoria e prática da enfiteuse*. Rio de Janeiro: Forense, 1986.

AMORIM, Felipe. Entenda o que Eduardo Cunha já disse sobre a origem de dinheiro na Suíça. *UOL Notícias (on-line)*, 10 nov. 2015. Disponível em: http://goo.gl/um2kTU. Acesso em: 3 maio 2016.

AMORIM, Felipe; PRAZERES, Leandro. Trusts são "empresas de papel", diz relator; advogado de Cunha vê "guilhotina". *UOL Notícias (on-line)*, 12 set. 2016. Disponível em: https://goo.gl/NnsL9t. Acesso em: 16 set. 2016.

AGAMBEN, Giorgio. *Altíssima pobreza*: regras monásticas e formas de vida. Tradução de Selvino J. Assmann. São Paulo: Boitempo, 2014. (Coleção Estado de Sítio).

AQUINO, Sto. São Tomás *et al*. *Seleção de textos*. Tradução de Luiz João Baraúna *et al*. 2. ed. São Paulo: Abril Cultural, 1979. (Os Pensadores)

ATTORNEY GENERAL'S OFFICE. *About us*. Disponível em: goo.gl/7BfcvN. Acesso em: 7 maio 2016.

AZEVEDO, Álvaro Villaça de. *Direito das coisas*. São Paulo: Atlas, 2014.

BANCO CENTRAL DO BRASIL. *CBE – Capitais brasileiros no exterior*. Disponível em: http://goo.gl/vShHDz. Acesso em: 7 maio 2016.

BANCO CENTRAL DO BRASIL. *CBE – Manual da declaração on-line*. Disponível em: http://goo.gl/SqA9g0. Acesso em: 11 maio 2016.

BAR, Christian von; CLIVE, Eric (Eds.). *Principles, Definitions and Model Rules of European Private Law*: Draft Common Frame of Reference (DCFR). Full Edition. München: Sellier, 2009. v. 6.

BAR, Christian von; CLIVE, Eric; SCHULTE-NÖLKE, Hans (Eds.). *Principles, Definitions and Model Rules of European Private Law*: Draft Common Frame of Reference (DCFR). Outline Edition. München: Sellier, 2009.

BARRIÈRE, François. *Charitable trusts* anglo-américains et fondations françaises: des moyens analogues de protection du patrimoine naturel ou culturel. *In:* CORNU, Marie; FROMAGEAU, Jérôme (Dir.). *Fondation et trust*: dans la protection du patrimoine. Paris: L'Harmattan, 1999. p. 89-102.

BARRIÈRE, François. The French fiducie, or the chaotic awakening of a sleeping beauty. *In*: SMITH, Lionel. *Re-imagining the Trust*. New York: Cambridge, 2012. Edição Kindle.

BARROCAL, André. Cunha, inimigo simbólico do cerco global a paraísos fiscais. *Carta Capital (on-line)*, 16 nov. 2015. Disponível em: http://goo.gl/lRkxiz. Acesso em: 15 maio 2016.

BATISTA, Nilo. *Introdução crítica ao direito penal brasileiro*. 11. ed. Rio de Janeiro: Revan, 2007.

BAUMAN, Zygmunt. *Amor líquido*: sobre a fragilidade dos laços humanos. Tradução de Carlos Alberto Medeiros. Rio de Janeiro: Zahar, 2004.

BAUMAN, Zygmunt. *Vida para consumo*: a transformação das pessoas em mercadoria. Tradução de Carlos Alberto Medeiros. Rio de Janeiro: Jorge Zahar, 2008.

BAUMAN, Zygmunt. *A arte da vida*. Tradução de Carlos Alberto Medeiros. Rio de Janeiro: Zahar, 2009.

BC desmonta argumentos de Cunha sobre contas no exterior. *Correio do Brasil*, 9 abr. 2016. Disponível em: http://goo.gl/MiwbS2. Acesso em: 3 maio 2016.

BERTOLDI, Marcelo M.; RIBEIRO, Marcia Carla Pereira. *Curso avançado de direito comercial*. 6. ed. São Paulo: Revista dos Tribunais, 2011.

BÍBLIA SAGRADA. Petrópolis: Vozes, 2005.

BRAUN, Alexandra. Trusts in the Draft Common Frame of Reference: The "Best Solution" for Europe? *Cambridge Law Journal*, v. 70, n. 2, p. 327-352, jul. 2011.

BRAUNER, Maria Claudia. Novas tecnologias reprodutivas e projeto parental: contribuição para o debate no direito brasileiro. *Jornal Brasileiro de Reprodução Assistida*, v. 8, n. 3, p. 7-14, maio/jun./jul. 2004.

BRUSSELS Convention on Jurisdiction and the Enforcement of Judgments in Civil and Commercial Matters. 27 set. 1968. Disponível em: http://goo.gl/WhkXjU. Acesso em: 14 jan. 2016.

BURKE, Peter. Culturas da tradução nos primórdios da Europa Moderna. *In*: BURKE, Peter; HSIA, R. Po-Chia (org.). *A tradução cultural*. Tradução de Roger Maioli dos Santos. São Paulo: Unesp, 2009.

CAHALI, Francisco José; HIRONAKA, Giselda Maria Fernandes. *Direito das sucessões.* 5. ed. rev. São Paulo: RT, 2014.

CÂMARA, Bernardo Ribeiro; LOBATO, Thássyla Martins Athayde. *A execução de alimentos no novo Código de Processo Civil.* Disponível em: http://goo.gl/Iam3YC. Acesso em: 13 abr. 2016.

CÂMARA, Hamilton Quirino. *Falência do incorporador imobiliário*: o caso Encol. Rio de Janeiro: Lumen Juris, 2004.

CAMINHA, Uinie. *Securitização.* 2. ed. São Paulo: Saraiva, 2007.

CAMPOS, Diogo Leite de; TOMÉ, Maria João Romão Carreiro Vaz. *A propriedade fiduciária (Trust)*: estudo para a sua consagração no direito português. Coimbra: Almedina, 1999.

CARBONERA, Silvana Maria. Aspectos históricos e socioantropológicos da família brasileira: passagem da família tradicional para a família instrumental e solidarista. *In*: MATOS, Ana Carla Harmatiuk; MENEZES, Joyceane Bezerra de (org.). *Direito das famílias por juristas brasileiras.* São Paulo: Saraiva, 2013. p. 33-65.

CARVALHO, Gabriel Luiz de. *Sociedade de propósito específico*: natureza e aplicação. Disponível em: https://jus.com.br/artigos/10756/sociedadedepropositoespecifico. Acesso em: 2 ago. 2016.

CAVALLI, Cássio. *O debate em torno do projeto de Código Comercial.* Disponível em: http://goo.gl/aWrp2O. Acesso em: 10 ago. 2016.

CAVICHIOLI, Rafael de Sampaio. *Crítica do sujeito de direito*: da filosofia humanista à dogmática contemporânea. 258f. Dissertação (Mestrado em Direito) – Setor de Ciências Jurídicas, Universidade Federal do Paraná, Curitiba, 2006.

CHADE, Jamil. Cunha se transforma em garoto propaganda em campanha internacional contra a corrupção. *Estadão (on-line)*, 13 set. 2016. Disponível em: https://goo.gl/CbI5Uh. Acesso em: 16 set. 2016.

CHALHUB, Melhim Namem. *Trust*: perspectivas do direito contemporâneo na transmissão da propriedade para administração de investimentos e garantia. Rio de Janeiro: Renovar, 2001.

CHALHUB, Melhim Namem. *Da incorporação imobiliária.* 3. ed. Rio de Janeiro: Renovar, 2010.

CHALHUB, Melhim Namem. *Alienação fiduciária, incorporação imobiliária e mercado de capitais*: estudos e pareceres. Rio de Janeiro: Renovar, 2012.

CHALHUB, Melhim Namem. *Novo CPC poderia reforçar segurança jurídica da afetação patrimonial.* Disponível em: http://goo.gl/TcyGxX. Acesso em: 15 abr. 2016.

CHRISTOFOLETTI, Lilian. Polícia da ilha de Jersey diz não poder informar quais os tipos de contas da família Maluf. *Folha de S. Paulo (on-line)*, 14 jun. 2001. Disponível em: http://goo.gl/JK9WQ2. Acesso em: 15 maio 2016.

COELHO, Fábio Ulhoa. *Curso de direito comercial*: direito de empresa. 17. ed. São Paulo: Saraiva, 2013.

COLLA, Manuelle Senra. *Novo CPC endurece normas para devedores de alimentos*. Disponível em: http://goo.gl/sD97t5. Acesso em: 13 abr. 2016.

COMMISSION OF THE EUROPEAN COMMUNITIES. *Communication from the Commission to the Council and the European Parliament on European Contract Law*. Bruxelas, 7 nov. 2001. Disponível em: http://goo.gl/PrH3ff. Acesso em: 3 fev. 2016.

CONCEIÇÃO, Jefferson José da. Para entender a crise. *In*: SISTER, Sérgio (org.). *O abc da crise*. São Paulo: Fundação Perseu Abramo, 2009. p. 17-54.

CONFÉRENCE DE LA HAYE DE DROIT INTERNATIONAL PRIVÉ. *Convention du premier juillet 1985 relative à la loi applicable au trust et à sa reconnaissance*. 1º jul. 1985.

CORREIA, Atalá. Estatuto da Pessoa com Deficiência traz inovações e dúvidas. *Consultor Jurídico*, 3 ago. 2015. Disponível em: http://goo.gl/nr5Cty. Acesso em: 29 fev. 2016.

CORTIANO JÚNIOR, Eroulths. *O discurso jurídico da propriedade e suas rupturas*. Rio de Janeiro: Renovar, 2002.

COSTA, Mário Júlio Brito de Almeida. *Origem da enfiteuse no direito português*. Coimbra: Coimbra Editora, 1957.

COSTIGAN JR., George P. The classification of trusts as express, resulting, and constructive. *Harvard Law Review*, Cambridge, v. 27, n. 5, p. 437-463, mar. 1914.

COUNCIL Convention on the Accession of the Kingdom of Denmark, Ireland and the United Kingdom of Great Britain and Northern Ireland to the Convention on Jurisdiction and the Enforcement of Judgments in Civil and Commercial Matters and to the Protocol on its Interpretation by the Court of Justice. 9 out.1978. Disponível em: http://goo.gl/JgHF2J. Acesso em: 14 jan. 2016.

CRETELLA JÚNIOR, José. *Curso de direito romano*: o direito romano e o direito civil brasileiro. 10. ed. rev. e aum. Rio de Janeiro: Forense, 1986.

CUNHA é chamado de "Mr. Trust" em campanha mundial anticorrupção. *Bom Dia Brasil (on-line)*, 14 set. 2016. Disponível em: https://goo.gl/sUg9ai. Acesso em: 16 set. 2016.

DAVID, René. *O direito inglês*. Tradução de Eduardo Brandão; Isabella Soares Micali. 2. ed. São Paulo: Martins Fontes, 2006.

DAVID, René. *Os grandes sistemas do direito contemporâneo*. Tradução de Hermínio A. Carvalho. 5. ed. São Paulo: Martins Fontes, 2014.

DAVID, René; JAUFFRET-SPINOSI, Camille. *Les grands systèmes de droit contemporains*. 11. ed. Paris: Dalloz, 2002.

DE BONI, Luís Alberto; OCKHAM, Guilherme de. *In*: BARRETTO, Vicente de Paulo et al. *Dicionário de filosofia do direito*. São Paulo: Unisinos; Rio de Janeiro: Renovar, 2006. p. 615-618.

DELLORE, Luiz. *O que acontece com o devedor de alimentos no Novo CPC?* Disponível em: http://goo.gl/s78VBQ. Acesso em: 13 abr. 2016.

DELLORE, Luiz; RANGEL, Rafael Calmon. *Novo CPC*: cabe prisão do devedor de alimentos por ato ilícito? Disponível em: http://goo.gl/r2dFcY. Acesso em: 13 abr. 2016.

DE PLÁCIDO E SILVA, Oscar Joseph. *Vocabulário jurídico*. Atualizado por Nagib Slaibi Filho e Gláucia Carvalho. Rio de Janeiro: Forense, 2004.

DIAS, Maria Berenice. *Manual de direito das famílias*. 10. ed. São Paulo: Revista dos Tribunais, 2015.

DIDIER JR., Fredie. *Estatuto da Pessoa com Deficiência, Código de Processo Civil de 2015 e Código Civil*: uma primeira reflexão. Disponível em: http://goo.gl/tEFaLD. Acesso em: 29 fev. 2016.

DIDIER JR., Fredie; CUNHA, Leonardo José Carneiro da; BRAGA, Paula Sarno; OLIVEIRA, Rafael. *Curso de direito processual civil*: execução. 4. ed. Salvador: Juspodivm, 2012. v. 5.

DIDIER JR., Fredie; PEIXOTO, Ravi. *Novo código de processo civil*: comparativo com o Código de 1973. Salvador: Juspodivm, 2015.

DOLINGER, Jacob. *A evolução da ordem pública no direito internacional privado*. Tese (Concurso à Cátedra de Direito Internacional Privado) – Universidade do Estado do Rio de Janeiro, Rio de Janeiro, 1979.

DOLINGER, Jacob. *Direito internacional privado*: parte geral. 2. ed. Rio de Janeiro: Renovar, 1997.

DOLINGER, Jacob. *Direito internacional privado*: parte geral. Rio de Janeiro: Forense, 2012.

DONLAN, Seán; FARRAN, Sue; ORUCU, Esin. A Study of Mixed legal Systems: Endangered, Entrenched or Blended. *Juris Diversitas*, 2014.

ECO, Umberto. *A busca da língua perfeita na cultura européia*. 2. ed. Tradução de Antonio Angonese. Bauru: EDUSC, 2002.

EDUARDO Cunha afirma que não é o dono do dinheiro em contas na Suíça. *Jornal Nacional (on-line)*, 7 nov. 2015. Disponível em: goo.gl/5e4Ect. Acesso em: 30 nov. 2015.

EDUARDO Cunha: "Estou absolutamente convicto de que não menti". *Carta Capital (on-line)*, 21 jun. 2016. Disponível em: https://goo.gl/zA8vzl. Acesso em: 16 set. 2016.

EIZIRIK, Nelson. *O novo Código Comercial e a lei das S/A*. Disponível em: http://goo.gl/AgBPgu. Acesso em: 10 ago. 2016.

ESPECIALISTAS manifestam-se contra Código Comercial. *Migalhas*, 15 maio 2013. Disponível em: http://goo.gl/JJ9PSL. Acesso em: 10 ago. 2016.

FACHIN, Luiz Edson. *Estatuto jurídico do patrimônio mínimo*. 2. ed. rev. e atual. Rio de Janeiro: Renovar, 2006.

FALBEL, Nachman. *Os espirituais franciscanos*. São Paulo: Edusp; Fapesp, 1995.

FALCÃO, Márcio; BERGAMO, Mônica. Explicação de Cunha para contas é frágil, dizem investigadores. *Folha de S. Paulo (on-line)*, 6 nov. 2015. Disponível em: http://goo.gl/71k3Mg. Acesso em: 30 nov. 2015.

FÉRES, Marcelo Andrade. As sociedades de propósito específico (SPE) no âmbito das parcerias público-privadas (PPP): algumas observações de direito comercial sobre o art. 9º da Lei nº 11.079/2004. *Revista Jurídica da Presidência*, Brasília, v. 7, n. 75, out./nov. 2005. Disponível em: https://goo.gl/ZxOZTh. Acesso em: 4 ago. 2016.

FERREIRA, Vivianne Geraldes. Quadro comum de referência: abandono da tradição jurídica europeia em nome da europeização do direito? *Anuario da Facultade de Dereito da Universidade da Coruña*, n. 12, p. 501-517, 2008.

FINANCIAL ACTION TASK FORCE. *Money Laundering Using Trust and Company Service Providers*. FATF Report. Paris: FATF/GAFI, out. 2010. Disponível em: http://goo.gl/iHP7pN. Acesso em: 20 maio 2016.

FOERSTER, Gerd. *O trust do direito anglo-americano e os negócios fiduciários no Brasil*: perspectiva de direito comparado: considerações sobre o acolhimento do "trust" pelo direito brasileiro. Porto Alegre: Sergio Antonio Fabris, 2013.

FONSECA, Paulo Henriques da. A enfiteuse e função social do solo urbano: a regularização local e popular. *In*: CONGRESSO NACIONAL DO CONPEDI. *Anais do XVI Congresso Nacional*. Florianópolis: Fundação Boiteux, 2007.

FONSECA, Paulo Henriques da. *Além do feudo e do burgo*: a enfiteuse como instituto mutante, suas possibilidades e limites. 258 f. Tese (Doutorado em Teoria e Dogmática do Direito) – Programa de Pós-Graduação em Direito, Universidade Federal de Pernambuco, Recife, 2016.

FONSECA, Ricardo Marcelo. *Introdução teórica à história do direito*. Curitiba: Juruá, 2009.

FONSECA, Ricardo Marcelo. *A formação da subjetividade jurídica moderna*: notas sobre a constituição de nosso direito. Disponível em: goo.gl/SSvrP6. Acesso em: 13 jan. 2016.

FRADERA, Véra Maria Jacob de. Propriedade de lagoas situadas em terrenos particulares. *In*: BRANDELLI, Leonardo (coord.). *Direito civil e registro de imóveis*. São Paulo: Método, 2007.

FRADERA, Véra Maria Jacob de. *Reflexões sobre a contribuição do direito comparado para a elaboração do direito comunitário*. Belo Horizonte: Del Rey, 2010.

FRANÇA, Erasmo Valladão Azevedo e Novaes. O "antiprojeto" de novo Código Comercial. *Revista Jurídica Consulex*, v. 17, n. 400, p. 32-37, 15 set. 2013.

FRANÇA, Erasmo Valladão Azevedo e Novaes. *Um novo Código Comercial "vai trazer uma insegurança jurídica enorme"*. Disponível em: http://goo.gl/4XX4vV. Acesso em: 10 ago. 2016.

FRANCISCO DE ASSIS. *In*: ENCICLOPÉDIA Mirador Internacional. São Paulo: Encyclopaedia Britannica do Brasil, 1977.

FREIRE E ALMEIDA, Verônica Scriptore. *A tributação dos trusts*. Coimbra: Almedina, 2009.

FURLAN, Mauri. Brevíssima história da teoria da tradução no Ocidente: I. Os Romanos. *Cadernos de Tradução*, Florianópolis, v. 2, n. 8, p. 11-28, jan./jul. 2001.

GALGARO, Fernanda; RAMALHO, Renan; GARCIA, Gustavo. Câmara cassa mandato de Eduardo Cunha por 450 votos a 10. *G1 Política (on-line)*, 12 set. 2016. Disponível em: https://goo.gl/6nmkmn. Acesso em: 16 set. 2016.

GAMBARO, Antonio. Trust. *In*: *Digesto delle discipline privatistiche*: Sezione civile. 4. ed. Torino: UTET, 1999. v. 19. p. 449-469.

GARNER, Brian A. (Ed.). *Black's Law Dictionary*. 9. ed. St. Paul: West, 2009.

GHEZZI, Leandro Leal. *A incorporação imobiliária à luz do Código de Defesa do Consumidor e do Código Civil*. 2. ed. São Paulo: Revista dos Tribunais, 2011.

GIOVANNI XXII. Disponível em: http://w2.vatican.va/content/vatican/it/holy-father/giovanni-xxii.html. Acesso em: 15 dez. 2015.

GLOSSÁRIO das sínteses. Disponível em: http://eur-lex.europa.eu/summary/glossary/acquis.html?locale=pt. Acesso em: 9 fev. 2016.

GOMES, Orlando. Clube de estrangeiros. "Trustee". Reforma de estatuto. *In*: GOMES, Orlando. *Questões de direito civil*: pareceres. 5. ed. São Paulo: Saraiva, 1988. p. 371-376.

GOMES, Orlando. *Direitos reais*. 19. ed. rev., atual. e aum. por Luiz Edson Fachin. Rio de Janeiro: Forense, 2006.

GOMES, Orlando. *Raízes históricas e sociológicas do Código Civil brasileiro*. 2. ed. São Paulo: Martins Fontes, 2006.

GOVERNO, acabara com a cobrança de taxa de laudêmio. *Gov.br*, Brasília, 11 jun. 2021. Disponível em: https://www.gov.br/pt-br/noticias/financas-impostos-e-gestao-publica/2021/06/governo-acabara-com-a-cobranca-de-taxa-de-laudemio. Acesso em: 9 dez. 2021.

GOYARD-FABRE, Simone. *Os fundamentos da ordem jurídica*. Tradução de Cláudia Berliner; revisão da tradução Maria Ermantina de Almeida Prado Galvão. 2. ed. São Paulo: Martins Fontes, 2007.

GRADILONE, Cláudio. Sigilo à americana. *IstoÉ Dinheiro (on-line)*, 4 fev. 2016. Disponível em: http://goo.gl/Iepq5m. Acesso em: 15 maio 2016.

GRAZIADEI, Michele. Trusts in Italian Law: A Matter of Property or Obligation? *In*: *Italian National Reports to the XVth International Congress of Comparative Law, Bristol 1998*. Milano: Giuffrè, 1998. p. 189-224.

GROSSI, Paolo. *História da propriedade e outros ensaios*. Tradução de Luiz Ernani Fritoli; Ricardo Marcelo Fonseca. Rio de Janeiro: Renovar, 2006.

GROSSI, Paolo. *Primeira lição sobre direito*. Tradução de Ricardo Marcelo Fonseca. Rio de Janeiro: Forense, 2006.

GROSSI, Paolo. *A ordem jurídica medieval*. Tradução de Ricardo Marcelo Fonseca; Denise Rossato Agostinetti. São Paulo: Martins Fontes, 2014.

GUERRA, Luiz Antonio. Licitação: direito administrativo, consórcio empresarial e sociedade de propósito específico, proteção e segurança jurídica para o poder público. *Revista Jurídica da Presidência*, Brasília, v. 8, n. 81, p. 47-61, out./nov. 2006.

HAGUE CONFERENCE ON PRIVATE INTERNATIONAL LAW. *Statute of the Hague Conference on Private International Law*. Haia: HCCH, 1955.

HAGUE CONFERENCE ON PRIVATE INTERNATIONAL LAW. *Convention on the Law Applicable to Trusts and on their Recognition*. 1º jul. 1985.

HAGUE CONFERENCE ON PRIVATE INTERNATIONAL LAW. *Launch of the Portuguese version of the Hague Conference website*. 17 jun. 2015. Disponível em: https://www.hcch.net/pt/news-archive/details/?varevent=410. Acesso em: 30 jul. 2016.

HAGUE CONFERENCE ON PRIVATE INTERNATIONAL LAW. *Information on the Hague Conference on Private International Law* (documento eletrônico). Disponível em: https://goo.gl/UC4MR6. Acesso em: 21 dez. 2015.

HANBURY, Harold Greville; MARTIN, Jill E. *Modern Equity*. 17. ed. London: Sweet & Maxwell, 2005.

HANSMANN, Henry; MATTEI, Ugo. The Functions of Trust Law: a comparative legal and economic analysis. *New York University Law Review*, v. 73, p. 434-479, May 1998.

HAYTON, David J.; KORTMANN, Sebastianus C. J. J.; VERHAGEN, Hendrik L. E. (Eds.). *Principles of European Trust Law*. Den Haag: Kluwer, 1999.

HENTZ, Luiz Antonio Soares. *Direito de empresa no Código Civil de 2002*: teoria geral do novo direito comercial. 3. ed. São Paulo: Juarez de Oliveira, 2005.

HESPANHA, António Manuel. *Cultura jurídica européia*: síntese de um milênio. Florianópolis: Fundação Boiteux, 2005.

HESPANHA, António Manuel. *O direito dos letrados no império português*. Florianópolis: Fundação Boiteux, 2006.

HESPANHA, António Manuel. *Cultura jurídica europeia*: síntese de um milênio. Coimbra: Almedina, 2012.

HIRONAKA, Giselda Maria Fernandes Novaes. Enfiteuse: instituto em extinção. *Revista do Instituto de Pesquisas e Estudos*, Bauru, n. 21, p. 37-47, abr./jul. 1998.

HIRONAKA, Giselda. A incessante travessia dos tempos e a renovação dos paradigmas: a família, seu status e seu enquadramento na pós modernidade. *In*: MATOS, Ana Carla Harmatiuk; MENEZES, Joyceane Bezerra de (org.). *Direito das famílias por juristas brasileiras*. São Paulo: Saraiva, 2013. p. 17-32.

HORNBY, Albert Sidney. *Oxford Advanced Learner's Dictionary of Current English*. 7. ed. Oxford: Oxford, 2005.

HOUAISS, Antônio; VILLAR, Mauro Salles. *Dicionário Houaiss da língua portuguesa*. Rio de Janeiro: Objetiva, 2009.

IMHOF, Cristiano; REZENDE, Bertha Steckert. *Novo código de processo civil comentado*: anotado artigo por artigo. Rio de Janeiro: Lumen Juris, 2015.

INFOMONEY. *Imposto sobre herança sobe em quase metade do Brasil*: veja alíquotas. Disponível em: goo.gl/ksMmTw. Acesso em: 10 jun. 2016.

INSTITUTO BRASILEIRO DE GEOGRAFIA E ESTATÍSTICA (IBGE). *Censo Demográfico*. Disponível em: goo.gl/ugeS93 . Acesso em: 10 de jun. 2016.

INSTITUTO BRASILEIRO DE GEOGRAFIA E ESTATÍSTICA (IBGE). *Taxa de fecundidade total – Brasil – 2000 a 2015*. Disponível em: https://brasilemsintese.ibge.gov.br/populacao/taxas-de-fecundidade-total.html. Acesso em: 8 dez. 2021.

ITÁLIA. *Legge 16 ottobre 1989, nº 364*: Ratifica ed esecuzione della convenzione sulla legge applicabile ai trusts e sul loro riconoscimento, adottata L'Aja il 1º luglio 1985. Suppl. Ord. alla G. U., n. 261. Disponível em: http://goo.gl/aZHp2G. Acesso em: 14 jan. 2016.

JACOMINO, Sérgio. O fideicomisso no projeto do Código Civil. *Revista de Direito Imobiliário*, São Paulo, v. 44, p. 27, maio 1998.

JAUFFRET-SPINOSI, Camille. Actes et documents de la quinzième session de la Conférence de La Haye de droit international privé, t. II, Trust, loi applicable et reconnaissance. *Revue Internationale de Droit Comparé*, v. 39, n. 2, p. 502-503, abr./jun. 1987.

JAUFFRET-SPINOSI, Camille. La Convention de la Haye relative à la loi applicable au trust et à sa reconnaissance (1er juillet 1985). *Journal du Droit International*, n. 1, p. 23-65, 1987.

JUSTO, Marcelo. As cinco estratégias favoritas dos ricos para sonegar impostos. *BBC Brasil (on-line)*, 24 maio 2014. Disponível em: http://goo.gl/Q3aMgi. Acesso em: 23 dez. 2015.

KEARNEY, Richard D. The United States and International Cooperation to Unify Private Law. *Cornell International Law Journal*, v. 5, n. 1, p. 4-6, 1972.

KRONBERG, Helcio. *Gestão de patrimônio pessoal*. São Paulo: Hemus, 2002.

KUMPEL, Vitor Frederico; BORGARELLI, Bruno de Ávila. As aberrações da lei 13.146/2015. *Revista Migalhas*, 11 ago. 2015. Disponível em: http://goo.gl/OFmUYu. Acesso em: 9 nov. 2015.

LACERDA DE ALMEIDA, Francisco de Paula. *Direito das cousas*. Rio de Janeiro: J. Ribeiro dos Santos, 1908.

LANGBEIN, John H. The Secret Life of the Trust: The Trust as an Instrument of Commerce. *Yale Law Journal*, n. 107, p. 165-189, 1997.

LANGER, Máximo. From Legal Transplants to Legal Translations: The Globalization of Plea Bargaining and the Americanization Thesis in Criminal Procedure. *Harvard International Law Journal*, v. 45, n. 1, p. 1-64, 2004.

LAPORTA, Taís. 20 estados e DF sobem ICMS no país; veja quais impostos aumentaram. *G1*. Disponível em: goo.gl/QUC9Oz. Acesso em: 13 jun. 2016.

LE GOFF, Jacques. *Por amor às cidades*: conversações com Jean Lebrun. Tradução de Reginaldo Carmello Corrêa de Moraes. São Paulo: Editora da UNESP, 1998.

LEONARDO, Rodrigo Xavier. *Redes contratuais no mercado habitacional*. São Paulo: RT, 2003.

LEONARDO, Rodrigo Xavier. Sujeito de direito e capacidade: contribuição para uma revisão da teoria geral do direito civil à luz do pensamento de Marcos Bernardes de Mello. In: DIDIER JR, Fredie; EHRHARDT JR., Marcos (org.). *Revisitando a teoria do fato jurídico*. São Paulo: Saraiva, 2010. v. 1. p. 549-570.

LEPAULLE, Pierre. *Les Fonctions du "Trust" et les institutions équivalentes en droit français*. Agen: Impr. moderne, 1929. (Bulletin de la Société de Législation Comparée).

LEPAULLE, Pierre. *Les Eléments essentiels du trust*. Paris: Impr. moderne, 1930.

LÔBO, Paulo. *Direito civil*: parte geral. São Paulo: Saraiva, 2012.

LÔBO, Paulo. *Direito civil*: parte geral. 3. ed. São Paulo: Saraiva, 2012.

LÔBO, Paulo. *Com avanços legais, pessoas com deficiência mental não são mais incapazes*. Disponível em: http://goo.gl/m1ahGu. Acesso em: 17 ago. 2015.

LOSANO, Mario G. *Os grandes sistemas jurídicos*: introdução aos sistemas jurídicos europeus e extra-europeus. Tradução de Marcela Varejão. São Paulo: Martins Fontes, 2007.

LUCCHESI, Guilherme Brenner. A extinção da punibilidade na Nova Lei de Repatriação. *Gazeta do Povo (on-line)*, 18 jan. 2016. Disponível em: http://goo.gl/5x4Z7Z. Acesso em: 19 jan. 2016.

LUCCHESI, Guilherme Brenner; XAVIER, Luciana Pedroso. O Estatuto de Pessoa com Deficiência e suas repercussões no Direito Penal. *Gazeta do Povo*, Curitiba, 17 mar. 2016. Disponível em: http://goo.gl/78leJN. Acesso em: 15 fev. 2016.

LUPOI, Maurizio. The Hague Convention, the Civil Law and the Italian Experience. *Trust Law International*, v. 21, n. 2, p. 80-89, 2007.

MACHADO, Costa. *Novo CPC*: sintetizado e resumido. São Paulo: Atlas, 2015.

MACQUEEN, Hector L. The Common Frame of Reference in Europe. *Tulane European and Civil Law Forum*, v. 25, p. 177-195, 2010.

MAINARDI, Diogo. *A queda*: as memórias de um pai em 424 passos. São Paulo: Saraiva, 2012.

MAITLAND, Frederic William. *Equity, Also, The Forms of Action at Common Law*: Two Courses of Lectures. Editado por A.H. Chaytor e W.J. Whittaker. Cambridge: University Press, 1910.

MAMEDE, Gladston. *Direito empresarial brasileiro*: direito societário. 4. ed. São Paulo: Atlas, 2010. v. 2.

MANSO, Joaquín; MARTÍNEZ, Víctor; LEAL, Jose F. El ministro Soria tenía otra sociedad en el paraíso fiscal de Jersey. *El Mundo (on-line)*, 14 abr. 2016. Disponível em: http://goo.gl/7pM5nM. Acesso em: 15 maio 2016.

MARCHI, Eduardo César Silveira. Interpretação dos negócios jurídicos: a "causa curiana" e o art. 85 do Código Civil Brasileiro. *Revista dos Tribunais*, São Paulo, v. 648, out. 1989.

MARCONDES, Danilo. *Iniciação à história da filosofia*: dos pré-socráticos a Wittgenstein. 12. ed. Rio de Janeiro: Jorge Zahar, 2008.

MARINONI, Luiz Guilherme. *Julgamento nas cortes supremas*: precedente e decisão do recurso diante do Novo CPC. São Paulo: RT, 2015.

MARINONI, Luiz Guilherme; ARENHART, Sérgio Cruz; MITIDIERO, Daniel. *Novo Código de Processo Civil comentado*. São Paulo: Revista dos Tribunais, 2015.

MARINONI, Luiz Guilherme; ARENHART, Sérgio Cruz; MITIDIERO, Daniel. *Novo curso de processo civil*: tutela dos direitos mediante procedimento comum. São Paulo: Revista dos Tribunais, 2015. v. 2.

MARTINS, Raphael Manhães. Análise da "aclimatação" do trust ao direito brasileiro: o caso da propriedade fiduciária. *Revista Quaestio Iuris*, Rio de Janeiro, v. 6, n. 1, p. 30-62, 2013.

MARTINS-COSTA, Judith H. Os negócios fiduciários: considerações sobre a possibilidade de acolhimento do "trust" no direito brasileiro. *Revista dos Tribunais*, São Paulo, n. 657, p. 37-50, jul. 1990.

MATTOS, Aldo Dórea. *Patrimônio de afetação na incorporação imobiliária*: mais proteção para o adquirente. 2. ed. São Paulo: Pini, 2013.

MEIRELES, Rose Melo Vencelau. Em busca da nova família: uma família sem modelo. In: TEPEDINO, Gustavo; FACHIN, Luiz Edson (org.). *Pensamento crítico do direito civil brasileiro*. Curitiba: Juruá, 2011. v. 1. p. 215-226.

MEIRELLES, Jussara Maria Leal de. O transtorno bipolar de humor e o ambiente socioeconômico que o propicia: uma leitura do regime de incapacidades. In: TEPEDINO, Gustavo; FACHIN, Luiz Edson (org.). *Diálogos sobre direito civil*. Rio de Janeiro: Renovar, 2008. v. 2. p. 599-617.

MELLO, Marcos Bernardes de. *Teoria do fato jurídico*: plano da existência. 18. ed. São Paulo: Saraiva, 2012.

MENEZES, Joyceane Bezerra de. A capacidade dos incapazes: o diálogo entre a Convenção da ONU sobre os direitos das pessoas com deficiência e o Código Civil Brasileiro. In: RUZYK, Carlos Eduardo Pianovski; SOUZA, Eduardo Nunes de; MENEZES, Joyceane Bezerra de; EHRHARDT JUNIOR, Marcos. *Direito civil constitucional*: a ressignificação da função dos institutos fundamentais do direito civil contemporâneo e suas consequências. Florianópolis: Conceito, 2014. p. 51-74.

MENEZES, Joyceane Bezerra de; CORREIA NETO, Jáder de Figueiredo. *Interdição e curatela no novo CPC à luz da dignidade da pessoa humana e do direito civil constitucional*. Disponível em: http://goo.gl/dpOVtJ. Acesso em: 29 fev. 2016.

MENEZES CORDEIRO, António Barreto. *Do Trust no direito civil*. Coimbra: Almedina, 2014.

MERRYMAN, John Henry; PÉREZ-PERDOMO, Rogelio. *A tradição da Civil Law*: uma introdução aos sistemas jurídicos da Europa e da América Latina. Tradução de Cássio Casagrande. Porto Alegre: Sergio Antonio Fabris, 2009.

MITIDIERO, Daniel. *Cortes superiores e cortes supremas*: do controle à interpretação, da jurisprudência ao precedente. São Paulo: RT, 2013.

MORAES, Daniel Carrasqueira. *O SFI*: a securitização como instrument de foment do crédito imobiliário. 147f. Dissertação (Mestrado em Administração) – Universidade de São Paulo, São Paulo, 2008.

MORAES, Maria Celina Bodin de. Direitos fundamentais, dignidade da pessoa humana e o novo código civil: uma análise crítica. *In*: SARLET, Ingo Wolfgang (org.). *Constituição, direitos fundamentais e direito privado*. 3. ed. rev. e ampl. Porto Alegre: Livraria do Advogado, 2010. p. 107-150.

MORAIS, Fabíola. *Aproximação do direito contratual dos estados-membros da União Européia*. Rio de Janeiro: Renovar, 2007.

MOREIRA ALVES, José Carlos. *Direito romano*. 16. ed. Rio de Janeiro: Forense, 2014.

MORINEAU, Marta. *Una introducción al common law*. 2. reimp. Ciudad de México: Universidad Nacional Autónoma de México, 2004.

MORO, Sérgio Fernando. *Crime de lavagem de dinheiro*. São Paulo: Saraiva, 2010.

MUSSI, Luiz Daniel Haj. Art. 7º: Sociedade Unipessoal. Art. 1.052 do Código Civil. *In*: MARQUES NETO, Floriano Peixoto; RODRIGUES JR., Otávio Luiz; LEONARDO, Rodrigo Xavier (coord.). *Comentários à Lei da Liberdade Econômica*: Lei 13.874/2019. São Paulo: Thomson Reuters Brasil, 2019. p. 399-424.

MÜSSNICH, Francisco Antunes Maciel. A quem interessa um novo Código Comercial? *Revista RI*, p. 42-46, fev. 2014.

NASCIMENTO, Luciano. Testemunha de Cunha diz que truste não é conta, mas pode ter uso ilegal. *EBC Agência Brasil*, 17 maio 2016. Disponível em: http://goo.gl/QKvX2x. Acesso em: 17 maio 2016.

NERY JUNIOR, Nelson. Usucapião ordinária escritura de doação com cláusula de substituição fideicomissária como justo título para usucapião. Doação *causa mortis*. Insinuação de doação. Registro Imobiliário. *Revista de Direito Privado*, v. 2, abr. 2000.

NERY JUNIOR, Nelson; NERY, Rosa Maria de Andrade. *Comentários ao Código de Processo Civil*. São Paulo: Revista dos Tribunais, 2015.

NEVES, Cardeal Lucas Moreira. *Bíblia sagrada*: matrimônio. 50. ed. Petrópolis: Vozes, 2005.

NIBOYET, Jean-Paulin. *Notions sommaires de droit international privé en vue de l'examen de licence*. Paris: Recueil Sirey, 1937.

NUNES, Dierle; SILVA, Natanael Lud Santos e. *CPC referenciado*: Lei nº 13.105/2015. Florianópolis: Empório do Direito, 2015.

NUNES, Marcio Tadeu Guimarães. *EIRELI - A tutela do patrimônio de afetação*: o reforço à proteção do patrimônio pessoal do empreendedor à luz da Lei nº 12.441/2011. São Paulo: Quartier Latin, 2014.

NUSDEO, Fábio. *Curso de economia*: introdução ao direito econômico. 8. ed. rev., atual. e ampl. São Paulo: RT, 2014.

OFFSHORE (paraíso fiscal). *In:* WIKIPEDIA. Disponível em: https://goo.gl/OEe9FK. Acesso em: 14 maio 2016.

OLCESE, Tomás. *Formação histórica da real property law inglesa*: tenures, estates, equity & trusts. Dissertação (Mestrado em Direito Civil) – Universidade de São Paulo, Faculdade de Direito, São Paulo, 2012.

OLIVA, Milena Donato. *Patrimônio separado*: herança, massa falida, securitização de créditos imobiliários, incorporação imobiliária, fundos de investimento imobiliário, trust. Rio de Janeiro: Renovar, 2009.

OLIVA, Milena Donato. A proteção dos incapazes e a utilidade da incorporação do trust pelo direito brasileiro. *Revista dos Tribunais*, v. 102, n. 938, p. 59-77, dez. 2013.

OLIVA, Milena Donato. *Do negócio fiduciário à fidúcia*. São Paulo: Atlas, 2014.

OLIVEIRA, Andressa Jarletti Gonçalves de. *Defesa judicial do consumidor bancário*. Curitiba: Rede do Consumidor, 2014.

OLIVEIRA, José Lamartine Corrêa de. *A dupla crise da pessoa jurídica*. São Paulo: Saraiva, 1979.

OLIVEIRA, José Lamartine Correa de; MUNIZ, Francisco José Ferreira. *Curso de direito de família*. 2. ed. Curitiba: Juruá, 1998.

ORDEM DOS ADVOGADOS DO BRASIL. *Novo código de processo civil anotado*. Porto Alegre: OAB RS, 2015.

OVERBECK, Alfred E. Explanatory Report by Alfred E. von Overbeck. Tradução de Hague Conference on Private International Law Permanent Bureau. *In:* HAGUE CONFERENCE ON PRIVATE INTERNATIONAL LAW. *Proceedings of the Fifteenth Session (1984)*: Trusts, applicable law and recognition. Haia: HCCH, 1984. t. II. p. 370-415.

OVERBECK, Alfred E. von. Rapport explicative de M. Alfred E. von Overbeck. *In:* CONFÉRENCE DE LA HAYE DE DROIT INTERNATIONAL PRIVÉ. *Actes et documents de la Quinzième session*: Trust – loi applicable et reconnaissance. Haia: HCCH, 1984. t. II. p. 370-415.

PANDORA Papers: o que megavazamento revela sobre riqueza e negócios secretos de líderes mundiais. *BBC News Brasil (on-line)*, 4 out. 2021. Disponível em: https://www.bbc.com/portuguese/internacional-58786545. Acesso em: 8 out. 2021.

PATAULT, Anne-Marie. *Introduction historique au droit des biens*. Paris: Presses Univ. de France, 1989. (Droit fondamental).

PERLMAN, Marcelo; SANCOVSKI, Michel. *Os riscos de um novo Código Comercial*. Disponível em: http://goo.gl/rJrj70. Acesso em: 10 ago. 2016.

PENNER, James E. *The law of trusts*. 5. ed. New York: Oxford, 2006. (Core Text Series).

PENTEADO, Claudio Camargo. *Empresas offshore*. 3. ed. rev. atual. São Paulo: Pillares, 2007.

PERRY, Jairus Ware. *A Treatise on the Law of Trusts and Estates*. 4. ed. atual. por Frank Parsons. Boston: Little, Brown & Co., 1889. v. 1.

PETTIT, Philip Henry. *Equity and the law of trusts*. 10. ed. Oxford, New York: Oxford University Press, 2006.

PINTO, Edson. *Lavagem de capitais e paraísos fiscais*. São Paulo: Atlas, 2007.

PIOVESAN, Flávia. *Direitos humanos e o direito constitucional internacional*. 14. ed. rev. e atual. São Paulo: Saraiva, 2013.

PONTES DE MIRANDA, Francisco Cavalcanti. *Fontes e evolução do direito civil brasileiro*. 2. ed. Rio de Janeiro: Forense, 1981.

PONTES DE MIRANDA, Francisco Cavalcanti. *Direito das coisas*: direitos reais limitados. Enfiteuse. Servidões. Atualizado por Nelson Nery Júnior e Luciano de Camargo Penteado. São Paulo: RT, 2012. t. 18. (Coleção Tratado de Direito Privado: parte especial).

PONTES DE MIRANDA, Francisco Cavalcanti. *Direito das sucessões*: sucessão testamentária, disposições testamentárias e formas ordinárias de testamento. Atualizado por Giselda Hironaka e Paulo Lôbo. São Paulo: RT, 2012. v. 58. (Coleção Tratado de Direito Privado: parte especial).

PONTES DE MIRANDA, Francisco Cavalcanti. *Introdução*: pessoas físicas e jurídicas. Atualizado por Judith Martins-Costa, Gustavo Haical e Jorge Cesar Ferreira da Silva. São Paulo: RT, 2012. t. 1. (Coleção Tratado de Direito Privado: parte especial).

POTTER, Harold. *An Historical Introduction to English Law and its institutions*. 3. ed. London: Sweet & Maxwell, Limited Law Publishers, 1948.

RABEL, Ernst. On comparative research in legal history and modern law. *Quaterly Bulletin of the Polish Institute of Arts amd Sciences in America*, v. 2, n. 3, p. 1-14, 1944.

RÁO, Vicente; BARRETO, Plinio. Fideicomisso inexistência: cláusula testamentária determinando que a herança dos filhos, por sua morte, passe aos seus legítimos herdeiros – mera vinculação de bens, como tal tendo sido considerado no inventário do testador e de herdeiros seus posteriormente falecidos – reconhecimento daquele instituto que implicaria na modificação de atos judiciais perfeitos e acabados, com desrespeito a coisa julgada formal – atinência necessária do intérprete a vontade do testador – aplicação do artigo 1.666 do Código Civil. *Revista dos Tribunais*, São Paulo, v. 186, jul. 1950.

REQUIÃO, Rubens. Abuso de direito e fraude através da pessoa jurídica (disregard doctrine). *Revista dos Tribunais*, São Paulo, v. 410, n. 12, dez. 1969.

REQUIÃO, Rubens. *Curso de direito comercial*. 26. ed. São Paulo: Saraiva, 2006. v. 1.

REZEK, Francisco. Parlamento e tratados: o modelo constitucional do Brasil. *Revista de Informação Legislativa*, v. 41, n. 162, p. 121-148, abr./jun. 2004.

RODRIGUES JUNIOR, Otávio Luiz. A fabulosa descoberta de que existe um paraíso dos juristas (parte 1). *Consultor Jurídico*, 24 set. 2014. Disponível em: http://goo.gl/5XbK1B. Acesso em: 19 maio 2016.

RÓNAI, Paulo. *Babel e antibabel*: ou o problema das línguas universais. São Paulo: Perspectiva, 1970.

ROQUE, Sebastião José. *Discussões sobre o novo Código Comercial ultrapassou sua relevância*. Disponível em: http://goo.gl/jFBCW0. Acesso em: 10 ago. 2016.

ROSA NETO, Peregrino Dias. Uma visão crítica da lei de repatriação de divisas. *Gazeta do Povo (on-line)*, 10 mar. 2016. Disponível em: http://goo.gl/QLXZnH. Acesso em: 13 mar. 2016.

ROSENVALD, Nelson. A tomada de decisão apoiada. *Carta Forense*. Disponível em: goo.gl/Zven9E. Acesso em: 3 ago. 2016.

RUHL, J. B. The tale of the fee tail in Downton Abbey. *Vanderbilt Law Review En Banc*, v. 68, p. 131-141, 2015.

SACCO, Rodolfo. *Introdução ao direito comparado*. Tradução de Véra Jacob de Fradera. São Paulo: Revista dos Tribunais, 2001.

SALOMÃO NETO, Eduardo. *O Trust e o direito brasileiro*. São Paulo: LTr, 1996.

SAVATIER, René. *Cours de droit international privé*. Paris: Librarie Générale de Droit et de Jurisprudence, 1947.

SCHLECTRIEM, Peter; SCHWENZER, Ingeborg. *Comentários à Convenção das Nações Unidas sobre Contratos de Compra e Venda Internacional de Mercadorias*. Coordenão de tradução de Eduardo Grebler, Vera Fradera e César Guimarães Pereira. São Paulo: RT, 2014.

SCHMIDT NETO, André Perin. Superendividamento do consumidor: conceito, pressupostos e classificação. *Revista de Direito do Consumidor*, São Paulo, v. 71, p. 9-33, jul./set. 2009.

SÉROUSSI, Roland. *Introdução ao direito inglês e norte-americano*. Tradução de Renata Maria Pereira Cordeiro. 2. ed. São Paulo: Landy, 2006.

SERPA LOPES, Miguel Maria de. *A enfiteuse*: sua natureza jurídica e seu futuro. Rio de Janeiro: Freitas Bastos, 1956.

SHARP, Ronald Farrington. *Living trusts for everyone*: why a will is not the way to avoid probate, protect heirs, and settle estates. New York: Allworth Press, 2010.

SILVEIRA, Rodrigo Maitto da. O tratamento fiscal do trust em situações internacionais. *Quartier Latin, Revista de Direito Tributário Internacional*, v. 1, n. 2, p. 151-202, 2010.

SIMÃO, José Fernando. Estatuto da Pessoa com Deficiência causa perplexidade (Parte II). *Consultor Jurídico*, 7 ago. 2015. Disponível em: http://goo.gl/zzylSP. Acesso em: 7 dez. 2015.

SLAPPER, Gary; KELLY, David. *O sistema jurídico inglês*. Tradução Marcílio Moreira de Castro. Rio de Janeiro: Forense, 2011.

SMITH, Lionel. The re-imagined trust. *In: Re-imagining the Trust*. New York: Cambridge, 2012. Edição Kindle.

SOUZA, Martelene Carvalhaes Pereira e. *Patrimônio de afetação, SPE, SCP e consórcio*: estruturação de negócios imobiliários e de construção civil. São Paulo: Pini, 2014.

SOUZA, Pedro Paulo de. *Encol*: o sequestro. Goiânia: Bremen, 2010.

STRENGER, Irineu. Aplicação de normas de ordem pública nos laudos arbitrais. *Revista dos Tribunais*, v. 75, n. 606, p. 9-12, abr. 1986.

SZTAJN, Rachel; VERÇOSA, Haroldo Malheiros Duclerc. *O Brasil precisa de um novo Código Comercial?* Disponível em: http://goo.gl/qR1Ze3. Acesso em: 10 ago. 2016.

TARTUCE, Flávio. Alterações do Código Civil pela lei 13.146/2015 (Estatuto da Pessoa com Deficiência). Repercussões para o direito de família e confrontações com o Novo CPC. Parte I. *Revista Migalhas*, 29 jul. 2015. Disponível em: http://goo.gl/UjdFIo. Acesso em: 7 dez. 2015.

TARTUCE, Flávio. *Direito civil*: direito das coisas. 7. ed. rev., atual. e ampl. Rio de Janeiro: Forense; São Paulo: Método, 2015. v. 4.

TARTUCE, Flávio. *Direito civil*: direito das sucessões. 9. ed. rev., atual. e ampl. Rio de Janeiro: Forense, 2016. v. 6.

TEPEDINO, Gustavo. O trust no direito brasileiro. *In:* TEPEDINO, Gustavo. *Soluções práticas de direito:* pareceres. São Paulo: RT, 2011. v. 2.

TEPEDINO, Gustavo; SCHREIBER, Anderson. Minorias no direito civil brasileiro. *Revista Trimestral de Direito Civil*, São Paulo, v. 10, p. 135-155, 2002.

TEUBNER, Gunther. Legal irritants: Good faith in British law or how unifying law ends up in new divergences. *Modern Law Review*, London, v. 61, p. 12, 1998.

THE INTERNATIONAL CONSORTIUM OF INVESTIGATIVE JOURNALISTS. *Browse by country Brazil*. Disponível em: https://goo.gl/9998DG. Acesso em: 20 maio 2016.

THE INTERNATIONAL CONSORTIUM OF INVESTIGATIVE JOURNALISTS. *Offshore Leaks Database*. Disponível em: https://goo.gl/IgnHk3. Acesso em: 20 maio 2016.

THE INTERNATIONAL CONSORTIUM OF INVESTIGATIVE JOURNALISTS. Panama Papers. *The Power Players*. Disponível em: https://goo.gl/8UmCGz. Acesso em: 20 maio 2016.

THE INTERNATIONAL CONSORTIUM OF INVESTIGATIVE JOURNALISTS. The Panama Papers. *Politicians Criminals and the Rogue Industry that Hides their Cash*. Disponível em: https://goo.gl/YBhbTp. Acesso em: 20 maio 2016.

THÉVENOZ, Luc. Les enjeux de la ratification de la Convention de La Haye pour les pays de droit civil. *In:* PRUM, André; WITZ, Claude (org.). *Trust et fiducie*: la convention de la Haye et la nouvelle législation luxembourgeoise. Paris: Montchrestien, 2005. p. 39-62. (Collection Grands Colloques).

TOLEDO, José Roberto de; VENCESLAU, Pedro; BRAMATTI, Daniel; BURGARELLI, Rodrigo; DUARTE, Guilherme. Doria usou offshore para comprar apartamento em Miami, mostram Panama Papers. *O Estado de S. Paulo*, 30 abr. 2016. Disponível em: http://goo.gl/xT4bXG. Acesso em: 3 maio 2016

TOMAZETTE, Marlon. *Curso de direito empresarial*: teoria geral e direito societário. 2. ed. São Paulo: Atlas, 2009.

TORRES, Heleno Tavares. Trust não pode ser usado para sonegação fiscal. *Consultor Jurídico* (*on-line*), 11 nov. 2015. Disponível em: http://goo.gl/SFuaJC. Acesso em: 23 dez. 2015.

TOSTES, Ana Paula B. *União Europeia*: o poder político do direito. Rio de Janeiro: Renovar, 2004.

TRANSPARÊNCIA Internacional apelida Eduardo Cunha de 'Mr. Trust'. *O Globo* (*on-line*), 13 set. 2016. Disponível em: https://goo.gl/VShChz. Acesso em: 16 set. 2016.

TREATY on European Union, Maastricht, 7 fev. 1992. Disponível em: http://goo.gl/aDEQzz. Acesso em: 3 fev. 2016.

TRIBUTARISTAS contestam explicações de Cunha sobre contas na Suíça. *Jornal Nacional* (*on-line*), 7 nov. 2015. Disponível em: http://goo.gl/QsYDFk. Acesso em: 30 nov. 2015.

TRUST – Natura giuridica – Ente autônomo – Insussistenza - Fattispecie. *Rivista Del Notariato Rassegna Di Diritto e Pratica Notarile*, v. 68, p. 389-393, 2014.

UNIFORM LAWS COMMISSION. *Uniform Trust Code*. 2000.

VAN LOON, Hans. The Hague Convention of 1st July 1985 on the Law Applicable to Trusts and on their Recognition. *In:* PRUM, André; WITZ, Claude (org.). *Trust et fiducie*: la convention de la Haye et la nouvelle législation luxembourgeoise. Paris: Montchrestien, 2005. p. 17-38. (Collection Grands Colloques).

VANZELLA, Rafael Domingos Faiardo. *O contrato e os direitos reais*. São Paulo: Revista dos Tribunais, 2012.

VAQUER, Antoni. Praface. *In:* VAQUER, Antoni (Ed.). *European Private Law Beyond the Common Frame of Reference*: Essays in Honour of Reinhard Zimmermann. Groningen: Europa, 2008. p.iv-ix.

VERÇOSA, Haroldo Malheiros Duclerc. *Crítica à concepção do projeto do novo Código Comercial sobre o Direito societário (i)*. Disponível em: http://goo.gl/uxO55N. Acesso em: 10 ago. 2016.

VILLATORE, Gustavo Teixeira. *Chegou a hora de um novo Código Comercial brasileiro*. Disponível em: http://goo.gl/QLmfUl. Acesso em: 10 ago. 2016.

VILLEY, Michel. *A formação do pensamento jurídico moderno*. Tradução de Claudia Berliner. São Paulo: Martins Fontes, 2005.

WALD, Arnoldo. *Um novo Código Comercial para o Brasil*. Disponível em: http://goo.gl/j7h9bt. Acesso em: 10 ago. 2016.

WATSON, Alan. *Legal Transplants*: An Approach to Comparative Law. 2. ed. Athens: University of Georgia Press, 1993.

XAVIER, Marília Pedroso. Código europeu de contratos: O suposto retorno ao modelo codificado e as perspectivas para o Brasil e a América Latina. *In:* TEPEDINO, Gustavo; FACHIN, Luiz Edson (org.). *Diálogos sobre direito civil*. Rio de Janeiro: Renovar, 2012. v. 3. p. 615-635.

XAVIER, Marília Pedroso. *Contrato de namoro*: amor líquido e direito de família mínimo. 2. ed. Belo Horizonte: Fórum, 2020.

ZAFFARONI, Eugenio Raúl; BATISTA, Nilo; ALAGIA, Alejandro; SLOKAR, Alejandro. *Direito penal brasileiro*: teoria geral do direito penal. 4. ed. Rio de Janeiro: Revan, 2011. v. 1.

ZWEIGERT, Konrad; KÖTZ, Hein. *Introduction to comparative law*. 2. ed. Oxford: Clarendon Press, 1987.

DOCUMENTOS JURÍDICOS

BRASIL. *Cartilha do Censo 2010:* pessoas com deficiência. Brasília: Secretaria de Direitos Humanos da Presidência da República (SDH/PR); Secretaria Nacional de Promoção dos Direitos da Pessoa com Deficiência (SNPD); Coordenação-Geral do Sistema de Informações sobre a Pessoa com Deficiência, 2012. Disponível em: http://goo.gl/LklVdx. Acesso em: 25 set. 2015.

BRASIL. Conselho de Controle de Atividades Financeiras (COAF). Ministério da Fazenda. *GAFI*. Disponível em: http://goo.gl/dJClsk. Acesso em: 20 maio 2016.

BRASIL. *Constituição da República Federativa do Brasil de 1988*. Disponível em: http://www.planalto.gov.br/ccivil_03/Constituicao/Constituicao.htm. Acesso em: 20 maio 2016.

BRASIL. *Decreto-lei nº 2.848, de 7 de dezembro de 1940. Código Penal*. Disponível em: http://www.planalto.gov.br/ccivil_03/decreto-lei/Del2848.htm. Acesso em: 20 maio 2016.

BRASIL. *Decreto-lei nº 4.657, de 4 de setembro de 1942. Lei de Introdução ao Código Civil Brasileiro*. Disponível em: http://www.planalto.gov.br/ccivil_03/decreto-lei/Del4657.htm. Acesso em: 20 maio 2016.

BRASIL. *Lei nº 3.071, de 1º de janeiro de 1916. Código Civil dos Estados Unidos do Brasil*. Disponível em: http://www.planalto.gov.br/ccivil_03/leis/L3071.htm. Acesso em: 20 maio 2016.

BRASIL. *Lei nº 4.591, de 16 de dezembro de 1964*. Dispõe sôbre o condomínio em edificações e as incorporações imobiliárias. Disponível em: http://www.planalto.gov.br/ccivil_03/leis/L4591.htm. Acesso em: 20 maio 2016.

BRASIL. *Lei nº 4.729, de 14 de julho de 1965*. Define o crime de sonegação fiscal e dá outras providências. Disponível em: http://www.planalto.gov.br/ccivil_03/leis/1950-1969/L4729.htm. Acesso em: 20 maio 2016.

BRASIL. *Lei nº 7.492, de 16 de junho de 1986*. Define os crimes contra o sistema financeiro nacional, e dá outras providências. Disponível em: http://www.planalto.gov.br/ccivil_03/leis/L7492.htm. Acesso em: 20 maio 2016.

BRASIL. *Lei nº 8.069, de 13 de julho de 1990*. Dispõe sobre o Estatuto da Criança e do Adolescente e dá outras providências. Disponível em: http://www.planalto.gov.br/ccivil_03/leis/L8069.htm. Acesso em: 20 maio 2016.

BRASIL. *Lei nº 8.137, de 27 de dezembro de 1990*. Define crimes contra a ordem tributária, econômica e contra as relações de consumo, e dá outras providências. Disponível em: http://www.planalto.gov.br/ccivil_03/leis/L8137.htm . Acesso em: 20 maio 2016.

BRASIL. *Lei nº 9.613, de 3 de março de 1998*. Dispõe sobre os crimes de "lavagem" ou ocultação de bens, direitos e valores; a prevenção da utilização do sistema financeiro para os ilícitos previstos nesta Lei; cria o Conselho de Controle de Atividades Financeiras - COAF, e dá outras providências. Disponível em: http://www.planalto.gov.br/ccivil_03/leis/L9613. htm . Acesso em: 20 maio 2016.

BRASIL. *Lei nº 10.406, de 10 de janeiro de 2002*. Institui o Código Civil. Disponível em: http://www.planalto.gov.br/ccivil_03/leis/2002/L10406.htm . Acesso em: 20 maio 2016.

BRASIL. *Lei nº 11.101, de 9 de fevereiro de 2005*. Regula a recuperação judicial, a extrajudicial e a falência do empresário e da sociedade empresária. Disponível em: http://www.planalto.gov.br/ccivil_03/_ato2004-2006/2005/lei/l11101.htm . Acesso em: 20 maio 2016.

BRASIL. *Lei nº 11.232, de 22 de dezembro de 2005*. Altera a Lei nº 5.869, de 11 de janeiro de 1973 – Código de Processo Civil, para estabelecer a fase de cumprimento das sentenças no processo de conhecimento e revogar dispositivos relativos à execução fundada em título judicial, e dá outras providências. Disponível em: http://www.planalto.gov.br/ccivil_03/_ato2004-2006/2005/lei/l11232.htm . Acesso em: 20 maio 2016.

BRASIL. *Lei nº 13.146, de 6 de julho de 2015*. Institui a Lei Brasileira de Inclusão da Pessoa com Deficiência (Estatuto da Pessoa com Deficiência). Disponível em: http://www.planalto.gov.br/ccivil_03/_Ato2015-2018/2015/Lei/L13146.htm . Acesso em: 20 maio 2016.

BRASIL. Receita Federal do Brasil. *Instrução Normativa RFB nº 1037, de 04 de junho de 2010*. Relaciona países ou dependências com tributação favorecida e regimes fiscais privilegiados. Disponível em: http://normas.receita.fazenda.gov.br/sijut2consulta/link.action?visao=anotado&idAto=16002 . Acesso em: 20 maio 2016.

BRASIL. Receita Federal do Brasil. *Instrução Normativa RFB nº 1627, de 11 de março de 2016*. Dispõe sobre o Regime Especial de Regularização Cambial e Tributária. Disponível em: http://normas.receita.fazenda.gov.br/sijut2consulta/link.action?visao=anotado&idAto=72224 . Acesso em: 20 maio 2016.

BRASIL. *Resolução nº 9, de 05 de maio de 1992*. Estabelece alíquota máxima para o Imposto sobre Transmissão Causa Mortis e Doação, de que trata a alínea a, inciso l, e §1º, inciso IV do art. 155 da Constituição Federal. Disponível em: goo.gl/WeaeJm . Acesso em: 13 jun. 2016.

BRASIL. Senado Federal. Subsecretaria de Edições Técnicas. *Novo Código Civil*: Exposição de Motivos e Texto Sancionado. 2. ed. Brasília, DF, 2005. Disponível em: http://goo.gl/lZ6pce . Acesso em: 18 jun. 2016.

BRASIL. Superior Tribunal de Justiça. 2.ª Seção. *Súmula nº 313*. Brasília, 25 de maio de 2005. Disponível em: http://goo.gl/qtKAcu . Acess em: 18 abr. 2016.

BRASIL. Superior Tribunal de Justiça. *EDcl no REsp 1281742 SP*. Relator: Min. Marco Buzzi. Julgamento: 02/09/2014. Órgão Julgador: Quarta Turma. Publicação: DJe 11/09/2014.

BRASIL. Superior Tribunal de Justiça. *HC 169.172/SP*. Relator: Min. Luis Felipe Salomão. Julgamento: 10/12/2013. Órgão Julgador: Quarta Turma. Publicação: DJe 5/2/2014.

BRASIL. Superior Tribunal de Justiça. *REsp 974.241/DF*. Relator: Min. Maria Isabel Galotti. Julgamento: 07/06/2011. Órgão Julgador: Quarta Turma. Publicação: DJE 05/10/2011.

BRASIL. Superior Tribunal de Justiça. *REsp 1.438.142/SP*. Relator: Min. Paulo de Tarso Sanseverino. Julgamento: 15/05/2018. Órgão Julgador: Terceira Turma. Publicação: 09/08/2018.

BRASIL. Superior Tribunal de Justiça. *REsp 1.617.501/RS*. Relator: Min. Paulo de Tarso Sanseverino. Julgamento: 11/06/2019. Órgão Julgador: Terceira Turma. Publicação: 01/07/2019.

BRASIL. Superior Tribunal de Justiça. *REsp 1.918.421/SP*. Relator: Min. Marco Buzzi. Julgamento: 08/06/2021. Órgão Julgador: Quarta Turma. Publicação: 26/08/2021.

BRASIL. Superior Tribunal de Justiça. *REsp 1.874.256/SP*. Relator: Min. Nancy Andrighi. Julgamento: 17/08/2021. Órgão Julgador: Terceira Turma. Publicação: 19/08/2021.

BRASIL. Supremo Tribunal Federal. *ADI-MC 1.480*. Relator: Min. Celso de Mello. Julgamento: 04/09/1197. Órgão Julgador: Tribunal Pleno. Publicação: DJ 18/05/2001 PP-00429 EMENT VOL-02031-02 PP-00213.

BRASIL. Supremo Tribunal Federal. Escolas particulares devem cumprir obrigações do Estatuto da Pessoa com Deficiência, decide STF. *Notícias STF*, Brasília, 9 jun. 2016. Disponível em: http://goo.gl/sTHcdQ . Acesso em: 20 jul. 2016.

BRASIL. Supremo Tribunal Federal. *Inq. 4146*. Relator: Min. Teori Zavasck. Julgamento: 22/06/2016. Órgão Julgador: Tribunal Pleno. Publicação: 05/10/2016.

BRASIL. *Supremo Tribunal Federal*. RE 878.694/MG. Relator: Min. Roberto Barroso. Julgamento: 10/05/2017. Órgão Julgador: Tribunal Pleno. Publicação: 06/02/2018.

BRASIL. Tribunal Regional Federal da 4.ª Região. *APL 5004327-09.2019.4.04.7203*. Relator: Des. Alexandre Gonçalves Lippel. Julgamento: 11/06/2020. Órgão Julgador: Primeira Turma.

CONSELHO FEDERAL DE MEDICINA. *Resolução CFM nº 2.121/2015*. Adota as normas éticas para a utilização das técnicas de reprodução assistida – sempre em defesa do aperfeiçoamento das práticas e da observância aos princípios éticos e bioéticos que ajudarão a trazer maior segurança e eficácia a tratamentos e procedimentos médicos – tornando-se o dispositivo deontológico a ser seguido pelos médicos brasileiros e revogando a Resolução CFM nº 2.013/13, publicada no D.O.U. de 9 de maio de 2013, Seção I, p. 119. Disponível em: goo.gl/02KzLT . Acesso em: 02 mar. 2016.

CONSELHO NACIONAL DE POLÍTICA FAZENDÁRIA (CONFAZ). *Competência*. Disponível em: goo.gl/ZWNNMf . Acesso em: 13 jun. 2016.

CONSELHO NACIONAL DE POLÍTICA FAZENDÁRIA (CONFAZ). Consórcio Nacional de Secretarias de Fazenda, Finanças, Receita e Tributação (CONSEFAZ). *Ofício Consefaz nº 11/15*. Disponível em: goo.gl/D8HEsX . Acesso em: 13 jun. 2016.

DISTRITO FEDERAL. Tribunal de Justiça do Distrito Federal e dos Territórios. Acórdão nº 874.047. Relator: Desembargador Carlos Rodrigues. Brasília, 25 maio 2015. *Diário da Justiça Eletrônico*, Brasília, 18 jun. 2015.

ESTADOS UNIDOS DA AMÉRICA. *United States Code*, Título 11, Capítulo 13 (1984) (document eletrônico). Disponível em: http://goo.gl/i04KI7 . Acesso em: 23 dez. 2015.

ESTADOS UNIDOS DA AMÉRICA. Supreme Court of Westchester County, Second Judicial Department of the State of New York. Riechers v. Riechers. *New York Supplement, Second Series*, St. Paul, v. 679, p. 233, 1998.

ESTADOS UNIDOS DA AMÉRICA. United States Court of Appeals, Ninth Circuit. Federal Trade Commission v. Affordable Media. *Federal Reporter, Third Series*, St. Paul, v. 179, p. 1.228, 1999.

GOIÁS. Tribunal de Justiça do Estado de Goiás. Apelação Cível nº 2009.91410262. Relator: Desembargador. Goiânia, 09 jun. 2010. *Diário da Justiça do Estado de Goiás*, Goiânia, 09 jun. 2010.

PARANÁ. Tribunal de Justiça do Paraná. *AC 1234978-3 - Curitiba*. Relator: Ivanise Maria Tratz Martins. Julgamento: 15/04/2015. Órgão Julgador: 12.ª Câmara Cível. Publicação: DJ: 1552 27/04/2015.

PARANÁ. Tribunal de Justiça do Paraná. *Prática do tratamento das situações de superendividamento dos consumidores*. Disponível em: goo.gl/2syZ0w . Acesso em: 17 jun. 2016.

SÃO PAULO. Tribunal de Justiça de São Paulo. *AC 9174743-94.2004.8.26.0000*. Relator: Fabio Tabosa. Julgamento: 29/11/2011. Órgão Julgador: 2.ª Câmara de Direito Privado. Publicação: 30/11/2011.

DOCUMENTOS CONSULTADOS

ADAMEK, Marcelo Vieira von; FRANÇA, Erasmo Valladão e Novaes. Empresa individual de responsabilidade limitada (Lei 12.441/2011): anotações. *Revista de Direito Mercantil*, v. 163, p. 29-56, set./dez. 2012.

AJANI, Gianmaria; SERAFINO, Andrea; TIMOTEO, Marina. *Diritto dell'Asia orientale*. Torino: UTET Giuridica, 2007. (Trattato di diritto comparato).

ALPA, Guido. The Italian interpretation of the code civil and French proposals for recodification. *In:* FAIRGRIEVE, Duncan (Ed.). *The influence of the French civil code on the common law and beyond*. London: British Institute of International and Comparative Law, 2007. p. 195-225.

AMARI, Emerico. *Critica e storia di una scienza delle legislazioni comparate*. Biblioteca di Studi Filosofici: Collana direta da Girolamo Cotroneo. Rubbettino, 2005. p.xiii-xxviii.

ANCEL, Bertrand. Jurisprudence. *Revue Critique de Droit International Privé*, v. 102, n. 2, p. 397-403, abr./jun. 2014.

ASSOCIAZIONE INTERNAZIONALE PER LA RICERCA STORICO-GIURIDICA E COMPARATISTICA. *Traditions savantes et codifications*: Actes VIIème congrès ARISTEC septembre 2005. Paris: [Poitiers]: LGDJ; Université de Poitiers, 2007. (Collection de la Faculté de droit et des sciences sociales, 19).

ATTWOOLL, Elspeth; COYLE, Sean; ORUCU, Esin. *Studies Legal Systems*: Mixed and Mixing. London: Kluwer Lar International, 1996.

AZEVEDO, Alvaro Villaça. International Homestead (The need for unification). *In: Liber Amicorum Guido Alpa*. London: British Institute of Insternational and Comparative Law, 2007. p. 990-999.

AZEVEDO, Antonio Junqueira de. L'influence du droit français sur le droit brésilien. *In:* WALD, Arnoldo; JAUFFRET-SPINOSI, Camille (org.). *Le Droit brésilien hier, aujourd'hui et demain*. Paris: Editora da Société de Législation Comparée, 2005. p. 481-518.

AZEVEDO, Antonio Junqueira de. Negócio fiduciário. Frustração da fidúcia pela alienação indevida do bem transmitido. Oponibilidade ao terceiro adquirente dos efeitos da fidúcia germânica e de procuração em causa própria outorgada ao fiduciante. *In:* AZEVEDO, Antonio Junqueira de. *Novos estudos e pareceres de direito privado*. São Paulo: Saraiva, 2009. p. 107-119.

AZEVEDO, Antonio Junqueira de. *Novos estudos e pareceres de direito privado*. São Paulo: Saraiva, 2009.

BANAKAS, Stathis. Understanding Trusts: A comparative view of property rights in Europe. *Revista para el Analisis del Derecho*, Barcelona, 323, n. 1, p. 1-9, fev. 2006.

BANCONE, Vincenzo. *Il trust dalla Convenzione de l'Aja al Draft Common Frame of Reference*. Napoli: Edizioni scientifiche italiane, 2012. (Pubblicazioni della Scuola di specializzazione in diritto civile dell'Università di Camerino, 120).

BANNER, Stuart. *Legal systems in conflict: property and sovereignty in Missouri, 1750-1860*. Norman: University of Oklahoma Press, 2000. (Legal history of North America, v. 7).

BARRAL, Welber. *Metodologia da pesquisa jurídica*. 2. ed. Florianópolis: Fundação Boiteux, 2003.

BARRIÈRE, François. *La réception du trust au travers de la fiducie*. Paris: Litec, 2004.

BEATSON, Jack; ZIMMERMANN, Reinhard. *Jurists Uprooted*: German-speaking Émigré Lawyers in Twentieth-century Britain. Oxford: Oxford University Press, 2004.

BECKER, Rainer. *Die fiducie von Québec und der trust*: ein Vergleich mit verschiedenen Modellen fiduziarischer Rechtsfiguren im civil law. Tübingen: Mohr Siebeck, 2007. (Rechtsvergleichung und Rechtsvereinheitlichung, 7).

BERLIOZ, Pierre. L'affectation au coeur du patrimoine. *Revue Trimestrielle de Droit Civil (RTDCiv.)*, n. 4, p. 635-646, oct./dec. 2011.

BIRKS, Peter. Roman law in Twentieth-century Britain. *In:* BEATSON, Jack; ZIMMERMANN, Reinhard (org.). *Jurists uprooted*: German-speaking émigré lawyers in Twentieth-century Britain. New York: Oxford University Press, 2004. p. 249-267.

BORDA, Guillermo A. *Derecho civil*: parte general. Buenos Aires: Perrot, 1953.

BRAUN, Alexandra. *Giudici e Accademia nell'esperienza inglese*: storia di um dialogo. Instituto italiano di scienze umane. Bologna: Il Mulino, 2006.

BRAUN, Alexandra. Formal and informal testamentary promises: a historical and comparative perspective. *The Rabel Journal of Comparative and International Private Law*, v. 76, p. 994-1.021, 2012.

BRILL, Jean-Pierre; GOYET, Charles; RIASSETTO, Isabelle; RONTCHEVSKY, Nicolas; STORCK, Jean-Patrice; STORCK, Michel; WITZ, Claude (org.). *Mélanges en l'honneur de Dominique Schmidt*: liber amicorum. Paris: Joly, 2005.

BRUNEAU, Diane. Jurisprudence 2013 - Fiscalité et fiducie. *La Revue du Notariat*, v. 116, n. 1, p. 142-151, 2014.

BRUSCHI, Marc. Pas de patrimoine affecté sans personne physique titulaire: Le cas de l'entrepreneur individuel à responsabilité limitée. *In:* CHÉROT, Jean-Yves; CINAMONTI, Sylvie; TRANCHANT, Laetitia; TRÉMEAU, Jérôme (org.). *Le droit, entre autonomie et ouverture*: mélanges em l'honneur de Jean-Louis Bergel. Bruxelles: Bruylant (Penser le droit) 2013. Chapitre III. p. 587-596. (Collection Penser le Droit, v. 20).

BULLO, Lorenza. Separazioni patrimoniali e transcrizione: nuove sfide per la pubblicità immobiliare. Padova, 2012. *Rivista di Diritto Civile*, Milano, v. 60, n. 5, 2014.

BUSKENS, Vincent. *Between Hobbes' Leviathan and Smith's invisible hand*: empirical and interdisciplinary legal research on formal and informal institutions in trust relations. The Hague: Eleven International Publishing, 2011. (Civilologie).

CALÒ, Emanuele. *Dal probate al family trust*: riflessi ed ipotesi applicative in diritto italiano. Milano: Giuffrè, 1996. (Problemi di diritto comparato, 1).

CAMPOS, Diogo Leite de. O direito do NÓS. *Lawinter Review*, New York, v. 1,n. 1, p. 5-30, 2010.

CAMPOS, Diogo Leite de; PATO, António Calisto. A Tributação dos "Trusts". *Nota Informativa: Questões Fiscais da Globalização IV*, Lisboa, 28 jun. 2007. Disponível em: http://goo.gl/bHHFRs . Acesso em: 25 jan. 2016.

CANE, Peter; CONAGHAN, Joanne. *The New Oxford Companion to Law*. New York: Oxford, 2008.

CAPELOTTI, João Paulo. Dano à incolumidade psicológica do passageiro: Comentários ao REsp 1.231.240. *Revista dos Tribunais*, v. 929, n. 102, p. 585-601, mar. 2013.

CARVALHO, Maria Serina Areais de. *Propriedade fiduciária*: bens móveis e imóveis. Dissertação (Mestrado) – Faculdade de Direito da Universidade de São Paulo, São Paulo, 2009.

CATERINA, Raffaele. Comparative law and economics *In: Elgar encyclopedia of comparative law, second edition*. London: British Institute of Insternational and Comparative Law, 2007. p. 191-207.

CENTRE D'ÉTUDES JURIDIQUES FRANÇAISES UNIVERSITÉ DE LA SARRE. *La Fiducie et ses applications dans plusieurs pays européens*: Allemagne, Anglaterre, Liechtenstein, Luxembourg, Suisse. [s.l.]: GLN Éditions, 1991. (Bulletin Joly, 4 bis).

CERVALE, Maria Cristina. La proprietà "plurale". *In:* PERLINGIERI, Pietro (Dir.). *Rassegna di diritto civile*. Napoli: Edizioni Scietifiche Italiane, 2014. v. 2. p. 358-387.

CHANOCK, Martin. *The making of South African legal culture, 1902-1936*: fear, favour, and prejudice. Cambridge, New York: Cambridge University Press, 2001.

CHASE, Oscar G.; WALKER, Janet Elizabeth; INTERNATIONAL ASSOCIATION OF PROCEDURAL LAW (org.). *Common law, civil law and the future of categories*. Proceedings of a conference of the International Association of Procedural Law held in Toronto, June 3-5, 2009. Markham, Ontario: LexisNexis, 2010.

CLARK, David S.; HALEY, John O.; MERRYMAN, John Henry. *The Civil Law Tradition*: Europe, Latin America, and East Asia. Virginia: The Michie Company, 1993.

COELHO, Fábio Ulhoa. *O futuro do direito comercial*. São Paulo: Saraiva, 2011.

COLAIORI, Roberta. La Destinazione Intrasoggettiva di Beni Immobili Nel Sistema Dei Fondi Comuni D'Investimento. *Rivista del notariato Rassegna Di Diritto e Pratica Notarile*, v. 68, p. 11-31, 2014.

COMISSÃO DE JURISTAS DO SENADO FEDERAL. *Anteprojeto de Código Comercial*. Disponível em: http://goo.gl/SV6Vsi . Acesso em: 25 jan. 2016.

CORNU, Marie; FROMAGEAU, Jérôme (org.). *Fondation et trust dans la protection du patrimoine*: en droit français et droit comparé. Paris: L'Harmattan, 1999. (Droit du patrimoine culturel et naturel).

CORTIANO JÚNIOR, Eroulths; RAMOS, André Luiz Arnt. Liberdade testamentária versus sucessão forçada: anotações preliminares sobre o direito sucessório brasileiro. *Revista de Estudos Jurídicos e Sociais*, n. 4, Cascavel, p. 41-74, maio 2015.

D'AMICO, Giovani. La proprietà "destinata". *Rivista di Diritto Civile*, v. 60, n. 3, p. 525-546, mar. 2014.

DAVID, René. Le droit brésilien jusqu'en 1950. *In:* WALD, Arnoldo; JAUFFRET-SPINOSI, Camille (org.). *Le Droit brésilien hier, aujourd'hui et demain*. Paris: Editora da Société de Législation Comparée, 2005. p. 25-182.

DE POVER, Marie-France. *Trust - fiducie*: administratiekantoor, fondation du Liechtenstein. Bruxelles: De Boeck & Larcier, 2001.

DEBRUCHE, Anne-Françoise; RENTERIA, Pablo; TEPEDINO, Gustavo. Le droit des biens entre équité et justice sociale: instruments de régularisation foncière au Canada et au Brésil. *Revue de Droit International et de Droit Compare*, n. 1, p. 7-63, 2014.

DELWAIDE, Leo. Considérations sur le caractere réel de la responsabilité du propriétaire de navire. *In: Liber Amicorum R. Roland*. Brussel: De Boeck & Larcier, 2003. p. 107-258.

DIETZ, Herausgegeben Von Rolf. *Festschrift fur Han Carl Nipperdey*. Berlin: C. H. Beck'sche Verlagsbuchhandlung, 1965.

DIURNI, Amalia (org.). *Percorsi mondiali di diritto privato e comparato*. Milano: Giuffrè, 2008.

DIURNI, Amalia; HENRICH, Dieter. *Percorsi europei di diritto privato e comparato*. Milano: Giuffrè, 2006.

DOMINGUES, Nereu. O milagre do Trust. *DMGSA (on-line)*, 23 novembro 2015. Disponível em: http://dmgsa.com.br/newsletter/o-milagre-do-trust/ . Acesso em: 29 fev. 2016.

DOTT, Giudice; MORLINI, G. Trust. *Rivista del Notariato – Rassegna di Giurisprudenza*, v. 68, p. 389-393, mar./abr. 2014.

DU PLESSIS, Jacques E.; KOK, L. *An elementary introduction to the study of South African law*: a guide for beginners. 2. ed. Cape Town: Juta & CO LTD, 1989.

DU PLESSIS, Jacques E.; VAN DER MERWE, C. G. *Introduction to the Law of South Africa*. Netherlands: Kluwer Law International, 2004.

DUARTE, Rui Pinto. Uma introdução ao direito comparado. *Revista O Direito*, v. 138, n. 4, p. 768-792, 2006.

DUNAND, Jean-Philippe; THÉVENOZ, Luc. *La fiducie*: droit des biens ou droit des obligations? Rapports suisses présentés au XVème Congrès international de droit comparé. Swiss Reports Presented at the XVth International Congress of comparative Law. Bristol: Schulthess Polygraphischer, 1998.

ECONOMIST, The. *Mistrust the trust*. 9 nov. 2013. Disponível em: http://goo.gl/3bRfaJ . Acesso em: 25 jan. 2016.

EDELMAN, Bernard. *O direito captado pela fotografia*. Coimbra: Centelho, 1976.

EDWARD, A. B. *The history of South African Law*. Virginia: Michie Butterworth, 1996.

ERREYGERS, Guido. Views on inheritance in the history of economic thought. *In:* ERREYGERS, Guido; VANDEVELDE, Toon (org.). *Is inheritance legitimate?* Ethical and economic aspects of wealth transfers. Heidelberg: Springer-Verlag Berlin, 1997. p. 16-49.

ERREYGERS, Guido; VANDEVELDE, Toon. *Is Inheritance Legitimate?* Heidelberg: Spring-Verlag, 2997.

EVANS-JONES, Robin; STAIR SOCIETY (org.). *The Civil law tradition in Scotland*. Edinburgh: Stair Society, 1995. (Supplementary volumes / Stair Society, 2).

FARNSWORTH, Allan E. *The Concept of Good Faith in American Law*. Roma: Centro di studi e ricerche di diritto comparato e straniero, 1993.

FAUVARQUE-COSSON, Bénédicte. Les leçons d´um bicentenaire. *In:* FAIRGRIEVE, Duncan (Ed.). *The influence of the French civil code on the common law and beyond*. London: British Institute of International and Comparative Law, 2007. p. 71-88.

FERRI, Giovanni B. L'avant-project dell'Association Heinri Capitant Pour une Réforme du Droit des biens e L'attualità del "Modello" codice civille. *Rivista del Diritto Commerciale, e Del Diritto Generale Delle Obbligazioni*, n. 3, p. 537-570, 2011.

FONDATION POUR L'ÉTUDE DU DROIT ET DES USAGES DU COMMERCE INTERNATIONAL; UNIVERSITÄT DES SAARLANDES. *Les Opérations fiduciaires*: (pratiques, validité, régime juridique dans plusieurs pays européens et dans le commerce international): colloque de Luxembourg des 20 et 21 septembre 1984. Paris: FEDUCI/L.G.D.J, 1985.

FRADERA, Véra Maria Jacob de. Ineficácia das cláusulas abusivas. *Revista de Direito do Consumidor*, São Paulo, v. 11, n. 43, p. 316-324, jul./set. 2002.

FRADERA, Véra Maria Jacob de. A boa fé objetiva, uma noção presente no conceito alemão, brasileiro e japonês de contrato. *Cadernos do Programa de Pós-Graduação em Direito (UFRGS)*, Porto Alegre, v. 1, p. 125-140, nov. 2003.

FRADERA, Véra Maria Jacob de. O direito dos contratos no século XXI: A construção de uma noção metanacional de contrato decorrente da globalização, da integração regional e sob influência da doutrina comparatista. *In:* DINIZ, Maria Helena; LISBOA, Roberto Senise (Coord.). *O direito civil no século XXI*. São Paulo: Saraiva, 2003. p. 547-570.

FRADERA, Véra Maria Jacob de. O valor do silêncio no novo Código Civil. *In:* ALVIM, Arruda; CÉSAR, Joaquim Portes de Cerqueira; ROSAS, Roberto. *Aspectos controvertidos no Novo Código Civil*. São Paulo: Revista dos Tribunais, 2003. p. 569-582.

FRADERA, Véra Maria Jacob de. Brazil. *In:* BERMANN, George A. (Org). *Party Autonomy*: Constitutional and International Law Limits in Comparative Perspective - Reports on the XVIth Quadrennial Congress of Comparative Law, Brisbane, Australia. New York: Juris Publishing, Inc. 2005. p. 97-109.

FRADERA, Véra Maria Jacob de. La partie générale du Code Civil Brésilien. *In:* WALD, Arnoldo; JAUFFRET-SPINOSI, Camille (org.). *Le Droit brésilien hier, aujourd'hui et demain*. Paris: Editora da Société de Législation Comparée, 2005. p. 203-222.

FRADERA, Véra Maria Jacob de. ¿Puede el acreedor ser instado a disminuir el proprio perjuicio? *Revista Nova Tesis*, v. 7, p. 3-11, out. 2006.

FRADERA, Véra Maria Jacob de. Liber amicorum Arnoldo Wald. *In:* CAMPOS, Diogo Leite de; MENDES, Gilmar Ferreira; MARTINS, Ives Gandra da Silva (Coord.). *Estudos de homenagem ao Professor Arnoldo Wald*: a evolução do direito no século XXI. Coimbra: Almedina, 2007. p. 577-607.

FRADERA, Véra Maria Jacob de. A arbitragem internacional. *In:* JOBIM, Eduardo; MACHADO, Rafael Bicca. (Coord.). *Arbitragem no Brasil*: aspectos jurídicos relevantes. São Paulo: Quartier Latin, 2008. p. 468-485.

FRADERA, Véra Maria Jacob de; SALOMÃO FILHO, Calixto. Direito da concorrência, as estruturas (Droit de la concurrence, les structures). *Revue Internationale de Droit Comparé*, v. 59, n. 4, p. 964-968, 2007.

FREIRE E ALMEIDA, Verônica Scriptore. Poderes, Deveres e Responsabilidades do Trustee na Administração dos Trusts. *Lawinter Review*, v. 1, n. 1, p. 31-97, 2010.

GABRIELLI, Giovanni; PATTI, Salvatore; ZACCARIA, Alessio (org.). *Liber amicorum per Dieter Henrich*: famiglia e successioni. Torino: G. Giappichelli Editore, 2012. (Studi di diritto privato).

GALGANO, Francesco. *Trattato di diritto civile*. 2. ed. Padova: CEDAM, 2010.

GAMBARO, Antonio. Trust in Continental Europe. *In: Aequitas ans Equity*: Equity in Civil Law and Mixed Jurisdictions. Jerusalem: Hamaccabi Press, 1997. p. 777-792.

GAMBARO, Antonio; MATTEI, Ugo. Property law. *In:* LENA, Jeffrey S.; MATTEI, Ugo (org.). *Introduction to Italian law*. New York: Kluwer law international, 2002. Chapter eleven.

GAMBARO, Antonio; SACCO, Rodolfo; VOGEL, Louis. *Le droit de l'occident et d'alleurs.* Lextenso éditions, 2011.

GARRO, Alejandro M. *Armonización y Unificación del derecho privado en América Latina*: esfuerzos, tendencias y realidades. Roma: Centro di studi e ricerche di diritto comparato e straniero, 1992.

GENTILI, Aurelio. Deposito Del Prezzo e Separazione Patrimoniale. *Rivista del Notariato Rassegna Di Diritto e Pratica Notarile*, v. 68, p. 669-677, 2014.

GILLESE, Eileen E. *The law of trusts*. 3. ed. Toronto: Irwin Law, 2014.

GINOCCHI, David; INSTITUT D'ÉTUDES DE DROIT PUBLIC; FACULTÉ DE DROIT JEAN MONNET (UNIVERSITÉ PARIS-SUD) (org.). *Les modèles juridiques français et américains: influences croisées*: actes de la deuxième Journée d'études de l'Institut d'études de droit public (I.E.D.P.), 28 novembre 2008. Paris: L'Harmattan, 2009. (Presses universitaires de Sceaux).

GLENN, H. Patrick. *Legal traditions of the world*: sustainable diversity in law. Fifth edition. Oxford, United Kingdom; New York, NY: Oxford University Press, 2014.

GLENN, H. Patrick. *On common laws*. Oxford; New York: Oxford University Press, 2005.

GLENN, H. Patrick. The historical Origins of the Trust. *In: Aequitas ans Equity*: Equity in Civil Law and Mixed Jurisdictions. Jerusalem: Hamaccabi Press, 1997, p. 749-776.

GOODE, Roy. *The Concept of "Good Faith" in English Law*. Roma: Centro di Studi e di Diritto Comparato e Straniero, 1992.

GORDLEY, James; MEHREN, Arthur Taylor Von. *An introduction to the comparative study of private law*. Cambridge University Press, 2005.

GORDON, William M. *Roman Law, Scots Law and Legal History*. Endiburgh: Endiburgh University Press, 2007.

GRAZIADEI, Michele; MATTEI, Ugo; SMITH, Lionel D. (org.). *Commercial trusts in European private law*. Cambridge, UK; New York: Cambridge University Press, 2005. (Common Core of European Private Law).

GRETTON, George Lidderdale; REID, Kenneth G. C. *Conveyancing*. 2. ed. Edinburgh: W. Green [u.a.], 1999.

GRETTON, George. Ownership and its Objects. *The Rabel Journal of Comparative and International Private Law*, v. 71, p. 803-851, 2007.

GRETTON, George; STEVEN, Andrew J. M. *Property, Trusts and Succession*. 2. ed. Bloomsbury Publishing Plc, 2013.

HALL, Kermit L.; CLARK, David Scott (org.). *The Oxford companion to American law*. New York: Oxford University Press, 2002.

HALPÉRIN, Jean-Louis. *Histoire des droits en Europe de 1750 à nos jours*. Paris: Flammarion, 2004.

HAMZA, Gábor. *Le développement du droit privé européen*: le rôle de la tradition romaniste dans la formation du droit privé moderne. Budapest: L'Université Eötvös Loránd, Faculté de Droit, 2005. (Bibliothèque Iuridica, 11).

HANSMANN, Henry; KRAAKMAN, Reinier. Property, Contract, and Verification: The Numerus Clausus Problem and The Divisibility of Rights. *The Journal of Legal Studies*, v. 31, p. 373-420, 2002.

HANSMANN, Henry; KRAAKMAN, Reinier. The Essential Role of Organizational Law. *The Yale Law Journal*, v. 110, p. 387-440, 2000.

HARTKAMP, Arthur et al. *Towards a European Civil Code*. Kluwer Law International PO Box 316 2400 AH Alphen aan den Rijn: Wolters Kluwer, 2011.

HAYTON, David J. (org.). *European succession laws*. 2. ed. Bristol: Jordans, 2002.

HAYTON, David J.; MATTHEWS, Paul; UNDERHILL, Arthur Sir (org.). *Underhill and Hayton*: law relating to trusts and trustees. 17. ed. London: LexisNexis/Butterworths, 2007.

HAYTON, David J.; MITCHELL, Charles. *Commentary and cases on the law of trusts and equitable remedies*. London: Sweet & Maxwell, 2005.

HERMAN, Shael. Louisiana: one off among 50 states. *In:* FAIRGRIEVE, Duncan (Ed.). *The influence of the French civil code on the common law and beyond*. London: British Institute of International and Comparative Law, 2007. p. 115-124.

HO, Lusina; LEE, Rebecca (org.). *Trust law in Asian civil law jurisdictions*: a comparative analysis. Cambridge: Cambridge University Press, 2013.

HONDIUS, Ewoud Herman; ADAMS, Maurice; INTERNATIONAL ACADEMY OF COMPARATIVE LAW (org.). *Precedent and the law: reports to the XVIIth Congress, International Academy of Comparative Law, Utrecht, 16 - 22 July 2006*. Bruxelles: Bruylant, 2007.

HONORÉ, Tony. Obstacles to the Reception of Trust Law? *In:* *Aequitas ans Equity*: Equity in Civil Law and Mixed Jurisdictions. Jerusalem: Hamaccabi Press, 1997. p. 749-776.

INSTITUT D'ÉTUDES DE DROIT PUBLIC; GINOCCHI, David; FACULTÉ DE DROIT JEAN MONNET (UNIVERSITÉ PARIS-SUD) (org.). *Les modèles juridiques français et américains: influences croisées*: actes de la deuxième Journée d'études de l'Institut d'études de droit public (I.E.D.P.), 28 novembre 2008. Paris: L'Harmattan, 2009. (Presses universitaires de Sceaux).

INSTITUT SUISSE DE DROIT COMPARÉ (org.). *Impérialisme et chauvinisme juridiques*: rapports présentés au colloque à l'occasion du 20e anniversaire de l'Institut suisse de droit comparé = Imperialism and chauvinism in the law: reports presented to a colloquium on the occasion of the 20th anniversary of the Swiss Institute of Comparative Law. Zurich: Schulthess, 2004. (Publications de l'Institut suisse de droit comparé = Veröffentlichungen des Schweizerischen Instituts für Rechtsvergleichung = Pubblicazioni dell'Instituto svizzero di diritto comparato = Publications of the Swiss Institute of Comparative Law, 48).

INTERNATIONAL CONGRESS OF COMPARATIVE LAW; CANTIN CUMYN, Madeleine (org.). *La fiducie face au trust dans les rapports da'ffaires*: XVe Congrès international de droit comparé, Bristol, Angleterre, juillet 1998 = Trust vs fiducie in a business context. Bruxelles: Bruylant, 1999.

IUDICA, Giovanni; Zatti, Paolo. *Vincenzo Roppo*: Il Contratto. Trattato di Diritto Privato. Milano: Dott. A. Giuffré Editore, 2011. p. 637-646.

JAUFFRET-SPINOSI, Camille. Vers Une Convergence du Droit Français et Du Droit Allemand? *In: Liber Amicorum Guido Alpa*. London: British Institute of International and Comparative Law, 2007. p. 895-910.

JAUFFRET-SPINOSI, Camille; WALD, Arnoldo. Le droit brésilien, cet inconnu. *In: Le Droit Brésilien, Cet Inconnu*: D'hier, D'aujourd'Hui et de Demain. Paris: Institut Brésilien de Droit Comparé société de législation comparée, 2005. p. 17-22.

JIMÉNEZ SÁNCHEZ, Marco Antonio. *Estudios sobre el fideicomiso*. Bogotá: Grupo Editorial Ibañez, 2007.

JUENGER, Friedrich K. *The problem with Private Internacional Law*. Roma: Centro di Studi e Ricerche di Diritto Comparato e Straniero, 1999.

JUNG, Peter; LAMPRECHT, Philipp; BLASEK, Katrin et al. *Einheit und Vielheit im Unternehmensrecht*: Festschrift für Uwe Blaurock zum 70. Geburtstag. Tübingen: Mohr Siebeck, 2013.

KALUS, Stanisława; HABDAS, Magdalena; WUDARSKI, Arkadiusz (org.). *Ius est ars boni et aequi*: Festschrift für Stanisława Kalus. Frankfurt am Main; New York: Peter Lang, 2010.

KOHEN, Marcelo G.; BENTOLILA, Dolores (org.). *Mélanges en l'honneur du Professeur Jean-Michel Jacquet*: le droit des rapports internationaux économiques et privés. Paris: LexisNexis, 2013.

KOPPEL, Anna; MATTAR, Mohamed; PALMER, Veron. *Mixed Legal Systems East and West*. Ashgate: Juris Diversitas, 2015.

KUHN, Thomas S. *A estrutura das revoluções científicas*. São Paulo: Perspectiva, 2007.

LAMÈTHE, Didier. Le droit bréslien: un mortier d'une diversité. *In:* WALD, Arnoldo; JAUFFRET-SPINOSI, Camille (org.). *Le droit brésilien*: d'hier, d'aujourd'hui et de demain. Paris: Société de Législation Comparée, 2005. p. 519-523.

LANGBEIN, John H. Essasys Mandatory Rules in The Law of Trusts. *Northwestern University Law Review*, v. 98, n. 3, p. 1.105-1.127, 2004.

LAPUENTE, Sergio Cámara. Trust a la francesa. *Revista para el Análisis del Derecho*, Barcelona, v. 2, p. 3-41, maio 2005.

LEONARDO, Rodrigo Xavier. Direito das obrigações: em busca de elementos caracterizadores para compreensão do Livro I da parte especial do Código Civil. *In:* CANEZIN, Claudete (org.). *Arte jurídica*. Curitiba: Juruá, 2004. v. 1. p. 277-291.

LEONARDO, Rodrigo Xavier. A cessão de créditos: reflexões sobre a causalidade na transmissão de bens no direito brasileiro. *Revista da Faculdade de Direito da UFPR*, v. 42, p. 133-152, 2005.

LEONARDO, Rodrigo Xavier. Pessoa Jurídica: por que reler a obra de J. Lamartine Corrêa de Oliveira hoje? Monografia vencedora do Concurso de Monografias Prêmio José Lamartine Corrêa de Oliveira. *In:* CASTRO, Rodrigo Pironte Aguirre de. *Concurso de monografias Prêmio José Lamartine Corrêa de Oliveira*. Curitiba: Ordem dos Advogados do Brasil, Seção Paraná, 2005. p. 1-41.

LEONARDO, Rodrigo Xavier; RUZYK, Carlos Eduardo Pianovski; CORTIANO JUNIOR, Eroulths; FACHIN, Luiz Edson; SWANIAWSKI, Elimar; GEDIEL, José Antônio Peres; NALIN, Paulo Roberto Ribeiro; PINHEIRO, Rosalice Fidalgo. O percurso e os percalços da teoria da pessoa jurídica na UFPR: da desconsideração da pessoa jurídica à pessoa jurídica desconsiderada. *In:* KROETZ, Maria Cândida Pires Vieira do Amaral (org.). *Direito civil*: inventário teórico de um século. Curitiba: Kairós, 2012. v. 1. p. 75-96.

LEPAULLE, Pierre. The function of comparative law: with a Critique of Sociological Jurisprudence. *Harvard Law Review*, v. 35, p. 838-858, 1921.

LUNDMARK, Thomas. *Charting the Divide between Common and Civil law*. Oxford: Oxford University Press, 2012.

LUPOI, Maurizio. *Trust Laws of the World*: A collection of original texts. Rome: Il Fisco, 1996.

LUPOI, Maurizio. *The origins of the European legal order*. Cambridge: Cambridge University Press, 2000.

MACQUEEN, Hector L.; WILSON, William Adam (org.). *Scots law into the 21st century*: essays in honour of W. A. Wilson. Edinburgh: W. Green/Sweet & Maxwell, 1996.

MADDEN, Michael. *Global Legal Insights - Litigation & Dispute Resolution*. London: Global Legal Group Ltd, 2014.

MAITLAND, Frederic William. *State, trust and Corporation*. David Runciman e Magnus Ryan (Eds.). Cambridge: Cambridge, 2003. Edição Kindle.

MARINONI, Luiz Guilherme; MITIDIERO, Daniel Francisco. *O projeto do CPC*: críticas e propostas. São Paulo, SP: Revista dos Tribunais, 2010.

MARTIN, Jill E.; HANBURY, Harold Greville. *Modern equity*. 18. ed. London: Sweet & Maxwell, 2009.

MATRAVERS, Lord Phillips of Worth. The civil code and the common law. *In:* FAIRGRIEVE, Duncan (org.). *The Influence of the FRENCH CIVIL CODE on the Common Law and Beyond*. London: British Institute of international and Comparative Law, 2007. p. 23-30.

MATTEI, Ugo A.; RUSKOLA, Teemu; GIDI, Antonio. *Comparative Law*. New York: Foundation Press, 2009.

MATTEI, Ugo. *I diritti reali*. Torino: UTET, 2001. (Trattato di Diritto Civile).

MATTEI, Ugo. *Introduction to Italian Law*. New York: Kluwer Law International, 2002.

MAZEAUD, Henri; MAZEAUD, León; MAZEAUD, Jean. Fifteen Lesson: patrimony and the other universalities of rights. *Revue de Droit Henri Capitant*, n. 2, maio 2011.

MAZZUOLI, Valerio de Oliveira. *Curso de direito internacional público*. 8. ed. rev., atual. e ampl. São Paulo: Revistas dos Tribunais, 2014.

MELLO, Marcos Bernardes de. *Teoria do fato jurídico*: plano da existência. 15. ed. rev. São Paulo: Saraiva, 2008.

MENGONI, Luigi. *L'Europa dei codici o un condice per l'Europa?* Roma: Centro di di diritto, 1993.

MERRYMAN, John Henry. *La tradición jurídica romano-canónica*. México: Fondo de Cultura Económica, 2009.

MESQUITA, Igor Nunes. *Do negócio fiduciário stricto sensu*. 113 f. Dissertação (Mestrado em Direito Empresarial) – Faculdade de Direito Milton Campos, Nova Lima, 2009.

MILO, J. Michael; SMITS, Jan M. (org.). *Trusts in mixed legal systems*. Nijmegen: Ars Aequi Libri, 2001. (Ars Aequi Cahiers Privaatrecht, 12).

MÖLLER, Max. *Teoria geral do neoconstitucionalismo*: bases teóricas do constitucionalismo contemporâneo. Porto Alegre: Livraria do Advogado, 2011.

MONATERI, Pier Giuseppe; GIARO, Tomasz; SOMMA, Alessandro. *Le radici comuni del diritto europeo*: un cambiamento di prospettiva. Roma: Carocci, 2005. (Studi Superiori; Studi Giuridici, 490).

MONATERI, Pier Giuseppe (org.). *Methods of comparative law*. Cheltenham, U.K.; Northampton, MA: Edward Elgar Pub, 2012. (Research Handbooks in Comparative Law).

MONEGAT, Mariagrazia; CIRLA, Augusto. *Compravendita immobiliare*. Milano: Ipsoa, 2010.

NELKEN, David; ORUCU, Esin. *Comparative Law*: a handbook. Portland: Hart Publishing, 2007. 169-238.

OAKLEY, A. J.; PARKER, David B.; MELLOWS, Anthony R. *Parker and Mellows*: the modern law of trusts. 9. ed. London: Sweet & Maxwell, 2008.

OBERTO, Giacomo. *Famiglia e patrimonio*: rapporti patrimoniali fra coniugi e conviventi dalla conoscenza, al matrimonio, alla separazione e divorzio, alla morte. [Milanofiori Assago] (Milano); [Padova]: Wolters Kluwer; CEDAM, 2014.

OLIVIER, Alfred. *Louisiana and Quebec*: Bilateral relations and Comparative Sociopolitical Evolution, 1673-1993. Lanham: University Press of America, 1995.

ÖRÜCÜ, Esin. *The enigma of comparative law*: variations on a theme for the twenty-first century. Leiden; Boston: Martinus Nijhoff Publishers, 2004.

PALMER, Vernon Valentine. *Through the codes darkly*: slave law and civil law in Louisiana. Clark, N. J: The Lawbook Exchange, 2012.

PALMER, Vernon Valentine; REID, Elspeth (org.). *Mixed jurisdictions compared*: private law in Louisiana and Scotland. Edinburgh: Edinburgh University Press, 2009. (Edinburgh studies in law, v. 6).

PALMER, Vernon Valentine. *The Louisiana Civilian Experience*. Durham: Carolina Academic Press, 2004. p. 51-100.

PATRÃO, Afonso. Reflexões sobre o reconhecimento de trusts voluntários sobre imóveis situados em Portugal. *Boletim da Faculdade de Direito da Universidade de Coimbra*, v. 87, p. 357-427, 2011.

PEARCE, Nasreen. The Inheritance and Trustees' Powers Act 2014: Changes to intestacy rules and claims for Family provisiono on death. *Family Law*, v. 44, p. 1.591-1.593, 2014.

PÉDAMON, Michel. Le code civil et la doctrine juridique allemande du XIX siècle. *In:* FAIRGRIEVE, Duncan (Ed). *The influence of the French civil code on the common law and beyond*. London: British Institute of International and Comparative Law, 2007. p. 175-194.

PENNER, James E. *The law of trusts*. 9. ed.. New York: Oxford, 2014. (Core Text Series).

PENTEADO, Luciano de Camargo. *Direito das coisas*. 2.ed rev., atual. e ampl. São Paulo: Revista dos Tribunais, 2012.

PEREIRA, Guilherme Setoguti J.; WARDE JR., Walfrido Jorge. A sucessão *mortis causa* no âmbito da Eireli. *Revista de Direito Mercantil, Industrial, Econômico e Financeiro*, v. 51, n. 161/162, p. 162-168, jan./ago. 2012.

PERONI, Giulio. *La norma di cui all' art. 2645-TER*: nuovi spunti di riflessione in tema di trust. Milano: Giuffrè Editore, 2006.

PETIT, Carlos. Juristas e paixões: motivos de um encontro. *In:* PETIT, Carlos. *Paixões de um jurista*: amor, memória, melancolia, imaginação. Curitiba: Juruá, 2011. p. 11-24.

PONTES DE MIRANDA, Francisco Cavalcanti. *Tratado de direito privado*: parte geral. Validade. Nulidade. Anulabilidade. Atualizado por Marcos Bernardes de Mello e Marcos Ehrhardt Jr. São Paulo: RT, 2012. t. 4.

PRUM, André; WITZ, Claude (org.). *Trust et fiducie*: la convention de la Haye et la nouvelle législation luxembourgeoise. Paris: Montchrestien, 2005. (Collection Grands Colloques).

RABBAN, David M. *Law's history*: American legal thought and the transatlantic turn to history. Cambridge: Cambridge University Press, 2013. (Cambridge Historical Studies in American Law and Society).

RABELLO, Alfredo Mordechai. *Aequitas and Equity*: Equity in Civil Law and Mixed Jurisdictions. Jerusalem: Hamaccabi Press, 1997.

REID, Kenneth G. C.; GRETTON, George Lidderdale (org.). *The law of property in Scotland*. Edinburgh: The Law Soc. of Scotland Butterworths, 1996.

REID, Kenneth G. C.; WAAL, Marius Johannes de; ZIMMERMANN, Reinhard (org.). *Exploring the law of succession*: studies national, historical and comparative. Edinburgh: Edinburgh University Press, 2007. (Edinburgh Studies in Law, v. 5).

REID, Kenneth. *The abolition of feudal tenure in Scotland.* London: LexisNexis UK, 2003.

REID, Kenneth; DE WAAL, M. J.; ZIMMERMANN, Reinhard (org.). *Testamentary formalities.* Oxford, New York: Oxford University Press, 2011. (Comparative Succession Law, v. 1).

REIMANN, Mathias; ZIMMERMANN, Reinhard. *Comparative Law.* Oxford: Oxford University Press, 2006.

RHEINSTEIN, Max. *Gesammelte Schriften.* Tübingen: Mohr, 1979. (Collected Works).

RILES, Annelise (org.). *Rethinking the masters of comparative law.* Oxford, Portland, Or: Hart Pub, 2001.

RODRIGUES JUNIOR, Otavio Luiz. Dogmática e crítica da jurisprudência (ou da vocação da doutrina em nosso tempo). *Revista dos Tribunais*, v. 99, n. 891, p. 65-106, jan. 2010.

ROPPO, Vincenzo. *Il contratto.* 2. ed. Milano: Giuffrè, 2011. (Trattato di Diritto Privato).

ROTH, Philip. *Patrimônio*: uma história real. Tradução de Jorio Dauster. São Paulo: Companhia das Letras, 2012.

SALEILLES, Raymond. *De la Personnalité juridique*: Histoire et théories. 2. ed. Paris: Rousseau & Co., 1922.

SANTISTEBAN, Sonia Martín. La figura del trust en los Estados Unidos de América. *Revista para el Análisis del Derecho (InDret)*, n. 2, p. 4-34, abr. 2008.

SANTOS, Raquel do Amaral de Oliveira. *Trust*: das origens à aceitação pelos países de direito romano-germânico, 220f. Dissertação (Mestrado) – Pontifícia Universidade Católica de São Paulo - PUC/SP Faculdade de Direito, São Paulo, 2009.

SAVATIER, René. *Les Métamorphoses économiques et sociales du droit civil d'aujourd'hui.* troisième édition. Paris: Librairie Dalloz, 1964. (Panorama des Mutations).

SCHAUER, Frederick F. *The force of law.* Cambridge, Massachusetts: Harvard University Press, 2015.

SCHLECHTRIEM, Peter. *Good Faith in German Law and in International Uniform Laws.* Roma: Centro di Studi e Ricerche di Diritto Comparato e Straniero, 1997.

SCHLESINGER, Rudolf B. *The common core of legal systems*: An Emerging Subject of Comparative Study. XXth Century Comparative and Conflicts Law. Legal Essays in Honor of Hessel E. Yntema. Leyden: A. W. Sijthoff, 1961. p. 65-79.

SCHMIDT, Jan Peter. Vida e obra de Pontes de Miranda a partir de uma perspectiva alemã – com especial referência à tricotomia "existência, validade e eficácia do negócio jurídico". *Revista Fórum de Direito Civil – RFDC*, v. 3, n. 5, p. 135-158, jan./abr. 2014.

SCHREINER, Oliver D. *The Contribution of English law to South African law; and the rule of law in South Africa.* London: Juta & CO LTD, 1967.

SCHWARCZ, Steven. Commercial Trusts as Business Organizations: An Invitation to Comparatists. *Duke Journal of comparative & International Law*, v. 13, p. 321-336, 2003.

SEMAINE INTERNATIONALE DE DROIT. *Travaux de la Semaine Internationale de Droit Paris*. Paris: Sirey, 1937.

SIEMS, Mathias. *Comparative Law*. Cambridge: Cambridge University Press, 2014.

SILVA-RUIZ, Pedro F. Trust in a Mixed System: The case of Puerto Rico. In: *Aequitas ans Equity*: Equity in Civil Law and Mixed Jurisdictions. Jerusalem: Hamaccabi Press, 1997. p. 819-837.

SITKOFF, Robert H. Trust as "Uncorporation" a Research Agenda. *University of Illinois Law Review*, v. 31 v. 2005, p. 31-48, 2005.

SMITH, Beverly G. *Introduction to the Canadian law of trusts*. Toronto: Butterworths, 1979. (Butterworths basic text series).

SMITH, Lionel (org.). *Re-imagining the trust*: trusts in civil law. Cambridge; New York: Cambridge University Press, 2012.

SMITH, Lionel (org.). *Trust and Patrimony*. Cambridge; New York: Cambridge University Press, 20.

SMITS, Jan M.; EDWARD ELGAR PUBLISHING (org.). *Elgar encyclopedia of comparative law*. 2. ed. Cheltenham, UK; Northampton, MA, USA: Edward Elgar, 2012.

SONNEVELDT, Frans. *The trust*. The Trust Bridge or Abyss Between Common and Civil Law Juridiction? Boston: Kluwer Law and Taxaon Publisher, 1992.

SONNEVELDT, Frans. *Trusts and tax consequences in the United Kingdom*: The Trust Bridge or Abyss Between Common and Civil Law Juridiction? Boston: Kluwer Law and Taxaon Publisher, 1992.

SPRUIT, J. E.; KAMBA, Walter; HINZ, Manfred O. (org.). *Roman law at the crossroads*: papers of the congress organized by the Department of Roman Law of the University of Utrecht and Faculty of Law of the University of Namibia, Windhoek, 30 June-1 July 1997. Kenwyn: Juta & CO LTD, 2000.

STĘPKOWSKI, Aleksander. *L'institution du trust dans le système mixte du droit privé écossais*. Varsovie: Liber, 2005.

TEPEDINO, Gustavo. O Trust no direito brasileiro. *Revista dos Tribunais (on-line)*, v. 2, nov. 2011.

TEPEDINO, Gustavo. Regime jurídico dos bens no Código Civil. In: VENOSA, Silvio de Salvo; GAGLIARDI, Rafael Villar; NASSER, Paulo Magalhães (org.). *Dez anos do Código Civil*: desafios e perspectivas, São Paulo: Atlas, 2012. p. 1-30.

TEY, Tsun Hang; NATIONAL UNIVERSITY OF SINGAPORE; CENTRE FOR COMMERCIAL LAW STUDIES. *Trusts credit security and trading*. Singapore: Centre for Commercial Law Studies, Faculty of Law, National University of Singapore, 2010.

TEY, Tsun Hang; NATIONAL UNIVERSITY OF SINGAPORE; CENTRE FOR COMMERCIAL LAW STUDIES. *Trusts and asset protection*. Singapore: Centre for Commercial Law Studies, Faculty of Law, National University of Singapore, 2010

THÉVENOZ, Luc; DUNAND, Jean-Philippe. La fiducie: droit des biens ou droit des obrigations? *In: Rapports suisses présentés au XVème Congrès international de droit comparé*. Bristol, 27 juillet au 1 août 1998. Schulthess Polygraphischer Verlag AG, Zürich 1998.

TORRENT, Armando. *Manual de Derecho Privado Romano*. Zaragoza: Edisofer, 2002.

VALLADÃO, Haroldo. *Enfim... Fideicomisso!*. São Paulo: Revista dos Tribunais, 1942.

VALLADÃO, Haroldo. Le droit comparé au Brésil la vision de 1950. *In*: WALD, Arnoldo; JAUFFRET-SPINOSI, Camille (org.). *Le Droit brésilien hier, aujourd'hui et demain*. Paris: Editora da Société de Législation Comparée, 2005. p. 467-479.

VANDEVELDE, Toon. Inheritance taxation, equal opportunities and the desire of immortality. *In*: ERREYGERS, Guido; VANDEVELDE, Toon (org.). *Is inheritance legitimate?* Ethical and economic aspects of wealth transfers. Heidelberg: Springer-Verlag Berlin, 1997. Chapter 1. p. 1-15.

VAQUER I ALOY, Antoni (org.). *European private law beyond the common frame of reference*: essays in honour of Reinhard Zimmermann. Groningen: Europa Law Pub, 2008. (European Studies in Private Law, v. 3).

VAREILLES-SOMMIÈRES, Pascal de. *Le droit privé européen*: actes du colloque organisé à Reims sous les auspices du Centre de recherche en droit des affaires, Université de Reims Champagne-Ardenne, les 30 janvier et 1er février 1997 sous le titre "Un droit privé pour l'Union européenne?. Paris: Economica, 1998. (Collection Etudes juridiques, 1).

VEIGA, Alexandre Brandão da. Três problemas dogmáticos dos fundos de investimento. *Cadernos do Mercado de Valores Mobiliários*, n. 8, p. 1-7, ago. 2000.

VERDE, Camillo. Cartolarizzazione, patrimônio separato e limiti alle garanzie per gli investitori. *Rassegna di Diritto Civile*, v. 2, p. 485-799, 2014.

VICENTE, Dário Moura. *Direito comparado*. 3. ed., rev. e atual. Coimbra: Almedina, 2014.

VICENTE, Dário Moura. *Introdução, sistemas jurídicos em geral*. 3. ed. rev. e atual. Coimbra: Almedina, 2014. (Direito Comparado).

VICENTE, Dário Moura. *O direito comparado após a reforma de Bolonha*: relatório. Lisboa: Coimbra Editora, 2009.

VIEIRA, Andréia Costa. *Civil law e common law*: os dois grandes sistemas legais comparados. Porto Alegre: Sergio Antonio Fabris Editor, 2007.

VILELLA, João Batista. Código Civil: o regime das universalidades e o *sguardo unitario* de Barbero. *In*: ALVIM, Arruda; CÉSAR, Joaquim Portes de Cerqueira; ROSAS, Roberto. *Aspectos controvertidos no Novo Código Civil*. São Paulo: Revista dos Tribunais, 2003. p. 371-379.

VILLELA FILHO, Gustavo Alberto. O trust brasileiro. *Villela e Kraemer Advogados*, 20 nov. 2006. Disponível em: http://goo.gl/7pNJ9P . Acesso em: 25 jan. 2016.

VISSER, Daniel; ZIMMERMANN, Reinhard. *Southern Cross*: Civil Law and Common Law in South Africa. Oxford: Clarendon Press, 1996. p. 1-30; 849-872.

WAAL, Marius J. The abuse of the Trust (or: "Going Behind the Trust Form"). Hamburg: Mohr Siebeck. *The Rabel Journal of Comparative and International Private Law*, v. 76, p. 1.078-1.100, 2012.

WAAL, Marius. J. de; PAISLEY, Roderick. R. M. Trusts. *In:* ZIMMERMANN, Reinhard; VISSER, Daniel; REID, Kenneth (org.). *Mixed legal systems in comparative perspective*: property and obligations in Scotland and South Africa. New York: Oxford University Press, 2004. p. 819-848.

WALD, Arnoldo. Le droit comparé au Brésil: la vision de 2000. *In:* WALD, Arnoldo; JAUFFRET-SPINOSI, Camille (org.). *Le Droit brésilien hier, aujourd'hui et demain*. Paris: Editora da Société de Législation Comparée, 2005. p. 481-518.

WALKER, David M. *The Oxford companion to law*. Oxford: Clarendon Press, 1980.

WATSON, George. *Bell's dictionary and digest of the Law of Scotland*. Edinburgh: Edinburgh Legal Education Trust, 2012.

WHITEHOUSE, Christopher; KING, L. C. *A modern approach to wills, administration and estate planning (with precedents)*. Bristol: Jordans, 2011.

WITZ, Claude. *La fiducie en droit privé français*. Paris: Economica, 1980.

WITZ, Claude. *Le droit allemand*. 2. ed. Paris: Dalloz, 2013.

WITZ, Claude; RANIERI, Filippo (org.). *La réforme du droit allemand des obligations*: colloque du 31 mai 2002 et nouveaux aspects. Paris: Société de Législation Comparée, 2004.

WOLFF, Josef. *Trust, Fiducia und fiduziarische Treuhand*: historisch-rechtsvergleichende Untersuchung mit einer Darstellung des Trust in Schottland sowie des römischen und österreichischen Fideikommiss. Frankfurt am Main: Lang, 2005. (Salzburger Studien zum Europäischen Privatrecht, Bd. 17).

YORAN, Aharon. Tax Implications of "Unrecognized" Cross Border Trusts. *In: Aequitas ans Equity*: Equity in Civil Law and Mixed Jurisdictions. Jerusalem: Hamaccabi Press, 1997. p. 838-844.

ZÉNATI-CASTAING, Frédéric. Entre Trust et Fiducie: Le malentendu Québécois. *Revue Internationale de Droit Comparé*, v. 1, n. 67e anné, p. 23-43, 2015.

ZIMMERMANN, Reinhard. Text and Context – Introduction to The Symposium on The Process of Law Making in Comparative Perspective. *The Rabel Journal of Comparative and International Private Law*, v. 78, p. 327-328, 2014.

ZIMMERMANN, Reinhard. *The Law of Obligations*: Roman Foundations of the Civilian Tradition. Johannesburg: Juta and Company LTD, 2006.

ZIMMERMANN, Reinhard; GESELLSCHAFT FÜR RECHTSVERGLEICHUNG; TAGUNG FÜR RECHTSVERGLEICHUNG (org.). *Freedom of testation*: Ergebnisse der 33. Tagung der Gesellschaft für Rechtsvergleichung von 15. bis 17. September 2011 in Trier = Testierfreiheit. s.l.: s.n., 2012. (Rechtsvergleichung und Rechtsvereinheitlichung, v. 21).

ZIMMERMANN, Reinhard; VISSER, Daniel P.; REID, Kenneth (org.). *Mixed legal systems in comparative perspective*: property and obligations in Scotland and South Africa. Oxford, New York: Oxford University Press, 2004.

ZUGMAN, Daniel Leib. Planejamento tributário e a busca do equilíbrio perdido. *Revista dos Tribunais*, v. 102, n. 929, p. 461-493, mar. 2013.

ZWEIGERT, Konrad; KÖTZ, Hein. *Introduction to comparative law*. Third revised edition, translated from the German by Tony Weir. New York: Oxford University Press, 1998.

ZWEIGERT, Konrad; PUTTFARKEN, Hans-Jürgen (org.). *Rechtsvergleichung*. Darmstadt: Wissenschaftliche Buchgesellschaft, 1978. (Wege der Forschung; Bd. 332).

ANEXOS

ANEXO 1

PROPOSTA DE UMA NOVA TRADUÇÃO PARA O PORTUGUÊS DA CONVENÇÃO DA HAIA SOBRE A LEI APLICÁVEL AO *TRUST* E A SEU RECONHECIMENTO

A reflexão acerca dos cuidados e das dificuldades que permeiam a atividade de traduzir textos extrapola as preocupações jurídicas, sendo pertinente a todas as áreas do saber. Igualmente, não se trata de uma temática nova[1], mas sim um assunto que já foi e continua sendo objeto de exame de expressivo número de estudiosos.

O debate sobre os impasses da tradução é clássico na história da humanidade.[2] Se, por um lado, a variedade de idiomas promove a diversidade de culturas, por outro, dificulta a comunicação entre elas.[3] Essa maior complexidade de comunicação pode criar obstáculos à compreensão de ordenamentos jurídicos estrangeiros. Conforme

---

[1] A primeira tradução de expressão da qual se tem notícia teria sido realizada por Lívio Andrônico (250 a.C.), que verteu a *Odisseia* de Homero do grego para o latim. Ainda na civilização romana, ganharam destaque os trabalhos realizados por Marco Túlio Cícero (106-43 a.C.), em especial a sua obra *De optimo genere oratorum* (46 a.C.), dedicada à teoria da tradução (FURLAN, Mauri. Brevíssima história da teoria da tradução no Ocidente: I. Os Romanos. *Cadernos de Tradução*, Florianópolis, v. 2, n. 8, jan./jul. 2001);

[2] Cabe citar a passagem bíblica da Torre de Babel (*Gênesis*, 11, 1-9). É narrado que no princípio todos os habitantes da terra falavam a mesma língua, comunicando-se em plena harmonia. Em certo momento, os filhos dos homens decidem habitar em Sinar e lá construir uma torre que tocasse o céu. Em decorrência dessa atitude considerada soberba, são punidos por Deus a não compreenderem os idiomas uns dos outros e a se dispersarem pela terra (BÍBLIA SAGRADA. Petrópolis: Vozes, 2005. p. 34).

[3] "Ora, ninguém nega que seja a língua um dos primeiros elementos de uma cultura. Ela é relevante a ponto de sua influência abranger todas as esferas de manifestação da vida cultural de um povo". (FRADERA, Véra Maria Jacob de. *Reflexões sobre a contribuição do direito comparado para a elaboração do direito comunitário*. Belo Horizonte: Del Rey, 2010. p. 82-83).

afirma Véra Maria Jacob de Fradera, "as relações entre língua e direito são deveras complexas, além de variadas, atraindo a atenção de juristas e linguistas, e as questões suscitadas pela diversidade de línguas são, muitas vezes, de monta, gerando barreiras entre os povos".[4] Daí a importância da tradução cuidadosa dos textos jurídicos.

Nos tópicos anteriores foi analisado o conteúdo da Convenção da Haia sobre a Lei Aplicável ao *Trust* e a seu Reconhecimento. No presente item são tecidas algumas considerações a respeito da metodologia empregada para a tradução da Convenção da Haia sobre *Trusts*, e a justificativa para a apresentação de novo texto, em vista da existência de versão em português da Convenção disponível no domínio de internet oficial da Conferência da Haia.

Desde junho de 2015, todos os materiais e notícias da Conferência da Haia estão disponíveis em português. Além dos dois idiomas oficiais da Conferência – inglês e francês –, há também textos em espanhol e alemão.[5] Há documentos esparsos traduzidos para outros idiomas, mas o sítio possui versão integral apenas em inglês, em francês, em alemão, em espanhol e, recentemente, em português.[6] Com isso, a Conferência contribui para a expansão do texto de suas convenções e protocolos para línguas mais periféricas, como o português. Trata-se de trabalho louvável, que não apenas assegura acesso aos estudiosos dos países lusofônicos, como também contribui para que tais países venham a aderir a tais pactos.

A versão do sítio eletrônico da Conferência em língua portuguesa inclui traduções de todas as quarenta convenções, protocolos e estatutos produzidos nos trabalhos da Conferência da Haia, inclusive aqueles

---

[4] FRADERA, Véra Maria Jacob de. *Reflexões sobre a contribuição do direito comparado para a elaboração do direito comunitário.* Belo Horizonte: Del Rey, 2010. p. 82.

[5] HAGUE CONFERENCE ON PRIVATE INTERNATIONAL LAW. *Launch of the Portuguese version of the Hague Conference website.* 17 jun. 2015. Disponível em: https://www.hcch.net/pt/news-archive/details/?varevent=410. Acesso em: 30 jul. 2016.

[6] A dificuldade gerada pela diversidade de línguas existentes na Europa foi bem captada por Umberto Eco, que apresenta a tensão entre o respeito à diversidade e a necessidade de um idioma único: "No fim da sua longa procura, a cultura européia encontra-se diante da necessidade urgente de uma língua veicular que recomponha as suas fraturas lingüísticas, hoje mais graves do que nunca. Mas a Europa se acha no dever de fazer as contas também com a própria vocação histórica, como Continente que gerou línguas diferentes, cada uma das quais, mesmo a mais periférica, exprime o 'gênio' de um grupo étnico, e continua sendo veículo de uma tradução milenária. Mas será possível harmonizar a necessidade de uma língua veicular única com a necessidade da defesa das tradições lingüísticas?" (ECO, Umberto. *A busca da língua perfeita na cultura européia.* 2. ed. Tradução de Antonio Angonese. Bauru: EDUSC, 2002. p. 413)

dos quais o Brasil não é signatário ou parte. É importante ressaltar que muitos dos documentos traduzidos para o português não possuem qualquer vigência ou força normativa, por não terem sido assinados pelo Estado Brasileiro, não havendo versão oficial disposta em forma de Decreto Legislativo ou Decreto Executivo. Isto difere da maior parte das Convenções encontradas no sítio eletrônico da Conferência da Haia em outros idiomas; trata-se de traduções oficiais, em geral vigentes nos países signatários. Com exceção dos seis documentos firmados pelo Brasil[7], as demais traduções possuem, até o momento, apenas finalidade acadêmica. Assim, embora não tenha sido assinada pelo Brasil, a Convenção da Haia sobre a Lei Aplicável ao *Trust* e a seu Reconhecimento também foi traduzida nesse contexto. Como será demonstrado adiante, discorda-se de alguns termos escolhidos para a correspondência no português.

É importante esclarecer que a iniciativa de traduzir a Convenção foi louvável e pioneira, de modo que contribuiu e continua contribuindo sobremaneira para o estudo do tema. Contudo, por divergir de alguns trechos da tradução encontrada no sítio da Conferência da Haia, entendeu-se ser oportuna uma outra versão de tradução para o vernáculo, de modo a permitir que a Convenção da Haia sobre *Trusts* possa continuar a ser estudada e debatida no Brasil. Por tal razão, o presente trabalho propõe uma nova tradução da Convenção, com o objetivo de tornar seu texto em português mais claro e deixá-lo mais próximo do sentido presente nas suas versões autênticas em inglês e francês.[8] Nesse mister, parte-se da premissa de que:

---

[7] 1) Estatuto da Conferência da Haia de Direito Internacional Privado (Decreto Legislativo n.º 41, de 14 de maio de 1998; Decreto n.º 3.832, de 1.º de junho de 2001), 12) Convenção sobre a Eliminação da Exigência de Legalização de Documentos Públicos Estrangeiros (Decreto Legislativo n.º 148, de 6 de julho de 2015; Decreto n.º 8.660, de 29 de janeiro de 2016), 20) Convenção sobre a Obtenção de Provas no Estrangeiro em Matéria Civil ou Comercial (Decreto Legislativo n.º 137, de 19 de fevereiro de 2013; não há Decreto Executivo até o momento), 28) Convenção sobre os Aspectos Civis do Sequestro Internacional de Crianças (Decreto Legislativo n.º 79, de 15 de setembro de 1999; Decreto n.º 3.413, de 14 de abril de 2000), 29) Convenção sobre o Acesso Internacional à Justiça (Decreto Legislativo n.º 658, de 1.º de setembro de 2010; Decreto n.º 8.343, de 13 de novembro de 2014) e 33) Convenção Relativa à Proteção das Crianças e à Cooperação em Matéria de Adoção Internacional (Decreto Legislativo n.º 1, de 14 de janeiro de 1999; Decreto n.º 3.087, de 21 de junho de 1999). Cada um dos documentos elaborados pela Conferência da Haia recebe uma numeração de acordo com a cronologia de vigência, para padronizar as referências entre os Estados.

[8] Como na maioria dos pactos internacionais, são eleitos idiomas considerados "autênticos" – isto é, que representam o sentido buscado pelos redatores e partes originais. No caso da Convenção da Haia sobre a Lei Aplicável ao *Trust* e a seu Reconhecimento, tais idiomas autênticos são o inglês e o francês. Há traduções oficiais para outros idiomas, como o chinês,

A tradução consiste na busca do significado da frase a ser traduzida, e na procura da frase adaptada para exprimir aquele sentido na língua da tradução. As duas operações cabem ao jurista. O conjunto das duas operações cabe ao comparatista, único competente para decidir se duas idéias, pertencentes a sistemas jurídicos diferentes, correspondem uma à outra. E mais: se uma diferença entre normas acarreta uma diferença de conceitos. Por outro lado, o tradutor deve ter em consideração uma série de circunstâncias, que não podem ser reduzidas a correlações entre palavras e conceitos.[9]

Para o trabalho da nova tradução, foram utilizadas as duas versões autênticas, como método de estudo comparado. De um lado, tendo em vista a origem do *trust* na tradição jurídica da *common law*, foi preciso tomar cuidado com a fidelidade às expressões originais em inglês. De outro lado, visando a melhor compreensão em português, considerando-se a raiz similar (são línguas indo-europeias) e o parentesco na família *civil law*, aproveitou-se a adaptação de expressões e institutos na versão autêntica francesa, como maneira de verificar, simultaneamente à tradução, se as ideias apostas ao novo texto em português seriam inteligíveis e adequadas. A versão em língua francesa da Convenção da Haia foi utilizada como segunda na ordem de comparação pelo fato de ser um idioma que apresenta sutilezas, é mais aberto a diferentes interpretações, sendo, portanto menos objetivo que o inglês.[10]

Nesse sentido, foi necessário um cuidado absoluto para garantir fidelidade não apenas ao texto como à própria construção do *trust* em seu sistema de origem.[11] Paralelamente, buscou-se evitar que a tradução em si – contendo diversos elementos estranhos à nossa tradição – constituísse alguma espécie de obstáculo à efetiva compreensão dos *trusts* no

---

o holandês, o alemão, o italiano, línguas em cujos países a Convenção tem vigência, além de traduções para o japonês e o arábico, disponíveis no sítio da Conferência, e também do português, ora em comento.

[9] SACCO, Rodolfo. *Introdução ao direito comparado*. Tradução de Véra Jacob de Fradera. São Paulo: Revista dos Tribunais, 2001. p. 57.

[10] "Aliás, o francês é uma língua onde as nuanças são permitidas, os matizes, logo, as coisas não são sempre negras ou brancas, elas podem ser cinzentas". (FRADERA, Véra Maria Jacob de. *Reflexões sobre a contribuição do direito comparado para a elaboração do direito comunitário*. Belo Horizonte: Del Rey, 2010. p. 83).

[11] "As palavras não têm, de fato, significados absolutos e permanentes, e todo usuário da língua, cada vez que usa uma expressão, confere-lhe um significado específico único". (SACCO, Rodolfo. *Introdução ao direito comparado*. Tradução de Véra Jacob de Fradera. São Paulo: Revista dos Tribunais, 2001. p. 54).

Direito brasileiro.[12] Para além do cuidado linguístico e semântico na tradução, buscou-se na literatura jurídica referência à tradução como método de comparação. Destaca-se o trabalho de Máximo Langer[13], que parte da metáfora do "transplante jurídico"[14] propondo a "tradução jurídica" como método mais adequado para o trabalho de comparação e, preocupando-se com aspectos sintáticos e semânticos da norma em sua origem e em seu destino. Segundo o autor, por meio de adaptações textuais é possível capturar as transformações a que é submetida uma ideia ou conceito nas suas relações com o sistema jurídico destinatário após a sua tradução original.[15] A depender do método de tradução

---

[12] Contraponto interessante é o de Paulo Rónai sobre os efeitos positivos da confusão de Babel: "Mas se a pluralidade das línguas é inerente à humanidade e se os homens se desentendem com toda a naturalidade mesmo quando falam uma língua comum, seria mais óbvio ver no plurilingüismo um fenômeno tão natural como, por exemplo, a diversidade da côr dos olhos humanos, que ninguém pensa em reformar e que para muitos constitui fonte de beleza e espanto". (RÓNAI, Paulo. *Babel e antibabel*: ou o problema das línguas universais. São Paulo: Perspectiva, 1970. p. 185).

[13] LANGER, Máximo. From Legal Transplants to Legal Translations: The Globalization of Plea Bargaining and the Americanization Thesis in Criminal Procedure. *Harvard International Law Journal*, v. 45, n. 1, p. 1-64. 2004.

[14] WATSON, Alan. *Legal Transplants*: An Approach to Comparative Law. 2. ed. Athens: University of Georgia Press, 1993. A metáfora do "transplante jurídico" identifica o processo de transposição orgânica de dispositivos legais de um ordenamento jurídico para o outro. Assim como em um transplante de órgãos, normas jurídicas não podem ser carregadas de um contexto legal para o outro sem os devidos cuidados em manter o destinatário intacto, pois é necessária cuidadosa implantação e cultivo em seu novo hábitat. Para críticas a esse tradicional método do Direito Comparado, ver Gunther Teubner: "Quando uma regra estrangeira é imposta em uma cultura nacional, outra coisa acontece. Ela não é transplantada para dentro de outro organismo, ao revés funciona como uma irritação fundamental que engatilha uma série de eventos novos e inesperados. Ela irrita, é claro, as mentes e as emoções dos juristas ligados à tradição, mas em um sentido mais profundo, ela irrita os 'arranjos vinculantes' da lei. É um ruído externo que cria grandes perturbações na ação recíproca de recursos dentro desses arranjos os força a reconstruir internamente não as suas próprias regras, mas reconstruir desde a origem o próprio elemento alienígena. Os 'irritantes jurídicos' não podem ser domesticados; eles não são transformados de algo alienígena em algo familiar, não adaptado ao novo contexto cultural, ao contrário eles darão ensejo a uma dinâmica evolucionária em que o significado da regra externa será reconstruída e o contexto interno sofrerá mudança fundamental". Tradução da autora. (TEUBNER, Gunther. Legal irritants: Good faith in British law or how unifying law ends up in new divergences. *Modern Law Review*, London, v. 61, p. 12, 1998).

[15] "A teoria e a história da tradução apresentaram três principais abordagens à tradução: (1) literalismo estrito, uma "correspondência palavra-por-palavra" entre os textos original e traduzido; (2) "atualização fiel, mas autônoma", em que o tradutor ainda busca ser fiel ao original, mas compõe simultaneamente um texto que é igualmente eficaz no idioma alvo; e (3) recriação substancial, variações, etc., em que a ideia de fidelidade ao original é enfraquecida ou desaparece diretamente, e o escopo é criar um texto que seja eficaz ou atrativo no idioma alvo". Tradução da autora. (LANGER, Máximo. From Legal Transplants to Legal Translations: The Globalization of Plea Bargaining and the Americanization Thesis in Criminal Procedure. *Harvard International Law Journal*, v. 45, n. 1, p. 33, 2004).

empregado, é possível trazer ao ordenamento jurídico nacional conceitos e ideias de todo impertinentes ou inaplicáveis, por desejar ser demasiado fiel à origem, ou, ao contrário, deturpar institutos jurídicos na tentativa de os inserir em seu novo contexto legal.

Como se vê, a tradução não é uma tarefa isenta de riscos, sendo oportuno fazer remissão ao famoso brocardo italiano: *"traduttore, traditore"*; isto é, "tradutor, traidor". Logo, a presente proposta de tradução certamente apresentará insuficiências e imprecisões.

Essa nova proposta de tradução da Convenção da Haia sobre *trusts* realizada pela autora só foi possível a partir do primoroso trabalho realizado pelos tradutores da versão oficial em português mencionada. Como fruto desse trabalho de cooperação entre versões de tradução, foi possível se chegar a alguns pontos de divergência entre o presente trabalho de tradução e aquele disponível no sítio da Conferência. Assim, a opção adotada no presente trabalho foi a de mencionar nesse espaço tão somente as modificações mais relevantes, seja em termos de conteúdo da Convenção, seja em termos de estrutura.[16]

A primeira alteração diz respeito às considerações preliminares. Prefere-se adotar a expressão "tribunais de equidade" em detrimento de "cortes de equidade", por tratar-se de órgãos jurisdicionais ordinários, voltados à resolução de casos, e não a unificação da interpretação do direito.[17] Em geral, o vocábulo *"court"*, em inglês, refere-se a juízos ou agrupamento de juízos cujas decisões não são representativas do tribunal como um todo; cortes, por outro lado, proferem suas decisões enquanto colegiados.[18]

Em seguida, foi retirado um parágrafo que continha texto em inglês, o qual, crê-se, foi deixado na tradução por equívoco.[19]

No artigo 2º encontram-se duas mudanças substanciais. Inicialmente, optou-se por empregar o termo *settlor* em vez de "outorgante". Apesar de a atividade do *settlor* enquanto instituidor do *trust* envolva outorga de poderes e transferência de bens ao *trustee*, entende-se que seu papel é mais amplo que a mera atribuição de poderes e que inexiste um termo no vocabulário jurídico brasileiro para expressá-lo. Daí porque

---

[16] A nova versão proposta pela autora encontra-se no quadro adiante.

[17] Consultar MITIDIERO, Daniel. *Cortes superiores e cortes supremas*: do controle à interpretação, da jurisprudência ao precedente. São Paulo: RT, 2013. p. 29-32.

[18] Ver MARINONI, Luiz Guilherme. *Julgamento nas cortes supremas*: precedente e decisão do recurso diante do Novo CPC. São Paulo: RT, 2015. p. 26-42.

[19] Vide quadro comparativo adiante.

manter o termo *settlor*. Em segundo lugar, alterou-se a palavra "curador" por *trustee*. Crê-se que "curador" pode remeter ao encargo exercido por um cidadão plenamente capaz em favor de pessoas incapazes ou dos capazes com deficiência.[20] Paralelamente, a característica hodierna de o *settlor* desenvolver uma atividade com profissionalismo também é incompatível com a terminologia "curador", o qual deve zelar pelos interesses do curatelado e administrar seus bens com vistas ao bem-estar do incapaz ou capaz com deficiência de modo gracioso, altruístico. Essas duas alterações são fundamentais para que o instituto do *trust* seja bem compreendido, premissa básica para que possa ser discutido e quem sabe recepcionado no país. Por causa dessas duas modificações, os artigos 2º, letra "a", "b", e "c"; 4º; 6º; 7º letras "a" e "c"; 8º, letras "a", "b", "c", "d", "e", "g" e "j"; 11 *caput* e letras "a", "b", "c", "d"; 12, 13, foram readequados para empregarem esses termos.

No artigo 2º, letra "a", entende-se que há um equívoco de tradução. Ao passo que a tradução enuncia que "os bens constituem um fundo separado e não são parte do patrimônio do curador", defende-se que o mais correto seria dizer que os bens constituem um fundo separado "e não são parte do patrimônio pessoal do *trustee*". Isso porque o titular dos bens do *trust* é efetivamente o *trustee*, mas tais recursos não integram seu patrimônio pessoal. Estão em seu nome para que os administre em função dos beneficiários. Essa mudança precisa ser bem compreendida e é peça-chave para a compreensão do *trust*.

Ao se examinar o artigo 5º, verifica-se uma discordância. A palavra *trust* foi traduzida por duas vezes como "crédito". Desconhecem-se os motivos que embasaram a opção dos tradutores, pois o termo escolhido em português é abissalmente diverso do sentido da figura do *trust*. No vernáculo, "crédito" significa, entre outras definições, o que alguém tem a haver de um devedor ou o direito de receber o que se emprestou ou financiou.[21] Em dicionário jurídico, "crédito" também remete ao

---

[20] Código Civil Brasileiro, art. 1.781 e seguintes.
[21] "Crédito *s.m.* (sXV) **1** confiança, crença fundada nas qualidades de uma pessoa ou coisa; segurança de que alguém ou algo é capaz ou veraz <*um profissional que merece c.*> <*as notícias eram dignas de c.*> **2** *p.ext.* bom nome, boa reputação; confiabilidade <*desfeita a farsa, ele perdeu todo o c. entre seus pares*> **3** autoridade, importância preponderância <*granjeou c. com suas pesquisas avançadas*> **4** ADM ECON POL autorização de despesa concedida por dirigente ou comissão que estipula, vota e regulamenta os orçamentos **5** COM transação em que um comprador adquire um bem ou serviço para pagá-lo posteriormente, em uma ou mais parcelas **6** COM contrato pelo qual um banco, uma financeira etc. põe à disposição de alguém certa quantia de dinheiro mediante assinatura de notas promissórias ou qualquer outro título creditício **6.1** *p.met.* COM a quantia emprestada desse modo <*obteve um c. de*

direito que tem a pessoa de exigir de outra o cumprimento da obrigação contraída[22], que em nada se relaciona com o *trust*.[23] Ainda, em outros artigos da Convenção, o termo *trust* foi mantido na tradução para o português, o que demonstra incoerência. A alteração dessa disposição é premente, pois versa justamente sobre a figura que se pretende ver reconhecido por meio da Convenção da Haia de 1985. Lamentavelmente, o mesmo erro é encontrado nos artigos 22 e 24 da tradução disponível no sítio da Conferência.

No artigo 6º entende-se haver um equívoco. A tradução menciona que "O *trust* jamais será regulado pela lei escolhida pelo outorgante". Em verdade, considerado o sentido da oração em suas versões autênticas[24],

---

5.000 reais> **7** COM JUR o que um negociante, instituição etc., em suas contas, tem a haver de um devedor **8** *p.ext*. COM JUR direito de receber o que se emprestou ou financiou **9** condição de quem pode obter empréstimos ou comprar a prazo <*nossa empresa tem c. na praça*> **10** M.COM indicação dos autores e de todos os responsáveis pela elaboração intelectual, artística, técnica e empresarial de um determinado produto (publicação, filme, programa televisivo etc.) [mais us. no pl.] **11** PED nos cursos universitários, valor atribuído a cada disciplina e que corresponde, ao final do curso, a um número mínimo de pontos que o aluno tem que perfazer para adquiri um diploma * **c. capital** COM o proveniente da emissão de debêntures por sociedades anônimas; crédito de corporação * **c. de confiança** ratificação de confiança depositada sobre alguém ou algo dentro de certo prazo ou circunstância * **c. de corporação** COM m.q. **CRÉDITO CAPITAL** * **c. imobiliário** ADM COM aquele se de destina a compra de imóvel e cuja garantia se baseia na condição hipotecária deste * **c. real** COM o que se baseia em bens imóveis ou moveis * **c. rotativo** COM aquele que permite amortizações mínimas periódicas, dentro de um limite preestabelecido, durante a vigência do contrato * **a c.** COM para pagamento ou recebimento posterior, em uma ou mais parcelas <comprar a c.> <vender a c.> * **levar a c.** COM creditar, lançar em conta-corrente (determinado valor) * **ETIM** lat. creditum, i 'crença, confiança, empréstimo' * **SIN/VAR** ver sinonímia de *confiança, fama* e antonímia de *desprezo* * ANT débito; ver tb antonímia de *confiança* e sinonímia de *desprezo*". (HOUAISS, Antônio; VILLAR, Mauro Salles. *Dicionário Houaiss da língua portuguesa*. Rio de Janeiro: Objetiva, 2009. p. 568).

[22] "Crédito. Derivado do latim *creditum*, de credere (confiar, emprestar dinheiro), possui o vocábulo uma ampla significação econômica e um estreito sentido jurídico. [...] Crédito. Juridicamente, significa o *direito* que tem a pessoa de *exigir de outra* o cumprimento da *obrigação* contraída. Neste sentido, no entanto, tem-se o vocábulo em acepção mais ampliada, pois que abrange as obrigações de dar, fazer ou não fazer. Mas, em Direito, ainda possui sentido mais restrito desde que pode indicar o direito de cobrar uma *dívida ativa*, como pode significar o próprio *título dessa dívida*. E, assim, se entende porque tais títulos, em verdade, representam o próprio valor da obrigação a exigir, mostrando-se, por isso, o *instrumento* do próprio crédito ou o *título do crédito*. Para os títulos de crédito comerciais, dizem-se também *efeitos comerciais*: letra de câmbio, nota promissória, cheque, duplicatas, conhecimentos de transportes, de depósitos e *'warrants'*". (DE PLÁCIDO E SILVA, Oscar Joseph. *Vocabulário jurídico*. Atualizado por Nagib Slaibi Filho e Gláucia Carvalho. Rio de Janeiro: Forense, 2004. p. 395-396).

[23] De Plácido e Silva também traz outras definições de crédito – econômicas, contábeis, mercantis e financeiro-administrativas –, que também em nada se assemelham à noção de *trust*.

[24] "*A trust shall be governed by the law chosen by the settlor*" e "*Le trust est régi par la loi choisie par le constituant*".

a tradução adequada é oposta: "O *trust* é regido pela lei escolhida pelo *settlor*". Em ambas as versões, inglês e francês, o sentido da Convenção é determinar que o *trust* seja regido pela lei escolhida pelo *settlor*. É incorreto, portanto, dizer que o *trust* "jamais" será regulado pela lei de escolha do "outorgante". Para além dessa importante correção, entende-se que o vocábulo "regido" é mais bem adequado ao sentido da regra que o vocábulo "regulado", não apenas por ser esse o termo utilizado na versão francesa, como também se trata da escolha da lei de regência do *trust* – o ordenamento a que estará submetido –, e não apenas seu regulamento. Mais adiante há um erro decorrente de tradução literal. A palavra *"where"* nesse contexto não significa "onde", mas sim "sempre que". Na tradução, o uso da expressão *"where"* pode criar dificuldades, pois em seu sentido usual refere-se tanto a um lugar quanto a uma situação.[25] No caso do parágrafo segundo, o artigo 6º, como a expressão não se refere a um local, mas sim a uma situação, não parece adequado o emprego do vocábulo "onde", que no vernáculo é advérbio circunstancial a lugar ou pronome relativo. Além disso, a expressão *"does not provide"* deve ser compreendida como "não conhecer", no sentido de não contemplar esse instituto, mantendo-se a convenção de tradução empregada no artigo 5º.[26] Tratando-se de texto normativo, entende-se ser fundamental a padronização das expressões para se obter maior precisão na linguagem.[27]

O mesmo ocorre no artigo 7º. Na letra "b", o termo "situação" é substituído por "localização", visto que *"situs"*, como empregado na versão inglesa, diz respeito ao local onde algo está situado para fins

---

[25] *"where* [...] **adv.** *1 in or to what place or situation* [...] *2 used after words or phrases that refer to a place or situation to mean 'at, in or to which'* [...] *3 the place or situation in which* [...] **conj.** *(in) the place or situation in which"*. (HORNBY, Albert Sidney. *Oxford Advanced Learner's Dictionary of Current English*. 7. ed. Oxford: Oxford, 2005. p. 1.738).

[26] *"The Convention does not apply to the extent that the law specified by Chapter II does not provide for trusts or the category of trusts involved"* e *"La Convention ne s'applique pas dans la mesure où la loi déterminée par le chapitre II ne connaît pas l'institution du trust ou la catégorie de trust en cause"*.

[27] Esta preocupação foi manifestada pelo legislador brasileiro na alínea "b" do inciso II do art. 11 da Lei Complementar Federal n.º 95, de 26 de fevereiro de 1998, a qual dispõe sobre a elaboração, a redação, a alteração e a consolidação das leis: "Art. 11. As disposições normativas serão redigidas com clareza, precisão e ordem lógica, observadas, para esse propósito, as seguintes normas: [...] II - para a obtenção de precisão: [...] b) expressar a idéia, quando repetida no texto, por meio das mesmas palavras, evitando o emprego de sinonímia com propósito meramente estilístico [...]".

jurídicos.[28] Em prosseguimento, na letra "c", "negócio do curador" deve ser traduzido como "local de trabalho do *trustee*", primeiramente, pois não parece adequada a tradução de *trustee* como "curador", conforme apontado acima. Ademais, porque a expressão *"place of business"* se refere ao estabelecimento do *trustee*[29], mais bem expressado na linguagem comum vernacular por "local de trabalho" para se obter clareza. Por fim, na letra "d" "objetos do *trust*" deve ser alterado para "objetivos do *trust*", como se vê na versão autêntica francesa, que corretamente emprega *"objectifs"*[30] para expressar o sentido de *"objects"*.

A palavra "formação" presente no artigo 8º deve ser modificada por "interpretação", pois *"construction"* refere-se à atividade interpretativa[31] feita sobre os *trusts* e não ao momento de sua constituição. Veja-se que na versão autêntica em francês foi também utilizado o vocábulo *"interprétation"*.

Para a tradução dos artigos 9º e 10, propõem-se mudanças estruturais com relação à tradução oficial em português, visando maior clareza e fidelidade ao texto original. Caso haja algum elemento do *trust* que seja passível de isolamento, esse elemento poderá ser regido por uma lei específica, diferente da lei que regerá o *trust*. Em seguida, busca-se expressar a determinação de que a lei aplicável à validade do *trust* é que determinará se é possível substituir a lei aplicável ao *trust* ou a um de seus elementos que foi isolado. Não se pode dizer que havia um equívoco na tradução anterior. No entanto, optou-se por manter a ordem das orações presente nas versões autênticas em inglês[32] e francês,[33] evitando-se possíveis confusões quanto ao sentido original dos dispositivos.

---

[28] *"The location or position (of something) for legal purposes, as in* lex situs, *the law of the place where the thing in issue is situated"*. (GARNER, Brian A. (Ed.). *Black's Law Dictionary*. 9. ed. St. Paul: West, 2009. p. 1.513).

[29] Cf. a versão francesa da Convenção: *"lieu d'établissement du trustee"*.

[30] Objetivos.

[31] *"The act or process of interpreting or explaining the sense or intention of a writing (usu. a constitution, statute, or instrument); the ascertainment of a document's meaning in accordance with judicial standards"*. (GARNER, Brian A. (Ed.). *Black's Law Dictionary*. 9. ed. St. Paul: West, 2009. p. 355).

[32] *"In applying this Chapter a severable aspect of the trust, particularly matters of administration, may be governed by a different law"* e *"The law applicable to the validity of the trust shall determine whether that law or the law governing a severable aspect of the trust may be replaced by another law"*.

[33] *"Dans l'application du présent chapitre, un élément du trust susceptible d'être isolé, notamment son administration, peut être régi par une loi distincte"* e *"La loi applicable à la validité du trust*

A letra "a" do artigo 15 da Convenção deve ser interpretada no Brasil como não podendo afastar a proteção aos menores de 16 anos de idade, únicos absolutamente incapazes pela atual redação do artigo 3º do Código Civil, bem como dos maiores de 16 e menores de 18 anos de idade, estes últimos relativamente incapazes. São ainda relativamente incapazes os ébrios habituais, os viciados em tóxico, os que por causa transitória ou permanente não puderem exprimir sua vontade e os pródigos. Contudo, tendo em consideração a entrada em vigor do Estatuto da Pessoa com Deficiência (Lei Brasileira de Inclusão, nº 13.146/2015), entende-se que se deve ampliar essa proteção às pessoas com deficiência, agora consideradas capazes, podendo ser submetidas à curatela.

No artigo 17, verifica-se outra divergência decorrente de tradução literal. A palavra "*law*" foi traduzida como "direito", mas deve ser lida como "lei". Este é um ponto bastante delicado da tradução, visto que o significante "*law*", em inglês, pode ter como significado tanto a expressão de sentido "direito" como a expressão de sentido "lei", absolutamente distintas. Um dos critérios utilizados para a solução desse impasse foi a consulta à versão autêntica em francês, que emprega a expressão "*loi*",[34] utilizada ao longo de toda a Convenção. Isso se dá, pois a Convenção em si refere-se às disposições de conflito entre leis e a escolha de leis dos foros em questão, referindo-se ao produto da atividade legiferante positivada vigente em cada território – isto é, a "lei" –, e não ao sistema jurídico dos territórios – "direito". O que é disponível ao *settlor* na instituição de um *trust* é a escolha das regras aplicáveis.

No artigo 19, é preciso entender "*powers of States*" como competência, tal qual expressado na versão autêntica da Convenção em francês.[35] Nesse caso, o sentido buscado pela Convenção é evitar que as suas disposições venham a atentar à competência dos Estados em matéria tributária e fiscal.

O artigo 20 refere-se à declaração pelo Estado-membro de extensão do reconhecimento aos *trusts* criados por decisão judicial. O terceiro parágrafo menciona que o artigo 31, aplicável à denúncia da Convenção, aplica-se por analogia à retirada de tal declaração pelo Estado.

---

régit la possibilité de remplacer cette loi, ou la loi applicable à un élément du trust x d'être isolé, par une autre loi".

[34] Lei.

[35] "*La Convention ne porte pas atteinte à la compétence des Etats en matière fiscale*".

Essas são as alterações mais relevantes feitas em relação à tradução anterior presente no sítio da Conferência da Haia. De qualquer modo, entende-se que a presente tradução, com seus acertos e suas insuficiências contribuíram para que a autora compreendesse um pouco melhor a ciência jurídica, a qual depende de um exercício de direito comparado: *"A pesquisa comparada possui a maior tarefa imaginável: ela precisa preparar a ciência jurídica que não poderia ter se firmado enquanto o sistema territorial de cada país era o objeto exclusivo do pensamento jurídico".*[36]

Espera-se ter contribuído para uma maior compreensão do conteúdo da Convenção e os efeitos dela decorrentes, ainda que se reconheçam os limites das alterações realizadas, que no futuro certamente poderão ser aprimoradas por outros pesquisadores.

CONVENÇÃO SOBRE A LEI APLICÁVEL AO *TRUST* E A SEU RECONHECIMENTO
(Concluída em 1º de julho de 1985)
Os Estados signatários da presente Convenção,
Considerando que o *trust* **é um instituto característico criado pelos tribunais de equidade nos países de *common law*, adotado por outros países com certas modificações,**
[SEM CORRESPONDÊNCIA]
Desejando **estabelecer disposições comuns sobre a** lei aplicável ao *trust* **e regular os problemas mais importantes relativos a tal reconhecimento,**
Resolveram concluir uma Convenção para este efeito e **adotar as seguintes disposições:**
CAPÍTULO I – *ÂMBITO*
Artigo 1
A presente Convenção **determina** a lei aplicável ao *trust* e regula seu reconhecimento.
Artigo 2
Para os **fins** desta Convenção, o termo *trust* se refere **às** relações jurídicas criadas **por uma pessoa, o *settlor* – por ato** *inter vivos* ou ***causa mortis*** – quando os bens forem colocados sob controle de um ***trustee*** para o benefício de um beneficiário ou para **um fim específico.**
O *trust* **apresenta** as seguintes características:

---

[36] RABEL, Ernst. On comparative research in legal history and modern law. *Quaterly Bulletin of the Polish Institute of Arts amd Sciences in America*, v. 2, n. 3, p. 14, 1944.

(continua)

CONVENÇÃO SOBRE A LEI APLICÁVEL AO *TRUST* E A SEU RECONHECIMENTO
a) os bens constituem um fundo separado e não são parte do patrimônio **pessoal** do *trustee*;
b) **a propriedade dos** bens do *trust* está em nome do *trustee* **ou de outra pessoa em benefício do** *trustee*;
c) o *trustee* tem poderes e deveres, **estando em virtude deles responsável por** gerenciar, empregar ou dispor **dos** bens **sob** os termos do *trust* e **dos** deveres especiais impostos **ao** *trustee* pela lei.
O fato de o *settlor* reservar certos poderes ou o *trustee* possuir certos direitos na qualidade de beneficiário não exclui necessariamente a existência de um *trust*.
Artigo 3
A Convenção se aplica apenas **aos** *trusts* criados voluntariamente e provados por escrito.
Artigo 4
A Convenção não se aplica a questões preliminares **referentes** à validade de testamentos ou **de** outros atos por virtude dos quais bens **são** transferidos ao *trustee*.
Artigo 5
A Convenção não se aplica aos casos em que a lei designada pelo Capítulo II não conhecer o *trust* ou a espécie de *trust* envolvida.
CAPÍTULO II – LEI APLICÁVEL
Artigo 6
O *trust* **é regido** pela lei escolhida pelo *settlor*. A escolha deve ser expressa ou **resultar das disposições do instrumento de instituição do *trust* ou de sua prova, interpretadas**, caso necessário, à luz das circunstâncias do caso.
Quando a lei escolhida nos termos do parágrafo anterior não **conhecer** o *trust* ou a **espécie** de *trust* envolvida, a escolha não produzirá efeitos**, devendo ser aplicada a** lei especificada no Artigo 7.
Artigo 7
Quando nenhuma lei aplicável for escolhida, o *trust* **é regido** pela lei com a qual **tem uma ligação mais estreita**.
Para determinar a lei com a qual o *trust* **tem uma ligação mais estreita**, leva-se em conta notadamente:
a) o local de administração do *trust* designado pelo *settlor*;
b) a **localização** dos bens do trust;
c) **a residência ou o local de trabalho** do *trustee*;
d) os **objetivos** do *trust* **e** os locais onde eles serão alcançados.

(continua)

CONVENÇÃO SOBRE A LEI APLICÁVEL AO *TRUST* E A SEU RECONHECIMENTO
Artigo 8
A lei especificada nos Artigos 6 e 7 **rege** a validade do *trust*, sua **interpretação**, seus efeitos e a administração do *trust*.
Em particular, esta lei regula:
a) a nomeação, **renúncia** ou remoção de *trustees*, a capacidade **para atuar** como *trustee* e a **transferência ou sucessão** do cargo de *trustee*;
b) os direitos e deveres **recíprocos dos *trustees* entre si**;
c) o direitos dos *trustees* de delegar **no** todo ou em parte a **exoneração** dos seus deveres ou do exercício de seus poderes;
d) o poder dos *trustees* de administrar ou de dispor de **bens** do *trust*, de constituí-los em garantias reais, ou de adquirir novos bens;
e) os poderes de investimento dos *trustees*;
f) as restrições **sobre a** duração do *trust*, e **sobre** o poder de acumular **os rendimentos** do *trust*;
g) as relações entre os *trustees* e os beneficiários, **inclusive** a responsabilidade pessoal dos *trustees* perante os beneficiários;
h) a modificação ou **extinção** do *trust*;
i) a distribuição dos bens do *trust*;
j) o dever dos *trustees* de prestar contas de sua administração.
Artigo 9
Na aplicação deste Capítulo, **algum elemento do *trust* suscetível a isolamento, em especial sua administração, pode ser regido por lei específica.**
Artigo 10
A lei aplicável à validade do *trust* **rege a possibilidade de substituição desta lei, ou da lei aplicável a um elemento do *trust* suscetível a isolamento**, por outra lei.
CAPÍTULO III – RECONHECIMENTO
Artigo 11
O *trust* criado **em conformidade com** a lei **determinada** pelo Capítulo **anterior deve ser reconhecido como um *trust*.**
O reconhecimento **significa, pelo menos, que os bens do *trust* sejam distintos do patrimônio pessoal do *trustee* e que o *trustee* possa figurar como autor ou réu, ou comparecer na qualidade de *trustee* perante um notário ou qualquer autoridade pública.**
Na medida em que a lei aplicável ao *trust* **assim exigir ou prever,** tal reconhecimento implica **notadamente**:
a) que credores pessoais do *trustee* não tenham **acesso aos** bens do *trust*;

(continua)

CONVENÇÃO SOBRE A LEI APLICÁVEL AO *TRUST* E A SEU RECONHECIMENTO
b) que os bens do *trust* **são separados** do patrimônio do *trustee* em caso de sua insolvência ou falência;
c) que os bens do *trust* **não integram** a propriedade matrimonial **ou a sucessão do *trustee*;
d) que **a recuperação dos** bens do *trust* **é permitida, nos casos em que o** *trustee*, em violação das obrigações resultantes do *trust*, confundiu os bens do *trust* com seus bens pessoais ou deles dispôs. No entanto, os direitos e as obrigações de **um terceiro detentor dos bens do *trust*** permanecem sujeitas à lei determinada pelas regras de conflito do foro.
Artigo 12
O *trustee* que deseje registrar bens, móveis ou imóveis, ou documentos de título **referentes a eles, terá o direito de requerer sua** inscrição **na** qualidade de *trustee* ou de tal forma que a existência do *trust* **seja divulgada**, desde que isto não seja proibido pela lei ou incompatível com o direito do Estado onde o registro é firmado.
Artigo 13
Nenhum Estado **é** obrigado a reconhecer um *trust* cujos elementos significantes, **à exceção da** escolha da lei aplicável, do local da administração e da residência habitual do *trustee*, são mais **estreitamente ligados a** Estados que não conheçam o instituto do *trust* ou a **espécie** de *trust* envolvida.
Artigo 14
A Convenção não **impede** a aplicação de regras de direito mais favoráveis ao reconhecimento **de *trusts*.**
CAPÍTULO IV – *DISPOSIÇÕES* **GERAIS**
Artigo 15
A Convenção não **impede** a aplicação **das** disposições **da lei indicada** pelas regras de conflitos do foro, na medida que **tais** disposições não **podem** ser derrogadas por ato voluntário, **em especial no que se refere** às **seguintes matérias:**
a) a proteção de menores de idade e incapazes;
b) os efeitos pessoais e **patrimoniais** do casamento;
c) **os testamentos e a sucessão legítima, em especial a parcela indisponível destinada** a cônjuges e parentes (legítima);
d) a transferência **de** título de propriedade e **interesses securitários em propriedade;**
e) a proteção dos credores em **casos** de insolvência;
f) a proteção de terceiros de boa-fé **em outros casos**.
Se o reconhecimento **de um** *trust* **for impedido** pela aplicação do parágrafo **anterior, o juiz deverá** buscar dar efeito aos objetivos do *trust* por **outras formas jurídicas.**

(continua)

CONVENÇÃO SOBRE A LEI APLICÁVEL AO *TRUST* E A SEU RECONHECIMENTO
Artigo 16
A Convenção não **impede** a aplicação destas disposições da lei **determinada pelas regras de conflito** do foro que deva ser **aplicada** mesmo em situações internacionais, independentemente de regras de conflito de leis. Excepcionalmente, também pode ser dado efeito às regras de mesma natureza de outro Estado que tenha uma ligação suficientemente estreita com o objeto do litígio. Qualquer Estado Contratante pode, por meio de reserva, declarar que não aplicará o segundo parágrafo deste Artigo.
Artigo 17
Para efeitos desta Convenção, **o termo "lei"** significa as regras de direito em vigor **em um** Estado, **à exceção das** regras de conflitos de leis.
Artigo 18
As disposições da Convenção podem ser **desconsideradas** quando sua aplicação for manifestamente incompatível com a ordem pública.
Artigo 19
A Convenção não pode atentar à competência dos Estados em matéria fiscal.
Artigo 20
Qualquer Estado Contratante **pode**, a qualquer momento, declarar que as disposições da Convenção serão estendidas a *trusts* criados por decisões judiciais. Esta declaração será notificada ao Ministério das Relações Exteriores **do Reino dos Países Baixos** e produzirá efeitos a partir do dia em que for recebida. O Artigo 31 é aplicável **por analogia** à retirada **dessa** declaração.
Artigo 21
Qualquer Estado Contratante pode reservar-se o direito de **não** aplicar as disposições do Capítulo III **aos** *trusts* cuja validade **for** regida pela lei **de um** Estado Contratante.
Artigo 22
A Convenção **é aplicável** independentemente da data **de criação do** *trust*. **No entanto**, um Estado Contratante pode reservar-se o direito de não aplicar a Convenção a **um** *trust* criado antes da data **de entrada em vigor da presente Convenção para esse Estado**.
Artigo 23
Para determinar a lei aplicável **nos termos da** Convenção, quando um Estado compreende diversas unidades territoriais, cada qual com suas próprias regras jurídicas referentes ao *trust*, qualquer referência à lei do Estado será considerada como referente à lei em vigor na unidade territorial em questão.

(continua)

CONVENÇÃO SOBRE A LEI APLICÁVEL AO *TRUST* E A SEU RECONHECIMENTO
Artigo 24
Um Estado no qual diferentes unidades **territoriais** tenham suas próprias regras jurídicas em relação ao *trust* não é obrigado a aplicar a Convenção a conflitos de leis que **ocorrem apenas no interior destas unidades**.
Artigo 25
A Convenção não afeta **outros instrumentos internacionais de que um Estado Contratante seja ou venha a ser parte contendo disposições sobre as** matérias reguladas por esta Convenção.
CAPÍTULO V - *DISPOSIÇÕES* **FINAIS**
Artigo 26
Qualquer Estado **pode**, no momento da assinatura, ratificação, aceitação, aprovação ou adesão, ou no momento de declaração nos termos do Artigo 29, fazer reservas quanto aos Artigos 16, 21 e 22.
Nenhuma outra reserva será permitida.
Qualquer Estado Contratante **pode**, a qualquer tempo, retirar uma reserva que tenha feito; **o efeito da** reserva cessará no primeiro dia do terceiro mês após a notificação da retirada.
Artigo 27
A Convenção **está** aberta **à** assinatura por Estados-membros da Conferência **da** Haia sobre Direito Internacional Privado no momento da Décima Quinta Sessão.
A Convenção será ratificada, aceita ou aprovada e os instrumentos **de** ratificação, aceitação ou aprovação serão depositados com o Ministério de Relações Exteriores **do Reino** dos Países Baixos.
Artigo 28
Qualquer outro Estado **pode** aderir à Convenção após sua entrada em vigor **nos termos do parágrafo primeiro do** Artigo 30.
O instrumento de adesão **será** depositado junto ao Ministério de Relações Exteriores **do Reino** dos Países Baixos.
A adesão **produz** efeitos apenas no que tange às relações entre o Estado **aderente** e os Estados Contratantes que não **levantarem** objeções à sua adesão até doze meses após o recebimento da notificação referida no Artigo 32. Tal objeção pode também ser levantada por Estados-membros no momento da ratificação, aceitação ou aprovação da Convenção após a adesão. Qualquer destas objeções **devem ser** notificadas ao Ministério de Relações Exteriores **do Reino** dos Países Baixos.
Artigo 29
Caso um Estado tenha duas ou mais unidades territoriais nas quais diferentes sistemas de direito sejam aplicados, este poderá, no momento da assinatura, ratificação, aceitação, aprovação ou adesão, declarar que esta Convenção se **aplica** a todas as **suas** unidades territoriais ou apenas a uma ou mais delas e pode modificar esta declaração submetendo outra declaração a qualquer momento.

(continua)

CONVENÇÃO SOBRE A LEI APLICÁVEL AO *TRUST* E A SEU RECONHECIMENTO
Qualquer destas declarações **será** notificada ao Ministério de Relações Exteriores **do Reino** dos Países Baixos, **devendo** conter expressamente as unidades territoriais às quais se aplica a Convenção.
Caso o Estado não realize nenhum declaração sobre este Artigo, a Convenção se **aplica** a todas as unidades territoriais daquele Estado.
Artigo 30
A Convenção **entra** em vigor no primeiro dia do terceiro mês após o depósito do terceiro instrumento de ratificação, aceitação ou aprovação referido no Artigo 27.
Daí em diante, a Convenção **entra** em vigor:
a) para cada Estado que a ratifique, aceite ou aprove subsequentemente, no primeiro dia do terceiro mês após o depósito de seu instrumento de ratificação, aceitação ou aprovação;
b) para cada Estado aderente no primeiro dia do terceiro mês após a expiração do **prazo** referido no Artigo 28;
c) para as unidades territoriais às quais a Convenção se estenda em conformidade com o Artigo 29, no primeiro dia do terceiro mês após a notificação referida naquele Artigo.
Artigo 31
Qualquer Estado Contratante pode denunciar esta Convenção por uma notificação formal escrita e endereçada ao Ministério de Relações Exteriores **do Reino** dos Países Baixos, depositário da Convenção.
A denúncia **produz** efeitos no primeiro dia no mês seguinte à expiração **do prazo de** seis meses após o recebimento da notificação pelo depositário ou em data **posterior especificada** na notificação.
Artigo 32
O Ministério de Relações Exteriores **do Reino** dos Países Baixos notificará os Estados-membros da Conferência e os Estados que **tenham aderido** conforme o Artigo 28:
a) **das** assinaturas, ratificações, aceitações **e** aprovações referidas no Artigo 27;
b) **da** data **em que** a Convenção entrar em vigor conforme o Artigo 30;
c) **das** adesões e **das** objeções levantadas **às** adesões referidas no Artigo 28;
d) **das** extensões referidas no Artigo 29;
e) **das** declarações referidas no Artigo 20;
f) **das** reservas ou retiradas referidas no Artigo 26;
g) **das** denúncias referidas no Artigo 31.
Em fé do que os abaixo assinados, devidamente autorizados, **assinam** esta Convenção.

(conclusão)

CONVENÇÃO SOBRE A LEI APLICÁVEL AO *TRUST* E A SEU RECONHECIMENTO
Realizada na Haia, no primeiro dia de julho de 1985, em inglês e francês, **sendo** ambos os textos igualmente autênticos, em cópia única que será depositada nos arquivos do Governo **do Reino** dos Países Baixos, e **da qual** será enviada **por via diplomática** cópia certificada a cada um dos **Estados-membros** da Conferência **da** Haia sobre Direito Internacional Privado na data da Décima Quinta Sessão.

(1) Crê-se que, por um lapso, os tradutores tenham se esquecido de retirar esse trecho, traduzido no parágrafo posterior.
(2) Não se entende o motivo pelo qual a equipe de tradutores use, aqui, "crédito". O termo aparece como equivalente ao termo "*trust*" neste artigo e em dispositivos subsequentes.
(3) Foram mantidos os erros de digitação encontrados na tradução oficial publicada no sítio da Conferência.
(4) Propõe-se a alteração dos tempos verbais de todos os dispositivos para atender ao disposto no art. 11, inciso I, alínea "d", da Lei Complementar nº 95, de 26 de fevereiro de 1998, que exige dos textos legais uniformidade dos tempos verbais, com preferência ao tempo presente.
(5) Neste dispositivo, o sentido da tradução é diametralmente oposto ao sentido da Convenção.

REPRESENTAÇÃO GRÁFICA DO USO DA TERRA (*USE OF LANDS*)

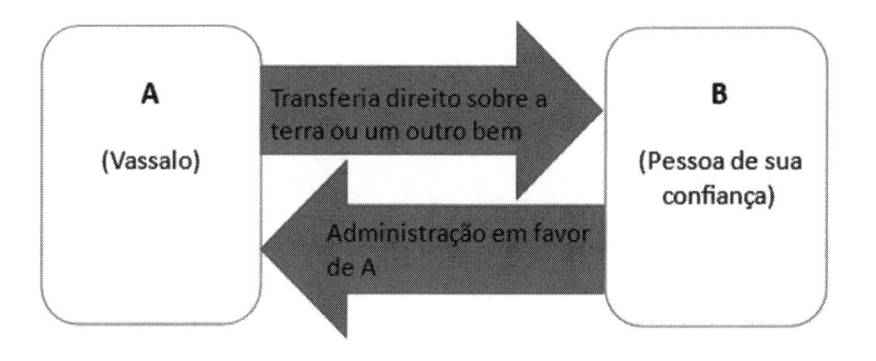

A (Vassalo) → Transferia direito sobre a terra ou um outro bem → **B** (Pessoa de sua confiança)

B → Administração em favor de A → **A**

ANEXO 3

REPRESENTAÇÃO GRÁFICA DO *TRUST*

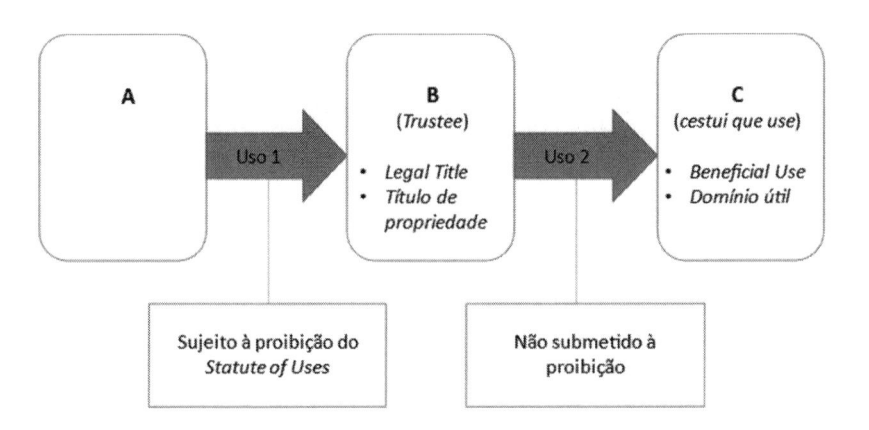

A —Uso 1→ **B** (*Trustee*)
- *Legal Title*
- Título de propriedade

—Uso 2→ **C** (*cestui que use*)
- *Beneficial Use*
- Domínio útil

Uso 1: Sujeito à proibição do *Statute of Uses*

Uso 2: Não submetido à proibição

Esta obra foi composta em fonte Palatino Linotype, corpo 10
e impressa em papel Offset 75g (miolo) e Supremo 250g (capa)
pela Artes Gráficas Formato, em Belo Horizonte/MG.